세계선교역사
다이제스트 100

세계선교역사
다이제스트 100

안희열 지음

차례 | 세계선교역사 다이제스트100

추천의글　손창남 대표(OMF 동원)　17
　　　　　유병국 대표(WEC 국제선교회, 국제선교동원)　19
　　　　　장훈태 교수(백석대학교 선교학)　21
　　　　　정민영 부대표(국제위클리프, Wycliffe Global Alliance)　23
　　　　　정흥호 총장(아세아연합신학대학교)　25
　　　　　한정국 전 사무총장(한국세계선교협의회, KWMA)　26
　　　　　한철호 상임위원장(선교한국파트너스)　28

머리말　30

제1장 | 초대교회 선교
순교시기(AD 30-476년)

001　초대교회의 확장　39
　　　1, 2, 3세기 초대교회의 지리적 확장(1-3세기)

002　선교사의 롤모델, 바울　44
　　　바울의 회심(36년)

003　초대교회 선교의 주역, 헬라파 유대인　49
　　　안디옥교회 선교사 파송(47년)

004　박해, 복음에 불을 지피다　53
　　　네로의 박해(64-68년), 도미티안의 박해(81-96년),
　　　디오클레티안의 대박해(303-311년)

005　죽으면 죽으리라, 요한　57
　　　사도 요한의 밧모섬 유배(95년)

CONTENTS

6	위대한 순교자, 폴리갑 폴리갑의 순교(156년)	61
7	박해 속에 활짝 핀 가정교회 두라 유로포스(Dura-Europos) 가정교회(232/233년)	64
8	수도주의 운동과 선교 안토니(256-356년), 파코미우스(286-346년), 가이사랴의 바실(330-379년)	68
9	콘스탄틴의 회심과 제국교회 탄생 밀라노 칙령 발표와 종교의 자유(313년)	74
10	최초의 에큐메니칼 공의회, 니케아 종교회의와 선교 니케아 종교회의(325년)	78
11	위대한 성경번역 선교사, 울필라스 울필라스 고트족 감독으로 임명(341년)	82
12	채플의 유래를 만든 선교사, 투어스의 마틴 투어스의 마틴 프랑스 선교(360년)	86
13	전방개척선교의 모형, 야만족 선교 로마 함락(410년), 서로마제국 멸망(476년)	90
14	탁월한 교회개척 선교사, 패트릭 패트릭 아일랜드 선교(432년)	96

제2장 중세교회 선교
수도원 선교시기(476-1517년)

015 **아리안주의 확산을 막은 왕, 클로비스** 109
프랑크족 크로비스 왕의 회심(496년)

016 **살아 있는 신앙 공동체, 베네딕트 수도원** 113
베네딕트 규율집 저술(529년)

017 **선교훈련원장의 모델, 콜롬바** 117
콜롬바 스코틀랜드 아이오나 섬 도착(563년)

018 **선교사 훈련과 파송의 중심지, 아이오나 수도원** 122
콜롬바 아이오나 수도원 설립(563년)

019 **순회선교의 대가, 콜롬반** 126
콜롬반 퀵세이유(589-590년), 브레겐츠(611-612년),
보비오(613-614년) 수도원 설립

020 **교회개혁과 선교의 꿈을 이룬 교황, 그레고리 대제** 130
그레고리 대제의 교회개혁(590년), 영국으로 선교사 파송(596년)

021 **선교 전략지를 공략한 선교사, 어거스틴** 135
선교사 어거스틴 영국으로 파송(596년),
켄트족의 왕 에텔버트 개종(597년)

022 **이슬람의 발흥과 모하메드의 등장** 140
이슬람의 기원(622년)

023 **중국 선교의 개척자, 알로펜** 144
네스토리안 선교사 알로펜 중국 장안 도착(635년)

024 **대륙에 순교의 피를 뿌린 선교사, 보니페이스** 150
보니페이스 프리시아 선교에서 순교(754년)

CONTENTS

25 서방교회의 부활과 교회개혁을 달성한 샤를마뉴 대제 155
   샤를마뉴 황제 대관식(800년)

26 바이킹 선교의 위대한 선교사, 안스카 160
   안스카의 덴마크 선교(826년), 스웨덴 선교(829/830년)

27 십자군 운동과 선교 164
   십자군 운동(1095-1291년)

28 선교사의 삶의 모델, 아씨시의 프란시스 169
   아씨시의 프란시스 '작은 형제들의 수도회' 창설1210년)

29 중세 세계선교의 허브, 프란시스코 수도원 173
   프란시스코 수도원의 시리아 · 모로코 선교(1212-1214년),
   이집트 선교(1219년), 영국 선교(1224년)

30 설교, 학문, 신학 탐구의 요람, 도미니크 수도원 178
   도미니크 '설교자들의 수도회' 창설(1216년)

31 이슬람 최초의 선교사, 레이몬드 룰 183
   레이몬드 룰의 튀니지 선교(1291-1292년), 알제리 선교(1307년)
   튀니지와 알제리 선교(1314-1315년)

32 중국 선교의 아버지, 몽테 콜비노의 존 188
   몽테 콜비노의 존 중국 원나라 선교(1294-1328년)

33 부패의 온상, 중세 교회의 대 몰락 193
   서방교회 대분열(1378-1422년), 동방교회 몰락(1453년)

34 중세 교회 개혁의 선봉장, 존 위클리프 198
   위클리프 성경번역 완성(1382년)

제3장 | 로마 가톨릭 선교
예수회 선교시기(1517-1792년)

035 선교 독점권 페트로나토 레알과 로마 가톨릭 선교 209
'페트로나토 레알' 승인(1494년, 1529년)

036 영성, 삶, 선교로 세상을 변화시킨 이그나티우스 로욜라 213
로욜라 파리 대학시절 예수회 창설(1534년)

037 로마 가톨릭 선교의 꽃, 예수회 217
교황 바오로 3세 예수회 공식 승인(1540년)

038 아시아 선교의 아버지, 프란시스 사비에르 222
프란시스 사비에르 인도 고아 도착(1542년, 1548년), 일본 가고시마 도착(1549년)

039 인디언 인권 보호법을 제정한 선교사, 라스 카사스 227
라스 카사스 인디언 인권 보호법 제정(1542년)

040 로마 가톨릭 최고의 걸작품, 필리핀 선교 231
어거스틴 선교사 레가스피 필리핀 선교 시작(1564년)

041 원칙주의 선교사, 까브랄 235
일본 선교 책임자 까브랄 일본 도착(1570년)

042 실용주의 선교사, 발리냐뇨 239
아시아 선교 관찰사 발리냐뇨 일본 도착(1579년)

CONTENTS

43 중국 선교의 대가, 마테오 리치 243
마테오 리치 중국 북경 입국(1601년)

44 로마에서 온 브라만 선교사, 247
로베르토 데 노빌리
로베르토 데 노빌리 인도 도착(1605년)

45 교황청의 문화수용정책과 252
선교사들 간의 갈등
로마 교황청 예수회의 문화수용정책 정죄(1742년)

제4장 | 종교개혁자, 근원적 종교개혁자, 경건주의자들의 선교

선교신학을 바로 세우는 시기(1517-1792년)

- 46 **개신교회와 선교** — 264
  루터의 종교개혁(1517년), 스파이어 제2차 의회
  "프로테스탄트" 용어 탄생(1529년)

- 47 **루터의 종교개혁과 선교** — 269
  루터 "95개 조항" 발표(1517년), 독일어 성경번역(1522년),
  독일식 예배(1526년)

- 48 **츠빙글리의 종교개혁과 선교** — 274
  츠빙글리 취리히 교회 부임 및 종교개혁 실시(1519년)

- 49 **종교개혁의 일등 공신, 프레드릭** — 278
  프레드릭 루터를 발트부르크 성으로 피신시킴(1521-1522년)

- 50 **종교개혁의 숨은 공로자, 카타리나 폰 보라** — 282
  카타리나 폰 보라 루터와의 결혼식(1525년)

- 51 **근원적 종교개혁자들과 선교** — 288
  콘라드 그레벨 최초 침수례(immersion) 거행(1525년)

- 52 **칼빈의 종교개혁과 선교** — 292
  칼빈 「기독교강요」 초판 발행(1536년),
  위그노 교도 브라질 선교사로 파송(1555년)

- 53 **인디언의 사도, 존 엘리어트** — 296
  존 엘리어트 북미 인디언 첫 설교(1646년),
  인디언 신구약 성경번역(1663년)

- 54 **경건주의 아버지, 필립 스페너** — 300
  스페너 「경건한 소원」 출판(1675년)

CONTENTS

55 경건주의 교육의 주역, 아우구스트 프랑케 303
  선거후 프레드릭 윌리암 3세 할레 대학 설립(1694년)

56 대학생 선교의 모델, 덴마크 할레 선교회 306
  지켄발크와 플루차우 인도 도착(1706년),
  지켄발크 타밀어 신약성경 번역(1714년)

57 선교하는 교회를 모델로 제공한 자, 진젠돌프 311
  진젠돌프 헤른후트 설립 및 모라비안 운동 전개(1722년)

58 평신도 선교의 산실, 모라비안 선교회 315
  모라비안 선교회 첫 선교사 서인도제도 버진 열도에 파송(1732년)

59 탁월한 평신도 선교 동원가, 존 웨슬리 320
  존 웨슬리 미국 조지아주 인디언 선교(1735-1737년)

60 북미 인디언 최고의 선교사, 데이빗 브레이너드 326
  데이빗 브레이너드 미국 인디언 선교 시작(1743년)

제5장 | 개신교 선교
위대한 세기의 선교시기(1792-1910년)

061 현대 선교의 아버지, 윌리엄 케리 338
윌리엄 케리 선교 소책자 「연구」 출판(1792년), 인도 도착(1793년)

062 선교회 태동의 효시, 침례교 선교회 343
침례교 선교회 설립(1792년), 런던 선교회 설립(1795년)

063 협력 선교의 모델, 세람포어 삼총사 347
세람포어 선교회 조직(1800년)

064 선교사 아내의 영광과 상처, 도로시 여사 351
도로시 사망(1807년)

065 개신교 최초의 중국 선교사, 로버트 모리슨 356
로버트 모리슨 중국 도착(1807년), 중국어 신약성경 번역 완성(1813년)

066 미국 개신교 선교운동의 시발점, 건초더미 기도운동 360
미국 해외선교 위원회 조직(1810년)

067 미국 최초의 개신교 선교사, 아도니람 저드슨 363
아도니람 저드슨 버마 도착(1813년),
버마어 신구약 성경번역 완성(1834년)

068 여성 선교사의 산 증인, 앤 저드슨 368
앤 저드슨 버마 도착(1813년), 마태복음 번역(1819년)

069 인도 상류층 선교의 대가, 알렉산더 더프 372
알렉산더 더프 인도 캘커타 도착(1830년)

070 아프리카 선교에 불을 지핀 선교사, 데이빗 리빙스턴 375
데이빗 리빙스턴 아프리카 남아공 도착(1841년)

071 우울한 여성 선교사, 매리 리빙스턴 379
매리 데이빗 리빙스턴과 결혼(1845년)

CONTENTS

72	헨리 벤과 토착화 교회	383
	헨리 벤과 루퍼스 앤더슨 삼자원리 주장(1851년)	

73	자립선교에 성공한 중국 선교사, 존 네비우스	386
	네비우스 중국 영파 도착(1854년)	

74	하나님만을 의지한 중국 선교사, 허드슨 테일러	390
	허드슨 테일러 중국 상해 도착(1854년)	

75	여성 선교사의 희생적 모델, 마리아 테일러	396
	마리아 허드슨 테일러와 결혼(1858년)	

76	존 네비우스, 허드슨 테일러와 한국선교	399
	테일러 중국내지선교회 발족(1865년), 네비우스「선교 사역의 방법」출판(1886년)	

77	협력선교를 이끌어 낸 위대한 여성 선교사, 로티 문	403
	로티 문 중국 산동 반도 도착(1873년)	

78	무디 부흥운동과 선교	408
	무디부흥운동 시작(1873년), 캠브리지 대학생 7명 선교동원(1882년)	

79	북미주 선교동원의 불씨, 나이아가라 사경회	412
	나이아가라 사경회 시작(1883년)	

80	학생선교동원의 주역, 학생자원선교운동	416
	학생자원선교운동 시작(1886년), 학생자원선교운동 조직(1888년)	

제6장 | 현대 선교
에큐메니칼과 복음주의 선교시기(1910 - 현재)

81　제1차 세계선교사대회, 에딘버러 대회　　429
　　　에딘버러 세계선교사대회 개최(1910년)

82　젊은층 최고의 선교동원가, 존 모트　　433
　　　존 모트 에딘버러 세계선교사대회 의장(1910년)

83　대화와 화해의 위대한 선교사, 스탠리 존스　　438
　　　스탠리 존스 「인도의 길을 걷고 있는 예수」 출판(1925년)

84　Why Mission을 탄생시킨 예루살렘 대회　　442
　　　예루살렘 대회(1928년)

85　미전도종족 성경번역 선구자, 카메론 타운젠드　　445
　　　타운젠드 칵치켈(Cakchiquel) 신약성경 번역(1931년),
　　　SIL 및 WBT 조직(1942년)

86　WCC 조직과 에큐메니칼 운동　　448
　　　세계교회협의회(WCC) 조직(1948년)

87　확대된 선교개념 'Missio Dei'를 탄생시킨
　　　빌링엔 대회　　452
　　　빌링엔 대회(1952년)

88　도날드 맥가브란과 교회성장운동　　456
　　　도날드 맥가브란 「하나님의 가교」 출판(1955년),
　　　교회성장학파 형성(1965년)

89　현대 선교의 2가지 기둥, 에큐메니칼과 복음주의　　460
　　　복음주의 그룹과 로잔대회(1974년), 에큐메니칼 그룹과 WCC(1948년)

90　복음주의 선교의 획기적 전환점, 제1차 로잔대회　　464
　　　제1차 로잔 세계복음화 국제대회, 스위스 로잔(1974년)

91　빌리 그래함과 로잔운동　　468
　　　제1차 로잔대회(1974년), 제2차 로잔대회(1989년)

CONTENTS

92 로잔운동의 선교신학을 세운 위대한 신학자, 472
 존 스토트
 존 스토트 로잔 언약 작성(1974년), 마닐라 선언문 작성(1989년)

93 미전도 종족 선교의 대가, 랄프 윈터 476
 랄프 윈터 종족(ethne) 개념 소개(1974년)

94 한국교회 선교에 눈을 뜨게 해 준 제2차 로잔대회 480
 제2차 로잔 세계복음화 국제대회, 필리핀 마닐라(1989년)

95 남은 과업완수를 위한 미전도 종족 선교 483
 제2차 로잔대회 미전도 종족 선교 확대(1989년)

96 평신도와 전문인 선교 487
 제2차 로잔대회 전문인 선교 강조(1989년)

97 한국교회가 적극적으로 참여한 제3차 로잔대회 490
 제3차 로잔 세계복음화 국제대회, 남아공 케이프타운(2010년)

98 구전문화권에서의 제자훈련, 구술성경 이야기 494
 제3차 로잔대회 구술성경 이야기 강조(2010년)

99 세계선교의 허브, 디아스포라 선교 498
 제3차 로잔대회 디아스포라 선교 강조(2010년)

100 한국교회의 비상, 해외 선교 '10-20 클럽' 가입 502
 한국교회 해외 선교 '10-20 클럽' 가입(2013년),
 WCC 부산총회(2013년), WEA 서울총회 무산(2014년)

후주 505

참고자료 541

추천의 글 1

손 창 남 대표
(OMF 동원)

지난 2000년 동안 교회는 예수 그리스도의 지상명령을 수행하기 위해서 부단히 노력해 왔다. 처음 갈릴리의 촌사람들로부터 시작된 예수님의 복음은 당시 세계를 지배하던 로마를 바꾸어 놓았고, 다시 유럽을 거쳐서 이제 아메리카, 아시아, 아프리카, 전 세계로 퍼졌다. 그 과정 속에서 하나님은 때로는 개인을, 때로는 그룹을 또 때로는 교회 등 다양한 선교의 모델들을 들어 사용하셨다. 하나님께서 사용한 선교의 모델들은 언제나 우리에게 놀라움을 선사한다. 그 모델 속에는 하나님에 대한 전적인 신뢰의 결과가 잘 드러나 있다.

하지만 이렇게 놀랍고 신나는 선교의 역사가 일반 성도들에게 제대로 전달되지 못하고 일부 선교를 공부하는 사람들의 전유물처럼 취급되어 온 경향이 있다. 그것은 아마도 역사라고 하는 단어가 주는 고리타분한 느낌에다가 선교라고 하는 매우 어렵게 느껴지는 단어가 덧붙여져서 사람들에게서 더 경원시되는 면이 많았다. 하지만 이번 안희열 교수님의 「세계선교역사 다이제스트 100」은 그러한 거리감을 한 방에 날려버렸다.

침례신학대학교에서 오랫동안 학생들에게 선교학을 가르치면서 동시에 필드로 나갈 선교사 후보생들을 훈련하면서 학문만 아니라 선교의 실제적인 면을 두루 잘 아는 안희열 교수님이 심혈을 기울여 낸 저작은 선교사나 혹은 선교를 지향하는 성도들은 물론이고 아직 선교에 대해서 깊은 이해를 가지고 있지 않다고 생각하는 일반 성도들에게도 지난 2000년 기독교의 진면목을 볼 수 있는 좋은 자료가 될 것이라고 생각한다. 특별히 친절하게 책의 곳곳에 배치해놓은 연표, 지도, 사진, 그림 등을 통해서 읽는 사람마다 세계선교의 역사를 지루하지 않으면서도 깊이 있는 이해를 할 수 있을 것을 확신하며 일독을 권한다.

추천의 글 2

유 병 국 대표
(WEC 국제선교회, 국제선교동원)

하나님은 선교하시는 하나님이시다. 아브라함 때부터 철저히 선교적인 목적으로 이스라엘의 역사를 만들어 가신 구약의 하나님, 하나님의 독생자 예수 그리스도의 구원의 복음과 그분이 남기신 명령-선교적 사명, 이 선교를 가능케 하신 성령, 하나님의 실제적 선교 역사인 사도행전, 예수 그리스도에 의해 부름 받아 사용된 선교사 바울의 서신서 그리고 성경의 마무리, 선교의 마무리로서 완성되는 계시록, 성경에서 선교를 빼면 무엇이 남을까? 초대 교회를 시작으로 한 교회의 역사는 선교의 역사다.

그러나 그동안 등장한 대부분의 기독교 역사서들은 교회역사(Church History)로만 소개 되었다. 그런데 본서는 실제적 의미의 교회사라고 할 수 있는 선교적 역사(Missional History)로 사관(史觀)의 앵글을 선교에다 두었다. 독특하고, 의미 있고 탁월한 방향설정이다. 안희열 교수님의 「세계선교역사 다이제스트 100」은 초대 교회 선교역사부터 근대선교, 현대선교에 이르기까지 그야말로 교회역사를 선교 중심적으로 해석하고 다룬 것이 우선 눈에 들어온다. 모쪼록 이 책을 많은 그리스도인들이 읽어 보기를 권한다. 선교를 하다보면 역사가 보이고, 세계가 보인다고 한다. 이 책을 읽으므로 그리스도인들이 올바른 역사관을 가지고 우리 시대에 주어진 선교적 과업을 제대로 감당할 수 있기를 바라마지 않는다.

추천의 글 3

장 훈 태 교수
(백석대학교 선교학)

신학을 한다는 것은 곧 역사를 아는 것이다. 역사를 안다는 것은 현대 사상의 맥을 이해할 뿐 아니라 신앙과 바른 신학의 정체성을 인식하는 것이다. 실제로 기독교 선교를 전문으로 접근하려고 하는 사람이든, 단순한 교양수준에서 이해하려고 하는 사람이든, 세계선교역사를 외면하고 기독교선교의 정수를 접할 수는 없다. 물론 기독교 역사의 위대함은 곧 선교역사라 할 수 있기 때문이다.

금번 안희열 박사님의 「세계선교역사 다이제스트 100」은 초대교회 선교, 중세교회 선교, 로마 가톨릭 선교, 종교개혁자 선교로 선교신학을 바로 세우는 시기를 비롯하여 개신교 선교, 현대선교 등 시대별로 잘 정리되었을 뿐 아니라, 시대적 한계에도 불구하고 심도 있고 폭넓은 선교사상을 담고 있다. 뿐만 아니라, 저자가 「세계선교역사 다이제스트 100」을 저술한 것은 선교역사 학자로서 하나님을 향한 고뇌와 올바른 선교의 롤 모델을 제공하려는 고뇌에 찬 열정에서 비롯되었음이 잘 드러난다.

그런 점에서 볼 때, 이 책에 소개된 100개의 항목들은 선교역사와 시대별 선교사상을 통합적으로 알 수 있도록 기술하고 있다. 특히 초대 교회로부터 오늘날 교회의 출발과 성장과정의 씨앗이 무엇인가를 보다 분명하게 발견하도록 할 뿐 아니라 하나님에 대한 경험을 가득 묘사하고 있다. 또한 세계선교역사를 만나는 순간 하나님의 섭리에 의해 기독교 진리의 진수가 무엇인가를 발견할 수 있다. 무엇보다 저자는 시대별 핵심 주제와 핵심 단어, 핵심 성구, 핵심 연대표와 사진을 첨부하여 독자들의 이해를 돕고 하나님 안에서의 사랑과 은혜와 행복이 무엇인가를 발견하도록 하고 있다.

사실 세계선교역사에 대한 연구는 방대하고 다양하지만 이 책만큼 간략하면서도 선교의 핵심을 관통하고 있는 소개서는 아직까지 없다. 특히 독자들은 이 책을 읽는 동안 세계선교역사의 흐름을 보다 명확하게 알게 될 뿐 아니라, 어느 덧 역사학자가 되거나 시대적 사명을 인식한 선교사로 선교현장에서 여행을 즐기고 있음을 깨닫게 될 것이다.

추천의 글 4

정 민 영 부대표
(국제위클리프, Wycliffe Global Alliance)

하나님은 성경말씀을 통해 그분의 뜻을 우선적으로 계시하시지만 교회사와 세속사의 주권적 개입을 통해서도 그분의 섭리를 드러내신다. 모든 그리스도인에게 하나님의 말씀과 더불어 역사를 깊이 이해하고 분별해야 할 책임이 있는 이유이다. 한때 우리네 교회는 성경만 열심히 읽고 대중매체나 세상의 책은 멀리하라고 가르친 적이 있었는데, 굳이 '온고이지신'이란 고사성어를 인용하지 않더라도 건강한 역사의식에 기반한 상황이해 없이 교회가 세상의 선지자 직분을 제대로 감당할 수는 없을 것이다. 구약의 선지자들은 하나님의 계시에 정통할 뿐 아니라 열강의 흥망성쇠를 꿰뚫는 역사이해가 있었기에 적실하고 효과적으로 그 직분을 감당할 수 있었다.

기독교 확장의 역사는 곧 세계선교의 역사다. 지난 30여 년 지속적으로 성장한 우리네 선교는 한민족이란 우물 안에서 독자적으로 태동하여 발전한 게 아니라 2천 년 세계선교역사의 큰 흐름에 잇대어 흘러온 선교운동이라는 시각이 매우 중요하다. 한민족 고유의 선교적 기여라는 독특성을 무시하거나 부정할 필요는 없지만 지구촌 선교공동체의 유기적 지체로서의 우리를 인식하고 세계선교운동의 연장 선상에서 우리네 선교를 고찰하고 평가하는 '연속성'을 놓쳐서는 안될 것이다. 우리네 선교운동은 건강한 연속성을 기반으로 독특한 모양과 색깔을 내고 있는가? 우리는 세계선교의 풍부한 유산을 제대로 물려받고 학습하여 청지기적 선교로 환원하고 있는가? 세계선교역사는 한민족 선교운동의 어떤 면에 격려의 박수를 보내고 어떤 면을 비평하며 꾸짖는가? 보다 건강하고 바람직한 선교운동의 미래를 위해 우리가 세계선교역사를 통해 더 배우고 천착해야 할 분야는 무엇인가?

안희열 교수님의 「세계선교역사 다이제스트 100」은 이런 도전 앞에 서있는 한민족 선교운동에게 가뭄의 단비같이 반가운 선물이다. 2천 년 선교역사를 기록한 방대한 책자들을 섭렵하고 이해하기란 너무도 버거운 일이어서 대부분의 사람들은 아예 시작할 엄두도 못 낸다. 그런데 이 책자는 분량이 부담스럽지 않을 뿐더러 선교역사의 추이를 따라가며 주요 인물들과 사건들 중심으로 사진까지 곁들여가며 재미있는 이야기로 풀어가는, 심오하면서도 편안한 역사기록이다. 세계선교에 헌신한 목회자와 성도, 선교사와 동역자, 교수와 학생 모두에게 이 소중한 책자를 권한다.

추천의 글 5

정 흥 호 총장
(아세아연합신학대학교)

과거의 역사를 모르는 자는 미래의 역사를 제대로 볼 수 없을 것이다. 이런 점에서 선교 역사도 예외는 아닐 것이다. 특히 한국교회에서 선교의 열정이 서서히 식어져가는 작금의 상황을 보면서 더욱더 선교에 대한 역사의식을 되짚어 보아야하는 것은 시대적 당위성일 것이다. 따라서 이번 안희열 박사님의 책은 오늘날 한국 선교의 앞날을 생각해 볼 때 시사 하는 바가 매우 크다 할 것이다. 이 책은 초대교회의 선교를 시작으로 현대선교에 이르기까지 방대한 역사적 기록을 일목요연하고 알기 쉽게 설명해 줌으로써 기독교인이라면 누구나 접할 수 있게 만들어졌다. 어떤 분야에서 사역을 하든지 반드시 읽어볼 수 있기를 적극 추천하는 바이다.

추천의 글 6

한 정 국 전 사무총장
(한국세계선교협의회, KWMA)

「세계선교역사 다이제스트 100」을 이해할 수 있는 동기부여가 책 제목에서 느껴진다. '다이제스트 100'이라는 것도 흥미가 돋워지는 부분이다. 나는 역사에 관심이 많아 E. H Carr의 「역사란 무엇인가?」를 대학시절 읽었다가 도무지 이해가 안 되어 읽고 또 읽은 적이 있다. 지금도 내용 요약이 안 된다. 이것이 역사인가 보다. Ralph Winter는 "사람은 역사에서 배우는 것이 너무 없다"고 한탄을 한 적이 있다. 그러니 성경 말씀대로 해 아래 새것이 없이 인간의 시행착오는 반복되는가 보다.

그런데 평소 존경하는 안희열 교수님이 저술한 이 책의 추천사 부탁을 받고 나서 '재미있는 발상'이란 생각이 우선 들었다. 역시 역사는 주요인물이며, 사건의 기록이다. 이를 100개로 선택하여 구슬 꿰듯이 재미있는 역사로 엮어내는 것은 아주 흥미로운 발상이다. 각 시대의 인물을 한 마디로 요약한 것은, 예를 들어 "순회선교의 대가, 콜롬반" 그 인물의 시대적 기여와 특색을 살려 현대인들에게 던져주는 메시지의 요점이라고 할 수 있다. 이런 인물과 사건의 개요를 통해 저자는 오늘을 사는 우리들에게 적용할 만한 교훈을 던져준다는 점에서 이 책은 아주 유용하다고 평할 수 있다.

"역시 안희열!"이란 감탄구가 나오는 것은 그를 알고 이 책을 읽는 이마다 동의할 수 있는 감탄어라고 표현하고 싶다. 오늘도 역사에 지대한 관심을 갖고 21세기를 헤쳐 가는 모든 이에게 이 책은 오아시스 같은 역할을 한다. 따라서 선교의 역사를 통해 현대 선교의 통찰력을 얻고자하는 사람들에게 적극 권하고 싶은 책이다. 다소 지루해질 때마다 나타나는 사건, 도표 그리고 지도는 읽는 이로 하여금 다시 한 번 책에 몰입시키는 효과가 있다고 보고 싶다. 나는 안희열 교수님에게 「한국선교역사 다이제스트 100」도 그의 남은 생애 안에 집필해 줄 것을 이 지면을 통해 부탁해 본다.

추천의 글 7

한 철 호 상임위원장
(선교한국파트너스)

　역사를 이해하고 기술하는 다양한 방법이 있다. 어떤 방법을 사용하는가에 따라 그 이해의 내용과 해석이 달라질 수 있다. 역사는 객관적인 자료를 단순히 나열하는 것이라기보다는 이를 특정한 시각으로 살피고 교훈을 얻는 것이다. 선교역사의 기술도 마찬가지이다. 선교역사를 보고 기술하는 관점은 하나님의 관점이다. 역사를 시작하시고 섭리하시고 완성하시는 하나님의 사역을 기술하는 것이 선교의 역사이다. 결국 선교역사는 세계기독교운동의 역사이고 하나님의 사역의 기록이다.

　안희열 교수님의 「세계선교역사 다이제스트 100」은 여러 측면에서 주목해 볼 만하다. 먼저 독자를 염두에 둔 저술이다. 많은 경우 역사의 기술이 저자의 관심이나 학문적 성취에만 집중하여 독자들이 그 내용을 명확하고 통전적이며 흥미를 가지고 접근하게 돕는 일에 실패하는 경우가 많다. 반면에 본서는 모든 계층의 독자들이 쉽고 흥미를 가지고 체계적으로 선교역사 전반을 이해 할 수 있도록 기술되어 있다는 점이다. 둘째로는 방대한 분량의 선교역사 전체를 시대별로 잘 구분함으로서 역사 전체를 한 눈에 이해할 수 있으면서도 각 시대에 일어난 선교역사의 중요한 사건들을 구체적으로 살펴볼 수 있도록 잘 구성되어 있다는 점이다.

셋째로는 단순히 사건의 나열이나 기술이 아니라 목회적으로나 선교적으로 도전이 되도록 실제적인 적용을 중심으로 구성되어 있다는 점이다. 그렇게 함으로서 선교역사가 지나간 사건의 기술이 아니라 오늘 그리고 내일의 선교적 참여와 동원에 실제적으로 교훈을 얻고 적용 가능한 자료로 구성되어 있다는 점이다. 더불어 저자의 학문적, 현장적 경험이 자연스럽게 스며들어 있어 학문적으로나 실제적으로 큰 도움을 얻을 수 있도록 구성되어 있다.

선교역사를 이해해야 하는 필요성 이나 급박함에 비해서 실제 손에 잡히는 자료가 많지 않다. 게다가 한국어로 작성된 자료들은 번역서 외에는 거의 전무하다시피 했다. 이번에 안희열 교수님이 선교역사 전체를 체계적이고 통시적이고 적용 가능한 자료로 정리해 준 것은 한국교회의 선교교육과 동원에 큰 도움이 될 것으로 확신한다. 모든 계층의 독자들에게 권하는 바이다.

머리말

"역사란 마치 거울과도 같다." 거울을 바라보듯이 한국선교가 무엇을 잘하고 있는지 어떤 것을 고쳐야 하는지 앞으로 감당해야 할 방향제시도 해 주기 때문에 역사는 중요하다. 하지만 역사라면 고리타분하고 딱딱하다는 이미지가 강하다. 지금까지 나온 저술들이 대부분 이론 중심이라 그럴 수가 있다. 더욱이 선교라는 무거운 사명감이 함께 짓누르다 보니 선교역사라면 아예 처음부터 거들떠보지 않는 사람들이 많다. 필자는 본서를 통해 선교역사에 대한 편견을 깨트리길 바란다. 선교역사는 본래 인물과 사건을 중심으로 하나님 나라가 확장된 기록물이다. 즉 인물과 사건을 정확히 꿰뚫어 본다면 참 재미있고 유익하다. 예를 들어 윌리암 케리의 아내인 도로시 여사가 선교사 아내로서 어떤 영광과 상처가 있는지, 19세기 위대한 세기의 선교를 위해 학생자원선교운동은 무엇을 했는지 살펴보는 것이다.

따라서, 본서는 각 시기별로 중요한 인물, 사건, 연도 가운데 100개의 주제를 선별해 흥미롭게 심도 있게 다뤘다. 마치 구슬을 꿰듯이 100개의 주제를 시대별로 엮었기에 100개의 주제만 이해한다면 2천 년의 세계선교 역사를 한 눈에 볼 수 있을 것이다. 더욱이 본서는 이론(theory)과 함께 실제(practice)에 중점을 두었다. "중세 세계선교의 허브, 프란시스코 수도원"이나 "미전도종족 선교의 대가, 랄프 윈터"를 보듯이 실제적으로 한국교회가 적용할 수 있도록 기술했다. 그 이유는 선교현장에 적용할 수 있는 이론이라야 파워가 있기 때문이다. 이런 면에서 본서는 한국선교를 진단하고 방향을 제시하는데 도움을 줄 것이다. 아울러 본서는 필자가 방문한 선교지 사진을 중심으로 각 주제마다 2-3개 정도의 사진이나 지도를 덧붙여 독자들로 하여금 지루하지 않도록 배려하였다.

필자는 본서를 누구나 쉽게 읽을 수 있도록 기술하였기에 목회자나 평신도, 선교사나 신학생, 교수나 직장인 누구든지 읽는데 편할 것이다. 본서는 세계선교역사를 선교적인 관점에서 6기로 구분하였다: (1) 초대교회 선교(AD 30-476년)-순교시기; (2) 중세교회 선교(476-1517년)-수도원 선교시기; (3) 로마 가톨릭 선교(1517-1792년)-예수회 선교시기; (4) 종교개혁자, 근원적 종교개혁자, 경건주의자들의 선교(1517-1792년)-선교신학을 바로 세우는 시기; (5) 개신교 선교(1792-1910년)-위대한 세기의 선교시기; (6) 현대 선교(1910-현재)-에큐메니칼과 복음주의 선교시기. 특별히 각 시기별로 핵심 주제, 핵심 단어, 핵심 성경, 핵심 연대표, 핵심 요약을 소개해 두었기에 각 시기를 정확하게 이해할 수 있을 것이다. 무엇보다 각 시기의 주제를 한 눈에 파악할 수 있는 주제 사진을 첫 페이지에 소개함으로 독자들이 각 장(章)을 한 눈에 이해할 수 있게 하였다.

본서는 안식년으로 필자의 모교인 싸우스웨스턴 침례신학대학원에서 객원교수(visiting scholar)로 체류하면서 세계선교역사에 필요한 방대한 자료들을 로버츠(A. Webb Roberts) 도서관에서 찾아낼 수 있어서 감히 이 책을 기록하게 되었다. 무엇보다 6년이 지난 다음 다시 개정판을 낼 수 있어서 하나님께 감사드린다. 본서의 출판을 위해 기획 디자인을 직접 담당하신 청림의 김동덕 대표님과 편집 등 여러 가지 일을 맡아 수고해 주신 침례신학대학교출판부 이정훈 주임, 오타 수정을 맡아 수고해 준 선교대학원의 명유정 자매와 임병진 교수님께 진심으로 감사드린다. 아무쪼록 이 책을 통해 한국교회가 세계선교역사를 바르게 통찰하여 해외선교 '10-20 클럽'(사역 대상국 100개 국가·선교사 2만 명 파송)을 넘어 서서 머지않아 '20-50 클럽'(사역 대상국 200개 국가·선교사 5만 명 파송)에도 가입하는데 조금이나마 일조할 수 있기를 바란다.

2019년 3월 1일
침례신학대학교 하기동산에서
저자 **안 희 열**

제1장

초대교회 선교

| 순교시기 |

바울의 회심을 기념하여 세운 바울 회심교회

제1장 | 초대교회 선교
순교시기(AD 30-476년)

시 기	서로마제국 멸망(AD 30-476년)
핵심 주제	순교자의 피는 교회 탄생의 씨앗이 된다!
핵심 단어	순교
핵심 성경	"내가 달려갈 길과 주 예수께 받은 사명 곧 하나님의 은혜의 복음을 증언하는 일을 마치려 함에는 나의 생명조차 조금도 귀한 것으로 여기지 아니하노라"(행 20:24).

| 핵심 연대표 |

구분	년 도	특 징
0	30년	교회의 시작
	36년	바울의 회심
	47-56년	바울의 1, 2, 3차 선교여행
	49년	예루살렘 총회
	58년	바울의 체포
	63년	바울의 석방
	64-68년	네로 황제의 박해
	67년	바울과 베드로의 순교
	70년	예루살렘 멸망
	81-96년	도미티안 황제의 박해
	95년	사도 요한의 밧모섬 유배
100	150년	순교자 저스틴이 로마에 예수제자훈련학교 설립
	156년	폴리갑의 순교
200	203년	퍼피튜아의 순교
	232/233년	두라 유로포스 가정교회 등장
300	303-311년	디오클레티안 황제의 대박해
	313년	콘스탄틴 황제의 밀라노 칙령 발표 및 기독교 공인
	325년	니케아 종교회의
	330년	콘스탄틴 황제 콘스탄티노플로 수도 이전

구분	년도	특징
300	341년	울필라스 고트족 선교
	360년	투어스의 마틴 고울(프랑스) 선교
	378년	서고트족 로마 공격
	381년	데오도시우스 황제의 기독교 국교 선포
400	404년	제롬의 라틴어 성경(Vulgate) 번역 완성
	410년	로마 함락
	413-426년	성 어거스틴「신의 도성」저술
	430년	반달족 북아프리카 점령
	431년	에베소 종교회의, 네스토리우스 이단으로 정죄
	432년	패트릭 아일랜드 선교
	451년	칼케돈 종교회의

제1장 초대교회 선교
순교시기(AD 30-476년)

　초대교회 선교란 AD 30년 오순절날 교회가 시작한 때부터 서로마제국이 멸망한 476년 전까지를 말한다. 엄격히 말하면 313년 콘스탄틴 황제가 밀라노 칙령을 발표한 이후 기독교 공인(公認)이 있기까지를 '초대교회'라 부르고 그 이후를 '제국교회'라 일컫는다. 하지만 통상적으로 서로마제국이 멸망하기 전까지를 초대교회라 칭한다. 이 시기의 선교 특징이라면 '순교'이다. 수많은 초기 기독교인들이 그리스도의 증인이 되기 위해 순교자의 길을 택했다. 초대교회 시절 '증인'(witness)이 된다는 것은 곧 '순교자'(martyr)가 된다는 것을 의미했다. 그 이유는 순교자의 뜻을 지닌 영어의 '마터'(martyr)가 증인의 헬라어인 '마르튀스'에서 파생된 것처럼 초대교회 시절 그리스도의 증인으로 살아가는 것은 곧 목숨을 바치는 일이었다. 대표적인 인물들이 스데반, 바울, 베드로, 야고보, 폴리갑, 퍼피튜아 같은 사람들이다.

　사도 요한은 끝까지 순교자의 길을 걷고 싶었지만 자연사(自然死)했다. 이들 뿐만 아니었다. 초대교회 신자들이라면 누구든지 순교자의 자세를 지녔다. 이들은 복음을 위해 '죽으면 죽으리라'의 신앙으로 똘똘 뭉쳐 있어서 순교를 두려워하지 않았다. 그렇다보니 네로의 박해(64-68년), 도미티안의 박해(81-96년), 디오클레티안의 대박해(303-311년)도 거뜬히 이겨냈다. 초대 기독교인들은 "내가 달려갈 길과 주 예수께 받은 사명 곧 하나님의 은혜의 복음을 증언하는 일을 마치려 함에는 나의 생명조차 조금도 귀한 것으로 여기지 아니하노라"(행 20:24)의 말씀처럼 살았다. 이들은 끊임없는 박해를 피해 '집'(오이코스)에서 교회를 시작했는데 예루살렘을 넘어서서 소아시아, 북아프리카, 유럽 전 지역까지 확장되었다. "순교자의 피가 교회 탄생의 씨앗"이 된 것이 바로 초대교회였다.

초대교회의 확장
1, 2, 3세기 초대교회의 지리적 확장(1-3세기)

1. 초대교회란?

초대교회란 오순절날 교회가 시작될 때부터 초기 기독교인들이 자신들의 신앙을 지키기 위해 로마의 핍박과 박해를 끝까지 이겨내던 시기를 말한다.[1] 이들은 어떤 순교도 두려워하지 않았고 '죽으면 죽으리라'의 신앙으로 똘똘 뭉쳐 있었다. 그래서 사도행전 20장 24절의 "내가 달려갈 길과 주 예수께 받은 사명 곧 하나님의 은혜의 복음을 증언하는 일을 마치려 함에는 나의 생명조차 조금도 귀한 것으로 여기지 아니하노라"의 말씀처럼 복음을 위해 생명 바치는 것을 두려워하지 않았다. 대표적인 인물이 스데반, 야고보, 바울, 베드로, 폴리갑이다. 초대교회는 분명 박해와 순교가 들끓는 시기였다. 하지만 십자가의 도가 멸망한 자에게는 미련하게 보일지 몰라도 구원받은 자들에게는 하나님의 능력이 되었다. 이들의 희생과 순교는 복음을 위축시키지 않고 오히려 헬라권 전 지역으로 활활 타오르게 하였다.

2. 어디까지 지리적으로 확장되었나?

1세기 초대교회는 바울과 예수의 제자들로 복음이 확장된 시기로 예루살렘에서 시작해 소아시아(터키)를 거쳐 그리스와 로마까지 확장되었다. 바울의 1차, 2차, 3차 전도여행이 큰 영향을 끼쳤고 예수의 제자들 역시 여러 지역에 흩어져 하나님 나라를 확장하는데 큰 일조를 하였다. 2세기에는 소아시아 지역에 교회가 폭발적으로 증가하던 시기이다. 요한계시록에 기록된 소아시아 7개 교회를 중심으로 교회가 빠르게 확산되어 유럽의 프랑스 일부 지역까지 확장되었고 북아프리카 지역에도 교회가 일부 세워졌다. 3세기에는 선교가 가장 왕성하던 시기로 당시 야만인들이 살고 있던 유럽과 북아프리카 지역까지 복음이 뻗어나갔는데 유럽에서는 스페인, 프랑스, 독일을 거쳐 영국까지, 북아프리카에서는 이집트, 리비아, 튀니지까지 교회가 세워졌다.

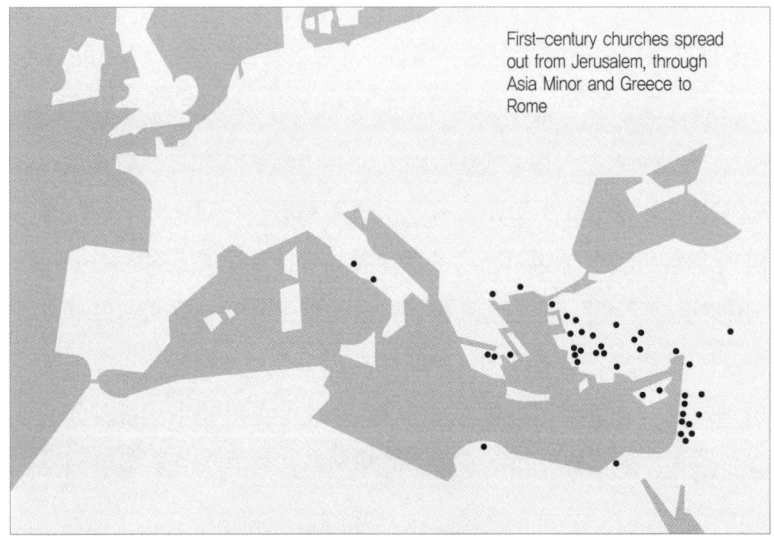

| 초대교회 1세기 지리적 확장

| 초대교회 2세기 지리적 확장

| 초대교회 3세기 지리적 확장

3. 일반적 요인

초대교회가 지리적으로 확장된 것에는 몇 가지 일반적 요인이 있다.[2] 첫째가 로마의 평화 시기라 불리는 'Pax Romana'이다. 로마제국은 한반도 면적의 약 15배에 달하는 323만 제곱킬로미터를 무려 300년 동안이나 통치하며 부족 간의 갈등을 종식시키고 오랫동안 평화를 유지했다. 로마의 평화는 복음이 헬라 전 지역에 완만하게 스며들게 하는데 큰 영향을 끼쳤다. 둘째가 도로 발달이다. 로마제국은 견고한 도로를 만들어 부국(富國)의 기초를 닦았는데 도로 발달은 자연스럽게 도시 발달, 상업 발달, 군사 발달을 이끌어 강력한 로마를 만드는데 큰 일조를 하였다. 이런 도로 발달은 복음이 쉽고 빠르게 전달하는데 도움을 주었다.

셋째가 헬라어 통용이다. 당시 헬라어는 문학 언어, 사교 언어, 상업 언어로 널리 사용되었는데 BC 4세기 알렉산드리아 대왕의 헬라 세계 건설은 헬라어가 헬라권 전 지역에 통용되도록 하는데 결정적 역할을 하였고 훗날 선교에도 큰 기여를 하였다. 바울과 바나바 같은 선교사들이 새로운 지역의 언어를 배울 필요가 없이 마음껏 사역할 수 있었기 때문이다. 넷째가 디아스포라이다. 로마제국 당시 헬라파 유대인이라고 불리는 디아스포라가 로마 인구의 7%를 차지해 이방 선교에 중추적인 역할을 하였다. 대표적인 인물들이 바울, 바나바, 마가로 복음이 확장되는데 결정적인 역할을 했다.

4. 가정교회 요인

초대교회가 확장되는 데는 가정교회가 중요한 몫을 담당했다.[3] 2세기 반에 걸친 로마의 심한 박해로 초기 기독교인들은 공공장소가 아닌 가정에서 은밀하게 모임을 가졌다. 당시 모임은 눈에 잘 띄는 '아파트나 빌딩'

(*insula*) 집보다는 '단독형'(*domus*) 집에 주로 모였다.4) 예를 들어 마가 요한 어머니의 집(행 12:12)이나, 자주장사 루디아의 집(행 16:15)이나, 가죽 제조업자인 아굴라와 브리스가의 집(롬 16:5) 같은 곳이다. 이들의 공통점은 평신도로 헌신된 자들이며 집주인들이었다.

   이들은 그리스도를 구주로 영접한 이후 자신의 집을 교회로 오픈하였다. 이들의 가정교회는 그야말로 그리스도의 사랑을 실천하는 장(場)이었다. 왜냐하면 이들은 자신의 집을 교회로 오픈한 이후 예배에 참석한 고아나 과부나 어린아이들에게 음식을 나눠주며, 종이나 여성이나 상관없이 누구든지 주의 만찬으로 떡을 떼며 그리스도 안에서 '한 몸'이라는 것을 몸소 보여주었기 때문이다. 집주인으로부터 받은 사랑이 너무 감사해 이들은 길거리에서나 시장터에서 목숨도 두려워하지 않고 그리스도의 '증인'이 되다보니 초대교회는 예루살렘을 뛰어넘어 헬라권 전 지역으로 뻗어갈 수 있었다.

002 선교사의 롤모델, 바울
바울의 회심(36년)

1. 하나님의 부르심에 대한 확고한 소명

라토렛(Kenneth Scott Latourette) 교수는 "바울은 모든 후배 선교사들의 원형과 모범이었으며 선교에 대한 열정과 의지를 북돋아 준 사람이었다"고 평가했다.5) 첫 번째 모델이 하나님의 부르심에 대한 확고한 소명이다. 바울은 다메섹(현 시리아의 수도 다마스쿠스)에서 약간 남쪽에 떨어진 카우캅이란 곳에서 소명(calling)을 받았다. 바울은 하나님으로부터 소명을 받기 전 예수 믿는 사람을 핍박하는데 앞장 선 사람이다. 그는 스데반의 죽음을 당연시했고 예수 믿는 사람들을 잡아들이기 위해 대제사장의 위임을 받아 예루살렘은 물론 해외에 있는 다메섹까지 가서 이들을 잡아오는데 혈안이 된 자였다. 이 일을 감당하던 중 다메섹에서 남쪽으로 17㎞ 떨어진 카우캅이란 곳에서 갑자기 하늘로부터 강한 빛을 받아 말에서 떨어지게 되었다. 이때 하늘에서 "사울아 사울아 네가 어찌하여 나를 박해하느냐"(행 9:4)의 주님의 음성을 듣고 난 후 '이방인을 구원할 그릇'(행 9:15)으로 소명을 받게 되었다(36년).

| 바울이 다메섹에서 남쪽으로 17km 떨어진 카우캅에서 말에서 떨어지면서 극적인 회심을 하게 되는데 이를 기념해 이곳에 바울 회심교회가 서 있다.

현재 바울의 회심을 기념하기 위해 카우캅에 가보면 바울 회심교회(혹은 바울 낙마교회)가 있는데 지금 러시아 정교회의 도움을 받아 현대식으로 잘 지어져 있다. 교회 밖에는 바울의 동상이 서 있고, 교회 안으로 들어가면 바울이 말에서 낙마한 아이콘과 예수님의 12제자들의 초상화가 그려져 있는 것을 볼 수 있다. 바울은 다메섹 도상(道上)에 있는 카우캅에서 소명을 받은 후 전적으로 하나님의 음성에 귀 기울이는 자로 변하였다. 주를 위해 모든 것을 버리는 자가 되었다. 그 첫 번째 결단을 사도행전 16장 6절에서 10절에서 볼 수 있다. 자신은 첫 선교지로 소아시아(터키)로 가고 싶어 했지만 성령께서 마게도냐(유럽)로 가게 하실 때 자신의 경험, 경력, 생각, 판단을 다 내려놓고 주님의 음성에 100% 순종했다. 이것이 바울의 힘이다.

2. 헬라어에 대한 탁월한 능력

두 번째로 바울이 선교사의 롤모델이 되는 것은 현지 언어인 헬라어에 능통한 자이기 때문이다. 그는 히브리 핏줄로 이방 땅 다소에서 태어난 까닭에 헬라어에 유창하였다. 헬라어는 로마제국이 통치하기 이전부터 헬라권 전 지역에 통용되던 국제 언어였다. 알렉산더 대왕의 영향으로 헬라어는 문학, 상업, 사교 등 여러 분야에서 널리 사용되었다. 당시 헬라어는 '코이네'(Koine) 헬라어로 불리며 일반 대중들이 널리 사용하였다.6) 대중들이 통용하는 코이네 헬라어를 바울은 자유롭게 구사할 수 있어서 복음을 전하는데 아무런 어려움을 겪지 않았다. 하나님은 바울과 같은 디아스포라들이 마음껏 선교 할 수 있도록 이미 알렉산더 대왕을 통해 언어의 장벽을 허물어 둔 것이다.

| 약 70명의 아르메니아인들이 바울 회심교회를 방문하여 예배를 드리고 있다.

무엇보다 바울은 헬라어를 자유롭게 구사할 수 있어서 높은 관료직에 있는 자들이나 부유층의 사람들에게 복음을 전할 수 있는 기회가 많았다. 사도행전 21장 37절을 보면 바울이 천부장을 만났을 때 천부장은 바울에게 "네가 헬라 말을 아느냐"(Do you speak Greek?)고 힐문한다. 바울은 유대인이기에 당연히 아람어 밖에 사용할 줄 모르는 자로 알았다. 하지만 그의 예상은 빗나갔다. 바울이 천부장과 대화할 때 "저는 헬라어는 몰라요"(No, I don't)라고 했더라면 사도행전 22장에 나타난 바울의 유명한 간증은 기대할 수가 없을 것이다. 하지만 바울은 현지 언어의 장벽을 뛰어 넘었기에 오늘날 선교사의 귀한 롤모델이 되고 있다.

3. 팀웍을 통한 사역

세 번째로 바울은 함께 동역하는 선교사로 모델이 된다. 처음에는 그런 자가 아니었다. 카우캅에서 소명을 받기 전까지만 해도 남을 해(害)하는 자였다. 적이 많은 자였다. 그가 다메섹 도상(道上)에서 이방인의 사도로 부름을 받고난 뒤 자기 고향 땅 다소에서 칩거하고 있을 때 그에게 처음으로 손을 내민 사람이 바나바였다. 바울과 바나바의 만남은 그야말로 하나님이 허락하신 '거룩한 만남'(Divine Contact)이었다. 바울은 자신의 인생 가운데 가장 힘들고 어려울 때 바나바를 통해 만남의 소중성을 발견하였다. 그래서 바울은 겸손해지고 하나님의 은혜라는 것을 발견했다.

그 이후 바울은 더 이상 사람을 내 쫓는 자가 아니라 사람을 곁에 두는 자로 바꿨다. 그 첫 번째 열매가 디모데이다. 바울은 디모데를 '아들' 디모데라 표현할 만큼 극진히 사랑하였다(고전 4:17; 딤전 1:2; 딤후 1:2). 더욱이 디모데가 어린 나이에 에베소교회에서 목회 할 때 "누구든지 네 연소함을 업신여기지 못하게 하고 오직 말과 행실과 사랑과 믿음과 정절에 있어서 믿는 자에게 본이 되라"(딤전 4:12)고 할 만큼 아끼며 코치해 주었다. 또한 바울은 로마 감옥에 있을 때 자신과 함께 동역한 자들에게 감사를 전달했는데 이들이 바로 에바브라, 마가, 아리스다고, 데마, 누가이다(몬 1:23-24). '멀리 가려면 함께 가라'고 했다. 바울이 바로 그런 선교사였다.

초대교회 선교의 주역, 헬라파 유대인

안디옥교회 선교사 파송(47년)

1. 헬라파 유대인이란?

헬라파 유대인이란 바벨론 포로시기(BC 605-535년)에 본국으로 귀환하지 못하고 외국에 뿔뿔이 흩어져 살던 유대인들을 말한다. 소위 디아스포라들이다. 반면 느헤미야 7장 66절과 에스라 2장 64절에 이스라엘로 귀환 한 숫자를 42,360명이라고 집계하고 있는데 이들은 히브리파 유대인들이라 부른다. 당시 디아스포라의 분산에 관해 "이런 민족이 들어가지 않은 곳이나 그들이 소유하지 못한 지역은 한 군데도 없을 정도다"고 언급될 만큼 세계 각 나라에 흩어져 있었다.[7] 그렇다면 왜 하나님께서 이스라엘 백성들을 흩었을까?

그 이유는 이스라엘 백성들이 스스로 선교하는 사람이 되지 않고 우상에 절하며 타락하고 부패하자 하나님은 의도적으로 이스라엘 백성들이 '선교하는 유전자'를 지니도록 세계 각처에 흩어지게 하셨다. 이들이 바로 헬라파 유대인들이다. 이들은 70년 동안 고통과 굴욕의 바벨론 포로시기를 보냈고, 알렉산더 대왕(BC 356-323년)이 헬레니즘 제국을 건설하여 헬레니즘 문화를 꽃피울 때는 문학, 철학, 언어, 상업 등 다양한 분야를 습득해 훗날 '선교하는 DNA'가 되도록 준비하였다. 마침내 로마제국(BC 27-AD 476년)이 건설되어 초대교회가 시작하자 하나님은 오랫동안 준비하셨던 헬라파 유대인을 사용하기 시작하였다.8)

2. 헬라파 유대인 네 그룹

이미 선교적 유전자를 소유한 헬라파 유대인은 초대교회의 복음 확장에 큰 기여를 했다. 이들은 주로 네 그룹으로 형성되었는데 첫 번째가 사도 그룹이다. 바울 같은 사람이다. 다소 출신으로 로마 시민권을 가지고 있었고 가말리엘 문하생으로 바리새인이었다(행 22:3). 바울은 부유한 가정에서 성장한 엘리트였지만 카우캅에서 극적인 회심을 경험한 후 사도로 부름을 받아 땅 끝까지 복음전하는 자가 되었다(고전 1:1; 엡 1:1; 골 1:1). 두 번째는 집사 그룹이다. 스데반과 빌립이 대표적이다. 이들 모두가 헬라파 유대인이다(행 6:5-6). 스데반은 복음 전하다가 순교 당하였고, 빌립은 사마리아 교회를 세우고 에디오피아 내시에게 복음을 전하기도 하였다. 아이러니하게도 초대교회의 첫 순교자들은 히브리파 유대인이 아닌 헬라파 유대인이었다.

세 번째는 여성 그룹이다. 마가 요한의 어머니 마리아와 같은 사람이다. 마가 요한의 어머니 마리아는 신앙 좋은 헬라파 유대인으로 예루살렘교회가 성장하자 자기 집을 오픈하여 교회로 사용토록 하였다(행 12:12). 당시 예루살렘교회는 구제건 때문에 히브리파 유대인과 헬라파 유대인간의 갈등이 증폭되자 점차 아람어를 사용하는 모임과 헬라어를 사용하는 모임이 따로 있었다고 한다. 이때 마가 요한의 어머니 마리아의 집은 헬라어 중심의 가정교회였다.9) 네 번째는 1.5세 그룹이다. 디모데 같은 일꾼이다. 디모데는 다문화가정의 자녀라 할 수 있는데 그의 어머니는 유대인이요 아버지는 헬라인이기 때문이다(행 16:1). 그는 바울의 제자가 되어 일찍부터 주의 일에 헌신한 자로 오늘날 1.5세의 모델이 되고 있다.

3. 왜 하나님은 헬라파 유대인을 선교에 사용했을까?

안디옥교회의 첫 선교사는 히브리파 유대인이 아닌 헬라파 유대인이다. 바로 바울과 바나바이다(행 13:1-3). 왜 하나님께서는 헬라파 유대인을 첫 선교사로 파송했을까? 하나님은 히브리파 유대인과 헬라파 유대인을 각각 자기가 받은 달란트에 맞게 사용한 것을 볼 수 있다. 히브리파 유대인의 대표적인 인물이 베드로이다. 그는 오랫동안 유대 문화에 길들어져 있어서 이방인과 함께 "식탁교제"(table fellowship)하는 것이 무척 힘든 자였다(갈 2:11-14). 모든 유대인들이 그러했다. 그는 몇 번의 거절 끝에 이방인 고넬료에게 직접 찾아가 복음을 전했다. 기적 같은 일이다. 그는 언어의 장벽이 있음에도 불구하고 그의 순종과 결단은 마침내 고넬료의 전 가정이 예수 그

| 다소에 있는 바울의 우물곁에 바울의 집터로 추측되는 당시의 집안 내부를 유리로 보관하고 있다. 모자이크로 장식되어 있어서 당시 부유한 집안이었음을 시사해 준다.

| 다소에 있는 성 바울 교회 내부 모습

리스도께로 돌아오게 되었다.

　베드로가 고넬료를 전도한 사건에 가장 큰 충격을 받은 자가 바울이다. 유대인이 헬라인에게 복음 전하는 것은 상상할 수 없는 일이기 때문이다. 다소에서 침거하며 이 일을 보고 바울은 "저 일은 내가 해야 할 일인데"라고 생각하며 "다음에 기회가 주어진다면 잘 해야지"라고 몇 번이고 다짐했을 것이다. 마침 그가 자성(自省)의 시간을 갖자 하나님은 바나바를 그에게 보내 안디옥교회에서 함께 동역토록 길을 열어 주었다. 바울은 회심하고 나서 10년의 세월이 지나고 나서야 선교사로 파송 받아 위대한 일을 감당했다. 자신을 낮추고 내려놓는데 시간이 필요했다. 필자는 "나는 베드로가 되고 당신은 바울이 되라"고 권하고 싶다. 1세대 베드로의 헌신과 결단을 1.5세인 바울이 보고 도전 받은 것처럼 오늘날에도 적용되었으면 한다. 1세대의 장점은 희생과 헌신이다. 1.5세는 언어 능력, 타문화 적응력, 폐쇄적이지 않고 개방성이 탁월하다. 바로 이런 점 때문에 하나님은 헬라파 유대인을 사용하였다.

박해, 복음에 불을 지피다
네로의 박해(64-68년), 도미티안의 박해(81-96년),
디오클레티안의 대박해(303-311년)

1. 어떻게 박해가 시작되었나?

초대 기독교인에 대한 박해는 네로 황제로부터 시작되었다. 네로는 과대망상증 광기로 인해 AD 64년 6월 18일 로마에 불을 지르도록 명령했다. 로마 대화재는 7일 동안 번져 나갔고 화재가 진압된 후 3일간 더 탔을 정도로 오래 갔다. 화재 참사로 인해 로마는 14구역 중 10구역이 소실되었는데 이 가운데 화재를 모면한 2구역은 특별하였다. 공교롭게도 이 2구역은 유대인과 기독교인의 주거지란 사실을 발견하고 네로는 화재 범인을 기독교인에게 뒤집어 씌웠다. 화재 범인으로 몰린 기독교인들은 이때부터 고난과 핍박의 연속이었다.

네로는 크리스천들에게 짐승의 가죽을 씌워서 개가 물어뜯게 하였고, 십자가에 못 박히게도 하였으며, 횃불 대신에 사람의 시체에 불을 붙이기도 하였다. 네로 황제의 박해 기간에 바울은 참수를 당하고 베드로는 십자가에 거꾸로 매달려 순교를 당했다고 전해진다.[10] AD 64년에 시작된 네로의 박해는 서막에 불과하였고 콘스탄틴 대제가 종교의 자유를 선포한 313년까지 거의 2세기 반 동안 기독교인은 박해를 이겨내야만 했다.

2. 왜 박해가 있었나?

초대 기독교인이 박해를 당한 가장 큰 이유는 황제 숭배를 거절했기 때문이다. 로마제국의 수호신이라 여기는 황제에 대한 숭배 거절은 대역죄로 국가의 질서와 안녕을 깨는 반국가적 행위로 이를 어길 시에는 생명을 부지(扶支)할 수 없었다. 하지만 초대 기독교인들은 황제 숭배를 하지 않았다. 하나님 외에 다른 신(神)을 섬길 수 없기 때문에 단호히 거절하였다. 결국 이들은 원형경기장에서 사자의 밥이 되거나 참수를 당하였다.

두 번째는 초기 기독교인들이 로마인들과는 달리 유일신 신앙을 지니고 있었기 때문이었다. 당시 로마인들은 제우스신, 아폴로신, 바알신 등 다신교를 믿고 있었는데 오직 하나님만 믿는 기독교인들은 로마인들에게 미움의 대상이요 가시이기도 하였다. 그래서 황제의 의지력보다는 때로는 로마 민중들의 극성스러운 요청 때문에 초기 기독교인들은 더 많은 박해를 받기도 하였다.[11]

세 번째는 초기 기독교인들이 행하는 성찬식에 식인 풍습이 있다는 흉악한 소문이 로마인들에게 펴져 나갔기 때문이었다. 초대 기독교인들은 무려 250년에 걸쳐 박해를 받으면서 "의를 위하여 박해를 받는 자는 복이 있나니 천국이 그들의 것임이라"(마 5:10)고 했듯이 하나님의 의(義)를 위해 타협치 않고 순교의 길을 택했다.

3. 박해는 어느 지역까지 펴져 나갔나?

로마제국의 박해는 세월이 지날수록 더욱 널리 펴져 나갔다. 64년 네로 황제로부터 시작된 첫 박해는 로마에 국한되었다. 로마에 살던 기독교인들이 원형경기장에서 사자밥이 되던지 십자가에 처형을 당하던지 화형을 당하기도 하였다. 죄명은 로마 대화재의 방화범으로 뒤집어 쓴 것이다. 전적으로 네로의 정신병으로 초기 기독교인들이 박해를 받은 것이다.

네로의 인간 횃불. 네로는 초대교인들을 십자가에 매달아 밤에 불을 붙여 횃불처럼 사용하였다.

반면 도미티안 황제는 15년 동안 통치하면서 황제 숭배에 박차를 가하고 이를 어길 시에는 대역 죄인으로 취급하여 타지역으로 추방하거나, 재산을 몰수하거나, 맹수와의 결투를 하게 하였다. 바로 이 때 사도 요한이 도미티안에 의해 밧모섬으로 유배되기도 하였다.

로마제국의 박해 중 가장 심한 것이라면 디오클레티안 황제의 박해이다. 그의 박해는 이해할 수 없는 부분이 많았는데 첫 번째 이유는 자기 아내 프리스카와 딸 발레리아는 기독교인이었기 때문이다. 두 번째는 당시 로마의 기독교인이 로마 전체 인구의 10%(10만)에 이를 만큼 숫자가 많았기 때문이다.12) 디오클레티안 황제가 통치하기 전(前) 초대교회는 폭발적으로 성장하여 관료인들 가운데서도 상당수가 기독교인으로 개종하기도 하였다.

하지만 그는 303년에 칙령을 발표해 교회를 불태우고, 성경을 전소시키며, 모든 성직자들을 잡아들여 로마 신들에게 제사토록 명령해 이를 어길 경우 모진 고문을 가하여 무려 3천명 이상이 순교를 당하였다. 디오클레티안 황제 때 첫 순교자는 소아시아에서 가장 먼저 생겨났다. 그는 동방 지역을 통치하기 위해

디오클레티안 황제는 303년 칙령을 발표해 3천명 이상의 기독교인들이 순교를 당하였다.

수도를 니코메디아(Nicomedia, 현 터키 이즈미트)로 옮긴 뒤 이 지역의 감독인 안티머스(Anthimus)를 참수시킨 것이 시발점이었다.13) 이후 페니키아, 이집트, 알렉산드리아, 시리아 등 어느 지역 가릴 것 없이 대박해가 확산되어 수천 명이 목숨을 잃었다. 하지만 예수께서 박해를 받으신 것처럼 초기 기독교인들은 어떤 박해도 피하지 않고 순교의 길을 걸어갔다.

4. 박해의 결과는?

순교자의 피로 세워지는 것이 교회이다. 초대교회가 그러했다. 초대교회 때 250년간에 걸친 박해라면 교회가 사라지거나 씨가 말라져 버릴 텐데 전혀 그렇지 않았다. 오히려 박해는 교회를 더욱 튼튼하게 만들었고 내성이 강한 신자를 만들었다. 로마서 12장 14절의 "너희를 박해하는 자를 축복하라 축복하고 저주하지 말라"고 말한 것처럼 초기 기독교인들은 이 말씀대로 살았다.

당시 순교는 최고의 면류관으로 생각되었다. 디오클레티안 황제의 대박해가 있을 때에 교회 지도자들 중 몸에 고문의 흔적이나 채찍 자국이 없다는 것은 상상할 수가 없었다. 그만큼 박해를 두려워하지 않고 신앙의 절개를 지켰다. 놀라운 것은 초대 기독교인들은 순교 훈련을 통해 고문을 앞두고 냉정을 잃지 않는 마음과 자신을 박해하는 원수에 대해 기도하는 자세와 고난 중에도 예의를 지키는 태도를 배웠다고 한다. 이런 모습은 로마 황제뿐 아니라 로마 시민들의 마음을 흔들 수밖에 없었다. 마침내 디오클레티안의 대박해가 종식되고 종교의 자유시대가 점점 밝아오기 시작했다.

 ## 죽으면 죽으리라, 요한
사도 요한 밧모섬 유배(95년)

1. 사도 요한의 박해

사도 요한은 도미티안 황제의 박해 시절 '죽으면 죽으리라'의 정신으로 살았다. 그는 소아시아에서 복음을 전하다가 체포되어 로마로 끌려갔는데 로마의 감옥생활은 지옥 그 자체였다. 감옥에서 주변 죄수들의 신음 소리와 사나운 맹수들의 포효 소리는 잠을 잘 수가 없었고 공포심으로 하루하루를 보내야만 했다. 하지만 요한은 나이가 많은지라 빨리 하나님 품으로 가고 싶어 했다. 육신의 형 야고보가 순교자가 된 것처럼 자신도 박해가 들끓는 시기에 구차하게 살지 않고 하루라도 빨리 순교자의 반열에 오르고 싶어 했다.

마침 때가 와서 도미티안 황제는 사도 요한을 경기장으로 끌고 와 십자가에 매달아 장작불을 지폈다. 그런데 바람이 불어 이내 꺼지고 말았다. 세 번이나 시도했지만 똑같은 일이 일어났고 오히려 세 번째 불은 사형집행인으로 번져서 그만 죽게 되었다. 그러자 왕은 요한을 펄펄 끓는 가마솥에 집어넣었다. 이번에도 요한은 몸 하나 상하지 않은 채 활활 타오르는 가마솥에서 기도하고 있었다. 왕은 요한이 마술을 부린다고 생각해 독약을 먹이기로 했다. 그 다음 저녁 만찬에 요한을 왕실로 초대해 음식을 함께 먹도록 했다. 왕은 요한이 황제 숭배를 끝까지 거절하자 미리 준비한 잔에 독약을 타서 주었지만 죽지 않았다. 왕은 이 사실이 백성들에게 알려질까 봐 두려워 95년경 지중해 연안의 밧모섬으로 유배시켰다.

2. 밧모섬으로 유배

사도 요한은 밧모섬에서 18개월을 보냈다. 당시 밧모섬은 악랄한 정치범 수용소로 누구든지 한번 들어가기만 하면 빠져 나올 수 없는 무서운 곳이었다. 요한은 이제는 이곳에서 순교자로 생을 마감하고 싶었다. 이곳에 머무는 동안 한 로마 병사는 너무 악랄하여 아무 이유 없이 요한을 발길질하고 침을 뱉고 욕설을 퍼붓지만 나이 많은 요한은 전혀 대꾸하지 않았다.

| 사도 요한이 계시를 받은 밧모섬의 아포칼립스 동굴

오히려 요한은 "너희 원수를 사랑하며 너희를 박해하는 자를 위하여 기도하라"(마 5:44)는 말씀처럼 로마 병사를 따뜻하게 대했다.

그런데 어느 날 로마 병사의 집안에 우환이 생겨났다. 집안 식구 가운데 한 명이 심한 병에 걸려 어떤 약을 써도 소용이 없자 자신이 괴롭혔던 요한이 생각났다. 성자로 불리던 요한을 불러 도움을 청하기로 했다. 요한은 로마 병사의 집을 방문하여 환자를 위해 기도했는데 감쪽같이 병이 나았다. 이 일로 로마 병사는 곧 바로 예수를 영접했고 이것이 계기가 되어 밧모섬 전체가 점차 예수 그리스도를 믿게 되었다. 더욱이 요한은 밧모섬에 머무는 동안 도미티안 황제 통치 말기인 96년경에 요한계시록을 기록하였다. 어느 날 요한은 아포칼립스 동굴(계시 동굴)에서 조용히 묵상 기도하는 도중 하늘로부터 강한 계시를 받게 되어 미리 준비한 종이에 이 모든 사실을 받아 적게 되었다. 이것이 바로 요한계시록이다.

| 장서 12,000권을 소유한 셀수스 도서관은 에베소인들이 즐겨 사용하였다.

3. 에베소교회에서의 말년

사도 요한은 밧모섬에서 마지막 순교자의 길을 걷고자 했다. 하지만 하나님은 그의 생명을 또 다시 연장시켜 주셨다. 원로원에서는 도미티안 황제를 퇴위시키고 부당하게 추방당한 자들을 돌려보내야 한다는 판결을 내려 요한은 18개월 만에 밧모섬에서 풀려나 에베소에서 말년을 보내게 되었다. 사실 요한이 밧모섬에서 유배생활을 하면서 마음에 걸린 것은 예수께서 유언으로 자신의 어머니 마리아를 보호해 달라는 요청을 이루지 못한 것이었다. 하지만 말년에 예수의 부탁을 실행할 수 있었다. 요한은 말년을 에베소교회에서 목회하면서 마리아를 끝까지 돌봤는데 교회는 언덕 중턱 위에 위치에 있고 마리아의 집은 중턱 아래에 있어서 언제든지 돌볼 수 있었다. 요한은 자신도 노구(老軀)의 몸이지만 자신에게 부여받은 사명을 저버리지 않고 끝까지 지켰다.

요한이 마지막으로 목회한 에베소교회는 영지주의 사상이 이미 들어와 교회가 분열 직전에 처하게 되었다. 에베소에는 학문을 연구하는 지식인층이 많았는데 이것이 교회에 큰 영향을 끼쳤다. 교회 언덕 아래에는 당시 세계에서 두 번째로 큰 셀수스 도서관이 있었다. 셀수스 도서관은 장서 12,000권을 소장할 만큼 큰 도서관이었다. 하지만 학문은 영성과 함께 하지 못했다. 예수 그리스도의 인성과 신성을 거부하고 쾌락주의에 빠진 영지주의 사상은 지식인층을 중심으로 확대되어 교회로 혼란에 빠트리게 하였다. 하지만 요한은 에베소교회를 말씀 위에 든든히 세웠고(엡 2:5), 성령으로 하나되는 교회를 만들었다(엡 4:3-4). 요한은 순교자의 길을 몇 번 선택했지만 예수의 제자들 가운데 가장 오랫동안 살다가 AD 100년경에 자연사하였다. 그는 사랑을 실천하는 자였고 말과 행동이 일치하는 사도였다.

위대한 순교자, 폴리갑
폴리갑의 순교(156년)[14]

1. 사도 요한의 제자인 폴리갑

폴리갑(Polycarp)은 안디옥에서 태어났다. 구전에 따르면 안디옥의 한 과부가 폴리갑을 노예로 샀는데 너무 영리하고 똑똑해 그녀가 죽을 즈음에 폴리갑을 더 이상 노예 신분으로 두지 않고 자유인으로 풀어 주었다고 한다. 이후 폴리갑은 에베소교회의 감독인 사도 요한을 만나 인생의 큰 변화를 겪고 요한의 제자가 되었다. 브루스(F. F. Bruce)는 "폴리갑은 사랑의 사도 요한의 수하에서 공부했기 때문에 예수님을 육체적으로 만난 사람들과 그 후 세대를 연결하는 사람이다"라고 언급하고 있다.[15] 이후 폴리갑은 40세가 되던 110년경에 서머나교회의 감독으로 임명받아 주의 종으로 일평생을 바치기로 결심하였다.

폴리갑의 주 업무는 사도 요한의 정신을 후대에 계승시키는 것이었다. 또한 폴리갑은 안디옥교회의 감독인 이그나티우스의 영향을 크게 받아 그의 서신들을 모으고 보관하는 작업도 그의 일이기도 하였다. 이그나티우스의 순교는 젊은 시절 폴리갑에게 큰 영향을 끼쳤다. 이그나티우스는 로마에서의 순교를 앞두고 안디옥을 떠나 서머나에 잠깐 머물며 폴리갑과 교제하였다. 젊은 폴리갑의 눈에 비친 이그나티우스는 죽음 앞에서 초연하고 평화로운 모습에 감화를 받아 자신도 훗날 이런 순교의 길을 걷길 소망하였다.

2. 위대한 폴리갑의 순교

세월이 지나 폴리갑은 자신이 늘 존경하던 이그나티우스처럼 순교자의 반열에 서게 된 것을 감사했다. 86세의 고령에 지방 총독에게 끌려간 폴리갑은 "네가 믿는 예수를 부인하라"고 수없이 회유를 받지만 눈 하나 깜작하지 않았다. 오히려 그는 "86년 동안 내가 주님의 종으로 살아오면서 주님께서는 한 번도 나를 서운하게 해주신 적이 없는데 어떻게 나를 구

| 폴리갑의 순교 장면. 옆에 있던 로마 병사가 단칼을 뽑아 폴리갑의 배를 찌르자 그제야 불길이 붙기 시작했다.

원해 주신 왕을 부인할 수 있겠느냐?"며 반문하였다.16) 그러자 성난 군중들은 "사자의 밥이 되게 하라"고 외쳤다. 하지만 사자들도 폴리갑에게 달려 가지 않고 머뭇거리자 이제는 "장작불에 불을 지펴 폴리갑을 화형시켜라"고 성화였다.

| 현재 터키 이즈밀에 있는 폴리갑 기념교회

로마 병사들은 성난 군중의 요구에 의해 장작불에 불을 지펴 화형 시키려고 했다. 하지만 불길이 폴리갑의 몸으로 옮기지 않자 곁에 있던 한 병사가 자신에게 있는 단칼을 들어 폴리갑의 배를 찌르자 불길이 붙어 폴리갑은 순교의 길을 걷게 되었다(156년). 이러한 폴리갑의 순교 장면은 현재 폴리갑 기념교회(현 터키 이즈밀)에 성화(聖畵)로 남겨져 있다. 폴리갑 기념교회는 17세기에 세워져 현재 이탈리아 기독교인들의 예배 장소로 모이고 있다. 폴리갑은 디모데후서 3장 12절의 "무릇 그리스도 예수 안에서 경건하게 살고자 하는 자는 박해를 받으리라"고 한 것처럼 묵묵히 박해를 받아 들였다. 하지만 이 모습을 바라본 서머나교회 교인들은 더욱 신앙이 견고하였고 하나님을 의지하게 되었다. 폴리갑의 순교는 교회를 든든히 세우는 씨앗이 되었다.

007 박해 속에서도 활짝 핀 가정교회
두라 유로포스(Dura-Europos) 가정교회(232/233년)

1. 가정교회는 왜 생겼나?

초대교인들은 로마의 박해를 피하기 위해 집에서 모임을 가졌다. 때로는 카타콤(지하교회)이나 회당에서도 모이기도 하였지만 가장 왕성한 모임은 집이었다. 무엇보다 네로 황제로부터 시작한 박해는 디오클레티안 황제까지 이어져 약 2세기 반 동안 초대교인들은 마음 놓고 공공장소에서 예배를 드릴 수가 없었다. 그렇다보니 자연스럽게 모임은 집에서 이루어졌다. 이 모임이 가정교회이다. 이들은 '아파트나 빌딩'(insula) 집보다는 '단독주택'(domus) 집에서 모임을 가졌는데 그 이유는 단독형 집이 보다 안전하게 예배드릴 수 있고, 또한 초대교회 당시 로마의 아파트(3-4층) 집은 각 건물마다 혼탕목욕탕이 있어서 덕스럽지 못해 피하였다.17) 초기 기독교 시기의 가정교회는 약 20-40명 정도 모임을 가질 수 있었고, 다락방이 있는 집은 최대 100명까지 모일 수 있었다.18)

2. 가정교회는 누구의 집에서 모였나?

초대 가정교회는 마가 요한의 어머니 집(행 12:12), 루디아의 집(행 16:15), 아굴라와 브리스가의 집(롬 16:5), 빌레몬의 집(몬 1:2)처럼 집에서 시작되었다. 당시 집을 소유한 집주인들은 대체적으로 부유하거나 영향력 있는 자들이었다. 마가 요한의 어머니는 레위족으로 아들 마가는 바나바의 조카였고(행 4:36; 골 4:10), 바나바는 구브로 출신의 레위족으로 자신의 재산을 사도들에게 바칠 만큼 부유했다(행 4:37). 이들 모두는 헬라파 유대인이다. 루디아는 빌립보에서 옷을 파는 장사꾼으로 많은 돈을 벌었고(행 16:12-15), 브리스가는 로마 사람으로 부유하고 고귀한 가정에서 태어나 남편 아굴라와 함께 복음 전파에 주력하였고(행 18:1-4; 롬 16:3-4; 고전 16:19), 빌레몬은 종 오네시모를 용서할 만큼 덕스러운 자였는데(몬 1:16) 이들은 한결 같이 예수를 영접한 이후 자신의 집을 오픈하여 가정교회를 시작했다.

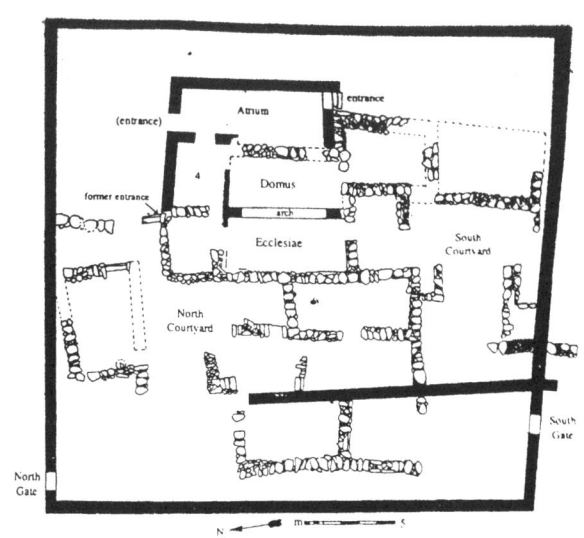

| 4세기경 가버나움에 있는 '단독주택'(domus)형 가정교회

초기 기독교 시기의 가정교회는 세월이 지나면서 건물이 점차 발전하기 시작했다. 초기의 가정교회는 적은 숫자만 수용할 수 있는 공간이어서 침례식을 거행할 공간조차도 없었다. 무엇보다 교인 수가 급증함에 따라 더 큰 가정교회의 건물이 필요했다. 마침내 AD 232/233년에는 방이 8개와 안뜰이 1개 있는 두라 유로포스(Dura-Europos, 현 시리아 지역) 가정교회가 세워졌다. 두라 유로포스 가정교회는 초기의 가정교회와 달리 약 65-75명 정도 모일 수 있을 만큼 공간이 넓었고 침례탕도 있었다.[19]

3. 가정교회는 무엇을 했나?

초대교회의 가정교회는 두 가지 특징이 있다. 첫째는 말씀이고, 둘째는 주의 만찬이다.[20] 예루살렘교회(행 2:42)와 마가 요한의 어머니 마리아 집인 가정교회(행 12:4-12)도 그러했다. 67년경 바울이 순교를 당한 이후 가정교회 예배는 더욱 형식화되었는데 2세기경에는 1부는 성경공부(설교)가 있었고 모든 사람들이 자유롭게 참여할 수 있었다. 2부에는 주의 만찬식이 거행되었는데 여기에는 제한이 있어서 아무나 참석할 수 없고 침례 받은 자들만 동참할 수 있었다.[21] 말씀은 주제식보다는 강해식 설교가 주류를 이루었는데 그 대표적인 인물이 크리소스톰(콘스탄티노플교회), 오리겐(알렉산드리아교회), 어거스틴(히포교회)이었다.

식탁교제(table fellowship)에는 두 가지 형태가 있었는데 아가페(agape)라 불리는 애찬식(love feast)과 주의 만찬식이다.[22] 애찬식에는 그야말로 각기 다양한 사람들이 참석하여 가정교회를 오픈한 집주인(세대주)의 지극한 사랑과 '섬김'을 경험하게 되었다. 주의 만찬은 아주 특별하였다. 초대교회 당시 상하부구조가 확실하고 신분 이동이 불가능한 시대에 남자나 여자나, 자유인이나 종이나, 유대인이나 헬라인은 더 이상 차별이 없고

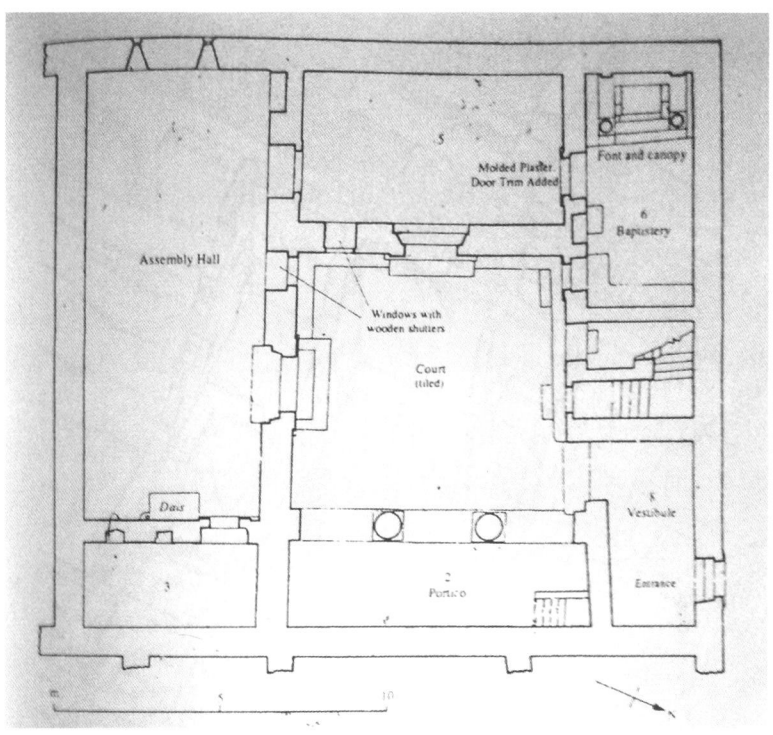

| 두라 – 유로포스 가정교회. 왼쪽에 예배 장소가 있고 중간에 안뜰이 있으며 그 외 방이 8개가 될 정도로 크다.

그리스도 안에서 '한 몸'이라는 사실을 거행하는 것이 바로 주의 만찬이었다. 그야말로 혁신적인 예식이었다. 이 예식에 동참한 자들은 이처럼 파격적인 사랑을 잊지 못해 길거리나 시장터에 나가 자신이 신변의 위협을 당하더라도 위험을 감수하고 그리스도의 '증인'으로 살았다. 그렇다보니 초대교회의 가정교회는 가히 폭발적이었다. 자신이 받은 사랑이 너무 크기에 자신 또한 그렇게 살기로 작정한 것이다. 그 중심에 선 자들이 바로 집주인들이었다. 이들의 '섬김'의 삶과 '한 몸'의 정신은 복음이 헬라권 전 지역에 흩어지게 하는데 중추적인 역할을 감당하였다.

수도주의 운동과 선교
안토니(256-356년), 파코미우스(286-346년),
가이사랴의 바실(330-379년)

1. 왜 수도주의(修道主義) 운동이 발생했는가?

수도주의(修道主義) 운동이란 수도사적 금욕주의를 확산시켜 잃어버린 영성을 회복하려는 것을 말한다. 초기 수도사들은 복잡한 도시를 떠나 사막이나 광야나 산에서 자신의 구원과 영성을 돌아보는 일에 매진하였다. 이들은 처음부터 철두철미하게 금욕주의 생활을 했다. 음식과 의복은 단순했고, 독신으로 살았으며, 절제된 자기 생활을 유지했고, 자신의 영성관리에 최선을 다했다. 그래서 초기 수도사들은 초대교회의 순교자들처럼 '영적 엘리트' 그룹으로 인식되었다.23) 이러한 수도주의 운동은 점차 수도원 운동으로 발전되었다.

수도주의 운동은 콘스탄틴 대제가 313년 기독교 공인(公認)을 하기 바로 전인 약 3세기 말부터 4세기 초에 발생했다.24) 수도주의 운동이 발생한 것은 초대 교인들이 로마의 박해를 피하려는 의도도 있었지만 무엇보다 기독교가 공인된 이후 교회는 건강한 모습을 잃어버렸다. 교회가 세속화, 조직화되면서 타락과 부패의 길로 들어서게 된 것이다. 감독은 부의 상징이 되었고 능력 있고 권세 있는 자만이 교회의 요직을 차지하는 것으로 여겨졌다. 교회가 세상의 권력과 타협함으로 초대교회의 순수한 모습이 점차 사라지게 되었다. 그래서 교회가 세상을 구원할 방주가 될 수 있을는지 답을 찾기 위해 의식 있는 자들이 교회의 울타리를 벗어나 새롭게 시작한 것이 사막에서의 수도생활이었다.

2. 수도주의 운동은 어디에서 시작되었나?

최초의 수도사들이 등장한 곳은 이집트의 사막이었다.25) 수도사들은 사막에서 휴식을 취하며 자신을 관리하는 시간을 보냈는데 때로는 박해를 피해 이곳에서 잠깐 머물기도 하고 때로는 영구적으로 머물기도 하였다. 수도사(monks)라는 단어는 헬라어의 "고독"(solitary)을 나타내는 모나코스(monachos)에서 유래했다.26) 이들은 세속을 떠나 홀로 지내다보니

| 이집트에 있는 성 안토니 수도원

"은둔자"라고 부르기도 하였다. 처음에는 소수로 시작되었지만 안토니, 파코미우스, 가이사랴의 바실 같은 이들이 등장하면서 수도주의 운동은 급속도로 확산되어 나갔다.

3. 초기의 수도사들은?

초기 수도주의 운동에 불을 지핀 사람은 안토니(Anthony, 256-356)이다. 그는 최초의 수도사는 아니지만 이집트 태생으로 콥틱어를 사용하는 농사꾼이었다가 개종한 사람이다. 그는 일찍이 부모를 여의었으나 부모가 물려준 유산이 있어서 평생 동안 사는 데는 지장이 없었다. 하루는 교회에서 부자 청년의 이야기(마 19:21)를 들으면서 큰 감동을 받아 자신이 상속받은 모든 자산들을 가난한 자를 위해 나누어 주었다. 처음에는 여동생을 위해 약간의 자산을 남겨 놓았지만 이것마저 다 처분하고 여동생을 교회에 맡

| 최초로 공동체 생활 중심의 수도원을 설립한 파코미우스

기고 사막으로 떠나 버렸다.

그는 사막에서 기도와 명상에 잠겼고, 성경을 매일 읽으며 수일씩 금식하는 것을 마다하지 않았다. 때로는 환상 중에 악마와 싸우는 일이 자주 일어나 이 일로 인해 지치고 힘들 때가 있었다고 한다.27) 교회에 대한 박해가 끝나게 되자 안토니는 자신의 금욕생활을 승화시켜 금식하는 것과 목욕하지 않는 것과 한 벌의 옷만 입는 것을 더욱 실천에 옮겼다. 그의 영성과 능력이 각 처소에 퍼지면서 사람들이 찾아오기 시작하자 그는 더 이상 홀로 지내는 것을 포기하고 병자들을 치유하며 방문객들에게 영적인 상담도 기꺼이 해 주었다.

안토니는 아리우스 논쟁에 관련해 알렉산드리아를 방문하였는데 이 때 아리우스주의자들을 제압하기도 하였다. 그는 헬라어를 몰랐기 때문에 콥틱어로 담대히 변론하여 아리우스주의자들을 놀라게 하였다. 그는 356년까지 100세를 장수하다가 사망하였는데 자신의 전 재산인 겉옷 한 벌을 알렉산드리아 감독인 아타나시우스에게 전하도록 부탁하기도 했다. 아타나시우스는 안토니의 수도원적 삶을 기리기 위해 「성 안토니의 생애」(The Life of Saint Anthony)를 저술하였고 이 책은 후대 수도원운동에 큰 밑거름이 되었다.

수도주의 운동에서 고립된 금욕생활보다는 수도원을 통한 공동체 생활을 처음으로 시도한 사람이 파코미우스(Pachomius, 286-346)이다.28) 그는 콥틱어를 사용하는 이교도의 집안에서 태어났다. 파코미우스는 콘스탄틴의 북아프리카 로마 군대의 징집병으로 끌려가 군생활을 하던 중 콥틱 크리스천들의 따뜻한 사랑과 섬김에 큰 감동을 받게 되어 자신도 군대를 떠나면 이들처럼 살고 싶은 마음이 생겨났다. 제대 후 그는 기독교인이 되어 사막으로 떠났는데 팔라몬(Palamon)이란 은둔자를 만나 그를 영적인 멘토로 삼았다. 파코미우스는 사막에서 팔라몬과 함께 7년을 보내는 동안 기본적인 수도생활을 익히게 되었다.

　이후 파코미우스는 개인적인 수도의 한계를 절감하고 공동체 생활을 통해 효과적인 수도생활을 하기로 결정했다. 그래서 그는 나일강 주변의 타벤니시(Tabennisi)에 최초의 금욕주의 공동체인 수도원을 세웠는데 호응이 좋았다.29) 군 출신 개종자답게 수도원 규율 역시 엄격하게 만들었다. 수도원에 입문하려는 자는 전 재산을 포기해야 하고 상사에게 절대 복종해야 하며 육체노동은 반드시 해야만 했다. 수도사들은 한 방에 세 명씩 잠을 자야 했고, 성경 읽는 것은 필수였으며, 식사는 하루에 두 번씩 주어졌고, 술과 고기는 금지되었으며, 일주일에 두 번씩 수도원 전체 금식이 있기도 하였다. 이러한 파코미우스의「규율집」(Rules)은 제롬이 라틴어로 번역해 훗날 서방교회의 수도원운동에 지대한 영향을 끼치게 되었다.30)

　파코미우스 이후 동방 수도원운동에 가장 큰 영향력을 끼친 감독이라면 대바실로 알려진 가이사랴의 바실(Basil of Cæsarea, 330-379)이다. 그가 AD 330년경 현 터키 갑바도기아의 가이사랴에서 태어났을 때 집안은 충실한 기독교 가정이었다. 그는 공직생활에 관심이 많아 젊은 시절 콘스탄티노플로 떠나 수사학과 웅변술을 배워 고향으로 돌아왔는데 누나의 강력한 권유에 의해 세상적인 관심을 끊고 주의 일에 헌신하기로 마음먹었다. 28살이 되던 358년에 바실은 이집트를 방문했는데 특별히 그곳에서 파코미우스 수도원을 둘러보고 깊은 감동을 받았고, 이후 아테네를 방문하였을 때는 평생 친구인 그레고리를 만나 함께 금욕적인 삶을 살기로 서로 합의를 했다.31)

| 동방 수도원운동에 지대한 영향을 끼친 가이사랴의 바실

바실은 364년에 성직자로 안수를 받고 370년에는 갑바도기아 가이사랴의 감독으로 임명을 받아 감독겸 금욕주의자로 길을 걸어갔다. 감독 임명 후 바실이 가성 먼저 시도한 것은 수도원석 공동체의 삶을 교회와 밀접하게 통합시키는 것이었다.[32] 그는 감독은 수도원을 통치할 강력한 권위를 지녀야 한다고 생각했고, 수도원은 외관상 보기에 좋아야 하며 환자를 치료하고 빈자를 돌보며 교육받을 수 있는 장소가 되어야 한다고 믿었다. 그 예가 현재 터키 갑바도기아에 있는 바위 동굴교회들이다. 바실은 훗날 동방 수도원운동의 규범이 되는 수도원 규율을 만들기도 했는데 대규율 55개와 소규율 313개가 있다. 이 규율에서 바실은 사랑과 희생과 섬김의 공동체가 가장 건강하고 성경적 공동체임을 강조하고 있다.

수도주의 운동은 동방교회에서 먼저 시작되었다. 이집트에서 시작해 시리아와 메소포타미아 등지로 확산되어 서방교회까지 번져갔다. 서방교회에서는 투어스의 마틴(Martin of Tours)이, 켈틱교회에서는 성 패트릭(St. Patrick)에 의해 수도원 운동은 급속도록 확산되었다. 동방에서 처음 수도주의 운동이 일어났을 때는 사막에서 조용히 자기 구원을 발견하려는 몸부림으로 시작되었다가 점차 공동체 생활의 필요를 느껴 수도원을 만들게 되었다. 이후 서방교회에 확산되면서 수도원은 구제와 선교의 중심지로서 그 역할을 감당하게 되었다.

콘스탄틴의 회심과 제국교회 탄생

밀라노 칙령 발표와 종교의 자유(313년)

1. 콘스탄틴은 왜 회심하였나?

콘스탄틴은 아버지의 대를 이어 306년에 자신의 부대가 그를 황제로 선포하였다. 콘스탄틴은 황제로 추대되었지만 그가 넘어야 할 첫 번째 산은 막센티우스(Maxentius)라는 경쟁자를 물리쳐야만 했다. 그런데 막센티우스가 이교의 마술에 의존하고 있음을 알고 이보다 더 강력한 힘이 필요했다. 312년 어느 날 전열을 정비하고 있는 오후에 콘스탄틴은 태양을 가르는 십자가를 하늘에서 보았다. 그 십자가 위에는 '이 표적으로 말미암아 승리하리라'는 글이 새겨져 있음을 그의 친구이자 감독인 유세비우스에게 전했다.33) 놀라운 것은 그 다음날 막센티우스와의 전투에서 그가 본 대로 십자가 군기를 전쟁터에 들고 나가 싸웠는데 밀비안(Milvian) 다리에서 대승을 거두었다. 그리고 수도(로마)를 장악할 수 있었다. 이 일로 인해 콘스탄틴은 기독교의 상징이 효과가 있음을 굳게 믿었고 자신도 기독교로 개종하였다.

이듬해인 313년에 콘스탄틴과 리치니우스(Licinius) 두 명의 황제는 밀라노에서 만나 '밀라노 칙령'(Edict of Milan)을 작성하고 6월에 니코메디아(Nicomedia)에서 칙령을 공포하였다. 마침내 종교의 자유를 선포하였고 기독교를 공인(公認)하였다(313년).34) 밀라노 칙령의 서두에는 "예배의 자유는 더 이상 구속받지 않을 것이며 모든 사람들은 자신이 선택한 종교를 지킬 권리가 있음을 우리가 진심으로 원하는 바이다. 따라서 우리는 법령을 공포하여 기독교인이나 누구든지 자신이 따르는 종교의 신앙과 예배를 지킬 수 있음을 선포한다"고 공포하였다.35) 이후부터 기독교는 더 이상의 박해와 핍박이 따르지 않았다. 한편 콘스탄틴은 밀라노 칙령 발표 후 10년이 지난 323년에 그의 마지막 라이벌인 리치니우스를 물리치고 로마제국의 단일 황제로 등극하게 되었다.

| 313년에 밀라노 칙령을 공포한 콘스탄틴 대제

| 콘스탄틴은 그의 마지막 적이었던 리치니우스를 323년에 물리치고 로마제국의 단일 황제로 등극하였다.

그렇다면 콘스탄틴의 회심은 진심일까? 그가 진심으로 예수 그리스도를 구세주로 영접했을까? 사실 그는 337년 죽는 날까지 침례받는 것을 연기한 사람이다.36) 313년까지 로마제국의 전체 인구 5천만 명 가운데 10%가 기독교인이었고,37) 이들은 3세기 동안 수없는 박해를 이겨낸 사람들이었다. 콘스탄틴은 이들의 끈질긴 생명력에 매료될 수밖에 없었다. 비록 그가 기독교로 개종하여 새로운 양식의 교회 건축을 주도했지만 이방 신전들도 함께 수축했고 이교도 의식을 폐하지도 않았다. 오히려 그는 강력한 국가를 건설하기 위해 기독교를 수단으로 사용하였던 것이다. 콘스탄틴의 진실된 회심은 미약하다고 볼 수밖에 없다.

2. 콘스탄틴의 회심이 기독교에 미친 영향은?

그렇다면 콘스탄틴의 회심은 기독교에 득(得)이 될까? 아니면 실(失)이 될까? 지금까지 학자들 간에 논쟁이 있어 왔다. 콘스탄틴 대제에게 진정한 회심을 찾아보기 힘들다 할지라도 기독교에 미친 긍정적인 면이 크다. 밀라노 칙령의 가장 큰 공헌이라면 더 이상의 박해와 순교가 근절되었다는 점이다. 그리고 기독교 선교의 활성화를 이루었다. 그가 313년 밀라노 칙령을 공포한 이후에 로마제국의 교인 숫자가 무려 네 배가 증가하였다.38) 칙령 발표 전까지만 해도 로마제국의 기독교인은 10%(약 5백만) 정도였는데 칙령 발표 이후 네 배로 증가한 것이다. 통계적으로 보면 칙령 발표 이후 헬라권 전 지역에 기독교인의 숫자가 무려 2천만 명에 이를 정도로 추산된다. 로마제국의 한 황제의 회심은 상상을 뛰어넘는 회심자를 얻게 하였다.

반면 밀라노 칙령이 교회에 끼친 부정적인 영향도 만만치 않다. 첫 번째가 순수한 선교 동기가 사라졌다. 칙령 발표 이전에는 '죽으면 죽으리라'의 순수한 정신을 가지고 복음을 전했지만 이제는 그렇지 않아도 되다 보니 선교의 열정이 점차 식어지게 되었다. 두 번째는 기독교 공인으로 엄청난 비기독교인들이 자신들이 섬기던 다신교 신앙을 버리지 않은 채 교회에 유입되다 보니 구원의 감격이 없는 크리스천들이 급속도로 증가하게 되었다. 그래서 교회 내에 교리가 혼탁해지고 이단들이 속출하다보니 훗날 동·서로마교회가 함께 모여 이 문제를 해결하기 위한 종교회의가 열리게 된 것이다.

3. 밀라노 칙령 발표와 제국교회의 시작

콘스탄틴 대제가 밀라노 칙령을 발표한 이후부터의 교회를 제국교회라 부른다. 그 이전의 가정교회와는 차원이 다르다. 제국교회의 특징이라면 첫째로 기독교 공인(公認)으로 안전하게 신앙생활을 할 수 있었다. 더 이상의 박해가 사라지고 합법적으로 신앙생활을 할 수 있었다. 콘스탄틴은 이를 위해 일요일 준수를 법령화했고 안식일을 주일로 변경시켰다. 둘째로 감독에게 교권 및 법적 권한까지 부여하였고, 교회는 면세 특권을 부여받아 교회가 점차 부(富)를 축적하고 사유화도 가능하였다. 이것은 훗날 중세교회의 타락과 부패의 길을 열어놓는 대로(大路)가 되었다. 셋째로 교회가 제도화, 조직화, 권력화되었다. 상하부 구조의 피라미드형의 조직 체계가 교회에서 생겨나 명령체계의 시스템이 교회에 정착되었다.

넷째로 교회 건축양식이 크게 변화하였다. AD 500년까지 교회건축은 3가지 형태의 양식으로 발전하였는데 1, 2세기에는 단독주택형의 도머스(domus) 가정교회로 약 20-40명 정도 모일 수 있었다. 3세기에는 두라-유로포스(Dura-Europos) 양식의 가정교회로 약 65-75명 정도 모일 수 있을 만큼 커졌다. 이후 4세기 초 밀라노 칙령이 발표된 후에는 바실리카(Basilica) 교회 양식으로 바뀌었다. 콘스탄틴이 밀라노 칙령을 발표한 이후 가장 공을 들인 부분이 바로 교회 건축이었다. 그는 초대 가정교회를 모두 바실리카 양식 교회로 대체시켰다. 바실리카 양식은 교회가 직사각형 건물로 반원형 부분이 건물 끝에 있어서 가정교회 건물보다 훨씬 우아하고 웅장한 모습을 지니고 있다.[39] 가정교회와는 달리 바실리카 양식 교회는 국가가 주도적으로 자금을 투자하고 건물을 대형화, 고급화하다 보니 국민들의 많은 세금이 교회를 짓는데 유입된 것이 제국교회의 큰 특징 중 하나였다.

최초의 에큐메니칼 공의회, 니케아 종교회의와 선교

니케아 종교회의(325년)

1. 니케아 종교회의는 왜 열렸나?

니케아 종교회의는 알렉산드리아 교회의 감독인 알렉산더(Alexander)와 그 교회의 장로인 아리우스(Arius)간의 신학논쟁이 비화(飛火)하여 로마제국의 전체 종교회의로 발전하였다. 아리우스는 리비아 출신으로 안디옥에서 신학을 공부하였고 교회분열운동에 가담한 것 때문에 파면당한 뒤 알렉산드리아 교회의 감독인 알렉산더의 지도를 받는 것으로 하여 알렉산드리아 교회의 장로가 되었다. 하지만 아리우스는 예수 그리스도의 피조성(被造性)을 강조하여 감독 알렉산더와 신학적으로 정면충돌을 하게 되었다. 급기야 321년에 아리우스가 알렉산드리아 교회의 회의에서 파문을 당함으로 그 여파가 일파만파로

아리우스를 변호하다가 파면당한 당대 최고의 역사학자였던 유세비우스

확산되어 동방교회는 두 개로 갈라질 위기에 처하게 되었다.40)

콘스탄틴 대제는 이 문제를 해결하기 위해 자신의 교회 보좌관인 호시우스(Hosius)를 파견해 중재하며 조사토록 하였다. 그런데 일이 생각보다 다르게 진행되어 325년 1월경 안디옥에서 열린 반아리우스주의 성향의 교회 회의에서 호시우스가 의장을 맡아 아리우스 사상을 지지한 유세비우스(Eusebius)를 파면시킴으로 일은 더욱 복잡해졌다.41) 콘스탄틴은 자신의 의도와는 전혀 다르게 사건이 전개되자 그 해 5월 안키라(Ancyra, 현 앙카라)에서 열려고 했던 회의를 취소하고 니케아(Nicaea, 현 이즈니크)로 옮겼다. 그 이유는 본인이 직접 회의를 주도하여 사건을 해결하기 위해서였다. 유세비우스는 니케아 종교회의에서 콘스탄틴의 직접 변호로 파면을 면하였고 본인은 마음 내키지 않지만 니케아 신조에 서명하였다.

2. 니케아 종교회의는 무엇을 다루었나?

니케아 종교회의는 최초의 에큐메니칼 공의회 또는 세계 공의회라 부른다.42) 왜냐하면 동방교회와 서방교회의 대표들이 처음으로 모여 회의가 이루어졌기 때문이다. 니케아 종교회의에는 동방교회에서 약 220명의 감독들이 참석하였고, 서방교회는 불과 4-5명의 감독들만 참석했으며, 장로는 2명만 로마에서 파송되었다. 대다수의 감독들은 로마제국에서 왔는데 페르시아와 고트족에서도 각각 1명의 감독이 참석하였다. 또한 약 100명 미만의 하급계층의 성직자들과 평신도들도 참석하였다. 마침내 콘스탄틴 대제는 325년 5월 20일 역사적인 니케아 종교회의의 의장을 맡아 사회를 진행하였다. 그는 회의 서두에 참석한 모든 감독들에게 더 이상 분열하지 말고 연합과 화평할 것을 촉구하였다.

회의의 쟁점은 역시 아타나시우스(Athanasius)와 아리우스와의 논쟁이

| 니케아 종교회의에서 이단으로 정죄된 아리우스

었다. 아타나시우스는 알렉산드리아 교회의 감독이었던 알렉산더를 계승한 자로 당시 가장 촉망받던 감독 중 한 명이었다.43) 회의 결과는 아타나시우스의 승리였다. 회의가 끝난 뒤 발표된 내용을 보면 "예수 그리스도는 피조(被造)된 분이 아니라 탄생하신 분이며 아버지 하나님과 동일한 실체를 가진 분"이라고 선포되었다.44) 니케아 종교회의에서 성부와 성자의 동일본질론이 선포되었다. 이후 니케아 신조에 서명한 동방교회의 감독은 220명 중에 무려 218명이 서명해 만장일치나 다름이 없어서 콘스탄틴은 극도로 흥분되었다.45) 마침내 예수 그리스도의 신성을 부인한 아리우스는 이단으로 정죄되고 파면당했다. 콘스탄틴은 니케아 종교회의에서 교리의 통일을 통해 로마제국의 안정을 이루려는 자신의 정치적 목적을 달성할 수 있었다.

3. 니케아 종교회의와 선교의 관계는?

콘스탄틴이 313년 기독교를 공인한 이후 어용신학, 이단, 배교자들이 속속 등장하여 교회는 큰 어려움에 처하게 되었다. 이것을 방치하다간 교회가 분열되고 깨지기 쉽기 때문에 콘스탄틴 대제는 자신이 직접 나서서 에큐메니칼 공의회를 니케아에서 소집하였다. 무엇보다 기독교 공인으로 기독교인 숫자가 4배가 증가하면서 회심자들 중에는 과거의 이교도 신앙을 버리지 않은 채 교회로 유입되다 보니 교회는 신학적으로 큰 혼란에 빠지게 되었다. 즉 구원의 감격이 없는 크리스천들이 너무 많이 발생한 것이다. 그래서 니케아 종교회의(325년)와 칼케돈 종교회의(451년)에서는 신학 정립을 굳건히 하였고 신학 경험이 없는 평신도들에게 선교를 금하였다.46) 그 이유는 정통으로 신학을 공부하지 않은 자들에게 선교사의 자격을 주면 오히려 선교지에서 신학적·교리적 혼선만 가중되기 때문이었다. 니케아 종교회의는 건강한 선교는 정통적 교리위에서만 할 수 있음을 일깨워 준 공의회이기도 하였다.

위대한 성경번역 선교사, 울필라스

울필라스 고트족 감독으로 임명(341년)

1. 고트족이란?

고트족(Goths)은 원래 게르만 지역에서 살았다. 2세기 중엽부터 이들은 남하(南下)하기 시작하여 3세기 중엽에는 많은 고트족들이 다뉴브강 하류와 흑해 북쪽지역까지 내려와 살게 되었다. 로마제국은 전투적 기질이 강한 게르만족의 한 분파인 고트족이 점차 남하하게 되자 심각한 위협을 느끼게 되었고 이들과 로마 군사들과는 끊임없는 마찰이 일어났다. 한 번은 로마 군대가 고트족에게 패하게 되어 마르쿠스 아우렐리우스(Marcus Aurelius, 161-180) 황제는 로마 국경지대인 다시아(Dacia)에 이들이 살도록 허락해 주었다.47) 발레라아누스(Valerianus)와 갈리에누스(Gallienus) 황제 때에 고트족은 아시아로 쳐들어가 약탈물과 수많은 기독교인을 노예로 끌고 왔는데 이 포로들 가운데는 신앙심이 좋은 갑바도기아 출신이 많았다. 바로 울필라스의 아버지가 그러했다.

2. 울필라스의 성경번역은 어떤 의미가 있는가?

울필라스(Ulfilas, 311-383)[48]는 311년에 부친인 갑바도기아인과 모친인 고트인 사이에서 태어났다. 울필라스가 태어날 당시 그의 아버지와 같은 갑바도기아 출신들은 이곳에서 꾸준히 선교활동을 해 많은 고트인들은 이미 기독교인이 되었다. 이들이 기독교로 개종한 것은 오래 전 포로로 잡혀온 갑바도기아 크리스천들 때문이었다. 이 가운데 울필라스는 능력 있고 장래가 촉망받는 청년인지라 328년에 콘스탄티노플로 외교적 사명을 띠고 파견받았다. 이곳에서 울필라스는 13년 동안 니코메디아의 유세비우스(Eusebius of Nicomedia)의 영향을 받아 그의 모든 신앙을 정립하였다.

마침내 울필라스는 341년에 유세비우스를 통해 감독으로 임명을 받고 자기 고향 땅 고트족을 복음화하기 위해 선교사로 파송받았다.[49] 이 때 울필라스의 나이가 30세였다. 울필라스의 첫 선교사역은 다뉴브강 북쪽에서 시작되었다. 그런데 이곳에서 348년 기독교에 대한 강한 박해가 일어나자 로마제국의 콘스탄틴 황제의 도움을 받아야만 했다. 그는 로마의 국토인 다뉴브강 남쪽의 모에시아(Moesia)에서 정착해서 살도록 허락을 받았다. 울필라스는 이곳에 머물면서 선교사로서 위대한 일을 하게 되었다. 바로 고트족을 위한 성경을 번역한 것이다. 그는 열왕기상하를 제외하고 성경 전권을 번역하였다.[50] 울필라스가 성경을 번역할

초대교회 시절 갑바도기아 기독교인들은 바위 동굴교회에서 피신해 신앙생활을 유지하였다.

때는 한두 명의 동료들이나 혹은 작은 학자 그룹과 함께 번역을 했다고 한다.51) 울필라스의 성경번역은 당시 문자가 없던 고트어를 문자 형태로 표현한 최초의 책이기도 하였다.52) 더욱이 게르만족이 자신의 언어로 성경을 읽을 수 있는 최초의 게르만 성경을 소유하였다는 점에서 위대한 것이었다.53)

3. 울필라스의 선교 영향은?

고트족이 아리우스 신앙에 빠지게 된 것은 울필라스의 절대적 영향 때문이었다. 울필라스는 젊은 시절 콘스탄티노플에 머무는 동안 그의 모든 신학체계는 유세비우스로부터 영향을 받게 되었다. 유세비우스는 당대 최고의 역사학자였고 영향력 또한 대단하였다. 콘스탄틴 대제가 늘 친구처럼 아끼고 사랑했던 자가 유세비우스이다. 그는 아리우스가 니케아 종교회의(325년)에서 파면 당하자 종교회의의 결과와는 상관없이 그를 보호해 주기도 하였다. 그래서 유세비우스를 아리우스주의자 혹은 반(半)아리우스주의자라고 부른다. 하지만 라토렛 교수는 "울필라스는 온건한 아리우스주의자였다"고 평가하고 있다.54) 울필라스는 유세비우스와의 관계로 아리우스의 이단적 사상을 자연스럽게 받아들이게 되었는데 아리우스 사상은 당시 대부분의 비잔틴 감독들이 받아들였다.

| 울필라스가 번역한 고트어 성경번역 일부

고트족은 아리우스 신앙을 유럽

전 지역으로 확대시키려는 원대한 계획을 가지고 있었다.55) 당시 이교도 였던 프랑크족을 제외하고 동로마제국의 대다수가 아리우스 신앙을 신봉한 상태였다. 따라서 고트족의 첫 번째 선교대상은 프랑크족(Franks)이었다. 그런데 당시 신흥강국이었던 프랑크족의 왕인 클로비스(Clovis)가 기독교로 개종함으로 고트족의 모든 선교 계획은 수포로 돌아가고 말았다. 하나님께서는 프랑크족을 통해 아리우스 사상이 서유럽 전역에 확산되는 것을 막으신 것이다.

채플의 유래를 만든 선교사, 투어스의 마틴

투어스의 마틴 프랑스 선교(360년)

1. 작은 사랑, 큰 은혜

투어스의 마틴(Martin of Tours, 316-397)은 316년 파노니아(Pannonia)에서 이교도의 부모 밑에서 태어났다.56) 그는 아버지가 군 장교로 복무하고 있어서 10대라는 젊은 나이에 군대에 입대할 수 있었다. 아버지가 군인이면 아들도 필히 군복무를 해야 하는 당시의 상황 때문에 남보다 일찍 군 생활을 할 수 있었다.57) 마틴은 고울(Gaul, 현 프랑스) 북쪽에서 주로 군 생활을 보내서 그의 중요한 사건들은 이 지역에서 일어났다. 어느 추운 겨울날 마틴은 벌거벗고 추위에 덜덜 떠는 한 거지를 만났다. 울면서 도움을 요청하는 거지를 보고 그냥 스쳐 지나가다가 순간 돕고 싶은 마음이 생겨서 호주머니를 보니 돈이 한 푼도 없었다. 그러자 마틴은 자신이 입고 있는 망토를 칼로 반으로 잘라서 주었다.58)

그날 저녁 마틴을 꿈을 꾸게 되었다. 꿈속에서 예수를 만났는데 낡고 허름한 망토 반쪽을 입고 있었다. 곁에 있던 천사들이 예수께 "그 낡고 허름한 망토는 어디에서 났어요"라고 묻자 예수께서 대답하기를 "마틴이

지. 비록 마틴은 초신자에 불과하지만 내게 망토를 주었어"라고 기쁨으로 대답하였다.59) 곧 이어 예수께서 "너희가 여기 내 형제 중에 지극히 작은 자 하나에게 한 것이 곧 내게 한 것이니라"(마 25:40)고 덧붙여 얘기하였다. 이 일을 계기로 마틴은 주님께 더욱 가까이 갈 수 있었고 마침내 그의 나이 18세에 회심하였다. 이러한 마틴의 특별한 경험은 훗날 그를 청빈과 구제의 삶으로 살게 하였다.

2. 채플의 유래는?

채플(Chapel)이라는 말은 투어스의 마틴이 자신의 낡고 허름한 외투를 거지에게 잘라 준 것에서 유래하였다. 마틴의 외투 한 조각이 작고 조그만 교회에 걸려 있었는데 이 외투를 라틴어로 카펠라(Capella)고 부르고 외투가 걸려 있는 작은 교회를 "채플"(Chapel)이라고 부르게 되었다.60) 이처럼 채플(교회)은 사랑과 희생의 흔적이 묻어져 있는 곳이었다. 마틴이 그러했던 것처럼 오늘날에도 그렇게 해야만 한다. 이러한 교회를 영적으로 이끌고 목양하는 사람을 채플린(Chaplain), 즉 목사 혹은 사제라 부른다. 사실 투어스의 마틴의 삶은 초대교회 감독들의 귀감이 되어 서유럽 수도원 운동의 선구자로 불리고 있다.61)

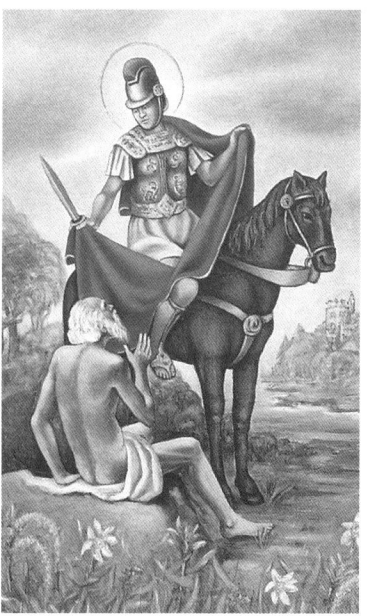

투어스의 마틴이 추운 겨울 한 거지를 만나 자신의 망토 절반을 칼로 잘라 나눠주고 있다.

3. 청빈하고 영혼을 사랑한 선교사

마틴은 20세가 되던 해에 군생활을 청산하였다. 수도원에 들어가 체계적인 영성 훈련을 받기 위해서였다. 그 때에 자신이 늘 영적 멘토로 삼고 싶었던 푸아티에의 감독인 힐러리(Hilary of Poitiers)를 만나 훈련받게 된 것은 축복이었다.62) 마틴은 힐러리 감독을 통해 영적관리를 어떻게 하는지 세세히 훈련받았을 뿐 아니라 담당 교구의 사소한 일들을 어떻게 처리하는지도 배우게 되었다. 마틴은 수도원 생활을 하면서 가급적 감독 직분을 맡고 싶지 않았다. 오히려 은둔자로 살아가는 것을 만족했다. 하지만 투어스(현 프랑스 파리의 남쪽 도시)의 신자들은 마틴이 감독이 되길 원했고 무엇보다 투어스의 감독이 되기를 바랬다.

마틴은 37세가 되던 353년에 감독이 되어 투어스의 외곽에서 사역을 시작했다. 마침내 투어스의 감독이 공석이 되자 투어스의 신자들은 꼭 마

| 성 투어스의 마틴 교회

틴이 이 지역의 감독이 되길 소망했다. 주변의 몇몇 감독들은 마틴이 늘 초라하고 꾀죄죄한 모습이 감독의 품위를 떨어트린다고 해서 강력히 반대했다. 하지만 마틴은 360년에 누어스의 감독이 되어 불모지의 땅 투어스를 복음화시키는데 일등공신이 되었다. 그때 마틴의 나이가 44세였다.

마틴은 예수 믿지 않은 자들에게 복음전하는 것을 무척 좋아했다. 그래서 자신의 교구 밖으로 뛰쳐나와 사람들과 접촉하며 복음을 전하기 위해 수 없이 걷는 것을 기뻐했다. 그리고 이교사원을 허물고 미신들을 쫓아내며 간음한 자들에게 능력 있는 하나님 말씀을 선포하여 예수 그리스도를 영접토록 하는 것을 즐거워했다. 마틴의 사역으로 투어스 지역은 약 50%가 복음화가 될 수 있었다. 마틴의 전기를 기록한 한 젊은 작가는 "마틴은 누구를 심판하거나 비난하지도 않았고 악을 악으로 갚지도 않았으며 어느 누구도 그가 화를 내거나 짜증을 내거나 슬픔에 잠기거나 깔깔거리며 웃는 모습을 본적이 없었다. 그의 입술은 예수 그리스도를 전하는 것 외에는 아무것도 없었고 그의 마음은 경건과 평화와 동정심으로 가득 찼다"고 고백하였다.[63] 이처럼 마틴은 청빈하고 영혼을 뜨겁게 사랑하는 선교사였다.

013 전방개척선교의 모형, 야만족 선교

로마 함락(410년), 서로마제국 멸망(476년)

1. 야만족이란?

야만족이란 문명화되지 못한 사람들을 말한다. 로마제국은 이미 알렉산더 대왕이 헬라 전 지역에 세운 헬레니즘 문화와 자신들의 탁월한 문명 발달로 교육, 철학, 예술, 과학, 의학, 문학, 건축 등 다양한 분야에서 문명국가를 건설하였다. 이와 반면 로마제국 주변의 야만족들은 그렇지 못했다. 이들은 미개하고 거칠고 전투적이며 약탈자로 살아갔다. 로마제국은 3세기 중엽까지 국경 주변에서 야만족들의 작은 약탈이나 침략으로 어려움을 겪었지만 이들로부터 큰 침략은 받지 않았다.[64]

당시 야만족들은 고트족, 반달족, 훈족, 부르군디족, 롬바르드족, 프랑크족, 색슨족이었다. 로마 국경지대에서 로마군과 야만족들은 늘 전투를 한 것은 아니었다. 개인적으로 많은 게르만 군인들은 로마군에 소속돼 근무하였고 그 보상으로 로마의 외교 보조금이 게르만 통치자들에게 지원되기도 하였다. 특별히 이들 간에 몇몇 주요 무역거래 노선이 열려 목재, 곡물, 가축들이 거래되기도 하였다. 야만족들에게 이러한 무역거래는 부

(富)를 안겨다 주었고 마침내 게르만 사회의 사회적, 경제적, 정치적 변형까지도 낳게 하였다.

2. 서고트족의 침략과 로마의 함락

로마제국과 야만족간의 평온한 힘의 균형은 350년경 훈족이 유럽의 변두리지역에 진입하면서 깨지기 시작했다.65) 훈족은 동쪽의 대초원에서 이동한 유목민들로 376년까지 고트족을 수없이 침략하자 이들은 서쪽으로 이동할 수밖에 없었다. 고트족은 3개 그룹으로 나뉘어 로마 국경지역인 다뉴브까지 이동하였다. 놀라운 일은 378년 하드리아노플(Hadrianople) 전투에서 고트족이 로마군을 상대로 대대적 승리를 거둔 것이다. 로마군은 초토화되었고 이때부터 야만족의 침략이 본격으로 시작되었다. 395년에는 훈족이 로마제국을 상대로 직접 침략을 감행하였고 이 침략을 통해 훈족

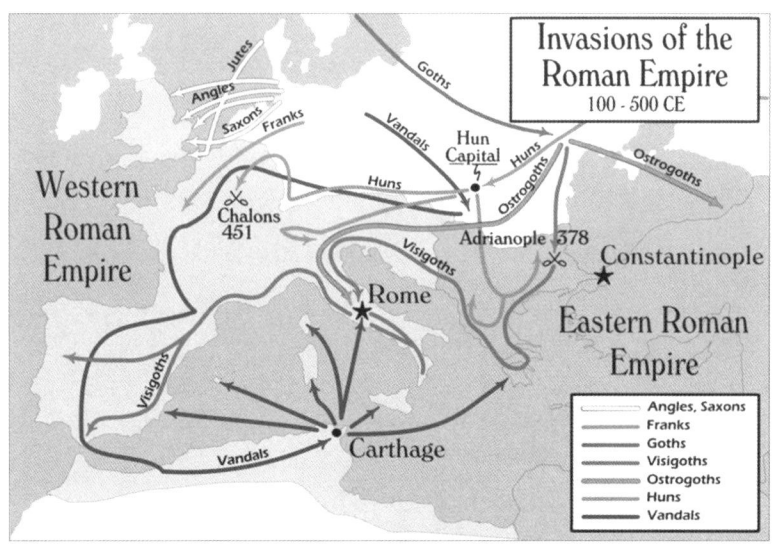

| 야만족들의 로마제국 침략 경로

은 흑해 동북부지역까지 진출하였다. 더욱이 로마제국이 395년에 동서제국으로 분열된 것은 이후 더 많은 야만족의 침략을 받아야만 했다.

마침내 410년 8월 24일 서고트족의 알라릭(Alaric) 군대는 로마를 포위하고 공격해 로마는 함락되고 말았다. 알라릭은 기독교인이어서 베드로 대성당과 주요 교회들은 손을 대지 않았지만 3일간에 걸친 약탈은 처참할 지경이었다. 공공건물들과 원로원의 집들은 파괴되거나 불탔고 무고한 시민들은 처참하게 죽어 갔으며 이들의 모든 자산들은 빼앗기고 말았다. 제롬(Jerome)은 로마가 무너진 모습을 보고 "전 세계를 정복했던 도시가 정복당했다"며 통탄에 잠기기도 하였다.66) 410년 알라릭에 의한 로마의 함락은 476년 서로마제국의 멸망을 알리는 신호탄이었다. 사실 고트족을 중심으로 한 야만족들이 로마를 침략한 이유는 로마의 우수한 문명혜택을 보기 위함이었으며 또한 로마제국 내에서 안전하게 정착하며 살고 싶

| 서고트족 알라릭 군대가 로마를 함락시키자 혼비백산한 로마 시민들

은 욕망 때문이었다. 하지만 야만족들의 욕구와 로마제국간의 외교전에서 로마는 지고 말았다.

로마의 멸망은 서고트족의 침략도 있었지만 무엇보다 스스로 붕괴를 자초한 것이다. 그 이유는 첫째로 도덕성의 붕괴 때문이었다. 당시 도덕적 윤리적 타락은 로마에 만연했었다. 특히 로마제국 후기에는 도덕성 붕괴가 극치에 이르러 스스로를 통제할 힘마저 상실하고 말았다. 둘째는 교회 지도자들의 타락이었다. 교회가 부패한 사회와 국가를 정제해 줄 힘이 있어야 하는데 교회 역시 그렇지 못했다. 사제들과 성직자들의 타락은 그리스도의 정신을 송두리째 말살시켜 스스로 무너진 것이다. 셋째는 사람과 자원의 부족 때문이었다. 당시 서방은 동방에 비해 늘 가난했는데 이런 상황은 2, 3백 년간 지속되었다. 이런 악조건 속에서 서방에서는 극소수의 생산 노동자들만이 일하지 않는 사람들을 먹여 살려야만 했다. 예를 들어 군인은 숫자가 배나 증가하였고 관료직 또한 숫자가 늘어나서 일할 수 있는 생산 노동자들은 턱없이 부족하였다. 쓸만한 사람들은 죄다 군인이나 관료로 빠져나가 정작 사람들을 먹여 살릴 생산 노동자들이 거의 없었다. 그렇다보니 물품 역시 모자랄 수밖에 없었다.

3. 어떻게 야만족 선교가 이루어졌나?

콘스탄틴 대제가 기독교를 공인한 이후 로마제국은 크고 작게 야만족들의 침략을 수없이 받아왔다. 그렇다보니 정치적 위협은 날이 갈수록 높아갔지만 교회가 야만족들을 대상으로 한 선교사역은 서서히 진행되었다.[67] 하지만 교회는 중요한 선교전략지에 선교사를 파송하여 하나님의 나라를 확장하는 일에 최선을 다했다. 4세기부터 5세기에 파송된 선교사를 살펴보면 고트족에는 울필라스, 고울(프랑스) 지역에는 투어스의 마틴, 아일랜드에는 패트릭이었다. 이후 6세기부터는 콜롬바, 켄터베리의 어거스틴, 콜롬반, 보니페이스 등이 파송되기도 하였다. 놀랍게도 울필라스, 투어스의 마틴, 패트릭이 사역한 선교지는 오늘날 전방개척지역과 아주 흡사하다. 이들이 야만족 선교를 어떻게 감당했는지 살펴보는 것이 오늘날 전방개척선교(Frontier Missions)에 큰 도움이 되리라고 본다.

첫째로 사제 중심의 선교를 하였다. 이미 살펴본 바와 같이 313년 기독교 공인이후 기독교인 수는 무려 4배가 증가하여 구원받지 못한 크리스천들이 대거 교회에 유입되었다. 한편 새신자들이 교회에 입교하는 것이 좋을는지 모르지만 이들이 이교도 신앙을 버리지 않은 채 교회에 유입되다 보니 교회는 신학적으로 큰 혼란에 빠질 수밖에 없었다. 급기야 325년 니케아 종교회의에서는 교회가 평신도 선교사를 파송하는 것을 금하는 법령을 통과시켰다. 이는 제대로 신학교육을 받은 사제들만 선교사로서 자격이 있다고 판단했기 때문이다. 오늘날 선교적 관점에서 보면 역행하지만 당시로서는 어쩔 수 없는 선택이었다. 무엇보다 비잔틴 감독들은 대다수가 아리안주의를 신봉하였고, 고트족을 중심으로 한 많은 야만족들은 아리안주의자들이어서 더더욱 니케아 정통교리를 배운 선교사들이 필요하였다.[68]

둘째로 소달리티(sodality) 선교를 하였다. '소달리티'(sodality) 선교란 수도원 중심의 선교를 말한다. 이것은 종전의 가정교회 중심의 선교, 즉 '모달리티'(modality) 선교와는 차이가 있다. 수도원에서는 사제들을 체계적인 신학교육과 탁월한 영성 훈련을 시키는 장점이 있었다. 혹독한 자기 절제와 영성관리, 영혼을 사랑하는 마음, 헬라어와 히브리어와 라틴어를 습득시킨 뒤 선교사로 파송하였다. 엘리트 교육을 받은 사제들은 어느 곳에 가든지 선교사역을 잘 감당할 수 있었다. 당시 대표되는 선교사가 투어스의 마틴과 패트릭이다. 라토렛 교수는 투어스의 마틴을 "서방 수도원 운동의 선구자"로 평가하였고,[69] 마이클 스미스는 패트릭이 켈틱교회의 수도원 운동에 뿌리를 내렸다고 언급하였다.[70] 수도원에서의 체계적인 선교사 훈련은 거칠고 전투적인 야만족을 만나도 눈 하나 깜짝하지 않고 담대히 복음을 전할 수 있는 능력과 담대함을 심어주어 야만족 선교를 성공적으로 달성할 수 있었다.

셋째로 자립선교가 강하였다. 자립선교(self-supporting mission)란 외부의 도움에 의존하지 않고 자기 스스로 선교사역을 감당해 나가는 것을 말한다. 사도 바울이 '텐트메이커'로 사역하였듯이 선교사 스스로 이러한 삶을 사는 것이다. 야만족 선교를 했던 울필라스, 투어스의 마틴, 패트릭도 그러했다. 울필라스는 니코메디아(Nicomedia)의 유세비우스에 의해 고트족 선교사로 파송을 받았지만 그는 그곳에서 끝까지 자립했다. 마틴과 패트릭 역시 각각 프랑스와 아일랜드에 가서 수도원을 세운 뒤 자립선교의 모델을 보여주었다. 이는 훗날 중세교회의 수도원들이 자립선교를 하는 밑그림을 보여준 것이다. 이런 자립선교는 오늘날 전방개척선교를 어떻게 감당해야 하는지 좋은 길잡이가 되고 있다.

탁월한 교회개척 선교사, 패트릭

패트릭 아일랜드 선교(432년)

1. 불행한 10대를 딛고 일어서다

패트릭(St. Patrick, 389-461)은 신앙 좋은 가문에서 3대째 기독교인으로 태어났다. 아버지 칼푸르니우스(Calpurnius)는 부제(deacon)였고 할아버지 포시토(Potius)는 켈틱교회의 성직자(presbyter)였다. 하지만 행복도 잠깐 그의 불행은 10대 중반에 시작됐다. 16세 되던 해 아일랜드의 해적들이 갑자기 집에 들이닥쳐 힘 좋고 젊은 패트릭을 노예로 끌려 간 것이다.[71] 그와 함께 수천 명의 사람들이 납치되어 끌려갔다. 패트릭이 끌려 간 곳은 아일랜드 북쪽의 안트림(Antrim)이란 곳이었는데 이곳에서 6년간 힘든 노예생활을 보내게 되었다. 안트림에서 패트릭은 야만인들과 함께 양떼들을 돌보는 목동으로 힘들고 외로운 시간들을 매일 보내야만 했다.

이때가 패트릭에게는 하나님께 간절히 의지하는 시간이 되었다. 비록 그가 믿음이 좋은 집안에서 태어났지만 하나님과 함께 동행하는 기쁨을 깨달은 것은 노예생활 때였다. 베드로전서 1장 7절의 "너희 믿음의 확실함은 불로 연단하여도 없어질 금보다 더 귀하여 예수 그리스도께서 나타나실 때에 칭찬과 영광과 존귀를 얻게 할 것이니라"처럼 노예생활을 통해 금보다 더 귀한 믿음을 얻게 되었다. 그는 하루도 빠짐없이 하나님께 기도하는 시간을 가졌는데 하루는 꿈속에서 하나님으로부터 도피하라는 음성을 듣게 되었다. 이미 하나님께서 패트릭을 위해 사냥용 큰 개를 운반하는 배를 준비하여 이 배를 타고 탈출할 수 있도록 하였다.72) 해적들이 잠자는 사이 패트릭이 배를 타고 상륙한 곳이 프랑스였다.

2. 자기 훈련에 충실하다

패트릭은 안트림을 빠져 나온 뒤 프랑스 남부 해안에서 조금 떨어진 레랭(Lerins) 섬에 도착하였다. 이 섬에는 410년경에 세워진 레랭 수도원이 있었는데 이곳에서 패트릭은 18년 동안 수도사로서 훈련을 받게 되었다. 그가 이처럼 오랫동안 레랭 수도원에서 훈련을 받게 된 것은 두 가지 이유 때문이었다. 첫째는 그가 젊은 10대 시절에 남들처럼 정상적인 공부를 하지 못했기 때문에 교육적 부족함을 채우기 위함이었고, 두 번째는 훗날 사제로서 삶을 살아가기 위해서는 영성과 지성을 함께 겸비해야 하기 때문이었다.73) 그는 열악한 환경을 통해 생겨난 자신의 부족함을 전혀 불평하지도 않았고 오히려 자신을 꾸준히 연마하는데 최선을 다했다.

| 타라(Tara)로 순례를 떠나는 성 패트릭

3. 아일랜드의 사도가 되다

패트릭은 레랭 수도원에서 오랫동안 훈련을 받은 뒤 그의 고향 땅 아일랜드로 파송을 받았다. 패트릭이 아일랜드로 간 것은 환상 중에 계시를 받았기 때문이다. 패트릭은 자신의 고백론(Confession)에서 바울이 환상 중에 마게도냐 사람의 요청으로 마게도냐로 간 것처럼 자신도 아일랜드 사람들의 목소리를 듣게 되었다고 고백했다. 그는 환상 중에 빅토리쿠스(Victoricus)라는 사람을 보았는데 그는 많은 편지를 들고 와서 그 중 하나를 자신에게 건네주었다. 편지의 제목은 "아일랜드 사람들의 목소리"였고 그가 편지를 읽는 동안 아일랜드 사람들의 음성도 함께 듣게 되었다. "그들은 서해 바다 가까운 포클러트(Foclut) 숲 근처에 있는 자들로 울부짖으며 한 목소리로 우리는 당신을 원합니다. 거룩한 종이여! 이곳에 와서 우리와 다시 한 번 같이 지냅시다"라는 간청의 목소리였다.74)

패트릭이 하나님의 부르심을 받고 아일랜드로 간 것은 432년이었다. 그의 나이 43세 때였다. 비록 늦은 나이에 선교사의 길을 걸었지만 그의 사역은 놀라운 열매를 거두었다. 사실 그가 아일랜드에 파송받기 1년 전 수도원에서는 패트릭보다는 팔라디우스(Palladius)가 더 적합하다고 판단이 되어 먼저 파송하였다. 팔라디우스는 아일랜드에 도착한 이후 펠라기우스주의자들의 이단사상을 대적하는 일에 중점을 두었다.75) 그의 사역은 단지 그리스도를 믿는 아일랜드 신자들을 돌보는 사제로서 역할을 감당하는 것이었다. 그렇다보니 사역의 열매가 나타나지 않았고 설상가상으로 1년이 채 못 되어 죽고 말

| 패트릭이 16세 때 탈출한 레랭 수도원이 있는 레랭 섬. 프랑스 남부 해안에서 약간 떨어져 있다.

았다. 그래서 수도원에서는 패트릭을 아일랜드 선교사로 파송한 것이다.

패트릭의 목표는 이교도들을 회심시키는 것이었다. 그는 기독교와는 동떨어진 삶을 사는 이교도들을 회심시키기 위해서 이들에게 과감히 다가가는 것을 두려워하지 않았다. 그래서 패트릭은 자연신을 섬기는 드루이드(Druid)교 지도자들의 강력한 반발로 수없는 위협과 박해를 받기도 했으며 때로는 중무장한 군인들의 위협을 이겨내야만 했다. 그가 초기 선교사들 가운데 "가장 힘들고 위험한 선교사"로 인식되는 것은 이런 이유 때문이었다.[76] 하지만 패트릭은 이 모든 난관을 다 극복하고 오로지 이교도들을 회심시키는데 몰두해 그의 생애동안 아일랜드에서 10만 명의 개종자를 얻었고 200개 교회를 개척할 수 있었다.[77] 놀라운 일이라 하지 않을 수 없다. 그래서 패트릭은 오늘날 '아일랜드의 사도'라 부르고 있다.[78]

중세교회 선교

| 수도원 선교시기 |

선교사 어거스틴이 개척한 오늘날 켄터베리 대성당

제2장 | 중세교회 선교
수도원 선교시기(476-1517년)

교회의 시작	서로마제국 멸망 – 종교개혁(476-1517년)
전기(선교부흥시기)	5세기말-10세기말
후기(선교쇠퇴시기)	11세기초-16세기초
핵심 주제	수도원이 살아야 선교가 산다!
핵심 단어	수도원 선교
핵심 성경	"주를 섬겨 금식할 때에 성령이 이르시되 내가 불러 시키는 일을 위하여 바나바와 사울을 따로 세우라 하시니 이에 금식하며 기도하고 두 사람에게 안수하여 보내니라"(행 13:2-3).

| 핵심 연대표 |

※ 중세전기(5세기말-10세기말)

구분	년도	특 징
500	476년	서로마제국 멸망
	496년	프랑크족의 왕 클로비스 회심
	529년	베네딕트 수도원 규율집 저술
	537년	성소피아 성당 완성
	563년	콜롬바의 스코틀랜드 도착 및 아이오나 수도원 설립
	565년	픽트족 스코틀랜드의 왕 개종
	568년	롬바르드족의 이탈리아 침략
	590년	그레고리 대제의 로마교황 즉위 및 교회개혁 시도
	589-614년	콜롬반의 순회선교(프랑스, 스위스, 이탈리아)
	596년	그레고리 대제, 선교사 어거스틴 영국에 파송
	597년	켄트족의 왕 에델버트 개종
600	622년	이슬람의 등장
	626년	동로마교회 성상숭배 금지
	632년	모하메드의 사망
	635년	네스토리우스 선교사 알로펜 중국 장안 도착
	637년	롬바르드족 개종

구분	년도	특징
600	638년	이슬람의 예루살렘 점령
	650년	이슬람의 페르시아 제국 함락
700	711년	이슬람의 서고트 왕국 함락
	732년	보니페이스 독일에서 능력전도 실시
	754년	보니페이스 프리시아 선교에서 순교
	772년	샤를마뉴 대제의 게르만족, 색슨족 정복 및 부족개종
800	800년	샤를마뉴 황제의 대관식
	826년	안스카의 덴마크 선교
	829/830년	안스카의 스웨덴 선교
	865년	불가리아의 왕 보리스 개종
900	926-1122년	클루니(Cluny) 수도원의 개혁운동
	954년	러시아의 공주 올가 개종
	987년	러시아의 왕자 블라디밀 개종

※ 중세후기 (11세기초 – 16세기초)

구분	년도	특징
1000	1054년	동방교회와 서방교회의 완전분열
	1095년	제1차 십자군 운동 시작
	1099년	십자군의 예루살렘 회복
1100	1112-1153년	시토(Citeaux) 수도원의 개혁운동
	1122년	보름스협약(성직임명권 협약)
	1150년	중앙아시아 옹구트족 개종
1200	1210년	프란시스코 작은 형제들의 수도회 창설
	1216년	도미니크 설교자들의 수도회 창설
	1219년	프란시스코 수도원 5천 명의 추종자 형성
	1221년	성 도미니크 사망
	1226년	성 프란시스코 사망
	1227-1360년	몽골제국 형성과 팍스 몽골리카(Pax Mongolica)
	1274년	토마스 아퀴나스 사망
	1276년	레이몬드 룰의 이슬람 선교대학 설립
	1291년	십자군 운동 종식
	1294년	몽테 콜비뇨의 존 북경 도착

구분	년 도	특 징
1300	1309-1377년	아비뇽 교황 시대(교회의 바벨로 포로시대)
	1337-1475년	백년전쟁
	1378-1422년	서방교회 대분열
	1384년	존 위클리프 사망
1400	1415년	존 후스 사망
	1423년	서방교회 대분열 종식
	1431년	잔 다르크 사망
	1437년	유럽의 대 역병(흑사병) 전염
	1453년	콘스탄티노플 함락 및 동방교회 몰락
	1492년	콜럼버스의 아메리카 대륙 발견
	1498년	바스코 다 가마의 인도 도착

제2장 중세교회 선교
수도원 선교시기(476-1517년)

　중세교회 선교는 476년 서로마제국이 멸망한 때부터 1517년 종교개혁이 일어나기 전까지를 말한다. 구체적으로 시기를 구분한다면 5세기 말부터 10세기 말까지를 중세전기라 부르고 선교사역이 왕성하던 때이다. 콜롬바, 콜롬반, 선교사 어거스틴, 알로펜, 보니페이스, 안스카 등이 활약했고 선교지는 유럽 전 지역이 대상이었다. 11세기 초부터 16세기 초까지는 중세후기로 선교사역이 미약하던 때이다. 그 이유는 중세교회의 부패와 타락은 선교할 힘을 모두 상실해 버렸고, 십자군 운동은 기독교의 영적, 도덕적 상태가 바닥이라는 것을 극명하게 보여주었고, 몽골제국의 침략은 유럽의 기세를 완전히 꺾어 버렸기 때문에 선교할 수가 없었다. 이런 와중에 아씨시의 프란시스, 레이몬드 룰, 몬테 콜비뇨의 존, 위클리프는 유럽교회의 불씨로 등장해 하나님 나라를 확장하는 일에 귀하게 쓰임받기도 했다.

　영적 암흑기였던 중세교회의 선교는 수도원에서 일어났다. 대부분의 수도원들은 교회매매와 성직매매로 자신들의 배만 채우는 작태를 부리고 성직자들은 앞 다투어 족벌주의(nepotism), 복수 성직제(성직 중임제), 궐석 성직제(absenteeism)에 휩싸여 사제로서의 영적 권위가 땅에 떨어진지가 오래였다. 하지만 이런 어두운 시기에 몇몇 수도원들은 중세교회의 살아 있는 촛불이 되어 교회 자정운동(自淨運動)을 일으킬 뿐 아니라 유럽, 북아프리카, 중동 심지어 아시아까지 선교사를 파송한 수도원들이 있다. 그 대표적인 수도원이 베네딕트 수도원, 아이오나 수도원, 프란시스코 수도원, 도미니크 수도원이다. 이 수도원들은 안디옥교회가 바울과 바나바를 세워 파송했듯이 전 세계로 선교사를 파송하기도 하였다. 이 수도원들은 작은 촛불이 되어 "수도원이 살아야 선교가 산다!"는 것을 일깨워 주었다.

아리안주의 확산을 막은 왕, 클로비스

프랑크족 클로비스 왕의 회심(496년)

1. 왜 클로비스는 개종하였나?

프랑크족의 클로비스(Clovis, 446-511) 왕은 496년에 기독교로 개종하였다.[1] 그의 개종은 국운(國運)의 갈림길에서 하나님의 절대적인 도우심으로 전쟁에 승리했다고 믿었기 때문에 회심하였다. 그는 게르만족 가운데 가장 사나운 알레마니(Alemanni)족과의 전투에서 거의 패망 직전에 놓여 있을 때 자기 아내 클로틸다(Clotilda)가 믿는 하나님께 도움을 청하기로 하였다. 사실 이 전투가 벌어지기 전까지 클로틸다가 남편 클로비스의 개종을 여러 번 시도하였지만 실패로 돌아갔다. 더욱이 첫 아이가 죽었을 때 클로비스는 "나의 신들은 아이를 살리려 했으나 너희 하나님이 그 아이를 죽게 하였다"고 하나

| 프랑크족의 왕 클로비스

님을 원망하기도 하였다.[2]

하지만 부르군디 공주이며 독실한 신자였던 클로틸다의 기도가 하나님께 상달된 것일까? 남편 클로비스는 패전의 목전에서 하나님의 기적 같은 도우심을 간구하였다. 그는 알레마니족과의 전투에서 승리하기만 한다면 반드시 기독교인이 되겠다고 서약을 하였다. 아니나 다를까 그가 서약한대로 클로비스는 전쟁에서 승리를 거두고 마침내 기독교로 개종하였다. 클로비스의 개종은 한편 콘스탄틴 황제의 개종과 매우 흡사하다. 둘 다 하나님을 믿지 않는 왕이었지만 전쟁에서 하나님께 기도하고 승리한 뒤 개종했기 때문이다. 개종적인 측면에서 보면 클로비스는 "제2의 콘스탄틴"이라 볼 수 있겠다.[3]

2. 왜 집단개종을 하였나?

전쟁에 승리한 클로비스는 496년 12월 25일 크리스마스날 3천 명의 병사들과 함께 침례를 받았다.[4] 집단개종(Mass Conversion)이 일어난 것이다. 당시 이러한 집단개종은 초기 중세교회의 일반적 개종 유형이기도 하였다. 통치자의 회심은 곧 바로 그 수하에 있는 신하들이나 군사들의 회심으로 이어졌기 때문이다. 또한 신앙 좋은 여왕이나 공주는 자기 남편이나 왕국을 회심시키는 일들도 가끔 일어나곤 했다. 이것이 초기 중세교회의 집단개종 형태이다. 하지만 개인적 회심 경험이 없는 당시의 집단개종은 많은 폐단을 초래하였다.

사실 클로비스가 기독교로 개종했다할지라도 그의 성품이나 통치 방식은 바뀌지 않았다. 그는 여전히 잔인하였고 살인을 그치지 않았다. 투어스의 그레고리(Gregory of Tours)는 클로비스의 통치 스타일은 하나님의 초자연적인 기적에 의존하였고 이를 경험하길 원했다고 기술하고 있다.[5]

| 클로비스왕이 서방교회 감독들로부터 개종하는 모습

반면 서방교회의 사제들은 고울(Gaul, 현재 프랑스)지역에서 하나님이 간섭하시고 역사하심으로 기독교가 싸워 승리하는 모습을 보길 원했다. 서로간의 필요가 강열하다보니 클로비스는 다른 야만족과의 전투에서 하나님의 도우심이 필요했고 로마제국은 프랑크족을 통해 다시 회복할 수 있는 발판을 마련할 수 있어서 좋았다.

3. 왜 클로비스의 개종이 중요한가?

클로비스는 야만족가운데 최초로 니케아 정통신앙으로 개종한 왕이었다.[6] 당시 개종한 대다수의 야만족들은 아리안주의자들이었다. 그런데 클로비스가 아리안주의자가 되지 않고 정통 니케아 신앙으로 회심하였다는 것은 중세교회에 중요한 사건이었다. 이는 로마제국이 프랑크족의 클로비스와 연대함으로 아리안주의자들이 남쪽으로 확산하는 것을 막을 수 있었고 한편으로 자신들의 정통신앙과 교리를 북쪽으로 확대시킬 수 있는 천군만마를 얻었기 때문이다. 따라서 클로비스는 초기 중세교회사에서 이단 아리안 사상이 유럽 전 지역에 확대되는 것을 막은 위대한 왕이었다.

살아 있는 신앙 공동체, 베네딕트 수도원

베네딕트 규율집 저술(529년)

1. 베네딕트의 생애

베네딕트(Benedict of Nursia, 480-547)는 이탈리아 동북부에 위치한 누르시아에서 480년경 로마의 귀족 아들로 태어났다. 그는 젊은 시절에 로마로 떠나 공부를 하였지만 학문적인 생활에 별로 매력을 느끼지 못했다. 그 이유는 로마의 악하고 추한 모습을 보고 환멸을 느꼈기 때문이다. 마침내 베네딕트는 20세쯤 되었을 때 은둔자로 살아가기로 마음을 먹었다.[7] 그가 집을 떠나 은둔자로 살아가는 동안 그의 명성이 널리 퍼져 사람들이 모여들기 시작했고 주변에 있는 수도원의 사제들은 베네딕트로 하여금 자신들의 수도원장

| 서방 수도원운동의 아버지라 불리는 성 베네딕트

이 되어줄 것을 요청하기도 하였다. 어떤 이는 신앙생활을 어떻게 바르게 할 수 있을는지 상담을 요청하는가하면 또 다른 이는 자기 아들을 데리고 와서 훈련시켜 줄 것을 부탁하기도 하였다.

2. 베네딕트 수도원의 특징

베네딕트는 528년 혹은 529년경 그가 아직 50세가 채 되지 않았을 때 그와 함께 하던 작은 공동체를 몬테 카시노(Monte Cassino)로 옮겼다. 이곳에서는 아직도 아폴로신에게 제사를 드리는 이교산당이 있었는데 베네딕트는 이것을 허물고 이곳에 수도원을 세웠다.[8] 이것이 바로 베네딕트 수도원의 기원이다. 수도원을 설립한 후 점차 성장하였고 베네딕트가 성직자가 아닌 평신도로 남아 있음에도 불구하고 평신도뿐 아니라 사제들과 성직자들이 그에게 상담하러 오는 자가 많았다. 더욱이 그의 자매 스콜라스티카(Scholastica)도 수도원 생활에 평생을 바치기로 결심을 하고 주변에 여성들을 위한 공동체를 세우기도 했다.

베네딕트 수도원은 밭이나 작업장을 갖춰 있어서 생활하는 것을 자체적으로 해결하였고 자립하는데 부족함이 없었다. "수도원장"(abbot)은 전체 공동체에서 선택되는데 권위가 있었고, 직책 자체가 "아버지"(father)를 의미하기에 그는 아버지로서 역할을 하였고, 모든 수도사들은 형제들로 받아들여 신분 차이가 없었다. 베네딕트가 꿈꾸는 수도원은 '가족 공동체'였다. 이런 수도원의 정신은 바로 초대 예루살렘교회에서 도입된 것이었다(행 2:44-47). 그래서 자신의 것은 아무것도 없었고 모든 것을 함께 공유하였다.

3. 베네딕트 규율집

베네딕트의 가장 위대한 업적이라면 그가 몬테 카시노로 이주한 뒤 529년부터 착수하여 만든 「규율집」(Rule)이다. 「규율집」은 전체 73장으로 구성되어져 있는데 수도원 생활 가운데 가장 중요한 것으로 영속성(permanence)과 순종(obedience)을 언급하였다.9) 영속성이란 수도사가 자신이 맹세한 수도원에서 일평생 동안 머물며 섬겨야 하는 것이다. 즉 한 수도원에서 종신(終身)토록 일할 것을 요구하였다. 순종은 전체 73장 조항 가운데 절반 이상을 차지할 만큼 중요한 영역으로 다뤄져 있는데 무엇보다 수도원장에 대한 순종은 절대적이었다. 다만 수도원장은 독재를 할 수 없고 하나님 말씀과 「규율집」에 따라야만 했다.

수도사들이 잘못을 했을 경우에는 '권면 → 문책 → 파문 → 체벌 → 추방'의 단계를 걸쳐 처벌할 수 있었는데 기회는 3번 주어졌다.10) 한두 번 실수를 하더라도 내 쫓지 않고 품어주려고 했던 것이 베네딕트 수도원이었다. 베네딕트 수도원은 완벽한 사람들이 모이는 공동체가 아니라 부족한 사람들을 품어 새롭게 만드는 공동체여서 초기 중세시대에서 성공을 거두었다. 베네딕트 수도원의 규정은 엄격하였지만 수도사들을 힘들게 하려고 만들지 않았고 오히려 편안하게 생활할 수 있도록 만들어졌다.

옷과 음식은 간단하지만 적절하게 주어졌고 힘든 육체노동을 해야 할 경우 환자들과 노약자들과 어린 아이들에게는 특별한 조처가 취해지기도 했다. 금식은 정규 시간에 주어졌지만 동방수도원의 극단적 금욕주의자들처럼 행하지는 않았다. 게으름은 영혼의 적이라고 규정을 하

| 8세기 베네딕트 규율집의 사본

여 하루 24시간 중 매 3시간마다 8번의 예배를 가졌고, 잠자는 시간, 식사 시간, 노동 시간 외에 이른 오후에는 휴식 시간도 주어졌다. 물론 개인적으로 독서, 명상, 기도 시간도 있었다. 식사 때는 침묵해야 했고, 농담이나 박장대소하며 웃는 것은 주변 사람들의 눈살을 찌푸리기도 했다. 이처럼 베네딕트 「규율집」은 수도원에서 살아가는 모든 연령대의 사람들이 수도사로서 예배를 드리거나 일하는데 어려움이 없도록 잘 만들어졌다.

4. 베네딕트 수도원의 영향

베네딕트 수도원은 589년 롬바르드족의 침략을 받아 건물이 방화되고 귀한 자료들이 유실되는 아픔을 겪었다. 하지만 수도사들은 「규율집」을 가지고 로마로 도피하여 보존하였다. 무엇보다 이곳에서 한 때 수도사 생활을 했던 그레고리 대제에 의해 베네딕트 「규율집」은 서방 전체 교회에 알려지게 되었고, 또한 그가 영국 켄터베리에 파송한 선교사 어거스틴에게 「규율집」을 함께 보내 베네딕트 수도원의 정신을 영국까지 퍼지게 하였다.11) 이후 베네딕트 「규율집」은 중세 선교의 허브였던 수도원의 규정과 정신을 만들어 주는 씨앗이 되어 이런 정신을 터득한 선교사들이 전 세계로 퍼지게 되었다. 그래서 베네딕트 「규율집」은 "서방 수도원운동의 규범"이라고 부른다.12)

선교훈련원장의 모델, 콜롬바
콜롬바 스코틀랜드 아이오나 섬 도착(563년)

1. 콜롬바의 생애

콜롬바(Columba, 521-597)는 "교회의 비둘기"를 뜻하는 콜럼실레(Columcille)로 잘 알려져 있다. 그 이유는 콜롬바가 교회에서 늘 시편 말씀을 묵상하고 기도하는 모습을 보고 친구가 지어주었기 때문이다.13) 그는 왕족 가문의 출신으로 521년에 도네갈(Donegal)의 가르탄(Gartan)에서 태어났다. 왕가 출신이다 보니 젊은 시절에 남들이 경험하기 어려운 우수한 교육을 아일랜드의 수도원에서 배울 수 있게 되었다. 수사학, 라틴어, 일반 고전 교육 등 다양한 분야에서 훈련을 받게 되었다. 이러한 그의 교육 배경은 훗날 아이오나(Iona) 수도원을 교육과 선교의 중심지로 만들어 스코틀랜드의 픽트(Picts)족을 선교하는데 큰 도움을 줄 수 있었다.14) 콜롬바는 563년에 아이오나 섬에 도착하여 곧 수도원을 세우고 수도원장이 되어 이곳에서 300명의 선교사들을 훈련시켜 각 지역으로 파송하였다. 그는 수도원장이면서 동시에 탁월한 선교훈련원장이기도 하였다.

2. 왜 사역지를 옮겼는가?

콜롬바의 인생은 크게 둘로 나눌 수 있다. 인생의 전반부는 아일랜드에서의 삶이다. 그는 왕족 출신으로 호화로운 모든 생활을 접고 수도원에 입문하게 된다. 또한 그는 이곳에서 부제로 임명받고 나중에 사제가 되어 자신의 역량을 키워나갔다. 반면 인생의 후반부는 아일랜드를 떠나 스코틀랜드로 가서 나머지 인생을 보내는 때이다. 그는 563년 42세의 나이에 12명의 동료들과 함께 아일랜드를 떠나 스코틀랜드 아이오나 섬에 도착하여 제2의 인생을 살았다.15) 그가 고향 아일랜드를 떠나 스코틀랜드로 가게 된 이유에는 두 가지 설이 있다.

첫째는 소명설(calling)이다. 그가 스코틀랜드의 픽트족을 구원하기 위하여 떠났다는 설이데 가장 일반적이다.16) 두 번째는 성격설(personality)이다. 콜롬바는 충동적인 성격의 소유자였다. 타고난 리더였지만 불의를 보고는 참지 못하는 불같은 사람이기도 하였다.17) 그렇지만 가난한 자를 보면 친절하였고 하나님 앞에서는 단순하고 신앙의 깊이가 있었다. 그의

| 아이오나 섬에 있는 콜롬바 센터

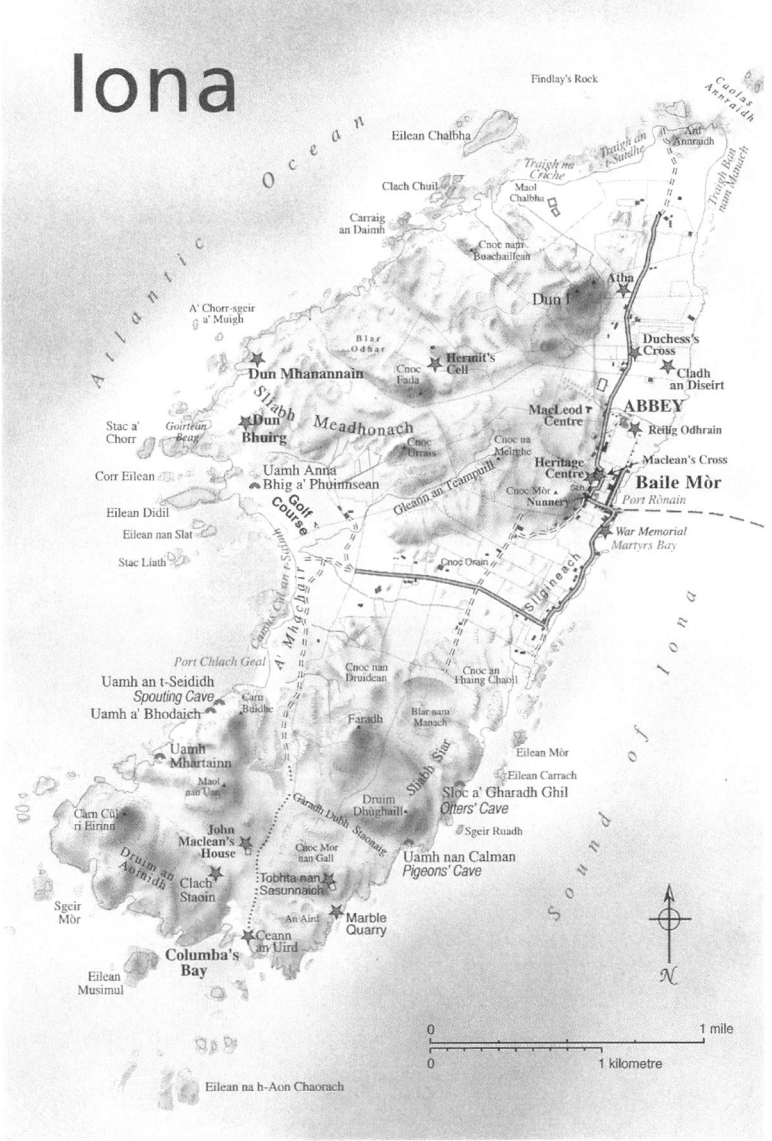

| 현재 아이오나 섬의 지도. 아이오나 수도원은 섬의 동북부에 위치해 있다.

전기에는 "그가 사제이면서 무사(武士)이기도 했는데 불같은 성미 때문에 논쟁에 쉽게 빠지게 되었다. 이런 이유로 그는 디어뮈드(Diarmuid)라는 왕과 전쟁을 벌여야 했고 5천명 이상이 죽는 큰 전쟁을 치러야 했는데 결국 콜롬바가 승리하였다. 하지만 그는 아일랜드에서 쫓겨나 쿨드레브나(Cooldrevna)에서 서약대로 영혼 구령하는 일에 힘쓰게 되었다"고 한다.18)

3. 선교훈련원장으로 무엇이 모델이 되나?

선교훈련원장이라면 탁월한 영성, 뛰어난 교육 능력, 다양한 사역 기술(개인전도, 제자훈련, 교회개척, 리더십과 팀웍 등), 자립과 재정 능력, 삶으로 실천하는 모습, 바람직한 위임 등이 있어야 한다. 이 가운데 콜롬바가 오늘날 선교훈련원장의 좋은 모델이 되는 것은 다음 세 가지 이유가 있기 때문이다. 첫째는 영혼 구령에 100% 헌신하는 선교사를 훈련시켰기 때문이다. 그가 아이오나 수도원에서 배출한 켈틱교회 선교사들은 "로마에서 파송된 선교사들보다 훨씬 더 순수한 신앙과 열정을 가지고 선교 사역에 임하였다"고 평가를 받았다.19) 예를 들어 "[아이오나에서 파송 받은]선교사들은 12명씩 짝을 지어 단장의 인솔 하에 복음 사역의 처녀지를 경작하기 위해 방책 밖으로 나갔다. 남아 있는 사람들은 학교에서 가르치는 일을 했는데 이들은 토착인들의 언어를 습득하자마자 찬송가와 성경을 번역하고 쓰는 일을 하였다"고 할 만큼 영혼 구령에 앞장선 선교사들이었다.20)

둘째는 삶으로 '보여주는' 사람이기 때문이다. 오늘날 훈련의 문제점은 '보고 배우는 것'보다는 '듣고 배우는 것'에 집중하는 것이다. '듣고 배우는 것'도 중요하지만 사람을 완전하게 변화시키기란 힘들다. 예수께서도 늘 제자들과 함께 하시면서 자신의 삶을 완전히 오픈하였다(막 3:14). '보고 배우라는 것'이다. 예수께서 그러했듯이 콜롬바 역시 사제들에게 자신의 삶을 100% '자기노출'을 하였다. 아이오나 수도원은 영성과 노동이라는 두 개의 축이 훈련의 중심이었다. 어느 누구도 이것에 예외가 될 수 없었다. 하루는 모든 훈련을 마치고 숙소에 돌아와 피곤해 잘 시간인데도 불구하고 성경필사에 몰두 하고 있는 콜롬바의 모습을 본 사제들이 주무시라고 간청했다. 그러자 콜롬바는 내가 파송한 3백 명의 선교사들은 나보다 더 열악한 곳에서 고생하며 복음 전하는데 이 정도쯤은 괜찮다고 하며 일을 계속했다고 한다. 이 모습을 본 젊은 사제들은 자신들도 훗날 선교사로 가서 수도원장인 콜롬바처럼 살 것이라고 맹세하였다고 한다. 삶이 사람을 변화시킨다.

셋째는 탁월한 후계자를 배출한 사람이기 때문이다. 선교훈련원장의 임무 중 하나는 자기와 같은 사람을 배출해야 한다. 자신과 같은 사람이 전 세계로 퍼져 하나님 나라를 확장시킬 수 있도록 해야 한다. 콜롬바가 그러했다. 영국 동북부에 위치한 앵글로색슨족 왕국 중 하나인 노덤브리아(Northumbria)가 왕권 분쟁으로 두 명의 왕자가 아이오나로 피신하였다. 이곳에서 이들은 기독교로 개종을 했고 이들 중 한 명인 오스왈드(Oswald)는 나중에 노덤브리아의 왕이 되었다. 그는 아이오나측에 노덤브리아에 선교사를 보내줄 것을 요청했다. 많은 고민 끝에 콜롬바의 정신을 잘 갖고 있는 아이단(Aidan)을 파송키로 했다. 사실 노덤브리아의 야만적 행동은 워낙 무서워 브리턴 사람들은 대면하기를 꺼려했다. 아이단은 이에 굴하지 않고 파송을 받아 아이오나 섬보다 더 큰 린디스판(Lindisfarne) 섬에서 수도원을 먼저 세우고 사람을 키우는데 집중했다.21) 이곳은 앵글로색슨족을 위한 선교센터가 되어 이교도들을 구원하고 빈자들을 돌보며 노예들을 구해내고 나아가 사제들을 훈련시키는 일까지 담당할 수 있었다. 선교의 꽃은 사람을 세우는 것인데 콜롬바가 그 뜻을 이루었다.

선교사 훈련과 파송의 중심지, 아이오나 수도원

콜롬바 아이오나 수도원 설립(563년)

1. 아이오나 수도원

아이오나(Iona) 수도원은 초기 중세교회 선교의 횃불이었다. 서로마제국이 멸망한 뒤 교회의 기능을 상실해 갈팡질팡할 때에 스코틀랜드의 작은 섬에서는 영혼을 사랑하는 불이 활활 타올라 점차 그 기운이 유럽 전역에 퍼지게 되었다. 아이오나 수도원을 설립한 사람이 콜롬바이다. 그는 563년에 동료 12명과 함께 작은 배를 타고 도착한 곳이 아이오나 섬이었

| 오늘날 아이오나 수도원의 모습

고 이곳에서 곧 바로 수도원을 세웠다.[22] 그의 나이 42세 때였다. 그가 머무는 동안 아이오나 수도원은 급속도로 성장했다. 역사학자인 말덴(Malden) 교수는 "콜롬바가 아이오나에서 수도원을 세워 30년 동안 경영하면서 성경공부뿐만 아니라 과학을 개설하면서 최고의 명성을 얻게 되었다"고 평가하였다.[23] 또한 아돔난(Adomnan)은 "아이오나 수도원은 당시 지역 공동체를 관장하다보니 북아일랜드와 픽트족의 모든 수도원 중에서 으뜸이 되었다"며 격찬을 아끼지 않았다.[24] 아이오나 수도원은 6세기 말부터 유럽선교의 등대가 되었다.

2. 아이오나 수도원의 특징

아이오나 수도원은 켈틱교회 수도원운동의 시발점이었다. 이곳에서 수많은 수도원들이 파생되어 유럽 전 지역에 선교사를 파송했기 때문이다. 아이오나 수도원이 다른 수도원에 비해 지니고 있는 독특한 특징 몇 가지를 본다면 다음과 같다. 첫째는 대다수의 서방교회 수도원은 공동체 생활을 추구하다보니 수도원 내에 갇혀 있지만 아이오나 수도원은 오히려 밖으로 향하는 선교하는 수도원이었다. 서방교회 수도원은 자신들이 만든 공동체에서 생활하는 것을 만족했지 세상에 뛰쳐나가 사람들을 만나 복음 전하는 일에는 관심이 적었다.

하지만 아이오나 수도원은 달랐다: "그들의 선교방법은 여러 마을을 방문하고 나서 적합한 곳을 골라 선교중심지 마을을 설립하는 것이었다. 그리고 그 마을의 중심에 검소하게 목조 예배당을 건립하고 이를 중심으로 교실들과 목수, 설교자, 교사이기도 한 수도사 자신들을 위한 침실을 함께 세웠다."[25] 그래서 콜롬바가 자신이 사역하는 동안 아이오나 수도원을 통해 무려 300개의 수도원을 세우고 수도사를 파송했다는 것은 기적 같은 일이다.26) 그래서 초기 중세교회 때 아이오나 수도원은 선교사 훈련과 파송의 중심지가 되었다.

둘째로 아이오나 수도원은 외부에 의존하지 않고 자체적으로 운영하는 독립적인 선교가 강했다. 당시 서방교회 수도원들은 공동체 생활에 필요한 모든 생필품들을 자체적으로 해결하였다. 아이오나 수도원도 마찬가지였다. 아이오나 수도원은 이러한 재정적 자립뿐 아니라 경영의 자립도 강했다. 로마 가톨릭교회의 한 주교가 아이오나 수도원을 방문했을 때 콜롬바는 미사 집전을 수도원장에게 의뢰하고 주교에게 부탁하지 않았다. 다른 곳에서는 상상할 수도 없는 일이다. 이것이 가능한 이유는 당시만 해도 아일랜드와 스코틀랜드교회는 로마 가톨릭교회의 감독들에게 지도를 받지 않고 오히려 수도원장의 감독을 직접 받았기 때문이다.27) 그만큼 켈틱교회가 로마 가톨릭교회의 권위에 눌리지 않아서 독립할 수 있었다.

| 콜롬바는 동료 12명과 함께 작은 배를 타고 아이오나 섬에 도착하였다.

셋째로 아이오나 수도원은 모든 수도사들이 함께 협력하는 선교가 탁월하였다. 아이오나 수도원은 회원이 크게 세 그룹으로 나눠져 있었는데 시니어(seniors) 그룹은 예배 인도나 성경을 복사하는 영적인 업무를 관장했고, 노동자(working) 그룹은 수도원에 필요한 작업을 담당했으며, 주니어(juniors) 그룹은 교육받는 초신자들이었다.[28] 빌립보서 1장 27절의 "너희가 한마음을 한 뜻으로 복음의 신앙을 위하여 협력하라"고 했듯이 아이오나 수도원은 혼자 일하지 않고 각 계층의 사람들이 함께 협력하는 일에 헌신적이었다.

3. 아이오나 수도원이 끼친 영향

아이오나 수도원의 가장 큰 업적이라면 픽트(Picts)족의 브루드(Brude) 왕이 기독교로 개종하여 픽트족을 복음화시킨것이다. 그래서 콜롬바를 '스코틀랜드의 사도'라 부른다.[29] 이처럼 아이오나 수도원은 공동체 중심의 생활은 물론이고 선교하는 수도원의 모델이 되었다. 하지만 아이오나 수도원이 경영에 있어서는 독립적인 선교를 강하게 밀어붙였다. 외부의 간섭이나 도움을 받지 않는다는 큰 장점이 있지만 한편으로 자기들끼리만 패당을 만드는 잘못을 저지르고 말았다. 극단적인 독립성과 상호협력의 부재는 초기에는 큰 성과를 거둘 수 있을는지는 모르지만 장기적으로 선교지에게 뿌리를 내리는 데는 부족하였다.[30] 로마서 8장 28절에 "하나님을 사랑하는 자 곧 그의 뜻대로 부르심을 입은 자들에게는 모든 것이 합력하여 선을 이루느니라"는 바로 아이오나 수도원에게 주어진 말씀이었다.

019 순회선교의 대가, 콜롬반

콜롬반 뤽세이유(589-590년), 브레겐츠(611-612년),
보비오(613-614년) 수도원 설립

1. 콜롬반[31]의 소명

콜롬반(Columban, 530-615)은 약 530년경 아일랜드의 렌스터(Leinster)에서 태어났다.[32] 그는 외모가 출중해 잘생겼고 여성들에게 호감을 끌었는데 성격은 다혈질적이었다. 그는 10대 후반에 자신의 인생을 하나님께 드리기로 결정을 했는데 기도하는 중 주님께서 "네가 나를 사랑한다면 내 계명을 지키라. 주님, 제가 온 마음을 다해 주님을 사랑하겠습니다"며 하나님께 서원하였고 그 때 나이가 17세나 18세쯤 되었다.[33] 처음에 그는 클리니시(Cleenish) 섬에 있는 작은 학교에서 성경과 교회사와 라틴어를 배우다가 뱅거(Bangor, 현재 웨일즈에 위치) 수도원으로 옮겨 콤갈(Comgall) 밑에서 훈련을 받았다.[34]

| 순회선교의 대가, 콜롬반

뱅거에서 여러 해를 보낸 후 어느 날 하나님께서 마치 자신을 아브라함처럼 부르신다는 것을 확인하였다. "너는 너의 고향과 친척과 아버지의 집을 떠나 내가 네게 보여 줄 땅으로 가라(창 12:1)"는 말씀이 바로 자신에게 주신 것이다. 그는 더 이상 아일랜드에 머물지 않고 아브라함처럼 타국으로 가서 복음전하는 자로 인생을 살기로 마음먹었다. 하나님께서는 그가 뱅거 수도원을 떠날 때 홀로 보내지 않고 12명의 동역자들과 함께 보냈다. 이들이 바로 성 콜롬반을 비롯해 성 갈(Gall), 성 데이콜라(Deicola), 컴인(Comin) 등이다. 콜롬반이 12명의 동료들과 함께 뱅거 수도원을 떠날 때 그의 나이가 약 40세였다.35)

2. 콜롬반의 순회선교

콜롬반의 선교는 독특했다. 대개 수도사들이 수도원에만 머물며 사역하지만 그는 타국을 떠돌아다니며 복음전하는 자였다. 이런 자들을 "페러그린"(peregrine, 그리스도를 위한 방랑자들)이라고 부르는데 콜롬반이 당연 최고였다.36) 그는 오늘날 순회전도자이다. 콜롬반이 고국을 떠나 처음 사역한 곳은 프랑스의 뤽세이유(Lexeuil)였다. 그는 이곳에 있는 보주 산맥의 산자락에 수도원을 설립하여(589-590년), 20년간 사역하는 동안 수많은 사람들이 몰려왔고 베네딕트 규율보다 더 엄격한 규율을 만들어 실천하였다.37) 그가 만든 수도원 규율은 7가지였다: (1) 수도원장의 권한; (2) 회원 자격과 의무; (3) 일상생활의 삶; (4) 영성훈련; (5) 순종; (6) 고행; (7) 침묵.38) 콜롬반은 20년이 지난 후 부르군드의 젊은 왕 테우데

| 콜롬반이 처음으로 세운 뤽세이유 수도원

| 콜롬반이 마지막으로 세운 보비오 수도원이 내부

리히(Theuderic) 2세의 노여움을 받아 추방을 당했다. 이유인 즉 왕비가 서자(庶子) 출신인 아들 4명을 데려와 축복기도를 요청하자 콜롬반은 "안 됩니다. 이들은 통치자가 될 수 없습니다. 왜냐하면 이들은 정통 핏줄의 자식들이 아니기 때문입니다"며 단호히 거절했기 때문이다.39)

뤽세이유에서 추방 당한 콜롬반은 일행들과 함께 현재 스위스의 라인강까지 이동하였다. 이들은 강을 통과한 후 취리히 호수를 지나 콘스탄스(Constance) 호수 근처에 잠깐 머물기도 하였는데 이곳의 원주민들은 워낙 사납고 대다수가 이교도들로 우상을 숭배하며 미신을 쫓고 있었지만 콜롬반은 이에 아랑곳 하지 않고 담대히 복음을 전하여 이들을 기독교로 개종시키기도 하였다. 이후 콜롬반은 브레겐츠(Bregenz)에 정착하여 이곳에서도 수도원을 설립하여 복음전하는 일에 열중하였다(611-612년). 하지만 부르군드의 세력들이 이곳까지 남하해 콜롬반을 쫓아내자 그는 이탈리아로 이동해 그의 마지막 여생을 이곳에서 보내게 되었다. 그는 생을 마감하기 직전까지도 보비오(Bobbio)에서 수도원을 세워 하나님 나라 확장하는 일을 그치지 않았다(613-614년).

3. 콜롬반의 영향

콜롬반은 중세교회 초기 '순회선교의 대가'였다. 그는 한 수도원에만 머물지 않고 각 나라를 돌아다니며 복음을 전하고 수도원을 세우는데 평생을 바쳤다. 콜롬반의 선교활동에 관해 허버트 케인 박사는 "그는 항상 배우고, 항상 가르치며, 항상 여행하고 또 설교하는 사람"이라고 평하였다.[40] 한편 라토렛 교수는 콜롬반 같은 아일랜드 "페러그린"(peregrine)은 이들의 선교활동을 통해 기독교인이든 비기독교인이든 커다란 영향을 받았다고 하였다.[41] 또한 로랄드 피누케인(Ronald Finucane) 박사는 "유럽 대륙에 수도원운동이 확산된 것은 콜롬반의 켈틱교회의 소개 때문이었다"고 평가하고 있다.[42] 콜롬반은 사도 바울처럼 한 지역에만 머물지 않고 여러 지역을 다니며 교회를 세우는 위대한 순회선교사였다.

교회개혁과 선교의 꿈을 이룬 교황, 그레고리 대제

그레고리의 교회개혁(590년),
영국으로 선교사 파송(596년)

1. 그레고리의 생애

그레고리 대제(Gregory the Great, 540-604)는 540년 전통적이고 부유한 기독교 가정에서 태어났다. 그레고리의 아버지 고디안(Gordian)은 원로원이었고 집안 가운데 두 명이나 교황을 배출했는데 펠릭스(Felix, 483-492) 3세와 아가피토(Agapetus, 535-536) 1세이다.43) 그레고리는 유년시절에 로마의 참담한 모습을 보고 성장하였다. 동고트족의 왕 토틸라(Totila)가 546년에 로마를 함락시키고 벨리사리우스(Belisarius)가 다시 도시를 탈환하지만 다시 빼앗기고 말았다. 로마는 혼란과 마비상태에 빠졌고 질병이 온 지역에 퍼졌다. 로마의 옛 영화

| 중세 교회개혁의 선구자, 그레고리 대제

는 온데 간데 없었다. 이런 어려운 와중에도 그레고리는 남들과 달리 정규 교육을 받았지만 탁월하지 못했다. 그는 헬라어조차도 제대로 이해하지 못했기 때문이다.44)

그레고리는 아버지가 574년에 죽고 난 이후 크게 변하기 시작했다. 아버지께로 물려받은 유산은 엄청났고 대부분의 유산이 시칠리아(Sichily)에 있었다. 그런데 그레고리는 유산을 자신을 위해 쓰지 않고 시칠리아 섬 위에다 6개의 수도원을 짓고 남아 있는 유산마저 가난한 자에게 모두 나눠줬다.45) 이후 그레고리는 아버지가 돌아간 574년에 곧 바로 수도원에 입문해 수도사가 되어 베네딕트 규율에 흠뻑 빠지게 되었다. 4년 후인 578년에 교황 베네딕트는 그레고리를 시행정위원회에서 일하는 부제(deacon)로 임명하였고 그 다음 교황인 펠라기우스는 그레고리를 대사(ambassador)로 임명해 콘스탄티노플로 보냈다. 이곳에서 6년을 보낸 후 다시 로마에 와서 585년(혹은 586년)에 한 수도원의 원장직을 맡았다.

그런데 펠라기우스 교황마저 전염병에 걸려 590년 2월에 죽고 말았다. 혼란한 로마의 정세 속에서 어느 누구도 교황의 자리에 욕심이 없었다. 그러자 성직자들과 시민들은 발 벗고 나서 가장 적합한 교황으로 그레고리를 선출했다. 당시 관례상 로마의 감독은 콘스탄티노플의 사전 동의를 먼저 얻어야만 했다. 그레고리는 황제에게 자신을 로마 감독으로 선출하지 말 것을 강력히 요청하는 편지를 써 보냈지만 중간에 사라져 그는 590년 4월 25일에 로마 교황으로 임명되었다. 그레고리는 6세기 말 가장 암울하고 참담한 시기에 로마 감독으로 즉위하였다. 하지만 한 인물을 통해 중세 교회개혁과 선교의 꿈이 서서히 다가오기 시작했다.

2. 그레고리의 교회개혁

그레고리는 로마 감독으로 즉위한 후 가장 먼저 착수한 것이 교회개혁이었다. 당시 중세교회의 부패상은 이루 말할 수 없었다. 사제들이 첩을 두는 것은 다반사였고, 자신들의 직위를 이용해 부를 축적하려고 했기 때문에 고통당하고 가난한자 들을 돌보는 것은 관심 밖의 일이었으며, 고리대금을 하고, 성직 매매를 하며, 폭력을 일삼고, 동성연애하는 스캔들이 로마 전체에 퍼지기도 하였다. 그레고리는 "교회는 두려움으로 의(義)를 실천하는 길에 들어서서 사랑을 완성해야 한다"고 주장했다.46) 즉 교회가 사랑을 실천하지 않고 아무런 두려움 없이 행동하게 될 때 죄를 범할 수 있다는 것이다. 그는 이를 위해 직접 실천에 옮겼다.

그레고리는 교회개혁을 위해 교회를 "하나의 개인이나 사람의 집합"으로 보았다.47) 그는 신비주의적 역사관으로 성경을 해석하는 것이 강하여 성도 개개인이 모여 있는 무리인 교회는 그리스도의 신부나 몸으로 비유하고 있기에 교회는 흠 없는 그리스도의 신부가 되거나 죄 없는 그리스도의 몸이 되어야 한다고 믿었다. 그래서 그리스도의 몸인 교회가 부패하고 병들었을 때 치유를 해야 하듯이 개혁의 칼을 들었다. 특히 야누아리우스(Januarius) 대주교의 교구가 가장 큰 문제였다. 왜냐하면 부주교는 공개적으로 여인들과 함께 살았고 성직자의 결혼을 위해 소명마저 팔아 치워 버렸기 때문이다.

더욱이 교구 감독은 시민들과 성직자들에 의해 선출되었기에 감독이 마음만 먹으면 얼마든지 사람들을 돈으로 매수해 자기 사람으로 만들어 자신은 계속 부패를 저지를 수가 있었다. 그레고리는 이 험난한 산을 극복해야 한다는 것을 누구보다도 잘 알고 있었기에 각 교구에 감독 자리가 날 때마다 자신이 임명한 자를 보내어 수도원 개혁에 동참케 하였다. 무엇보다도 그는 후보자가 교구 감독으로 자질이 있는지 없는지를 가장 먼저 확인한 후에 파송하였다. 처음에는 교회개혁의 진행이 늦었지만 그가 로마 감독으로 재직하는 동안 여러 교구에서 교회의 좋은 리더십이 회복되어 성공의 길을 점차 걷게 되었다.

3. 그레고리의 선교 업적

스티븐 니일은 바울 이후 처음으로 체계적이고 계획적으로 선교 사업에 성공한 사람으로 그레고리 대제를 선정했다.[48] 사실 그레고리는 아버지가 죽고 난 후 수도원에 들어가 수도사가 되었을 때 시장에서 한 젊은 영국 노예 소년들을 만나면서 영국 선교사가 되길 원했다. 그레고리가 그들에게 당신들은 어디 출신이냐고 물으니 "앵글로색슨족"(Anglo-Saxon)이라고 답했다.[49] 이들은 대다수가 이교도들이고 우상을 숭배하고 있는 터라 그레고리는 이들이 "Anglo" 대신에 "angel"이 되었으면 더 좋겠다고 답변을 하였다.

그가 젊은 시절 영국 선교사로 헌신했지만 뜻을 이루지 못한 것을 달성키 위해 가장 먼저 시도한 것이 영국선교이다. 그렇다면 왜 그레고리가 교황이 된 후 영국 선교에 집중하였을까? 그 이유는 아직까지 영국이 아리안주의자들의 이단 사상에 물들지 않았기 때문이다.[50] 그들은 비록 자연숭배와 신비주의에 빠져 있는 이교도들일지라도 이단 사상이

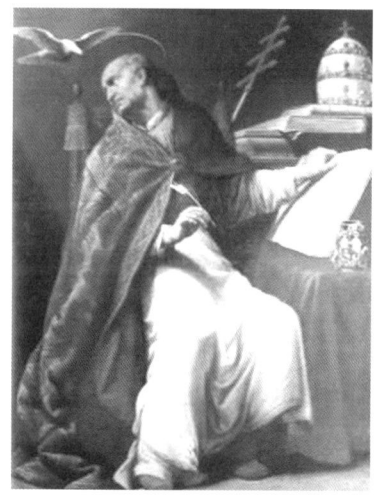

| 그레고리 대제가 집필하고 있는 모습

이곳까지 들어오지 못해 그레고리는 처음부터 영국을 선교전략지로 삼고 가장 유망한 선교사를 이곳에 파송키로 결정하였다. 그가 바로 로마에서 같은 수도원에서 훈련받은 어거스틴(Augustine)이었다. 그레고리는 같은 수도원 출신인 어거스틴을 일행 40명과 함께 영국에 파송함으로 로마 가톨릭교회의 영향이 영국까지 펼치는 기초를 만들게 되었다.

선교 전략지를 공략한 선교사, 어거스틴

선교사 어거스틴51) 영국으로 파송(596년), 켄트족의 왕 에텔버트 개종(597년)

1. 왜 영국이 선교 전략지가 되었나?

초기 중세교회 때 영국은 로마 가톨릭교회의 주요한 선교 전략지(target area)였다. 그레고리는 로마 감독으로 부임한 이후 얼마 안 되어 소위 "영국 선교 프로젝트"에 착수하고 이 프로젝트에 사활을 걸었다. 이유는 두 가지였다. 첫째는 당시 대다수의 야만족들이 아리안주의의 이단 사상에 물들었지만 영국은 아니었다. 비록 이교적인 신앙이 있었지만 신앙의 청정지역과도 같은 이곳에 먼저 니케아 정통신앙을 지닌 선교사를 파송해서 영적으로 선점하길 원했기 때문이다.

둘째는 로마 가톨릭의 옛 영광을 회복하길 원했다. 그레고리는 어린 시절 로마가 동고트족에게 힘없이 무너지는 것을 보았고(549년), 20대 후반에는 롬바르드족이 이탈리아 턱 밑까지 밀고 내려와 로마 시민들이 두려움에 떨고 있는 모습도 보았다(568년).52) 비참하게 무너지는 로마를 회고하며 그는 로마 감독이 된 후 제국의 힘을 키우기 위해 영토 확장에 돌입하였다. 이미 약 100년 전 유럽 대륙에는 프랑크족(프랑스)의 클로비스왕이 기독교로 개종하여 우군이 되었고, 섬 지역인 영국이 이단 아리안 사상이 아닌 기독교 신앙으로 개종한다면 로마 가톨릭의 영향을 확대할 수 있기 때문이었다. 그는 로마 교황이 된 후 교회개혁으로 어수선한 때 이지만 "영국 선교 프로젝트"를 달성하기 위해 차근차근 진행하였다.

2. 영국 선교 프로젝트의 아름다운 열매

그레고리 대제는 596년 봄에 선교사 어거스틴을 40명의 베네딕트 수도사들과 함께 영국으로 파송하였다. 소위 '어거스틴 선교단'이다. 1차 선교단이 프랑스에 도착했을 때 프랑크족이 너무 무섭고 떨려 영국으로 가는 것을 포기하고 로마로 귀환하고 말았다. 하지만 그레고리는 "영국 선교 프로젝트"를 달성하기 위해 다시 돌아갈 것을 명령했고 그해 7월 23일

| 선교사 어거스틴이 초대 대주교로 있었던 오늘날의 켄터베리 대성당 모습

2차로 다시 영국으로 떠났다.[53] 어거스틴 선교단이 영국 해협을 건너 켄트(Kent) 왕국의 해안에 도착했을 때 살아남은 자는 겨우 7명뿐이었고 에텔버트(Ethelbert) 왕이 맞이하였다.[54]

에텔버트의 아내 베르타(Bertha)는 프랑크족 왕비로 신실한 기독교인이었다. 그래서 에텔버트는 아내를 통해 이미 기독교에 대해 많이 들어온지라 어거스틴 선교단에게 큰 저항감이 없었다. 왕은 오히려 어거스틴에게 켄트 왕국의 수도인 켄터베리에서 사역을 할 수 있도록 허락을 해 주었다. 놀라운 것은 597년 크리스마스 날 1만 명과 함께 침례를 받고 개종하였다.[55] 1세기 전 프랑크족의 왕 클로비스가 집단개종을 한 것처럼 에텔버트도 집단개종을 통해 기독교로 회심하였다. 그레고리가 꿈꾸었던 "영국 선교 프로젝트"가 이제야 제대로 기초를 다지게 되었다. 그래서 어거스틴은 프랑스 남부에 있는 아를(Arles)에 가서 대주교로 임명을 받고 켄터베리의 초대 대주교가 되어 영국선교에 박차를 가하기 시작하였다.[56]

3. 그레고리와 어거스틴의 위대한 합작

초기 중세 선교역사에서 영국이 복음화가 된 것은 그레고리의 뚜렷한 선교 목적과 불굴의 끈기가 선교사 어거스틴의 탁월한 사역과 맞물려 이뤄졌다. "영국 선교 프로젝트"는 그레고리와 어거스틴 두 사람의 합작품이라 할 수 있다. 그레고리는 사람과 돈과 정책을 지원했고 어거스틴은 사역을 잘 감당하였다.[57] 오늘날 교회나 선교단체가 본받아야 할 좋은 모델이라 생각한다. 선교는 절대 혼자 할 수 없다. 선교사는 지역교회나 본부의 도움을 받아야 생존할 수 있다. 그 모델을 그레고리 대제와 선교사 어거스틴에서 찾아 볼 수 있다.

어거스틴과 그레고리가 영국 선교를 하면서 처음으로 부딪히는 문제

| 켄터베리 대주교들의 명단. 왼쪽 상단 첫째 줄에 초대 대주교로 어거스틴의 이름이 선명하게 기록되어 있다.

가 '문화'였다. 어거스틴은 켄트왕이 자신에게 하사한 이교도 산당(山堂)을 수도원으로 사용하였다. 그런데 문제는 산당이었다. 어거스틴이 이에 고민하고 있을 때 그레고리 대제는 편지를 보내 이교도 산당을 파괴하지 말고 교회로 잘 변형시켜 사용할 것을 권면하였다.[58] 소위 문화수용(Adaptation) - 이방인의 문화를 무조건 배척하지 않고 수용을 하되 그 본질을 기독교적인 문화로 변화시키는 것 - 이슈에 부딪히게 되었다.[59] 잘못하면 혼합주의(syncretism)에 빠질 우려도 있는데 이것은 그레고리 대제가 해외선교를 처음 하다 보니 겪는 일이라 할 수 있다. 이러한 문화수용은 지금도 여전히 선교지에서 부딪히는 문제이다. 여하튼 라토렛 교수는 어거스틴이 이룬 업적에 대해 그가 "켄터베리에 세운 수도원은 영국에 있는 수많은 베네딕트 수도원의 원형"이 되었다며 격찬을 아끼지 않았다.[60] 이처럼 어거스틴은 베네딕트의 정신을 영국 땅에도 스며들게 한 위대한 선교사가 되었다.

이슬람의 발흥과 모하메드의 등장
이슬람의 기원(622년)

1. 이슬람의 발흥 전(前) 서방교회의 상황

이슬람이 아라비아에서 발흥하기 전(前) 서방교회는 평화와 부흥의 꽃을 피우는 듯 보였다. 눈에 띄는 것이 영국의 빠른 복음화였다. 패트릭이 아일랜드를, 콜롬바가 스코틀랜드를, 선교사 어거스틴이 영국 선교에 성공하며 훗날 대륙 선교에 교두보를 마련할 수 있었다. 유럽 대륙은 콜롬반이 등장하여 독일과 스위스와 이탈리아 등지를 순회 선교하며 승전보를 울렸다. 무엇보다 그레고리 대제의 교회개혁과 영국 선교 프로젝트는 큰 성과를 거둬 축제 분위기에 휩싸여 있을 때에 서방교회를 깜짝 놀라게 한 것이 이슬람의 등장이었다. 이들은 아라비아의 변방에 거주하던 자들로 로마제국과 페르시아제국이 오랫동안 무시한 자들이었다. 그러나 이들은 7세기부터 페르시아제국은 말할 것도 없고 로마제국의 많은 영토를 손아귀에 집어넣어 파죽지세로 영토를 확장해 나갔다.

2. 모하메드의 등장과 이슬람의 시작

이 거대한 물결의 중심에 모하메드(Mohammed, 570-632)가 있었다. 그는 당시 무역, 예술, 학술과는 거리가 먼 메카에서 570년에 태어났다. 그는 여섯 살에 고아가 되어 할아버지 밑에서 양육을 받다가 25살에 돈 많은 미망인 하디자를 만나 결혼해 풍족하게 살았다. 그러던 중 모하메드는 40세가 되었을 때 가브리엘 천사로부터 유일신인 알라(Allah)를 널리 전파하기 위해 자신을 선택했다는 계시를 믿게 되었다. 그래서 그를 '알라의 사도'라 부른다. 이때 아랍 상인들은 다신교를 믿고 있었는데 유일신 사상을 가르치는 모하메드가 마음에 들지 않아 박해를 가하자 그는 622년 7월 16일 신변의 위협을 느껴 메디나로 도피했다. 이 도피행을 헤지라(Hejira, 아랍어로 출발)라고 부르는데 무슬림들은 모하메드가 도피한 622년을 이슬람의 기원으로 삼고 있다.61)

| 무슬림들의 이슬람 성지순례

모하메드는 메카에서는 제자들이 별로 없었는데 메디나에서 무하지룬(헤지라의 동행자)과 안살(메디나에서의 협력자)이 이슬람의 중심적인 역할을 감당하면서 이슬람 교도의 수는 급증하기 시작하였다. 마침내 그는 여러 곳에서 전쟁에 승리하여 630년에 당당히 메카에 입성했고, 2년 뒤인 632년 6월 8일에 사망했다. 그가 죽었을 때 아라비아 반도 대부분은 무슬림의 수중에 들어갔다. 그 이유는 이들이 전쟁에서 승리한 후 "정복과 회심의 선교"로 영토를 확장해 나갔기 때문이다.62) 그가 죽은 후 통치권은 아랍어로 "계승자" 혹은 "후계자"를 뜻하는 칼리프(Caliph)가 통치했는데 초기 칼리프는 아부 바크르(Abu Bakr)와 오마르(Omar)였다.63) 이들의 통치 아래 무슬림은 아라비아 전역을 통일하게 되었다.

3. 이슬람의 지역적 확장

파죽지세로 승승장구하던 이들은 635년에는 다메섹(다마스쿠스)을, 636년에는 모든 시리아를, 642년에는 알렉산드리아를 정복했다. 650년까지는 메소포타미아가 정복당했고 이때까지 소아시아와 북아프리카 일부가 무슬림의 손에 들어갔다. 697년에는 카르타고가, 715년에는 스페인 대부분의 무슬림에게 정복당했다. 이처럼 무서운 속도로 확장하던 이슬람이 처음으로 벽에 부딪혀 제1차 확장에 종지부를 찍은 것은 732년 투어스(Tours) 전투였다.64) 이후 무슬림들은 인도의 푼잡(Punjab)과 중앙아시아까지 밀고 들어갔고 그리고 아시아에서는 인도네시아와 필리핀 민다나오 섬까지 뻗어갔는데 마침내 1453년에 오토만 터키족은 기독

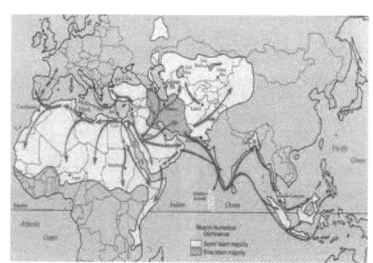

| 이슬람의 확장

교의 상징인 콘스탄티노플마저 함락시키고 말았다.

4. 이슬람의 등장이 기독교에 미친 영향

이슬람의 발흥은 여러 측면에서 기독교에 영향을 끼쳤다. 첫째는 동·서방의 교회에 직접적으로 정치적, 경제적 영향을 끼쳤다. 이슬람이 시작되자마자 7세기 초부터 시작된 영토 확장은 대부분이 로마제국과 비잔틴 제국이 통치하던 영역이라 기독교와 이슬람 간의 전쟁은 끊임없이 일어났고 급기야는 십자군 운동을 일으키는 근거가 되기도 하였다. 또한 이슬람의 발흥은 당시 동·서방교회의 경제에도 심각한 타격을 입혔다.65) 왜냐하면 서방보다는 동방의 기름진 영토를 많이 잃다보니 서방교회의 경제는 더욱 힘들었기 때문이다.

둘째는 기독교의 선교에도 막대한 악영향을 초래했다. 이슬람은 기독교와 흡사한 점이 많다. 그 이유는 모하메드가 젊은 시절 기독교와 유대교와의 접촉이 많았기 때문에 유일신 사상을 지닌 이슬람은 기독교처럼 회심의 선교에 집중하다 보니 기독교와 충돌이 잦아질 수밖에 없었다. 셋째는 당시 비잔틴제국과 페르시아제국에 있던 기독교 문화유산에도 커다란 타격을 입었다. 끊임없는 전쟁으로 문화유산이 소실되거나 왜곡, 변질되어서 찬란했던 초기 기독교 문화를 잃어버리는 아픔을 겪기도 하였다. 중세교회의 부패와 타락은 이슬람의 발흥 앞에 힘없이 무너졌지만 AD 800년 샤를마뉴 대제의 등장은 이슬람의 북진(北進) 확장을 막았을 뿐 아니라 잃어버린 기독교의 힘을 견고히 해주는 신호탄이기도 하였다.

023 중국 선교의 개척자, 알로펜
네스토리안 선교사 알로펜 중국 장안 도착(635년)

1. 왜 네스토리안 교회가 중국 선교를 먼저 할 수 있었나?

중국 선교를 가장 먼저 한 것은 로마 가톨릭교회가 아니라 에베소 종교회의(431년)에서 이단으로 정죄받은 네스토리안 교회였다. 동경 와세다대학교의 사에키(Saeki) 교수는 "네스토리우스주의자들은 희랍 문화와 로마 문명을 로마제국을 넘어서 동방에 소개한 최초의 사람들"이라고 평가하였다.66) 역사학자인 존 스튜어트(John Stewart)도 "네스토리안 교회는 지금까지 존재했던 그 어떤 교회보다도 더 선교적인 교회"라고 주장했다.67) 그렇다면 왜 중세 초기에 네스토리안 교회가 로마 가톨릭교회보다 앞서 중국 선교를 할 수 있었을까?

첫째는 로마 가톨릭교회의 우선 과제가 교회개혁이었지 선교가 아니었기 때문이다. 최초의 로마 가톨릭 개혁자인 그레고리 대제가 590년부터 604년까지 재임하는 동안 최우선적으로 시도한 것은 교회개혁이었다. 그가 선교사 어거스틴을 영국으로 파송해 해외선교에 큰 족적을 남겼지만 이후 교황들이 지속적으로 그의 선교 비전을 이어가지 못했다. 이 시기에 로마 가톨릭교회는 '외부'에 눈을 돌려 선교하기보다는 '내부'의 악취와 환부를 먼저 도려내는 것이 우선이었기 때문이다. 그래서 로마 가톨릭교회는 샤를마뉴 대제가 AD 800년 황제로 대관하기까지는 선교에 큰 성과를 거두지 못했다.

둘째는 네스토리안 교회가 잦은 박해와 핍박으로 계속 동진(東進)하다 보니 중국까지 들어갈 수 있었기 때문이다. 이들은 이단으로 정죄 받은 후 페르시아와 아라비아를 거쳐 중앙아시아와 동아시아, 인도 서남부와 극동아시아(몽골, 시베리아)까지 들어가 선교하게 되었다.(68) 이후 중국을 거쳐 한국과 일본까지도 진출하였다. 중세교회가 부패하여 선교에 눈을 뜰 수 없었을 때 이들은 복음을 전하기 위해 목숨도 두려워하지 않아 '중세 선교의 황금시대'를 활짝 열었다. 7세기 초 네스토리안 교회는 중국 장안(長安)에 최초로 교회를 세운 뒤 이후 확장을 거듭해 중국 남부의 광저우

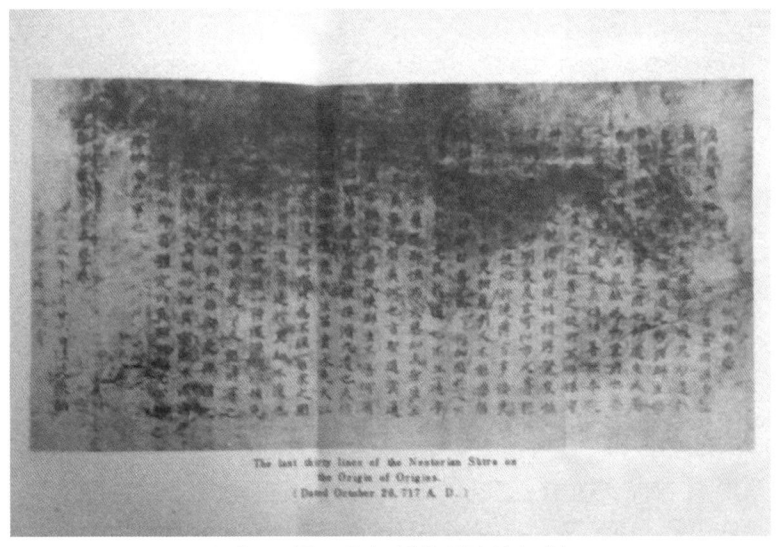

| 네스토리안 교회가 사용한 중국 성경 사본

와 마카오까지, 동부에는 북경과 상해 지역까지, 서쪽으로는 티벳까지, 북쪽으로는 만주까지 교회를 세우는 위대한 선교를 달성하였다.69)

2. 최초의 중국 선교사, 알로펜

중국에 최초로 복음을 전한 자는 네스토리안 선교사인 알로펜(Alopen)이었다. 그는 635년 당 태종 때 중앙아시아를 거쳐 수도 장안(현재 서안)에 도착하였다. 당시 당나라(618-906년)는 강대국이었고 태종은 가장 능력 있는 군주였다. 당시 당나라는 동서남아시아, 인도, 아라비아까지 무역을 확대해 세계에서 가장 부유한 나라가 되어 찬란한 문명을 꽃 피우고 있었다. 세계에서 가장 큰 주목을 받던 당나라에 알로펜을 선교사로 파송한 사람은 네스토리안 총주교인 이소야밧(Ishoyabh, 628-644) 2세였다.70)

알로펜은 635년에 세계의 중심지인 장안에 도착한 후 네스토리안 선교에 박차를 가하기 시작했다. 7세기 초 장안은 세계에서 가장 크고 번창한 도시였다. 놀라운 것은 당 태종이 알로펜을 홀대하지 않고 따뜻하게 맞이하며 그가 번역한 성경을 자기에게 한번 가져와 설교해 달라고 요청하기도 하였다. 알로펜이 성경 내용을 설교하자 태종은 알로펜에게 더욱 호감을 가지게 되어 그가 중국에서 마음껏 종교활동을 할 수 있도록 허락을 해 주었다. 이로 인해 알로펜은 장안에서 21명의 수도사들을 훈련시키기 위해 수도원을 설립할 수 있었고 그 이름을 대진사(大秦寺)로 명하였다.71) 네스토리안 교회는 처음에 10개 도(道)를 통해 점차 확산되어 나중에는 수백 개의 도시에 교회가 세워져 중국 전 지역에 교회가 세워졌다.

3. 알로펜, 경교(景敎) 그리고 대진경교비(大秦景敎碑)

알로펜이 당 태종에게 소개한 네스토리안 기독교는 경교(景敎)였다.

선교사들이 선교에 성공하거나 실패하는 것은 현지인들이 기독교를 외래종교라 여길 때 실패할 수밖에 없다고 알로펜은 생각해 종교 이름을 중국인들이 쉽게 이해할 수 있는 이름으로 소개했다. 경교(景敎)란 중국인들이 이해하기로 "위대한 태양 종교", 즉 "밝게 비치는 종교"를 의미한다.72) 기독교가 중국인의 삶을 밝게 비춰주길 원하는 마음에서 경교라 한 것이다. 중국인들이 기독교를

| 중국 서안에 세워져 있는 대진경교비

처음부터 배타적으로 나오지 않게 하기 위해서였다. 그가 설립한 수도원인 대진사(大秦寺)에서 '사'(寺)를 사용한 것도 이런 뜻을 담고 있다. 그는

| 경교비 설명판에는 조각된 년도와 발굴 년도 등을 상세히 소개하고 있다.

수도원을 법당 형태의 예배당으로 건축하였고, 예배 의식도 불교식을 가미했으며, 자신을 승(僧, monk)이라 부르기도 하였다. 하지만 알로펜의 급격한 상황화는 혼합주의(syncretism)를 만들었고 이러한 신앙은 훗날 박해나 핍박이 닥쳐왔을 때 복음을 위해 순교하려는 신앙인을 배출하지 못하였다.

경교(景敎)가 중국 선교에 중요하다는 것이 알려지게 된 것은 781년 장안에서 조각된 대진경교비(大秦景敎碑, 약칭 경교비)가 1623년에 처음 발굴되면서 부터이다. 특히 트리골트(Trigault) 신부가 1625년 경교비를 라틴어로 번역하면서 로마 가톨릭교회가 관심을 가졌고 세상에 널리 알려지게 되었다. 경교비의 조각 목적은 "중세 때 대진교(밝게 비치는 종교)의 복음 전파를 기념하는 비"(碑)라고 적혀 있는 것을 봐서 중국에서 네스토리안 교회의 선교가 어떻게 이루어졌는지 알리기 위해서였다.73)

경교비는 알로펜과 네스토리안 교리를 담고 있다. 특히 845년 무종(武宗) 때 대박해로 인해 경교비는 땅 속에 매장되었다가 명나라 때에 와서야 발굴되어 그 존재 가치를 널리 알릴 수 있었다. 기록에 따르면 경교비를 설치하도록 기증한 사람이 야쩨드부찌드(Yazedbouzid) 경(卿)이라고 한다. 그의 아버지는 밀리스(Millis) 사제로 네스토리안 선교사였다. 야쩨드부찌드는 시리아 이름으로 중국 이름으로는 이슈(Issu)라 불렸다. 그는 사제 겸 장군으로 중국 군대에서 오랫동안 복무하였는데 학자들은 경교비가 처음 세워진 곳이 야쩨드부찌드 군대가 주둔하던 곳이든지 아니면 그가 살던 곳이라고 추측하고 있다.74)

4. 왜 경교가 몰락했는가?

7세기 초 당나라에 소개된 경교는 10세기 초까지 영화를 누렸다. 이후 무종의 대박해로 사라졌다가 원나라(1279-1368년)때 다시 네스토리안 선교사들이 입국하여 활동을 재개하였다. 이는 13세기 말 원나라 선교사로 북경에 파송된 몬테 콜비뇨의 존(John of Monte Corvio)이 경교에 관해 "그들은 전술한 황제 밑에 다양한 직책을 맡고서 그로부터 많은 특혜를 누리고 있었다"고 보고한 것을 보아 경교는 13세기까지 중국에서 건제한 것을 알 수 있다.[75] 하지만 이후 급격히 몰락했는데 이유는 다음과 같다. 첫째는 당나라(618-906년)의 몰락이다.[76] 경교가 중국에서 오랫동안 성장할 수 있었던 것은 당나라의 정치적 후원과 자유로운 포교활동을 허락해 주었기 때문이다. 둘째는 13세기에 형성된 몽골제국이 오랫동안 팍스 몽골리카(Pax Mongolica)를 형성하며 경교의 모든 교회들을 파괴했기 때문이다.[77] 셋째는 경교가 호전적인 이슬람에 비해 무척 약하여 외세의 공격과 압박을 이겨내지 못했기 때문이다.

대륙에 순교의 피를 뿌린 선교사, 보니페이스

보니페이스 프리시아 선교에서 순교(754년)

1. 실패의 레슨

보니페이스(Boniface, 680-754)는 중세 초기 영적으로 암울할 때 위대한 선교 족적을 남긴 선교사이다.[78] 그는 영국 서남부에 위치한 데본셔(Devonshire)에 있는 크레디톤(Crediton)에서 태어났다.[79] 그는 크레디톤과 얼마 떨어지지 않은 엑스터(Exter)에서 공부하면서 처음으로 종교생활에 눈을 떠 일찍부터 수도원에 들어가고 싶었다. 그의 부모는 귀족 계급이거나 웨식스(Wessex) 왕가와 가까운 시민이었는데 아버지는 마지못해 그의 뜻을 받아들었다.[80] 그래서 보니페이스는 젊은 나이에 색슨 서부(West Saxon)라는 수도원에 들어가 사제로서 훈련을 받게 되었다. 그는 수도원

| 풀다(Fulda)에 세워진 보니페이스 동상

생활을 즐겼고 이곳에서 학자로서의 자질과 그리스도인의 성품, 가르치는 능력과 판단력, 행정 능력까지 배웠다.[81]

보니페이스는 30세가 되었을 때 사제로 임명을 받았다. 그는 자신의 첫 사역지로 영국이 아닌 유럽대륙의 이교도들에게 복음을 전하고 싶었다. 무엇보다 당시 야만족 가운데 가장 사납고 난폭하기로 정평이 나 있는 프리시아족(Frisians) 선교사로 가고 싶었다. 마침내 그가 프리시아족이 살고 있는 네덜란드로 떠났을 때 그의 나이가 36세였다(716년). 그는 이곳에서 단독 선교를 하는 것이 아니라 이 지역의 첫 선교사로 들어간 윌리브로드(Willibrord)의 사역을 돕는 것이었다. 하지만 오랫동안 선교사로 준비하고 프리시아로 들어갔음에도 불구하고 환경이 그를 뒷받침해주지 못했다. 당시 정치적 상황은 혼란하였고 선교의 문은 꽉 막혀서 1년 6개월 만에 사역을 포기하고 영국으로 다시 돌아갔다. 보니페이스의 첫 선교는 실패로 끝났지만 이후 독일에서 아름다운 꽃을 피우기 시작했다.

2. 영광스러운 독일의 사도

보니페이스가 프리시아 선교에서 깨달은 것은 선교는 절대 혼자 할 수 없다는 것이었다. 선교사의 신변과 사역을 도와줄 사람과 기관이 곁에 있어야 가능하다는 것을 절실히 깨달았다. 소위 '독립군 선교사'로는 성공할 수 없다는 결론을 내렸다. 그래서 보니페이스는 718년에 로마로 가서 교황을 만나 자신의 선교사역을 공식적으로 후원해 줄 것을 요청했다. 교황 그레고리 2세는 보니페이스의 선교 열정에 반해 719년 5월 15일에 그를 '독일의 감독'으로 임명하고 이름도 윈프리스(Winfrith)가 아닌 보니페이스(Boniface)라 개명하여 독일 선교사로 파송했다.[82] 보니페이스가 독일의 감독으로 임명받은 것은 큰 의미가 있는데 그가 더 이상 켈틱교회 선교사가 아니라 로마 가톨릭교회의 선교사라는 점이다. 즉 그는 베네딕트 소속 선교사로 평생을 보내며 독일 복음화에 앞장섰다.

보니페이스가 로마 가톨릭 선교사가 된 이후 사역의 큰 전환점을 이루게 된 것은 가이스마르(Geismar)에서 행한 능력대결(power encounter) 때문이었다.[83] 이곳 주민들은 오랫동안 자신들이 신성시하게 여겨 오던 '천둥의 참나무'라고 추앙받던 나무가 있었다. 이들의 미신적이고 신비적인 신앙을 뿌리 뽑기 위해서는 참나무를 도끼로 찍어 넘어뜨리는 것이 상책이었다. 수많은 이교도들이 지켜보는 가운데 보니페이스가 담대하게 참나무를 도끼로 찍어 버리려고 할 때 이들은 보니페이스에게 저주하며 이들이 믿는 '천둥의 참나무'가 보니페이스에게 천벌을 내릴 것이라고 경고했지만 아무런 일도 일어나지 않았다(732년). 이 놀라운 광경을 바라본 수천

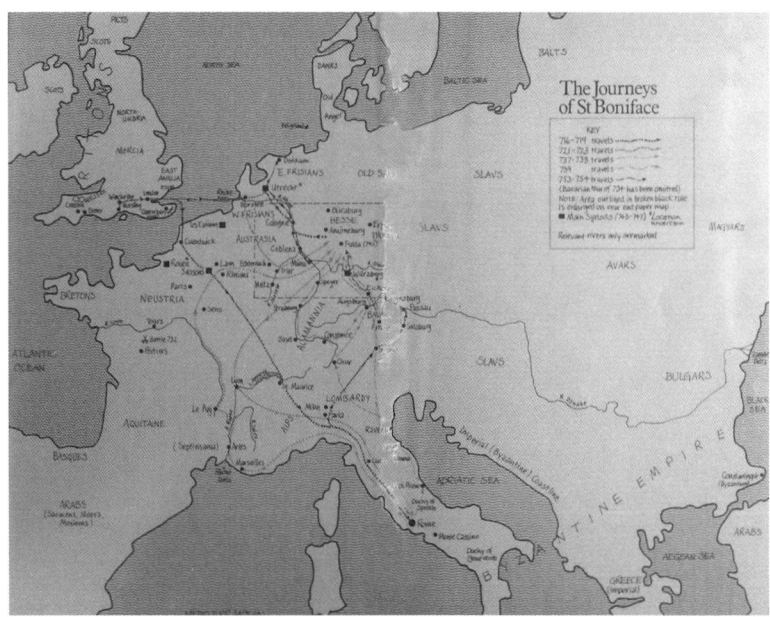

| 보니페이스의 선교 경로

명의 이교도들은 더 이상 자신들이 따르던 신(神)을 섬기지 않고 기독교로 개종하였다. 보니페이스는 바로 이곳에 수도원을 세워 독일 선교에 박차를 가하였다.

보니페이스는 이후 프랑크 교회 개혁에도 큰 공헌을 세웠다. 하지만 그의 마지막 선교지는 프리시아였다. 인생 노년에 그는 편안한 삶을 살 수 있었지만 대주교의 직위를 다 내려놓고 일행과 함께 프리시아로 떠났다(753년). 그의 몸속에 꿈틀거리고 있는 '선교적 DNA'는 그를 놔두지 않았다. 그는 늘 마음 한 구석에 아쉬움으로 남아 있던 프리시아족들에게 마지막으로 복음을 전하고 싶었다. 첫 번째와는 달리 보니페이스는 이곳에서 수천 명의 사람들에게 침례를 베풀며 교회를 세우기도 했다. 그런데 754년 6월 5일 도쿰(Dokkum) 근처에서 새신자들을 기다리고 있는 중 성난 이교도들의 습격을 받아 보니페이스는 함께한 동료 50명과 함께 야만족들에게 살해당했다.[84] 보니페이스는 '제2의 폴리갑'이었다. 말년을 편안하게 사는 것을 거부하고 선교지로 떠났고 복음을 위해 순교하였다. 그의 순교의 피는 훗날 유럽대륙을 복음화하는데 귀한 씨앗이 되어 그를 '독일의 사도'라 부르고 있다.[85]

3. 신성로마제국 건설의 기초를 닦다

순교의 피는 교회를 세우는 씨앗이 되었다. 보니페이스가 754년 프리시아에서 순교한 후 얼마 안 되어 8세기 말경 프리시아족 가운데 아직 기독교로 개종하지 않은 자들이 거의 다 회심하게 되었다. 보니페이스의 순교는 한 알의 밀알이 되어 훗날 수많은 영혼을 살리는 불씨가 된 것이다. 보니페이스는 중세 초기 로마 가톨릭교회가 배출한 최고의 선교사였다. 그의 선교의 위대함은 AD 800년 샤를마뉴 황제의 대관식이 있고 난 후 신성로마제국을 건설하는데 기초를 쌓았기 때문이다. 프랑스의 클로비스가 496년에 기독교로 개종한 것을 필두로, 언제나 이탈리아를 위협하던 롬바르드족은 637년에, 유럽 북쪽의 프리시아족은 784년에 개종함으로 AD 800년부터 로마 가톨릭교회가 신성로마제국을 건설하여 잃어버린 제국의 위상을 회복하는데 결정적인 영향을 끼친 사람이 바로 보니페이스였다.

서방교회의 부활과 교회개혁을 달성한 샤를마뉴 대제

샤를마뉴 황제 대관식(800년)

1. 샤를마뉴 황제 대관식과 신성로마제국 탄생

　샤를마뉴(Charlemagne, 771-814) 황제는 800년 크리스마스날 교황 레오 3세가 로마의 성 베드로 성당에서 자신을 황제에 대관(戴冠)함으로 신성로마제국(The Holy Roman Empire) 시대가 열렸다.86) 레오 3세는 갑자기 자기 손에 면류관을 들고 프랑크 왕국의 왕 찰스("찰스 대제") 앞에 나아가 그의 머리에 관을 얹어주자 백성들이 "만수무강 하옵소서. 하나님이여 위대하시고 평화를 사랑하는 로마의 황제에게 승리를 허락하옵소서"라고 소리를 질렀다.87) 고대 관습에 따라 세 번씩이나 연호한 뒤 백성들은 찰스가 로마의 황제가 된 것을 환영하였다. 이어 레오 3세가 비잔틴 스타일의 옷을 입은 샤를마뉴의 외투 가장가리에 키스를 하자 대관식의 분위기는 절정에 이르렀다.

　샤를마뉴는 매우 신앙심이 깊은 사람이었다. 그는 스스로 기독교인의 원칙을 지키려 했다. 전쟁 중에는 가끔씩 독재적이고 잔인하였고 결혼생활에 있어서는 악명 높을 만큼 단정치 못했으나 음식을 먹거나 술을 마실

| 중세 초기 교회개혁을 달성한 샤를마뉴 대제

때는 절제력이 강했다. 그는 글을 쓰는 것을 좋아하지는 않았지만 자신이 좋아하는 책을 읽기를 좋아했는데 그가 즐겨 읽는 책은 성 어거스틴의 「신의 도성」이었다. 그 이유는 자신이 통치하는 나라가 가능한 하나님의 도시로 만들고 싶어서였다.[88] 레오 3세는 영적으로 완전히 무너진 로마제국을 다시 일으켜 세우기 위해 당대 최고의 세상 권력자였던 샤를마뉴의 힘이 필요했다. 레오 3세와 샤를마뉴는 상호간에 도움이 절실히 필요했고 마침내 교회와 국가가 결탁하여 신성로마제국을 건설하게 되었다.

2. 색슨족을 개종시키다

샤를마뉴 대제에게 가장 골치 앞은 민족이 색슨족(Saxons)이었다.[89] 색슨족은 북유럽 프리시아족 곁에 주거하고 있었는데 그들은 좀 특별하였다. 이들이 샤를마뉴에게 항복을 한 뒤 잠잠할 것이라 생각했는데 반대 현상이 종종 발생하였다. 샤를마뉴가 이곳을 떠나기만 하면 그 지역에서 폭동이 다시 발생하게 되자 샤를마뉴는 마지막 카드로 칼과 불을 선택하였다. 샤를마뉴는 기독교로 개종치 않은 색슨족들을 하루에 4,500명이나 살해하기도 하였다. 나아가 마을을 불사르고 노획물을 탈취하고 부락을 초토화시키자 이런 고통과 상처를 겪지 않기 위해서 색슨족에서도 '부족개종'(혹은 집단개종)이 일어나기 시작했다.

샤를마뉴가 이렇게 많은 사람들을 하루에 살해할 수 있었던 이유는 당시 기독교 법칙을 위반하는 자들을 살해하는 무시무시한 규정이 있었기 때문이다: (1) 감독이나 사제나 집사를 살해한 자는 사형에 처한다; (2) 이교도적인 습관에 따라 시체를 화장하는 사람은 사형에 처한다; (3) 미 침례자로서 동포들 중에 숨어서 침례를 기피하는 자는 사형에 처한다; (4) 이교들과 작당하여 그리스도인들에 대해 음모를 꾀하는 자는 사형에 처한다.[90] 그래서 색슨족에게 샤를마뉴가 선택한 것은 '강제 침례식'이었다.[91] 왜냐하면 색슨족들은 침례를 받을 때 자신들이 믿던 신들이 떠나 버린다고 믿었기 때문이다. 이러한 강제적 침례를 통해 기독교 지도자들이 색슨족에서도 점차 배출되기 시작했다.

| 샤를마뉴 대제 대관식

3. 중세 초기 교회개혁을 단행하다

중세 초기 교회개혁에 커다란 공헌을 한 사람이라면 그레고리 대제와 샤를마뉴 대제이다. 그레고리 대제는 590년에 로마 감독으로 즉위하면서 교회개혁에 박차를 가했다. 그레고리의 교회개혁 특징은 두 가지이였다: (1) 감독 개혁; (2) 교리 개혁.92) 즉 중세 당시 타락한 교구 감독에 자신이 임명한 신실하고 신앙 좋은 감독을 파송해 서서히 리더십 전환을 통하여 교회개혁을 이루었고, 연옥설을 만들어 교리 개혁에도 앞장섰다. 반면 샤를마뉴 대제의 교회개혁은 그레고리 대제의 개혁이 있은 지 210년이 지난 후 800년부터 시행되었다. 그의 교회개혁의 특징이라면 그레고리와는 달리 보다 실제적이고 강압적이었다.

샤를마뉴가 가장 먼저 교회개혁에 칼을 뽑은 것은 사제들이 교회를 자기 이름으로 등기해 사유화하는 것을 막았다. 중세 시기에 지역 유지들은 종종 자신들의 "영혼 구원을 위해" 많은 교구나 예배당들을 기증하였는데 이들은 이런 부동산들이 교구 감독이나 성직자들의 소유물이 되는 것을 꺼려했다.93) 하지만 교회매매는 비일비재하여 샤를마뉴는 먼저 이런 땅을 조사하여 팔아버리거나 선물로 기증해 아예 차단시켜 버렸다. 그는 대주교를 예전보다 더 많이 뽑아 각 교구에 있는 주교들을 잘 감독할 수 있는 새로운 대주교 시스템을 도입해 교회개혁에 박차를 가했다.

샤를마뉴는 또한 성직자들의 설교가 백성들이 알아들을 수 있는 말로 설교하도록 하였다. 또한 주일을 안식의 날로 법적으로 정했고, 십일조는 마치 세금을 징수하듯이 걷도록 법률을 통과시켰다. 그가 십일조를 세금처럼 합법적으로 징수한 것은 십일조의 수익으로 감독들과 성직자의 생활을 돌보기 위함이었다. 더욱이 그는 수도원 개혁에도 앞장서 수도원장들이 직위를 이용해 부(富)를 축적하는 것을 막는데도 앞장섰다. 이는 중세 수도원들이 본래 모습대로 돌아가도록 하는 것이었다. 즉 베네딕트 규율대로 수도원이 운영될 수 있도록 하기 위해 그는 아니안의 베네딕트(Benedict of Aniane)을 고용해 이 과업을 맡겨 교회개혁에 동참토록 하였다.94) 중세 초기 그레고리의 개혁은 지역이 제한적이었지만, 샤를마뉴의 개혁은 좀 더 넓은 지역까지 확대되어 유럽에서 종교와 신앙의 보편화를 만드는데 커다란 영향을 끼쳤다.

026 바이킹 선교의 위대한 선교사, 안스카

안스카의 덴마크 선교(826년), 스웨덴 선교(829/830년)

1. 독특한 선교사 소명

안스카(Anskar, 801-865)는 801년 9월 9일 프랑스의 아미앵(Amiens) 교구에서 태어났다.[95] 그는 콜롬바가 코비(Cobie)에 세운 수도원에 일찍이 들어가 이곳에서 우수한 학문을 배우게 되는데 특히 코비 도서관에서 투어스의 마틴, 커스버트(Cuthbert), 보니페이스와 같은 위대한 선교사들에 관한 책을 읽으면서 선교에 흠뻑 빠지게 되었다. 이를 통해 그는 선교의 열정으로 똘똘 뭉치게 되었고 자신도 훗날 순교자의 길을 걷고 싶어 했다. 특히 그는 수도원에서 색슨족 사람들로부터 '백성들의 교사'라 불릴 만큼 탁월한 설교가로 명성을 얻기도 했다.[96] 그는 선교사 준비과정에서 하나님의 음성을 세 번씩이나 듣고 헌신하였다.

첫 번째는 어느 날 기도 중에 "너는 가서 순교자의 면류관을 쓰고 내게 돌아오라"는 주님의 음성을 듣게 되었고, 두 번째는 이 일이 있은 지 2년이 지난 후 한 작은 예배실에서 기도할 때에 주님께서 "네 죄를 고백하라, 그래야 너는 의롭게 될 것이니라"는 음성을 들었다. 그래서 "주님, 왜 제가

이 말을 해야 되죠? 주님께서 알고 있다시피 저는 주님께 숨기는 것이 아무것도 없어요." 그러자 주님께서 "그래, 나는 이 모든 것을 알고 있지. 하지만 사람은 자신의 죄를 고백해야 하는 것이 내 뜻이고, 그래야 이들은 용서를 받을 수 있다"고 말씀하여서 주님께 죄를 고백한 뒤 기쁨을 되찾을 수 있었다.97) 세 번째는 그가 동료들과 함께 코베이(Corvei) 수도원으로 가서 짧은 기간이지만 복음 전하는 선교여행을 경험했는데 이 모든 과정이 그를 선교사로 헌신케 하였다.

2. 왜 북유럽의 사도가 되었을까?

덴마크, 스웨덴, 노르웨이와 같은 스칸디나비아 반도는 9세기 초반이 되어서야

| 북유럽의 사도로 불리는 안스카

개종하기 시작했다. 이 시기에 가장 무자비하고 약탈을 마구 일삼는 악명 높은 스칸디나비아의 바이킹(Vikings)이 활동하던 때이다. 선교는 곧 순교를 전제로 해야만 했다. 하지만 안스카는 이에 굴하지 않고 바이킹족들에게 들어갔고 그 출발은 덴마크였다. 스칸디나비아 반도에서 가장 늦게 개종한 나라는 스웨덴이었다.98) 특히 스칸디나비아 반도는 집단 개종이 일반적이었다. 황제가 절대적인 힘을 소유하고 있던 때라 주로 개종은 왕이나 왕가들을 통해 그와 함께 하던 신하들과 군인들이 한꺼번에 개종하는 집단개종이 주를 이루었다.

프랑크 왕국의 경건한 루이(Louis) 황제는 자신의 영토를 북쪽까지 확장하고 싶어서 823년에 랭스(Rheims)의 대주교인 에보(Ebbo)를 먼저 덴마크로 파송했지만 별로 성과를 거두지 못했다. 이후 덴마크 왕 헤랄드(Herald)는 프랑크 왕국의 군사적 협조가 필요해 826년에 자신을 비롯해 아내와 신하들과 군인들이 침례를 받고 집단개종을 하였다.99) 그러자 826년에 루이는 때를 놓치지 않고 바이킹족 선교정신으로 똘똘 뭉친 안스카를 덴마크로 파송하였다. 마침내 안스카의 오랜 숙원이었던 바이킹 선교가 닻을 올린 것이다. 그는 이곳에서 순교의 면류관을 쓰고 싶었다. 그는 열악한 환경을 피하지 않고 기쁨으로 선교사역을 감당했다. 하지만 그와 함께 했던 헤랄드 왕의 통치 리더십이 부족해 왕권 기반이 흔들리게 되자 안스카는 덴마크에 온지 3년이 채 안되어 왕과 함께 추방당하고 말았다.

| 안스카가 스칸디나비아 반도의 바이킹족들에게 복음을 전하고 있다.

안스카는 덴마크에서 추방당한 뒤 얼마 안 되어 스웨덴 왕이 선교사를 자기네 나라로 보내달라는 요청을 했다. 안스카는 이에 즉각 승낙을 하고 829년(혹은 830년)에 스웨덴으로 떠났다. 중간에 해적을 만나 갖고 있던 모든 물품들을 빼앗기는 아픔도 겪었지만 스웨덴 왕 보른(Bjorn)은 안스카를 반갑게 맞이하였고 이곳에서 마음껏 선교사역을 할 수 있도록 허락해 주었다.[100] 스칸디나비아 반도에서 처음으로 있는 일이었다. 그는 스웨덴의 선교활동을 통해 많은 개종자를 얻었고 그 가운데 일부는 귀족들도 있었다. 아마 덴마크의 왕 헤랄드처럼 스웨덴 왕이 기독교에 마음이 열려 있는 때라 정치적 목적 때문에 개종하기도 하였다.

안스카가 스웨덴에서 성공적인 선교활동을 마치고 프랑스에 돌아오자 루이 황제는 교황 그레고리 4세와 협력하여 안스카를 함부르크(Hamburg)의 대주교로 임명해 스칸디나비아 반도와 슬라브족을 책임지도록 했다. 루이는 안스카가 북유럽의 선교를 잘 감당할 수 있도록 서 플랑드르(West Flanders) 지방의 수도원을 그에게 주었고 재정적으로도 선교헌금을 풍족하게 보냈다.[101] 그러자 안스카는 코비 수도원으로부터 선교사들을 직접 모집해 이들과 함께 스칸디나비아 선교에 매진하였다. 하지만 정치적 상황은 썩 좋지 않았다. 함부르크가 바이킹족들의 습격을 받아 폐허가 되자 안스카는 겨우 몸을 피했지만 바이킹 선교를 포기할 수 없었다. 이후 848년에는 함부르크와 브레멘의 연합 대주교로 임명된 후 덴마크왕의 신임을 얻게 되어 슐레스비히(Slesvig)와 리베(Ribe)에 각각 교회를 세울 수 있었다. 그래서 안스카를 '북유럽의 사도'라 부른다.[102] 안타까운 것은 안스카의 선교사역을 다음 세대에서 지속적으로 이어가지 못해 스칸디아비아의 교회는 10세기에 이르러서야 제대로 설 수 있었다.

십자군 운동과 선교
십자군 운동(1095-1291년)

1. 왜 십자군 운동은 실패했는가?

십자군 운동(The Crusades, 1095-1291)은 "칼을 가지는 자는 다 칼로 망한다"(마 26:52)는 것을 극명하게 보여주었다. "그들의 칼은 오히려 그들의 양심을 찌르고 그들의 활은 부러지리로다"(시 37:15)의 말씀처럼 십자군의 칼은 자신들의 양심을 찔렀고 활은 마침내 부러져 처참하게 패했다. 십자군은 약 200년간에 걸쳐 칼을 함부로 휘둘러서 패했다. 이들의 잔악성과 무자비함은 수많은 아랍인들에게 영원토록 잊을 수 없는 깊은 상처를 남겼다.

그 다음은 십자군의 도덕성이 땅바닥에 떨어져서 패했다. 십자군에게서 기독교인의 모습은 온데간데 없었다. 이들의 잔학성이 얼마나 컸는지 시토(Citeaux) 수도원장이 교황에게 편지하기를 무고한 시민 2만 명이 무참히 목숨을 잃었다고 보고할 정도였다.103) 이들에게 용기는 있었지만 명예는 없었고, 헌신은 놀라웠지만 분별력은 약했다. 나아가 십자군의 저급한 영성은 십자군 운동을 패하게 할 수밖에 없는 원인이 되었다. 긴 세월

동안 전쟁과 이동에서 보여준 십자군의 타락한 영성은 중세교회의 부패한 모습을 그대로 옮긴 것과 다를 바 없었다.

2. 십자군 운동의 동기는?

그렇다면 왜 십자군 운동이 일어났을까? 이유는 세 가지이었다. 첫째는 경제적 이유 때문이었다. 1차 십자군 운동이 일어나기 전 서유럽은 오랫동안의 기근으로 피폐해져 경제적으로 무척 힘들었다.104) 경작할 땅은 줄어들고 인구는 늘어나다보니 눈을 동방으로 돌릴 수밖에 없었다. 이곳은 원래 서방보다 기름진 땅이 많은지라 원정길에 오를 명분이 높았던 것이다. 둘째는 정치적 요인으로 비잔틴 제국을 아랍권의 세력에서 보호하기 위해서였다. 당시 셀주크 터키(Seljuk Turks)가 비잔틴 군대를 반 호수(Lake Van)에서 대파하자 비잔틴 황제는 서방교회에 도움을 요청했고 로

| 십자군 운동에 참여한 군인들

마 교황은 기꺼이 지원할 것을 약속했기 때문이다. 셋째는 종교적 이유로 빼앗긴 성지(聖地) 예루살렘을 되찾기 위해서였다.

3. 십자군 운동의 결과는?

십자군 운동은 '반선교적'이었다. 사랑과 평화는 찾을 수 없고, 칼과 창으로만 접근하는 원정은 실패할 수밖에 없다. 십자군 운동이 그랬다. 이들이 8차에 걸친 원정길에서 몇 번 승리를 했지만 대패한 것과 다름 없었다. 약 200년에 걸친 십자군 운동은 서방교회로 하여금 영적으로 많은 것을 깨닫게 했는데 첫째는 기독교인의 경건생활에 큰 영향을 주었다. 이들은 터키, 이스라엘, 이집트 등의 많은 성지들을 돌아보면서 그리스도의 인성에 깊은 관심을 갖게 되었다.105) 그래서 십자군들은 성지에 있는 성물(聖物)들을 서방교회로 옮겨 자신들의 영성을 되돌아 봤다.

| 십자군 운동의 8차 원정 지도

둘째로 군사적 수도회가 등장하였다. 오랜 원정길에 이들은 오직 신앙만이 살길임을 깨달아 군사적 수도회가 생기기 시작했고 가난과 자비와 순종을 서약하였다.106) 셋째로 이단을 대항하기 시작했다. 십자군들은 원정길에서 정통 니케아 신앙과는 동떨어진 이단 보고밀파(혹은 카타리파, 알비파)를 많이 접하게 되었는데 이들 역시 이교들과 다를바없어 처참하게 살육했다.107)

4. 십자군 운동의 긍정적·부정적인 면은?

십자군 운동은 유럽사회에 나쁜 결과만 초래한 것은 아니었다. 긍정적인 면을 보면 우선 동방의 문명이 유입되었다. 예를 들어 바그다드를 중심으로 한 아랍 문명의 예술, 교육, 전술이 소개되거나 수많은 아랍 용어가 소개되었고, 또한 아랍의 뛰어난 인쇄술, 폭약, 나침반도 소개되었다.108) 그 다음은 십자군의 광활한 이동으로 인해 육상 및 해상 교통로가 확대되었고 이것은 해상 무역을 확대시키기도 했다. 한편 부정적인 면을 살펴보면 제4차 십자군 운동으로 서방교회와 동방교회는 영구적인 상처를 입게 되었다.109) 그리고 십자군의 무력사용은 기독교와 이슬람간의 원한이 오늘날까지 이르게 하여 이슬람 선교에 큰 지장을 초래하였다. 마지막으로는 기독교인의 도덕적 기준을 낮추게 한 것이 큰 오점이라 할 수 있다.

5. 십자군 운동이 이슬람 선교에 끼친 영향은?

십자군 운동은 향후 이슬람 선교에 큰 걸림돌이 되었다. 무슬림들의 뇌리 속에 박혀 있는 기독교는 폭력, 살인, 방화 등의 부정적인 모습으로 인해 무슬림들에게 선교하는 것은 여간 힘든 일이 아니었다. 폭력은 폭력을 낳고 살인은 살인을 낳기 때문에 우리에게 필요한 정신은 사랑과 평화의 방법이다. 바로 5차 십자군 운동 때 아씨시의 프란시스가 보여준 것이다. 토마스 아퀴나스(Thomas Aquinas)는 무슬림들이 "비록 이교들이라 할지라도 존중되어야 할 어떤 자연권들을 가지고 있다"고 선언한 것처럼 무슬림을 향한 기독교인의 태도가 바꿔야 한다.110) 십자군 운동은 오늘날 이슬람 선교사들에게 성 프란시스의 기도처럼 "평화의 도구"가 되어 접근하라고 강한 메시지를 던져주고 있다.

선교사의 삶의 모델, 아씨시의 프란시스

아씨시의 프란시스 '작은 형제들의 수도회' 창설 (1210년)

1. 가난과 결혼하다

아씨시의 프란시스(Francis of Assisi, 1182-1226)는 1182년 높은 중턱에 자리 잡은 아씨시(Assisi)라는 고대마을에서 태어났다. 그의 아버지는 프랑스에서 옷 파는 장사꾼으로 돈을 많이 벌었는데 그는 아버지 덕택으로 어느 정도 교육을 받아 라틴어를 읽고 쓸 줄은 알았다. 그의 어머니는 프랑스인이어서 프랑스어는 곧 잘하는 편이었다. 그의 본명은 지오반니(Giovanni)였고, 별명은 '작은 프랑스인'을 뜻하는 프란시스코(Francisco) 또

| 작은 형제회를 창설한 아씨시의 프란시스

는 프란시스(Francis)였다. 그가 이런 애칭을 갖게 된 것은 그가 프랑스 음유 시인들의 노래를 좋아하는 모습을 보고 친구들이 불러준 것이다.[111]

어린 시절 프란시스는 한마디로 플레이보이였다. 목적도 없었고 뭐든지 자신이 하고 싶은 대로 살았으며 친구들과 어울리길 좋아했고 아버지가 번 돈으로 허랑방탕하게 살았다. 21살 때는 페루지아(Perusia)와의 전쟁 때 기사로 활동하다가 포로가 되었다가 아버지가 준 몸값으로 풀려나기도 했다. 22살까지 프란시스는 게을렀고 본인이 하고 싶은 대로 막 살았다.112) 그런데 23살에 큰 중병에 걸려 죽음 직전에 이르게 되었다. 모든 것을 잃어버리는 순간에 직면했을 때 지나간 자신의 삶을 되돌아 보니 한심하기 짝이 없었다. 이때 프란시스는 몇 달 동안 깊은 영적 갈등에 빠지며 지난날 방탕아로 살았던 것을 회개하고 하나님께로 돌아오게 되었다. 이때 그의 나이가 23세였다(1205년). 프란시스의 회심은 여러 달 동안의 "영적 순례"를 통해 일어난 것이었다.113)

프란시스는 회심 이후 자발적 가난을 몸소 실천하기로 결정하고 "청빈"(poverty)과 결혼해 일평생 동안 함께 살기로 결심했다.114) 프란시스가 진리를 발견한 이후 너무 좋아하는 모습을 친구들이 보고는 "왜, 그리 기쁘지?"라고 묻자 "결혼했기 때문이야" "누구랑?" "응, 난 가난이라는 귀부인과 결혼했어!"라고 자랑을 떠 벌렸다.115) 그로부터 프란시스는 모든 재산을 청산하고 몇 해 동안 나병환자와 빈자들을 돌보는데 전념했다. 마침내 1209년에 프란시스는 성 베드로 성당을 방문하며 사제가 될 것을 결심하였다. 이때 한 사제가 마태복음 10장 8절의 "병든 자를 고치며 죽은 자를 살리며 나병환자를 깨끗하게 하며 귀신을 쫓아내되 너희가 거저 받았으니 거저 주라"는 말씀을 읽어주는데 큰 감동을 받기도 하였다. 프란시스는 27살의 나이에 성직자의 길에 발을 내디뎠고 평생 동안 가난하게 살며 세상에서 버림받은 자들의 아버지가 되었다.

2. 탁발 수도회와 중세 수도사들의 차이점은?

프란시스는 중세 교회가 타락한 가장 큰 이유가 '돈'에 있다고 보았다. 당시 교회는 죄와 악행의 소굴이었다. 성직매매나 교회매매로 교회는 지역사회에서 가장 큰 부자였다. 지역 영주들은 수도원장과 좋은 관계를 유지하려고 했는데 그 이유는 수도원이 동산이나 부동산으로 돈이 많았기 때문이다. 돈은 결국 교회를 타락의 길로 빠지게 하였고 교회는 이 늪에서 헤어나지 못했다. 프란시스 자신도 젊은 시절 방탕아로 살아온 경험이 있는 터라 교회가 살 길은 오로지 '가난'하게 사는 것이라 믿었다. '청빈'만이 교회를 회복하는 길이라 생각했다. 그래서 수도사의 길로 들어 선 후 그는 곧바로 탁발 수도회(the friars)를 만들었다.

프란시스가 1210년에 창설한 탁발 수도회는 '작은 형제들의 수도회' (Friars Minor, 일명 작은 형제회)라 불리었다.116) 탁발 수도사들이란 구걸을 통해 생계를 유지하는 자들을 말하는데 중세의 다른 수도원들과 비교하면 가히 혁명적이었다. 중세 수도사라면 부자, 가진 자, 높은 자, 배운 자의 상징이었는데 탁발 수도사들은 아니었다. 그들은 가난과 청빈의 대명사였다. 처음에는 불과 몇 명의 사람들로 시작한 탁발 수도회가 주변에 좋은 소문이 퍼지면서 수많은 사람들이 몰려들기 시작했다. 탁발 수도회가 설립된 후 작은 형제회는 프란시스의 말씀에 따랐고 가난과 질병에 고통당하는 자들을 돌보기 시작했다.

| 교황 이노센트 3세가 탁발 수도회인 작은 형제회를 승인하고 있다.

3. 청빈, 사랑, 평화의 사도로 살다

프란시스가 만든 작은 형제회는 '삶의 선교'를 지향했다. 삶을 변화시키기 위해서는 앞서 있는 신앙인이 그대로 삶으로 보여줘야 한다. 즉, '보고 배우는 것'을 발견토록 하는 것이다. 프란시스에게 있어서 신앙이라고 하는 것은 자신에게 있는 능력이 타인의 삶에 영향을 끼칠 때 비로소 그 역할을 하는 것으로 믿었다.[117] 영향력 있는 삶은 '보고 배우게 하는 것'이지 '듣고 배우도록 하는 것'이 아니다. 중세 수도원들은 '보여주는 힘'(showing power)을 잃어버렸다. 교황을 비롯해 감독, 사제들, 성직자들 자신이 병들고 곪아 터졌는데 보여준다는 것 자체가 모순 덩어리였기 때문이다.

프란시스는 "복음을 받아들인다는 것은 새 생명을 받아들이는 것이어서 삶이 변해야 하고 그리스도의 삶을 그대로 살 수 있어야 한다"고 주장했다.[118] 그의 주장은 작은 형제회의 회칙에 그대로 반영되었다. 작은 형제회가 1221년 만든 제1회칙을 보면 전체 24장 중 무려 23장이 영성과 삶에 관한 것이다. 2년 후 1223년에 제정한 제2회칙에서도 총 12장 가운데 무려 11개장이 영성과 삶을 다루었다. 이 말은 프란시스가 만든 작은 형제회가 영성과 삶을 가장 추구했다는 사실을 말해준다. 그는 수도원을 운영하기 위한 규율만 만들지 않고 본인 스스로 규율대로 살았다. 이것이 그의 힘이었다. 그는 그리스도께서 사신 것처럼 자신 또한 청빈, 사랑, 평화의 사도로 살았다. 프란시스가 만든 작은 형제회는 어둠을 밝히는 촛불이 되어 점차 이탈리아를 넘어서서 북아프리카, 중동, 유럽, 중국까지 그 빛을 발하기 시작했다.

중세 세계 선교의 허브, 프란시스코 수도원

프란시스코 수도원의 시리아·모로코 선교(1212-1214년),[120] 이집트 선교(1219년), 영국 선교(1224년)

1. 프란시스코 수도원의 두 날개

프란시스코 수도원의 두 날개는 '삶'과 '선교'이다. 첫 번째 날개는 삶이다. 프란시스가 만든 작은 형제회의 규정을 보면 2/3가 '삶'에 관한 부분이다. 당시 타락한 중세 교회가 회복하는 길은 오직 그리스도의 삶을 사는 것이라 생각했다. 예수 그리스도께서도 머리 둘 곳이 없듯이 프란시스코 수도사들은 '절대 가난'을 따라야만 했다. 프란시스는 회심한 이후 자신의 모든 재산을 청산하여 빈자들에게 나눠주었고 돈 많은 아버지께로부터 물려받을 유산도 스스로 포기하였다. 그는 수도원을 창설한 후에라도 혹시나 부유하고 안락한 삶에 빠질까봐 늘 자신을 되돌아보았다. 본인이 몸소 가난, 사랑, 평화의 사람으로 살았고 함께한 프란시스코 수도사들도 그 길을 따랐다. 그는 그레고리나 샤를마뉴처럼 영향력 있는 종교·정치 지도자는 아니었지만 삶으로써 교회를 회복하는데 큰 영향을 끼쳤다. 그런 영향을 힘입어 아씨시에 있는 프란시스코 수도원은 5천 명이 모일 정도로 거대한 수도원으로 성장하게 되었다.

| 작은 형제회 수도사들

 두 번째 날개는 선교이다. 중세 서방 수도원의 특징은 공동체 생활이다.120) 이들은 한 곳에 모여 자신들만의 공간을 만들어 생활해 왔다. 이 곳에서 예배, 전도, 교육, 섬김, 노동, 구제 등을 감당하였는데 자신들만의 이념(theory)과 사상(idealism)에 동의하는 자들이 모여 그 세력을 확장시켜 갔다. 그렇다보니 베네딕트 수도원, 아이오나 수도원, 프란시스코 수도원, 도미니크 수도원이 생겨나 자신들만의 색깔과 정체성을 만들어 유럽 전 지역으로 확대시켜 나갔다. 콜롬바나 선교사 어거스틴처럼 수도원이 공동체 생활을 벗어나 선교한 수도원도 있다. 하지만 아쉬운 것은 중세 대다수의 수도원은 세계선교에 관심을 갖지 못했다. 오히려 돈과 권력에 사로잡혀 수도원은 감독과 사제들의 발목을 잡았고 이는 곧 타락의 불씨가 되었다. 이런 상황속에서도 프란시스코 수도원은 처음부터 남 달랐다. 바로 선교하는 수도원이었기 때문이다.

2. 왜 프란시스의 이슬람 선교는 십자군 운동과 다른가?

 프란시스는 1210년 작은 형제회를 설립한 뒤 얼마 안 되어 본인이 직접 이슬람 선교에 동참했다. 그로 하여금 이슬람 선교에 관심을 갖고 참여토록 한 이유는 바로 십자군 운동(1095-1291년) 때문이었다. 그의 생각은 이슬람교도들이 기독교로 회심치 않는 이유는 십자군 운동이 바람직한 방법으로 접근하지 않았기 때문이라고 생각했다.121) 사실 대다수의 십자군들은 이교도들은 근절되든지 아니면 평생토록 노예로 묶어두어야 한다고 생각했다. 이왕 지옥에 갈 바에야 살려둘 필요가 없다고 생각했다. 그러다보니 이슬람교도들을 향한 무자비한 학살이 끊이지 않았고 이것은 지금까지도 기독교와 이슬람이 영원한 원수로 남는 원인을 제공 했다.

그는 1212년에서 1214년 사이 시리아와 모로코로 가려고 준비를 하고 출항을 했지만 배가 난파되는 바람이 무산되고 말았다. 특히 그가 모로코를 꼭 가보길 원했던 이유는 그곳에서 최근에 복음을 듣고 개종한 몇몇 무슬림들이 있었는데 이들이 은신처에서 몸을 피하고 있다는 소식을 듣고 직접 가서 만나 보길 원했다. 하지만 그의 꿈을 이루지 못했다. 마침내 그에게도 기회가 찾아왔다. 1219년 제5차 십자군 군대가 이집트에 머물러 있다는 소식을 듣고 프란시스는 함께 합류를 하여 이집트 술탄(Sultan)에게 찾아가 복음을 전하기도 하였다.

술탄은 프란시스의 열정에 감탄되어 그에게 존경을 표하기도 했다. 프란시스가 목숨의 위협을 무릅쓰고 이집트까지 간 이유는 십자군 군대의 경건치 못하고 부도덕한 삶이 오히려 선교에 방해가 된다고 생각했기 때문이다.122) 비록 그가 단기간의 이슬람 선교에 큰 성과는 거두지 못했지만 기독교인의 무력행사와 타락한 삶은 선교에 독(毒)이 되며 오히려 사랑과 평화의 방법으로 그들에게 접근해야 할 것임을 깨닫게 해 주었다. 이것은 훗날 프란시스코 수도원의 이슬람 선교 정신으로 자리매김 해 수천 명의 수도사들이 이슬람 선교를 위해 목숨을 바쳤고 13세기 말경에는 레이몬드 룰(Raymond Lull) 같은 위대한 이슬람 선교사를 배출하였다.

3. 프란시스코 수도원의 세계 선교를 향하여

프란시스는 이집트 선교를 마치고 1220년에 이탈리아로 돌아왔다. 돌아오는 길에 팔레스타인과 시리아도 들렸다. 이후 프란시스는 유럽 대륙 땅을 건너 영국까지 선교사를 파송하였다. 1224년에 프란시스는 영국 선교에 필요한 수도사들을 직접 선발해 파송하였는데 이들은 1224년 9월 10일 피사의 아넬료(Agnellus of Pisa)의 지도하에 도버(Dover, 영국 동남부에 위치)에 도착하여 9명의 첫 수도사들이 영국 선교에 돌입하게 되었다.123) 이들의 선교 열매는 놀라웠다. 왜냐하면 영국의 법정, 의회, 대학교, 도시, 마을 어느 하나 할 것 없이 프란시스코 수도사들의 도움을 받지 않은 곳이 없었기 때문이다.124)

프란시스코 수도원은 이후 영국뿐 아니라 중동, 북아프리카, 아시아까지 선교사를 파송했다. 이곳에서 훈련받은 몬테 콜비노의 존(John of Monte Corvino)은 1294년에 중국 북경까지 가서 선교하게 되었다. 프란시스코 수도원은 중세 선교의 횃불이었다. 중세 수도원 가운데 건강한 곳은 약

| 프란시스코 수도원 전경

2%도 채 되지 않았는데 그 중심에 프란시스코 수도원이 서 있었다. "너희가 거저 받았으니 거저 주라"(마 10:8)는 말씀처럼 프란시스코 수도사들은 다른 수도원들과는 달리 '움켜쥐는 삶'을 살지 않았다. 내 것만 배 불리 채우는 수도사가 되는 것이 아니라 복음에 빚진 자가 되어 어느 곳에 가든지 '나눠주는 자'가 되었다. '나눠 주는 자'는 고인 물이 되지 않아 썩지 않았을 뿐 아니라 '영원한 생명수'(生命水)를 전달해 줄 수 있었다.

설교, 학문, 신학 탐구의 요람, 도미니크 수도원

도미니크 '설교자들의 수도회' 창설(1216년)

1. 도미니크 수도원은 왜 생겼나?

중세 최고의 수도원이라고 하면 프란시스코 수도원과 도미니크 수도원이다. 둘 다 탁발 수도회로서 나약하고 병든 중세교회의 희망이었다. 도미니크 수도원은 두 가지 이유 때문에 생겨났다. 첫째는 이단 알비파(Albigenisian)의 급격한 성장을 막기 위해서는 학문적으로 대처할 수 있는 능력을 길러내야 했기 때문이다.[125] 둘째는 중세 대학 교육의 방향이 표류하고 있어서 유능한 인재를 발굴하지 못했기 때문이다.[126] 그래서 도미니크 수도원은 설교와 학문과 신학에 집중하였다.[127] 도미니크 수도원이 생긴 지 80년이 조금 지난 1300년까지 대학교와 수도원에서 강의하는 교수가 무려 1,500명이나 되었고, 이 가운데 절반은 신학을 가르쳤으며 1220년부터 1350년 사이 도미니크 수도원이 발행한 문학 작품 수가 초기 교부시대부터 13세기 초까지 교회 전체가 발행한 작품 수와 맞먹을 정도로 엄청났다.[128] 그만큼 도미니크 수도원은 학문 연구에 매진하였고 좋은 성과도 거두었다.

2. 도미니크 수도원의 특징은 무엇인가?

도미니크 수도원을 창설한 사람은 도미니크(Dominic, 1170-1221)이다. 도미니크는 프란시스코보다는 나이가 12살 많았는데 수도원을 창설한 것은 6년이 늦었다. 그는 젊은 시절에 스페인에 있는 한 가톨릭 학교에서 공부하면서 성 어거스틴의 규율을 체계적으로 배웠다. 그렇다보니 그는 자신의 소명을 완수할 수 있는 준비된 사람이었고 학자적인 성향을 지닌 성직자였다. 그는 늘 겸손했고 신사적이었으며, 두 개의 감독직을 사양하기도 했고, 죽기 전에는 자신이 설립한 도미니크 수도원의 수장직(首長職)을 과감히 내려놓기도 했다. 그는 자신에 대해 매우 엄격했고 극단적 금욕주의자이기도 했다. 그는 또한 탁월한 영성가로 오랫동안 기도하는 것이 몸에 배어 있어서 기도의 사람이기도 했다.

도미니크는 무너져 가는 중세교회를 바라보면서 새로운 수도회 설립의 필요성을 절실히 느꼈다. 기존의 수도회를 답습하는 수도회가 아니라 시대적 요청에 부응하는 수도회를 만들고 싶었다. 마침내 도미니크는 1215년 로마를 방문해 이노센트 3세를 만나 새로운 수도회를 승인해 줄 것을 요청했다. 하지만 교황은 약간 꺼려했다. 이유는 새로운 수도원 운동이 너무 많이 일어나고 있는 상황인지라 교황은 도미니크에게 기존에 이미 승인된 규율 중 하나를 선택해 줄 것을 요청했다. 교황은 새로운 수도회 설립에는 동의하지만 승인 여부는 조건부였으므로 도미니크는 곧

| 설교자들의 수도회를 설립한 성 도미니크

바로 성 어거스틴의 규율을 채용했고, 또한 프란시스코 수도원의 탁발 규정도 받아들였다. 마침내 1216년 교황 이노센트 3세는 도미니크가 만들려고 하는 새로운 수도회를 승인하였고, 그 공식 이름이 "설교자들의 수도회"(Friars Preachers)였다.129)

도미니크는 1220년에 "설교자들의 수도회"의 헌장을 꼼꼼히 만들어 설교자들이 규정을 지켜 행할 수 있도록 하였다.130) 예를 들어 도미니크 설교자들은 간단하고 분명하게 설교하기로 유명했는데 이들은 주로 구속에 관한 이야기와 삶의 변화에 관한 설교를 집중하였다.131) 재미있는 것은 이들은 설교 원고를 모두 라틴어로 써야 했다. 이유는 라틴어를 잘 이해하고 있는지 확인하기 위해서였다. 그리고 이들은 설교 강단에 서기 전에 라틴어 원고를 다시 일반인들이 이해할 수 있는 언어로 변역해서 설교해야만 했다.132) 또한 자신의 설교 내용을 핸드북으로 만들어 나눠줄 수 있도록 준비해야만 했다. 이와 같이 도미니크 설교자들은 설교하는 일에 최선을 다해 준비하였다.

도미니크 수도원은 설교와 신학에 집중하다보니 자연스럽게 이곳에 들어오는 자들도 프란시스코 수도원처럼 천민 계급이 입문하는 것이 아니라 귀족계급 출신들이 대다수였다. 또한 가난에 관한 생각도 프란시스코 수도원과는 달랐다. 프란시스코는 수도사들에게 '절대 가난'을 철칙으로 지킬 것을 강요했지만 도미니크 수도원을 달랐다. 이곳은 학문 연구가 목적이다 보니 가난은 프란시스코 수도원 처럼 목적이 아니라 하나의 '수단'에 불과하였다.133) 더욱이 수도원이 재산이 필요하다는 인식을 느꼈을 때 이를 과감히 수용함으로 탁발수도회의 모습은 점차 사라졌다. 도미니크 수도회는 원래 취지대로 설교, 학문, 신학에 집중하였다. 그래서 훗날 토마스 아퀴나스(Thomas Aquinas)와 같은 위대한 신학자를 배출해 로마 가톨릭교회의 신학적 근거를 만들어 주는 인재들을 이곳에서 배출하였다.

3. 도미니크 수도원의 세계 선교를 꿈꾸며

도미니크 수도원과 프란시스코 수도원이 탁발 수도회로서 가장 큰 공통점은 세계 선교하는 일에 아름답게 쓰임을 받았다는 점이다. 도미니크 수도원은 1216년 설립된 후 곧 이어 해외 선교에도 집중하였다. 1220년에는 폴란드에 히아신스(Hyachnth)와 체슬라오(Ceslaus)를 파송하여 선교 사역을 감당토록 했는데 이들은 폴란드뿐 아니라 러시아와 리투아니아지역까지 가서 복음을 전했다. 특별히 히아신스는 1222년에 자신과 함께 하는 몇 몇 수도사들과 함께 폴란드를 지나 우크라이나 키에브(Kiev)까지 가서 선교활동을 했는데 많은 열매가 있었다. 그런데 갑자기 타타르족(Tartar)이 1241년부터 1242년까지 침략함으로 선교사역은 큰 타격을 입게 되어 개종했던 수많은 사람들이 순교의 길을 걷게 되었다.[134]

성 도미니크는 이단 알비파들에게 복음을 전하기 위해 수도회를 설립했다.

도미니크 수도원은 1221년에 헝가리에도 선교사들을 파송했는데 이들의 수고로 데오도르(Theodore) 형제가 1227년에 첫 번째 감독으로 임명을 받기도 했다. 무엇보다도 헝가리 설교자들은 주변국의 보스니아 선교에도 열정을 쏟아 부어 이곳에 있는 투토니아의 존(John of Tuetonia)이 1227년에 디아코바(Diacovar)의 감독이 되었다. 1225년에는 도미니크 수도사들 중 한 명이 모로코 감독으로도 임명을 받아 선교를 감당했다. 그 결과 몇 년이 지나서 스페인 설교자들이 튀니지에서 아랍어 학교가 딸려있는 수도원을 세울 수가 있었다. 이처럼 도미니크 수도원은 학문 연구뿐 아니라 세상을 품고 선교하는 일에도 앞장섰다.

이슬람 최초의 선교사, 레이몬드 룰

레이몬드 룰의 튀니지 선교(1291-1292년),
알제리 선교(1307년),
튀니지와 알제리선교(1314-1315년)

1. 방탕아에서 선교사로

레이몬드 룰(Raymond Lull, 1235-1315년)은 중세 최고의 이슬람 선교사였다.135) 그가 선교사로 활동한 때는 십자군운동(1095-1291년)이 한창 일어나던 시기이다. 이슬람 땅에 '칼과 창'으로 다가갔던 십자군운동과는 달리 '사랑과 평화'의 방법으로 다가간 사람이 레이몬드 룰이다. 그는 무슬림들에게 복음을 전한 최초의 위대한 선교사였다.136) 무엇보다 약 700년 전 그가 보여준 이슬람 선교는 현대 이슬람 선교의 교과서라 할 수 있다. 사실 그의 젊은 시절은 선교와는 전혀 거리가 먼 세상에 빠

| 최초로 이슬람 선교대학을 설립한 레이몬드 룰

제2장 중세교회 선교 • 183

져있던 자였다. 형편없는 방탕아로 세상의 쾌락에 빠져 살던 그가 하나님의 위대한 선교사로 쓰임받은 것은 우리들에게 큰 도전이 된다.

룰은 1235년 스페인 마요르카(Majorca) 섬 팔마(Palma)에서 부유한 로마 가톨릭 가정에서 태어났다.137) 그는 일찍이 결혼한 뒤 스페인 본토로 떠나 아라곤(Aragon)의 왕 제임스 2세의 궁궐 집사(執事)가 되어 풍요로운 생활을 보내었다. 궁궐에는 늘 술과 여자와 가무가 있어서 쾌락의 나날을 보내기에 좋았다. 그는 첩까지 두며 가족을 돌보지 않았고 '완벽한 방탕아'로 삶을 살았다.138) 룰은 31세가 되어서야 자기 고향으로 돌아갔다(1266년). 이곳에서 그는 인생의 새로운 전환점을 맞게 되었는데 하나님이 주신 환상을 보고 선교사의 길을 걸었기 때문이다. 그는 2년(1266-1267년)간에 걸쳐 세 번이나 환상을 보며 자신의 죄악을 회개하였고 세 번째 환상을 보고난 후에는 선교사가 되기로 결심하였다.139)

그는 선교사 소명을 받은 후 수도원에서 대다수의 시간을 아랍어 공부에 몰두하였다. 그가 선교사의 길을 가게 되면서 자신의 내적 갈등이 얼마가 고통스러운지를 그의 고백에서 짐작할 수 있다: "나는 처자식이 있는 사람이었습니다. 나는 돈도 꽤 많이 벌었습니다. 나를 세상으로 치닫게 했던 모든 것을 즐거운 마음으로 버릴 수 있는 것은 하나님 나라를 확장하기 위한 것이며 하나님의 거룩한 신앙이 이방 땅에 널리 전파되길 위한 것입니다."140) 그는 누가복음 15장의 돌아온 탕자처럼 100% 하나님께로 돌아섰다. 이것이 레이몬드 룰의 힘이었다. 이후 룰은 아내와 아들이 평생 살아가는데 필요한 돈을 주었고 나머지는 프란시스코 수도회의 규율에 따라 빈자(貧者)들에게 모두 다 나눠 주었다.

2. 이슬람 최초의 선교사가 되다

레이몬드 룰은 오늘날 이슬람 선교의 길잡이가 된다. 그 이유는 세 가지였는데 첫째는 룰이 사랑과 평화의 선교사가 되었기 때문이다. 그는 프란시스코 수도사로서 무력이 아닌 평화의 방법을 택했다.[141] 십자군들의 잔인하고 난폭한 모습과는 다른 사랑의 사도로 이슬람교도들에게 다가갔다. 이것이 룰이 지녔던 이슬람 선교의 정신이었다. 둘째는 무려 700년 전 레이몬드 룰이 이슬람 전문 선교사 양성을 위해 수고했다는 점이다. 그 예가 1276년 그의 고향 마요르카에 세운 선교대학이다.[142] 그는 제임스 2세 왕의 마음을 설득시켜 이곳에 수도원을 세울 수 있도록 허락을 받아 이슬람 선교에 필요한 아랍어과를 개설하였고 또한 무슬림을 만나면 확실히 변증할 수 있도록 선교사들을 훈련시키기도 했다. 스티븐 니일은 레이몬드 룰을 가리켜 언어 연구를 선교에 직접 연관시킨 최초의 선교사라 지목하였다.[143]

셋째는 레이몬드 룰이 실제적인 이슬람 선교 모델을 보여주었기 때문이다. 룰은 평생동안 세 번 북아프리카 선교로 떠났다.[144] 그가 처음으로 북아프리카 선교로 간 곳은 튀니지로 1291년 말과 1292년 초였다. 튀니지는 13세기 주요 무역항구 도시로 무슬림 세계의 서부 센터였고, 7차(1248-1250년) 십자군운동이 이곳에서 처참하게 대패한 곳이기도 하였다. 기독교에 대한 증오가 심한 이곳에 그는 단지 복음을 전하고 기독교를 변증코자 튀니지로 갔다. 그 때 룰의 나이가 56세였다. 1차 튀니지 선교에서 룰은 몇 명의 무슬림 개종자들을 얻었고 이것을 본 이맘은 술탄에게 룰같이 탁월한 변증가가 이슬람의 잘못된 부분들을 자유롭게 설파할 수 없도록 요청하며 그를 감옥에 넣어 처형시킬 것을 요구하였다. 룰은 곧 토굴 감옥에 던져 졌는데 편견이 덜한 한 이슬람 지도자의 도움으로 간신히 목숨을 구할 수 있었다.

룰이 두 번째로 북아프리카 선교로 간 곳은 알제리였고 1307년이었다. 그 때가 룰의 나이 72세였다. 고령의 나이에도 불구하고 그는 이슬람 선교 열정은 식지 않았다. 그는 알제리 동쪽의 버기아(Burgia)란 곳에 갔는데 이곳에는 약간의 기독교 상인들이 있었다. 이들은 장사를 자유롭게 할 수 있었지만 가능한 종교적 논쟁을 피하고 싶었다. 그런데 노구(老軀)의 룰이 버기아에 도착하자마자 무슬림들과 논쟁하였다. 룰은 이들에게 십계명을 소개한 뒤 모하메드가 코란으로부터 십계명을 깨트린 것을 하나하나씩 설명했고, 또한 무슬림들에게 자신들의 일곱 가지 덕목과 일곱 가지 죄를 말하게 한 다음 이들이 얼마나 죄로 가득차 있는지를 지적해 주었다.145) 그의 논쟁 목적은 무슬림들에게 기독교 진리를 바르게 이해시키려는데 있었다. 하지만 십자군 운동의 상흔이 있는 무슬림들은 룰을 감옥에 집어넣었고 6개월 후에나 풀려났지만 다시 추방을 당했다.

룰의 마지막 북아프리카 선교는 1314년부터 1315년에 있었다. 그는 1314년에 튀니지를 잠깐 방문했다가 다시 알제리 버기아로 돌아가 10개월 이상 머물렀다. 그의 마지막 북아프리카 선교 목적은 순교자의 면류관을 쓰는 것과 약간의 신자의 무리를 보는 것이었다. 그는 튀니지나 알제리에 있는 크리스천들을 만나 신앙을 든든히 세워주기도 했고 복음 전도도 하였다. 그에게 남은 것은 순교의 면류관을 쓰는 것이었다. 그는 예전처럼 숨어서 은밀하게 사역하

| 레이몬드 룰이 북아프리카에서 선교하다가 돌에 맞고 있다.

는 것을 버리고 공공장소에서 담대히 진리를 선포하였다. 그 때가 룰의 나이 80세였다. 그의 얼굴에는 두려움보다는 사랑과 평화로 가득했다. 화간 난 군중들은 룰을 끌고 나가 돌로 쳐 죽였는데 그 때가 1315년 6월 30일이었다.146) 룰은 자신의 소망대로 스데반처럼 돌에 맞아 순교자의 반열에 당당히 설 수 있었다.

3. 영원히 빛나는 순교자의 면류관

14세기 레이몬드 룰이 선교할 당시는 기독교가 대내외적으로 최악의 상태였다. 교회는 썩을 대로 썩어 바닥에서 벗어나지 못했고 약 200년에 걸친 십자군 운동(1095-1291년)은 기독교의 이미지를 추락시킬 대로 추락시켰고 모든 힘을 다 상실하였다. 이틈을 타 징기스칸의 몽골 군대는 태평양과 인도양 그리고 흑해에 이르기까지 영토를 확장시키는 거대한 몽골 제국(1227-1360년)을 만들어 약 150년간 '팍스 몽골리카'(Pax Mongolica)를 형성한 상황이라 유럽 자체가 숨도 제대로 쉴 수 없었다. 이 혼란한 시기에 레이몬드 룰은 자신을 스스로 죽이고 무슬림들에게 무력이 아닌 평화의 방법으로 다가갔다. 세상의 방법이 '힘'이라면 룰의 방법은 '사랑'이었다. "또 산을 옮길 만한 모든 믿음이 있을지라도 사랑이 없으면 내게 아무 것도 아니요"(고전 13:2)라고 했듯이 룰은 사랑을 품고 이슬람 선교에 뛰어 들었다. 이것이 룰의 능력이었다.

중국 선교의 아버지, 몽테 콜비노의 존

몽테 콜비노의 존 중국 원나라 선교(1294-1328년)

1. 왜 중국 선교의 아버지인가?

몽테 콜비노의 존(John of Monte Corvino, 1247-1328)은 '중국 선교의 아버지'이다. 사실 존보다 659년이나 일찍 중국 서안에 들어간 알로펜을 '중국 선교의 선구자'라 부르지만 이단 네스토리우스 선교사였기에 몽테 콜비노의 존이야 말로 정통 니케아 신앙을 지닌 중국 최초의 선교사라 할 수 있다. 그는 이탈리아 태생의 프란시스코 선교사로 중국에서 34년간이나 사역을 하였고 마지막 뼈를 묻은 곳도 중국이었다. 그가 활동할 때는 징기스칸의 몽골족이 중국을 통치하던 원나라시대였다. 그는 당시 세계를 지배하던 몽골제국 중심부(쿠빌라이 칸 제국)에 직접 들어가 평생을 주님께 쓰임 받은 신실한 선교사였다.

존을 '중국 선교의 아버지'라고 부르는 첫 번째 이유는 그가 선교사들과의 힘든 갈등을 잘 극복했기 때문이다. 존이 중국에서 활동하면서 가장 힘든 부분이 네스토리우스 선교사들과의 갈등이었다. 이들의 중국 선교는 워낙 역사가 오래 되다보니 자긍심이 강하고 자신들의 기득권을 놓치고 싫어하지 않았다. 교단이 다른 존이 북경에 들어왔으니 그들의 눈에 가시였다. 존이 이들과의 갈등이 얼마나 힘든지를 그가 보낸 편지에서 확인할 수 있다: "중국에서 어떤 사도들도 어떤 사도들의 제자들도 마음껏 복음을 전할 수 없지만 네스토리우스 선교사들만은 예외였다. 이들은 사람을 매수해 나에게 심한 박해를 가하기도 했고 또한 내가 교황으로부터 파송받은 자가 아니라 스파이고, 마술사이며, 사기꾼이라고 떠벌리고 있다."[147] 이런 갈등이 5년 이상 지속돼 법정에 서기도 하고 죽음에 이르는 위협도 당했지만 왕은 존이 무죄임을 발견하고 이들을 중국에서 추방하고 나서야 그는 제대로 사역을 할 수 있었다.

두 번째는 영혼 구령하는 일에 집중하였기 때문이다. 존은 중국에 들어온 지 11년째인 1305년 1월 8일에 로마 교황에게 쓴 편지에서 자신이 지금까지 6천 명을 개종시켰고, 네스토리우스 선교사들의 중상모략이 없었다면 아마 3만 명 이상을 개종시킬 수 있었다고 보고했다.[148] 아마 그가 매일 전도하고 회심시키는 일에 열심을 다했기 때문이라 여겨진다. 존의

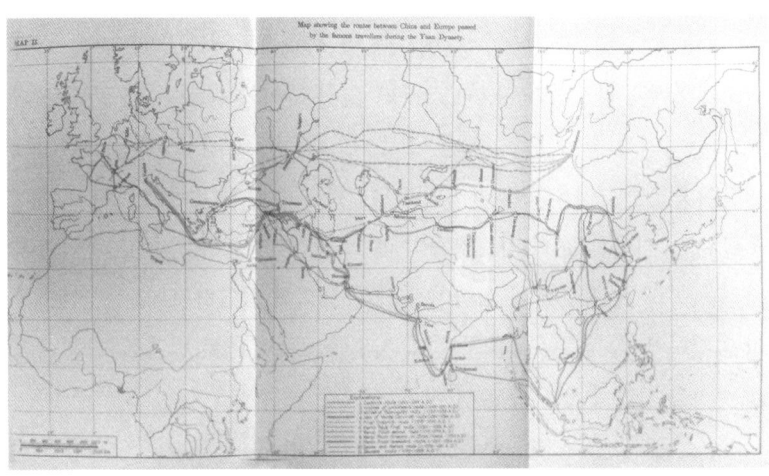

| 몽테 콜비노의 존이 중국으로 간 경로. 당시 흔치 않게 해로로 이동했다.

| 중국 선교의 아버지인 몽테 콜비노의 존

선교활동이 중국에서 폭발적인 반응을 보이자 교황 클레멘트 5세는 1304년에 존의 첫 동역자로 쾰른의 아놀드(Anold of Cologne)를 파송하였고, 이후 1307년에 교황은 존을 북경의 대주교로 임명하고 7명의 사제들을 더 파송했는데 이 가운데 3명만 생존하였고, 1312년에는 3명을 더 파송하였다. 이런 협력 속에서 존은 영혼 구령 사업에 더욱 박차를 가할 수 있어서 14세기 초 몽테 콜비노의 존은 마치 '중국의 사도 바울'과도 같았다.

세 번째는 전통적인 선교를 모범으로 잘 보여주었기 때문이다. 존은 북경에 온 지 5년만인 1299년에 첫 번째 교회를 북경에 세웠고, 이후 1305년에는 약 200명이 모일 수 있는 교회를 왕궁 맞은편에 세워 교회개척에도 앞장섰다. 또한 7살부터 11살 사이의 사내아이 150명을 데려와 현지인 일꾼을 키우는데도 집중하였다. 그는 아이들에게 라틴어와 헬라어를 가르쳤고, 시편과 찬송을 쓰게 했으며, 성가대 연습도 하게 하여 훗날 이들 가운데 교회 지도자들이 배출되길 소망했다. 무엇보다 어린이 사역을 통해 존은 중국어 실력이 크게 향상되어 설교하는데도 큰 어려움이 없었다. 나아가 존은 신약성경과 시편을 위구르어로 번역해 누구나 쉽게 성경을 접할 수 있도록 했다.[149]

2. 선교 축의 이동, 유럽을 넘어 아시아로

몽테 콜비노의 존은 아시아 선교에 불을 지핀 선교사였다. 존 이전에 동방으로 복음을 전한 자들도 많았지만 로마 가톨릭교회가 전략적으로 사람을 보내 성공적인 사역을 한 것은 존이 처음이다. 존의 선교편지가 교황에게 알려지자 로마 가톨릭교회는 앞 다투어 사람을 보내기 시작했고 존 이후에는 예수회가 프란시스코 수도회의 선교 열정을 이어받아 아시아 선교에 집중하기 시작했다. 몽테 콜비노의 존 이전에 로마 가톨릭교회의 선교대상지는 유럽이나 북아프리카 정도였다. 하지만 로마 가톨릭교회가 힘을 상실한 가운데서도 프란시스코 수도회는 말씀 가운데 우뚝 서 '선교하는 수도회'가 되어 유럽, 북아프리카, 영국, 아시아까지 선교사를 파송하는 위업을 달성했다. 무엇보다 아시아 선교에 열정적이었던 프란시스코 수도회는 세계선교에 한 획을 그었다. 바로 선교 축을 유럽에서 아시아로 이동 시킨 것이다.

존이 중국에서 선교를 잘할 수 있었던 것은 몽골제국의 쿠빌라이 칸(Kublai Khan)이 기독교에 대한 호감을 가져 로마 가톨릭 선교사를 중국에 파송해 달라는 요청이 있었기 때문에 가능했다. 로마 가톨릭교회는 이 요청을 받고 난 뒤 아르메니아와 페르시아 선교경험이 있는 존을 중국 선교사로 파송키로 했다. 존은 1289년에 로마를 떠나 페르시아 몽골제국의 수도인 타브리즈(Tabriz)에 도착하였고 이후 1291년에 인도에 도착했다. 마드라스(Madras)에서 13개월간 머물며 성 도마(St. Thomas)교회를 방문했고 가는 곳마다 복음을 전하여 100명 정도의 개종자를 얻기도 하였다.[150] 이후 존은 인도를 떠나 1294년에 중국 북경에 도착했다. 안타까운 것은 그가 도착하기 얼마 전 쿠빌라이 칸이 사망했고 그 뒤를 이어 테무르(Temur)가 승계했는데 곧 그에게도 신임을 얻어 네스토리우스 선교사들의 비방만을 빼고는 모든 일이 잘 풀렸다.

3. 선교지에 뼈를 묻다!

존은 1289년 로마를 떠난 후로는 다시는 고국으로 돌아가지 않았다. 그는 페르시아와 인도를 거쳐 북경에 머물며 마지막 인생을 중국 선교사로 살았다. 그가 34년간 중국 선교를 마친 뒤 1328년에 사망할 때 개종자는 무려 10만 명에 이르렀다. 교황은 무척 기뻐 끊임없이 동역자들을 보냈는데 1338년에는 이 많은 개종자들을 돌보기 위해 50명의 사제들을 대거 파송하기도 하였다. 하지만 1368년에 명나라가 들어서면서 자주권 회복운동으로 선교사들을 모두 추방시켜 버려 기독교는 점차 소멸하게 되었다. 몬테 콜비노의 존은 영혼을 사랑하였고, 힘든 관계를 풀 줄 알았고, 함께 협력하는 탁월한 중국 선교사였다. 그의 선교정신은 약 270년이 지난 이후 예수회 소속의 마테오 리치를 통해 이어져 갔다.

부패의 온상, 중세 교회의 대 몰락

서방교회 대분열(1378-1422년), 동방교회 몰락(1453년)

1. 왜 서방교회가 몰락을 하였나?

14, 15세기 서방교회가 대 몰락의 길을 걷게 되면서 선교는 꿈도 꿀 수가 없었다. 유럽은 복음화가 되었지만 북아프리카와 페르시아는 무슬림의 수중에 떨어져 이슬람화가 되었고, 아시아 중에 특히 중국은 원나라 때 프란시스코나 네스토리우스 선교사들이 종교의 자유를 얻어 마음껏 복음을 전하며 교회를 세울 수 있었다. 하지만 1368년에 명나라가 들어서면서 선교사를 모두 추방함으로 거의 200년 이상 선교사가 입국할 수 없었다. 혼란한 세계 정세 가운데 서방교회는 몰락의 막바지에 이르게 되었는데 그것도 외부적 요소보다는 내부적 요소가 더 컸다.

서방교회가 몰락한 첫 번째 내부적 요소는 교황의 정치적, 도덕적, 영적 힘이 약해졌기 때문이다.[151] 교황은 서방교회의 상징이었는데 1309년부터 1377년까지 약 70년간 "아비뇽 교황 시대"(Avignon Papacy)를 맞이해 프랑스의 정치적 도구로 이용되 힘을 완전히 상실해 버렸다.[152] 이것은 훗날 로마 추기경 간에 친불파(프랑스 지지그룹)와 친영파(영국 지지그룹)를

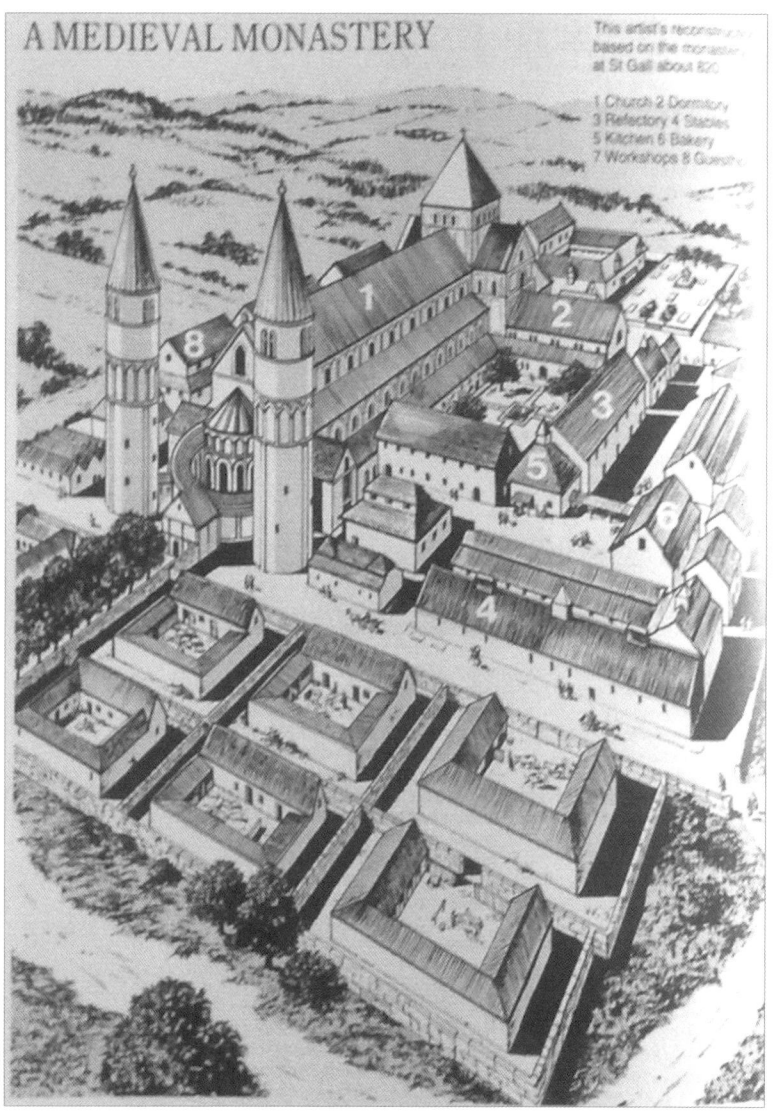

| 중세 수도원 조감도

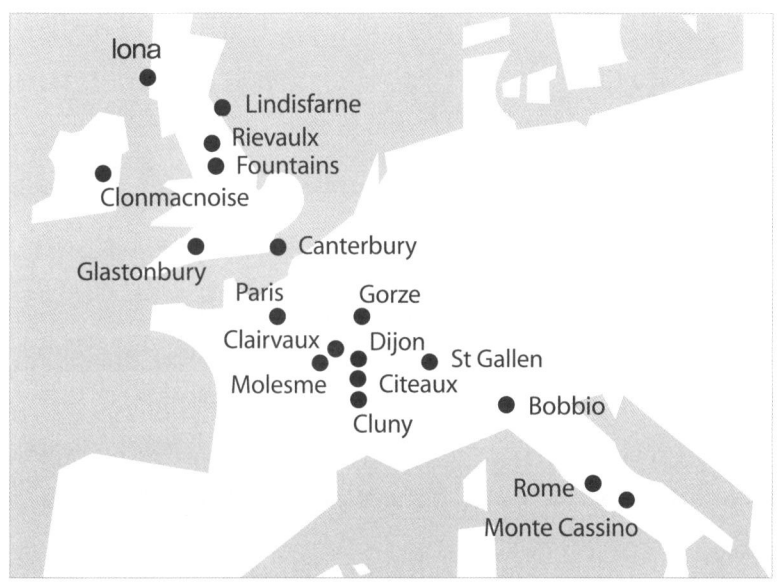

| 중세 유럽 유명한 수도원이 있는 지역

만들어 파벌 싸움을 일으켰고 급기야 서방교회의 대분열을 만드는 불씨가 되었다. 두 번째는 수도원과 성직자들의 부패 때문이었다. 당시 수도원을 보호해야 할 감독들은 수도원을 사유화했고, 성직 매매를 중심으로 족벌주의(nepotism), 복수 성직제(성직 중임제), 궐석 성직제(absenteeism)가 생겨 건강한 교회의 모습을 상실해 버렸다.153) 세 번째는 서방교회 대분열(1378-1422년)이 있던 50년간 로마와 아비뇽에서 각각 교황이 선출돼 엄청난 혼란을 겪게 된 것은 바로 교황과 추기경들이 자신들의 기득권을 내려놓지 않았기 때문이었다.154)

설상가상으로 중세 서방교회가 몰락의 길로 들어서게 된 것은 외적인 환경도 너무 좋지 않았기 때문이다. 첫째는 12-13세기 이후 고개를 들기 시작한 국가주의(nationalism)는 강력한 군주가 등장하면서 점차 교황의 힘이 약해지기 시작했다. 둘째는 1337년부터 1475년까지 영국과 프랑스를 중심으로 한 백년전쟁은 유럽 경제를 파탄 일로에 만들어 버렸기 때문이다. 셋째는 1437년에 시작된 대역병(혹은 흑사병)은 유럽 전 지역을 강타해 유럽 전체 인구의 1/3이 사망하는 참사를 겪게 되어 서방교회는 교회 자체 부패와 함께 서서히 몰락하였다.

2. 왜 동방교회가 몰락을 하였나?

콘스탄틴 대제가 330년 콘스탄티노플로 수도를 이전하면서 서로마제국과 동로마제국이 분리되었는데 서로마제국은 동로마제국보다 일찍이 고트족의 공격을 받아 476년에 멸망했다. 하지만 800년에 프랑스의 샤를마뉴 황제가 등장하여 로마의 교황과 손을 잡음으로 서로마제국은 다시 화려하게 부활했다. 로마 가톨릭교회는 유럽 대다수의 지역에 신성로마제국을 건설해 과거의 영광을 되찾는데 성공했지만 교회의 부패와 타락으로 서로마교회는 또다시 분열의 아픔을 겪게 되었다. 이에 비해 동방교회(비잔틴제국)는 서방교회(라틴제국)보다 오랫동안 지속되다가 1453년에 이슬람의 공격을 받아 콘스탄티노플은 함락되고 말았다.

어찌 보면 동방교회가 몰락한 것은 인과응보(因果應報)였다. 서방교회의 교황은 과거와는 달리 권력과 힘을 완전히 상실한 상태라 비잔틴제국이 도와 달라는 요청이 왔을 때 돕겠다고 약속은 했지만 이행할 수는 없었다. 교황은 군주들의 도움을 이끌어내는 데 실패해 무능한 교황이 되었다. 그리고 비잔틴 황제들은 외교전에도 실패해 주변의 예루살렘, 알렉산드리아, 안디옥에서도 등을 돌려 콘스탄티노플은 풍전등화(風前燈火)의 위기에 놓일 수밖에 없었다. 또한 비잔틴 제국 역시 이슬람의 공격에 대비할 수 있는 군사력과 힘을 전혀 갖추지 않았기 때문에 1453년에 모하메드 2세의 공격을 받아 콘스탄티노플은 힘없이 무너졌다.

3. 교회개혁의 여망

14, 15세기 중세 교회는 끝없이 추락하면서 교회 개혁의 여망이 점점 불타오르기 시작했다. "이대로는 안 된다"는 인식이 저변에 확산되었다. 그런데 아이러니컬하게도 교회 개혁은 로마와 파리와 같은 유럽의 중심지에서 일어나지 않았다. 먼저는 로마와 멀리 떨어진 영국이었다. 옥스퍼드 대학교의 교수인 존 위클리프(John Wyclif)가 교회 개혁의 선봉장이었고, 그 다음은 위클리프의 정신을 계승한 프라하 대학교 총장이었던 존 후스(John Huss)였다. 이 둘은 결국 화형을 당하는 참사를 겪었지만 이들의 희생을 시작으로 신약교회로 되돌아가려는 움직임이 서서히 일기 시작해 중세교회는 점차 생기를 되찾을 수 있게 되었다.

중세 교회개혁의 선봉장, 존 위클리프

위클리프 성경번역 완성(1382년)

1. 왜 위클리프는 교회개혁을 시도했나?

존 위클리프(John Wyclif, 1320-1384)는 중세 영국의 교회개혁가, 설교가, 성경번역가, 사상가, 신학자였다.155) 그는 마틴 루터가 1517년 종교개혁을 일으키기 약 135년 전 중세 '교회 개혁의 선봉장'으로 활동하였다. 그는 옥스퍼드 대학교의 교수였고, 14세기 로마 가톨릭교회에 대항하는 초기 교회 개혁가였다. 그렇다면 왜 그가 로마 가톨릭교회의 반체제 인사로서 수많은 박해를 감수하고 교회 개혁을 부르짖었을까? 첫 번째는 교황권에 대한 올바른 해석을 하여 교회가 건강하게 설 수 있도록 하기 위해서였다. 두 번째는 교리의 신학적 오류를 바로 잡기 위해서였다.

| 중세 교회개혁의 선봉장, 존 위클리프

세 번째는 교회의 부패와 타락의 근원이 사제와 성직자들에게 있던 터라 앞서 있는 영적 지도자들의 회개와 반성을 촉구하기 위해서였다.

2. 위클리프가 시도한 교회개혁은 어떤 것인가?

위클리프는 4가지 영역에서 교회개혁을 실천에 옮겼다. 첫 번째는 구원에 대한 올바른 인식이다. 그의 주장에 따르면 구원은 교황과 같은 '눈에 보이는 교회'와의 관계 속에 주어지는 것이 아니라 오히려 하나님의 선택에 달려 있다는 것이다. 하나님으로부터 택함 받은 백성은 모두 다 거룩한 제사장이기에 스스로 하나님께 나아갈 수 있고, 신약성경은 제사장(신자)과 감독(목사)사이에 어떠한 차별을 두지 않는다고 주장했다.156) 즉 감독과 신자들은 동일하게 존경을 받아야 한다는 것이다. 그의 이런 주장은 성 어거스틴을 통해 완성되었다.

두 번째는 교회에 대한 바른 이해이다. 위클리프는 "그리스도의 교회는 교황이나 눈에 보이는 유형적 계급 제도가 아니라 미리 구원받도록 택정함을 받은 자들로 이루어진 눈에 보이지 않는 무형의 몸"이라고 가르쳤다.157) 또한 그는 "교회는 하나님의 선택된 백성들로 이루어져 있어서 이들이 하나님과 교통하기 위해서 사제들이 필요한 것은 아니다"라고 주장했다.158) 이런 그의 주장은 로마 가톨릭교회의 교리와는 전혀 다른 것이었다.

세 번째는 성찬에 관한 것이었다. 그는 로마 가톨릭교회가 주장하는 화체설을 강력하게 반대했다. 그는 주장하기를 성찬식 때 그리스도께서 영적으로 현존하는 것이지 떡 가운데 주님께서 몸을 입어 오신다는 것을 거부했다.159) 네 번째는 성경에 대한 것이다. 성경은 사제들만 읽는 것이 아니라 백성들이 자신들의 언어로 읽을 줄 알아야 한다고 주장했다. 그는 이

뜻을 이루기 위해 자신이 직접 벌게이트 성경(Vulgate, 라틴어 성경)을 영어 성경으로 번역해 1382년에 완성했다.160) 그는 직접 신약성경을 번역했고 그의 제자들이 구약을 번역했다. 이것이 바로 최초로 영어로 번역된 위클리프 성경(Wycliffe's Bible)이다.

이러한 위클리프의 급진적인 사상은 동료 친구들로부터 이단이라는 비난을 받기도 했다. 결국 그는 옥스퍼드 대학교를 떠나야만 했고 말년을 루터워스(Lutherworth)라는 작은 교구를 맡아 목회를 했다. 이곳에서 그는 1384년에 사망했고, 사망한 이후 그는 콘스탄스 종교회의에서 정죄를 받아 교회 묘지에 안장되었던 그의 유골은 다시 파헤쳐져 화형을 당하고 말았다.

3. 위클리프의 영향은?

위클리프 생전에 그를 따르던 제자들을 "롤라드"(Lollards)라고 부르는

| 위클리프 성경

| 위클리프가 1377년 2월 19일 성바울교회에서 교회개혁의 정당성을 알리기 위해 등장하고 있다.

데 이 말을 "중얼거리는 자"(mumbler)에서 파생되었다.161) 롤라드는 1395년까지 큰 조직으로 성장했는데 이들은 위클리프의 정신에 따라 신자로서 우선적으로 해야 할 일은 복음 전하는 것과 모든 성경은 백성들이 쉽게 읽을 수 있도록 번역되어야 한다고 믿어 번역 작업을 계속해 나갔다. 이들은 끊임없는 박해 속에서도 끝까지 견디어 영국에서는 지속적으로 번영을 누리다가 다음 세기에 마틴 루터가 종교개혁을 할 수 있도록 눈을 뜨게 해 준 사람이 위클리프이다. 나아가 위클리프의 정신은 보헤미야 지방의 프라하 대학교 총장이었던 존 후스(John Huss)에게도 영향을 주어 후스가 프라하에서 교회개혁을 할 수 있도록 큰 영향을 끼쳤다.162) 위클리프는 분명 '개신교 종교개혁의 촉진자'였고, '중세 교회개혁의 선봉장'이었다.

로마 가톨릭 선교

| 예수회 선교시기 |

중국 선교의 대가, 마테오 리치

제3장 | 로마 가톨릭 선교
예수회 선교시기(1517-1792년)

시 기	종교개혁 – 윌리암 케리 인도 선교(1517-1792년)
핵심 주제	어느 나라에서든지 영혼의 잘됨과 신앙의 전파를 위해서 헌신한다!
핵심 단어	예수회 선교
핵심 성경	"아버지께서 나를 보내신 것 같이 나도 너희를 보내노라"(요 20:21).

| 핵심 연대표 |

구분	년 도	특 징
1500	1494년, 1529년	파트로나토 레알(Patronato Real) 승인
	1500년	프란시스코 선교사 브라질 도착
	1512년	비토리아, 토마스 아퀴나스「신학대전」재편찬
	1521년	마젤란 필리핀 발견
	1531년	도미니크 선교사 콜롬비아 도착
	1534년	로욜라 예수회 창설
	1540년	교황 바오로 3세 예수회 창설 공식 인정
	1542년	프란시스 사비에르 인도 고아 도착
	1542년	라스 카사스 인디언 인권 보호법 제정
	1548년	예수회 선교사 콩고 도착
	1549년	프란시스 사비에르 일본 가고시마 도착
	1549년	예수회 선교사 브라질 도착
	1564년	레가스피 선교사 필리핀 선교 시작
	1570년	일본 선교 책임자 까브랄 일본 도착
	1574년	일본 오무라(大村) 지역 2만 명 집단개종
	1579년	아시아 선교 관찰사 발리냐뇨 일본 도착
	1582년	마테오 리치 중국 마카오 도착
	1587년	히데요시 반 기독교 칙령 발표 및 선교사 추방(1차)
	1590년	도요토미 히데요시 일본 통일

구분	년도	특징
1500	1592년	임진왜란 발생
	1594년	마테오 리치 「천주실의」 초판 인쇄
1600	1601년	마테오 리치 중국 북경 입국
	1603년	마테오 리치 「1603년 베이징판 천주실의」 공식 출판
	1605년	로베르토 데 노빌리 인도 도착
	1606년	일본 반기독교 칙령 발표 및 선교사 추방(2차)
	1613년	노빌리 「인도의 종교와 풍습에 관한 정보」 출판
	1614년	일본 반기독교 칙령 발표 및 선교사 추방(3차)
	1622년	교황청 신성포교회 설립
	1638년	일본 3만 7천 명 신자 대학살
	1655년	콩고 여왕 마탐바의 징가 회심
1700	1724년	청나라 반기독교 칙령 발표 및 선교사 추방(1차)
	1736년	청나라 반기독교 칙령 발표 및 선교사 추방(2차)
	1742년	교황청 예수회의 문화수용정책 정죄
	1759년	예수회 선교사 브라질에서 추방

제3장 로마 가톨릭 선교

예수회 선교시기(1517-1792년)

　로마 가톨릭 선교란 1517년 루터의 종교개혁 이후부터 1792년 윌리암 케리가 근대선교를 시작하기 전까지를 말한다.[1] 이 시기는 로마 가톨릭교회의 선교 황금시대를 활짝 연 때로 지나간 천 년의 세월동안 영적 암흑기에서 벗어나 개신교에게 보란 듯이 선교의 꽃을 피운 시기이다. 그 중심에 예수회(The Society of Jesus, 혹은 Jesuits)가 있었다. 6세기부터 15세기까지 중세 선교는 주로 베네딕트, 프란시스코, 도미니크, 어거스틴 수도사들이 담당했다. 하지만 16세기부터 18세기까지 로마 가톨릭 선교는 예수회가 거의 독점하다시피 했다. 당시 파송된 선교사들의 2/3가 예수회 출신이었기 때문이다. 신생 예수회가 폭발적인 선교사역을 감당할 수 있었던 이유는 운영 자체가 군대처럼 일사분란하게 움직였고 교황의 명령에 절대 순종과 충성을 서약했으며 훌륭한 인재들을 많이 배출했기 때문이다.

　예수회는 슬로건 자체가 선교 지향적이었다. "어느 나라에서든지 영혼의 잘됨과 신앙의 전파를 위해서 헌신한다"는 모토를 보면 알 수 있듯이 예수회는 두 가지에 집중했다. 바로 영성훈련과 해외선교이다. "아버지께서 나를 보내신 것 같이 나도 너희를 보내노라"(요 20:21)의 자세가 예수회 선교사들이었다. 예수회에 입교한 자라면 누구든지 4주간 영성훈련을 받아야 했고 해외선교는 기존의 전통적 수도원과는 전혀 다르게 접근했다. 중세 수도사들이 검소하고 청빈한 삶을 강조하고 도시에서 멀리 떨어진 외곽에 수도원을 세웠다면 예수회는 달랐다. 이들은 처음부터 과감하게 도시를 뚫고 들어갔고 중하류층보다는 상류층 선교에 집중하며 대학을 설립해 신학, 과학, 천문학, 인문학 등 다양한 분야에 인재들을 배출했다. 이런 적극적이고 과감한 선교전략은 시대의 흐름과 맞아 떨어져 약 240년 동안 세계선교의 중심이 되었다. 이 시기에 개신교는 선교보다는 교리와 신학개혁에 앞장서 대조를 이루었다.

선교 독점권 파트로나토 레알과 로마 가톨릭 선교

'파트로나토 레알' 승인(1494년, 1529년)

1. 파트로나토 레알이란?

15세기 말 "발견의 시대"(Age of Discovery)는 선교 방향과 선교 지역까지 바꿔 놓았다. 1492년 스페인 출신 크리스토퍼 콜럼버스(Christopher Columbus)의 신대륙 발견과 1498년 포르투갈 태생인 바스코 다 가마(Vasco da Gama)의 인도 발견은 세계 역사에 신기원을 이루었을 뿐 아니라 해외 선교정책에 큰 변화를 예고하였다. 당시 영국, 독일, 프랑스는 곧이어 불어 닥친 종교개혁과 종교전쟁으로 국내 문제를 해결하는데 신경을 쓸 수밖에 없었기 때문에 해외 선교에 눈을 돌릴 여유가 없었다. 하지만 스페인과 포르투갈은 로마 교

| 1492년 신대륙을 발견한 크리스토퍼 콜럼버스

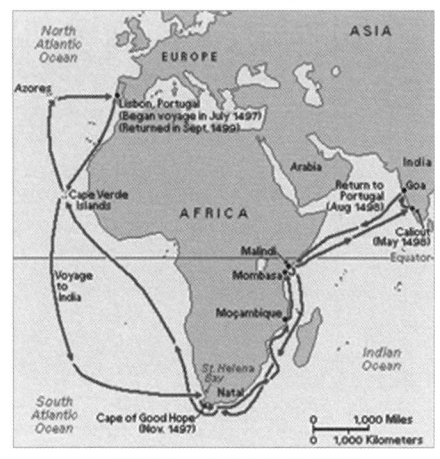
| 1498년 바스코 다 가마가 인도를 발견할 당시 항해 노선이다.

황청의 힘을 등에 업고 16세기부터 18세기까지 '로마 가톨릭 선교의 황금시대'를 이끌어 갔다.

이 두 나라는 신대륙 발견 이후 교황에게 신대륙의 어느 지역까지 탐험하고 관할할 수 있는지 요구하였다. 그러자 교황 알렉산더 6세(Alexander VI)는 1494년과 1529년에 각각 '영토 관할 교서'(Demarcation Bull)를 발표하여 스페인에게는 중남미와 북미를, 포르투갈에게는 브라질과 함께 아시아 및 아프리카를 독점할 수 있도록 승인하였다.[2] 스페인은 콜럼버스의 영향으로 신대륙에 관심이 많았는데 이들은 북미보다는 중남미에 집중했다. 그렇다보니 영국과 프랑스는 자연스럽게 북미에 관심을 갖게 되었다. 한편 포르투갈은 바스코 다 가마가 남아공의 희망봉을 지나가고 싶어 했던 인도를 발견한 터라 이들은 아프리카와 아시아에 집중하였다.

16세기 이후 영토 확장에 주도적이었던 스페인과 포르투갈은 현지인 회심에도 관심을 가져 선교사들을 대동시키는 것을 당연시 했다. 교황이 스페인과 포르투갈 왕에게 영토 관할권을 부여한 것은 '국왕 교회 보호권'도 함께 준 것이다. 즉 각 왕이 성직자를 자유롭게 임명해 파송할 수 있는 권한까지 부여 해준 것으로 이를 '파트로나토 레알'(Patronato Real)이라 부른다.[3] 16세기부터 18세기까지 스페인과 포르투갈 왕은 자유롭게 '성직자 임명권'을 가지게 됨으로써 선교 독점권까지 갖게 된 것이다. 이것은 당시 교황청이 주도적으로 해외선교를 이끌지 않았다는 증거이다. 결국 스페인과 포르투갈은 각각 '파트로나토 레알' 승인에 따라 선교사 임명부터 자체적으로 선교 비용까지 해결해 나가는 자립선교를 실행해 나갔다.

2. 파트로나토 레알의 결과는?

스페인과 포르투갈의 선교 독점권은 긍정적·부정적 영향을 모두 끼치기도 하였다. 긍정적인 측면을 보면 스페인과 포르투갈의 탐험, 통상, 정보 능력은 당대 최고여서 해상이든 육로든 어느 지역이든 이동하는 데 수월했고, 두 나라간의 '파트로나토 레알' 원칙은 독립선교를 추구했지만 상대방의 도움이 필요할 때 함께 하는 협력선교도 실행해 옮겼다. 스페인은 페루, 과테말라, 콜롬비아, 에콰도르, 브라질과 같은 중남미에 선교사를 주

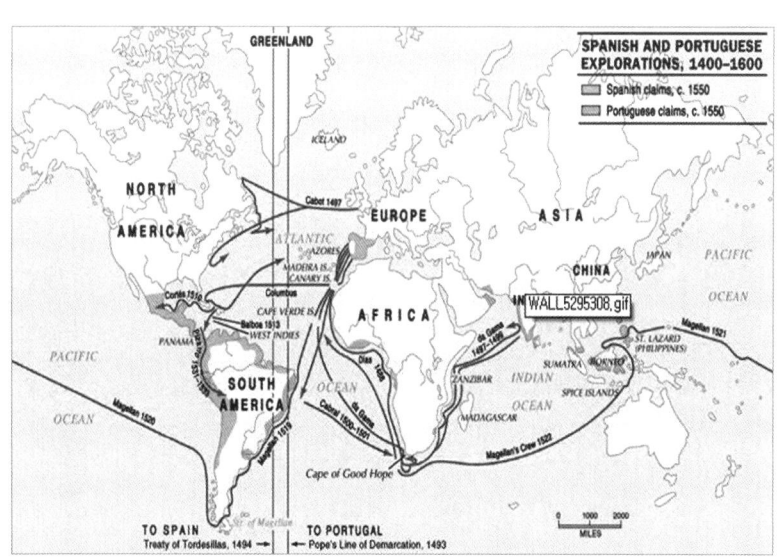

| '파트로나토 레알'에 따라 스페인과 포르투갈의 영토 독점 지역.
스페인은 중남미와 북미, 포르투갈은 브라질, 아프리카, 아시아를 독점했다.

로 파송했고, 포르투갈은 아시아와 아프리카를 담당했다. 하지만 포르투갈이 인도에 보낼 마땅한 선교사가 없어서 스페인에 요청하자 당시 최고의 선교사였던 프란시스 사비에르(Francis Xavier)를 보내 사역토록 한 것은 협력선교의 좋은 귀감이 되고 있다.

그는 예수회 소속 선교사로 스페인이 아닌 포르투갈 왕의 통제를 받는 선교사였지만 이에 개의치 않고 영혼을 구령하여 제자 만드는 일에만 집중했다. 그는 인도에서, 말레이반도에서, 일본에서 탁월한 사역을 잘 감당해 '아시아 선교의 아버지'라 불리기도 한다.4) '파트로나토 레알'은 독립성을 추구했지만 상대방이 힘들고 필요할 때 기꺼이 도와주는 협력선교는 오늘날 좋은 모델이 되고 있다. 그 중심에 예수회 선교사가 있다는 것은 좋은 징조였다.

한편 '파트로나토 레알'은 제국주의 선교를 포함하고 있어서 '힘의 선교'의 부작용이 나타나기 시작했다. 특별히 스페인 정부는 신대륙 발견 이후 중남미의 풍부한 금은보화에만 관심이 있었지 영국처럼 사람들을 단계별로 이주시켜 식민지를 만들려고 하지 않고, 오직 금은보석의 약탈과 원주민을 통한 농장경영에만 관심을 쏟아 부었다.5) 그래서 스페인은 당대 최고의 부자 나라가 되기도 하였다. 이들의 주된 관심은 원주민의 인권보다는 개인과 국가의 부에 더 치중하였다. 그래서 중남미에서는 자연스럽게 원주민의 인권문제가 대두되었고 이것의 대표적인 선교사가 라스카사스(Las Casas)였다. 스페인은 '삶'을 통한 선교보다는 '힘'을 통한 한 선교가 앞서다 보니 '보고 배우는' 선교 정신이 희박해 아쉬움을 남겼다.

영성, 삶, 선교로 세상을 변화시킨 이그나티우스 로욜라

로욜라 파리 대학시절 예수회 창설(1534년)

1. 왜 로욜라가 중요한가?

이그나티우스 로욜라(Ignatius Loyola, 1491-1556)는 타락한 중세교회가 표류하고 있을 때 예수회(The Society of Jesus)를 창설하여 로마 가톨릭교회의 개혁 방향과 목표를 정확하게 제시해 주었고, 나아가 많은 사제들이 부패한 로마 가톨릭교회에 등을 돌릴 때 그는 오히려 로마 가톨릭교회에 절대적 순종과 충성을 맹세하며 탁월한 선교 활동으로 얼룩진 로마 가톨릭교회의 이미지를 새롭게 만드는데 중추적 역할을 감당하였다.6) 로욜라가 로마 가톨릭교회를 향하여 부르짖은 것은 영성과 삶과 선교를 회복하라는 것이었다. 이 세 가지 축이 로욜라 사역의 핵심이었다. 한편 로욜라와 달리 부패한 로마 가톨릭교회의 역겨운 모습을 보고 프로

| 예수회 창설자, 이그나티우스 로욜라

제3장 로마 가톨릭 선교 • 213

테스탄트 종교개혁을 일으킨 사람은 마틴 루터였다. 두 사람은 동시대의 인물로 각기 다른 자리에서 건강한 교회를 회복하는데 큰 공헌을 했다.

2. 고난을 축복의 통로로 바꾼 회심

로욜라는 젊은 시절 잘 나가던 전도유망(前途有望)한 청년이었다. 하지만 예상치 않은 고난을 통해 회심하게 되었다. 그는 1491년 스페인의 로욜라성에서 귀족 가문의 아들로 태어났다. 그는 젊은 시절 머리를 삭발할 정도로 독특했고 중세시대가 그러했듯이 일찍 군에 입대해 입신양명(立身揚名)을 꿈꾸던 자였다. 그런데 그에게 갑자기 불행이 찾아온 것은 30세 때였다(1521년). 그가 프랑스와의 팜플로나(Pamplona) 전투에서 얻은 심한 부상으로 평생 불구의 몸으로 다리를 절며 살아가야만 했다. 걷잡을 수 없는 실망과 아픔이 컸지만 병상에서 치료 받던 중 삭소니 지방의 한 카르투지오(Carthusian) 수도사가 예수의 생애를 다룬 문학 책을 읽으면서 자신도 예수의 삶을 살기로 하고 회심하게 되었다.7)

얼마 후 로욜라는 성지순례 방문 길에 몬세라트(Montserrat)의 베네딕트 수도원을 들려 과거 자신의 삶을 회개하고 입고 있던 옷을 거지에게 주며 청빈과 정결의 삶을 드리기도 약속한다. 그리고 수도원에서 가까운 만레사(Manresa) 동굴에서 신비체험을 하면서 자신을 완전히 주님께 드리기로 결심하였다. 이 경험은 훗날 로욜라가 예수회를 창설한 뒤 「영성훈련」(Spiritual Exercises) 교재를 만드는데 밑거름이 되었다.8) 로욜라는 짧은 일정으로 성지순례를 다녀온 후 에라스무스(Erasmus)가 저술한 책 한 권에 심취해 보지만 별로 좋은 인상을 받지는 못한다. 그는 곧 바르셀로나를 떠나 알칼라(Alcala) 대학에 입학해 학문을 전념하며 직접 영성훈련을 실천하다가 어려움을 겪기도 하였다.

로욜라는 집에서도 병원에서도 설교하며, 아이들을 가르치고, 신앙심 좋은 부인들과는 대화하며 예술가든 농사꾼이든 복음을 들고 이들을 만나길 원했다. 그렇다 보니 사람들이 그의 주변에 모여들기 시작하자 종교 재판소에서는 깜짝 놀라 의심을 갖게 되었다. 그는 수도사들처럼 맨발로 다니며 평범한 옷을 입지 않는다고 해서

| 아마존 인디언들에게 복음 전하는 17세기 예수회 선교사 안토니 비에라

감옥에 투옥되지만 3년간 모임을 갖지 않고 설교하지 않는다는 조건으로 석방되었다.[9] 그는 이곳을 곧 떠나 살라망카(Salamanca) 대학으로 옮겨 이곳에서도 두 달간 머물게 된다. 그는 다시 감옥에 투옥되는데 곧 석방되고 조건은 앞으로 4년간 공부할 때까지 남들을 가르칠 수 없다는 것이었다.

로욜라는 마침내 살라망카를 떠나 파리 대학에서 7년간 신학공부를 하며 석사학위를 취득하였다(1528-1535년). 이곳에서 그는 자신의 삶에 큰 전환점을 이룬다. 그는 파리 대학에서도 역시 영성훈련을 실천하면서 능력과 꿈을 지닌 동료들을 만나게 되는데 자신과 함께 다른 6명이 1534년 8월 15일 예수회(The Society of Jesus)를 창설하고 가난과 정결과 순종을 서약하며 일평생 그리스도의 삶을 살기로 헌신하였다.[10] 바로 이 창립 멤버 중 한 사람이 당대 최고의 선교사이자 '아시아 선교의 아버지'라 불리던 프란시스 사비에르이다. 파리 대학은 중세 최고의 대학으로 이곳에서

로욜라는 공부한 뒤 로마 가톨릭 자체의 종교개혁을 일으켰고, 칼빈은 이 곳에서 수학하고 나서 프로테스탄트 종교개혁을 일으키는 선두 주자가 되었다.

3. 로욜라의 정신 = 영성, 삶, 선교

로욜라의 예수회 정신은 세 가지로 집결된다. 영성(spirituality)과 삶(life)과 선교(mission)이다. 그의 모든 사역의 기초는 영성에서 시작된다. 그가 만레사 동굴에서의 신비체험은 예수회의 모든 회원들에게 적용되었다. 그래서 예수회에 등록한 회원은 무조건 4주간 영성훈련을 받아야만 했다. 이 훈련은 개인의 영성을 유지하기 위해서 실천해야 할 뿐 아니라 수련 수도사들은 무조건 30일 동안 영성훈련을 받아야 할 의무가 있었다.11) 그리고 예수회 회원들은 반드시 세 가지 서약을 해야만 했다. 그것은 (1) 청빈, (2) 정결, (3) 순종이었다.12)

예수회는 개인의 사유재산은 불허했고 독신 서약을 했으며 교황의 명령에 즉각적인 순종을 서약해야만 했다. 특별한 옷은 허용되지 않았으며 오직 기도하는 일에 헌신해야 하였고 세상을 변화시키는 것에 관심을 가져야만 했다. 이들은 타락한 중세교회와는 전혀 다른 '삶'으로 보여주었다. 나아가 이들은 선교에도 집중했다. 예수회가 배출한 최고의 선교사인 프란시스 사비에르를 중심으로 중국의 마테오 리치, 인도의 로베르토 데 노빌리 등 당대 최고의 예수회 선교사들은 아시아, 아프리카, 중남미 각 지역에 파송되어 하나님 나라를 확장하는 일에 힘썼다. 예수회는 선교하는 사람들이었다. 프로테스탄트가 종교개혁으로 내홍(內訌)을 겪고 있을 때 이들은 순교도 불사하며 가는 곳마다 교회를 세우는데 앞장섰는데 그 중심에 로욜라가 있었다.

037   로마 가톨릭 선교의 꽃, 예수회
교황 바오로 3세 예수회 공식 승인(1540년)

1. 왜 예수회는 중요한가?

예수회(The Society of Jesus 혹은 Jesuits)는 중세 로마 가톨릭교회의 마지막 자존심이었다. 1517년 종교개혁이 일어난 후 프로테스탄트뿐 아니라 로마 가톨릭에서도 교회개혁에 관한 목소리가 봇물 터지듯 일어나기 시작했다. 독일에서는 루터가, 스위스에서는 칼빈과 츠빙글리가, 화란과 독일 및 스위에서는 재침례교도(Anabaptist) 운동이, 영국에서는 헨리 8세가, 로마 가톨릭에서는 트렌트 종교회의에서 교회개혁을 부르짖고 있을 때 프로테스탄트들에게 보란 듯이 로마 가톨릭교회의 든든한 우군이자 '강력한 검'으로 등장한 것이 예수회였다.[13] 이들은 군대처럼 일사분란하게 움직이며 명령에 즉각 순종하고 생명도 두려워하지 않고 복음을 전하다 보니 약 240년에 걸쳐 로마 가톨릭 선교의 황금시대를 활짝 열었다.[14]

2. 예수회의 차별성은 무엇인가?

로욜라는 파리 대학 시절 동료 6명과 함께 예수회를 창설한 후 6년이 지난 1540년에야 비로소 교황 바오로 3세로부터 승인을 받아 공식적으로 출범하게 되었다. 예수회의 모토는 "어느 나라에서든지 영혼의 잘됨과 신앙의 전파를 위해 헌신한다"이다.15) 즉 이들은 영성훈련과 해외선교에 집중하였다. 예수회의 영성훈련은 앞서 지적한 것처럼 4주간의 영성훈련을 받는 것은 필수이고 명상, 관상, 기도에 중점을 두었다. 해외선교에서 이들이 보여준 선교열매를 보면 놀라지 않을 수 없다. 당시 파송된 선교사 분포를 보면 예수회, 프란시스코, 도미니크, 어거스틴 출신 선교사들이었는데 이 가운데 2/3 정도가 예수회 선교사들이다. 이들은 일본, 중국, 페루, 인도, 베트남, 티베트 선교에서 탁월한 열매를 거두었다.16) 이들이 당시 다른 수도회와 차별성이 있는 몇 가지를 살펴보면 다음과 같다.

첫째로 예수회는 인재양성의 중심지이었다. 예수회는 선교사, 신학자, 설교자 등 다양한 분야에서 훌륭한 인재들을 많이 배출하였다. 선교사로는 프란시스 사비에르, 마테오 리치, 로베르토 데 노빌리 등이 있으며 신학자나 설교자로는 먼저 '로마 가톨릭 종교개혁의 위대한 사도'라 불리는 화란 출신의 피터 카니시우스(Peter Canisius)가 있다.17) 그는 1543년에 예수회 회원이 되었고 로욜라가 로마에서 직접 훈련시킨 인물이기도 했다. 그는 당대 최고의 설교가이자 대학 교수였고 쾰른에서 예수회 대학을 설립하기도 했다. 그 다음은 교황의 조카인 로버트 벨라민(Robert Bellamine)이 있는데 그는 20대 후반에 예수회

| 1656년부터 1702년 사이 체코에 세워진 예수회 대학. 당시 예수회 대학은 최고의 학자들과 설교자들을 배출하는 곳이었다.

대학에 입학해 당시 유능한 학자로 토마스 아퀴나스의 연구를 부활시키는데 큰 일조를 하였다. 그 외 알로이시우스 곤자(Aloysius Gonzaga)와 프란시스 보르지아(Francis Borgia)가 있다. 이같이 예수회의 인재양성은 자체적으로 운영하는 예수회 대학이 시대를 이끌어 갔기에 가능했다.

둘째로 도시 중심부 선교를 하였다. 예수회는 도시를 타락한 마귀의 소굴로 보지 않고 하나님의 역사하심을 만날 수 있는 장소로 여겼다. 당시 프란시스코, 도미니크, 어거스틴 수도원들은 지역중심의 성향이 강했는데 이에 비해 예수회는 이를 탈피하고 도시 중심부로 들어가 직접 사역을 시작했다. 이는 어느 국가에서든지 똑같이 적용되었다. 즉 중세 수도원들이 지역 정착주의에 빠져 세상과 단절되어 있을 때 예수회는 이에서 과감히 벗어나 도시 중심부에 들어가 선교하였다: "그들은 사람들의 왕래가 없던 오래되고 협소한 수도처를 떠나 도시의 중심부로 거처를 옮겼다. 그들은 도시의 중심부에서 보다 적절한 예수회의 사역을 감당할 수 있다고 보았다."[18] 그래서 예수회를 '도시의 수도회'라 부른다.

셋째로 상류층 선교를 하였다. 기존의 베네딕트 수도회나 프란시스코 수도회는 중·하류층을 타깃으로 했지만 예수회는 도시 중심부 선교를 하다 보니 자연스럽게 그 목표 대상자가 상류층이었다. 마테오 리치가 중국 명나라 신종(神宗)을 만나기 위해 황실에 자명종을 선물로 준 것이나, 로베르토 데 노빌리가 인도에서 사역할 때 자신을 "서구에서 온 브라만"으로 소개하며 인도의 최상층 계급인 브라만을 향해 선교했던 것도 다 예수회의 전략 중 하나였다. 이러한 예수회의 상류층 선교는 이미 로욜라가 로마에서 초기 예수회 모집을 할 때부터 나타났다: "우리가 이곳[로마]에 도착한 지 넉 달째가 될 무렵 본회의 회원들 전부를 이 도시로 불러 모으기로 결정했습니다."[19] 로욜라는 도시에 있는 지식인들과 상류층들이 타깃이었으며 이들을 대상으로 사역하며 세상을 변화시키는데 힘썼다.

3. 예수회의 성장과 영향은?

예수회는 16세기 이후 급성장해 로욜라가 사망할 1556년에는 회원 수가 1천 명에 이르렀고, 100년이 채 안 되어 15,000명 이상으로 늘어났다.[20] 이 숫자는 종교개혁이 한창 불타오르는 시점이어서 더욱 놀랍다. 왜냐하면 대다수 수도원들이 부패의 늪에서 헤어나지 못할 때 새로운 수도회가 하나 더 생긴다고 해서 달라질 것이 없다고 생각했지만 예상과는 달랐다. 대중들은 예수회에 매료되었고 이들의 영성, 삶, 선교에 마음이 빼앗기는 자들이 늘어나 예수회는 이탈리아, 포르투갈, 스페인, 프랑스는 말할 것도 없고 심지어 프로테스탄트 종교개혁의 발상지인 독일까지 퍼져 갔으며 대륙을 건너 아일랜드까지 확산되었다. 더욱이 예수회 선교사

| 프란시스코 선교사와 예수회 선교사의 복장. 예수회 복장이 좀 더 도시냄새가 난다.

들은 전 세계에 흩어져 복음 전하다가 순교하거나 선교지에서 생을 마감하는 것을 최고 영광으로 생각하며 약 2세기 반 동안 세계선교의 중심축으로서 그 역할을 감당해 나갔다.

예수회는 또한 프로테스탄트의 개혁의 물결에 대항에 비타협적인 태도를 보였지만 트렌트 종교회의(1545-1563년)를 통해 로마 가톨릭교회가 개혁에 강한 의지가 있음을 확실히 보여주는데 앞장섰다. 예수회는 로마 가톨릭 종교개혁의 심벌이었고 또한 프로테스탄트를 향한 반종교개혁 운동의 선구자적 역할을 감당하였다. 예수회는 약 240년 동안 로마 가톨릭 종교개혁과 해외선교의 중심적인 역할을 해 오다가 1773년 교황 클레멘트 14세(Clement XIV)에 의해 해산되고 만다.[21] 그 이유는 선교지에서 잦은 충돌과 추방이 계속적으로 있음으로 교황은 해산이라는 결정을 내렸다. 예수회가 군대식 선교를 지향하다보니 때로는 과격하고 극단적이어서 남미와 필리핀 같은 가톨릭 국가조차도 예수회 선교사들을 추방하고 만 것이다. 이후 이들은 유럽 각 지역으로 흩어졌지만 예수회가 보여 주었던 영성훈련, 성별된 삶, 헌신적 선교정신은 오늘날에도 이어지고 있다.

038 아시아 선교의 아버지, 프란시스 사비에르

프란시스 사비에르 인도 고아 도착(1542년, 1548년),
일본 가고시마 도착(1549년)

1. 왜 프란시스 사비에르를 아시아 선교의 아버지라 부르나?

프란시스 사비에르(Francis Xavier, 1506-1552)는 '선교의 축'을 유럽에서 아시아로 이동시킨 최초의 선교사이다. 사비에르 이전에 중국 최초의 선교사로 알로펜이 있지만 그는 이단 네스토리우스 선교사이기에 정통 신앙을 가지고 간 선교사는 몬테 콜비노의 존 다음으로 사비에르이다. 사비에르가 아시아 국가 가운데 인도, 말라카해협, 일본, 중국을 방문하기 전까지만 해도 유럽교회는 유럽의 테두리를 벗어나지 못했다. 소위 타문화에 대한 인식, '타자'에 대한 이해가 전무한 상태였다. 타자의 세계관, 문화, 관습, 종교 등을 이해하고 수용할 수 있도록 눈을 뜨게 해 준 사람이 바로 사비에르였다. 그의 아

| 아시아 선교의 아버지, 프란시스 사비에르

시아 선교는 훗날 선교사들이 끊임없이 아시아에 문을 두드리도록 길을 열어주었다. 그래서 사비에르를 '아시아 선교의 아버지'라 부른다.[22]

2. 불타는 선교사 소명

사비에르는 불타는 선교 소명으로 가득 찬 사람이었다. 그는 "선교를 위해 살다가 선교로 생을 마감하는 존귀한 선교사"로 남고 싶었다.[23] 결국 그는 뜻을 이루었다. 아직 아시아에 선교의 문이 열려 있지 않았을 때 그는 사도 바울처럼 과감히 아시아에 첫 발을 내디뎠고 본인이 직접 그 길을 걸어가며 본을 보여주었다. 그는 10년(1542-1552년)간의 아시아 선교를 감당하기 위해 빈틈없이 준비한 자였다. 그는 무엇보다 '아시아 선교의 개척자'로 길을 열어 놓아 후임 선교사들이 마음껏 사역할 수 있도록 발판을 마련하였다. 사비에르는 외롭고 힘들지만 이에 개의치 않고 묵묵히 자신의 일을 감당했다.

그는 원래 스페인 귀족 가문에 태어나 당시 출세의 지름길인 군생활보다는 교회생활을 좋아했다. 20세가 되기 전 파리 대학으로 유학을 떠나 공부하면서 신학과 철학에 심취하고 있을 때 그의 삶을 송두리째 바꿔버린 로욜라를 만나게 된다. 그와 함께 '청빈, 정결, 순종'의 서약을 한 뒤 예수회의 정신에 따라 선교사의 길을 선택하였다. 마침 스페인과 포르투갈의 신대륙과 인도 발견으로 그의 꿈은 점차 가까이 다가왔다. 예수회가 승인 된지 얼마 되지 않아 포르투갈 왕이 인도 식민지에 함께 보낼 예수회 선교사를 찾는다는 소문을 듣고 잔뜩 기대했다. 로욜라가 추천한 두 명은 사비에르와 보바딜라(Bobadilla)였는데 보바딜라는 건강이 좋지 않아 여행을 할 수 없어서 사비에르 혼자만 인도로 떠나야만 했다.[24] 그는 오랫동안 마음속에 그렸던 '인도 신교의 선구자'의 꿈을 이룰 수 있어서 무척이나 기뻐했다. 그래서 그의 위대한 아시아 선교가 시작되었다.

3. 아시아 선교시대를 활짝 열다!

　사비에르의 아시아 선교는 세 가지 특징을 지니고 있다. 첫 번째는 순회선교이다. 당시 아시아는 유럽대륙에 막 알려진 때라 선교사가 한 곳에 오랫동안 머물며 사역하는 것보다는 여러 지역을 순회하며 정탐하고 필요한 전략을 세우는 것이 필요한 때였다. 그래서 사비에르는 포르투갈 왕의 대사로 인도를 방문할 만큼 권위를 지녔지만 그는 인도에만 머물지 않고 자진해서 아시아의 다른 나라들도 방문했다. 그의 순회선교는 대략 '인도→ 말라카 해협 → 일본 → 중국'으로 요약할 수 있다.[25] 이 가운데 사비에르가 선교할 수 있었던 곳은 인도와 일본이고, 중국은 본토는 입국하지도 못한 채 곧 생을 다하고 만다. 그는 초대교회의 사도 바울처럼 여러 지역을 방문해 교회를 세우고 하나님 나라를 확장시킨 사도였다. 그래서 마가렛 예오(Margaret Yeo)는 사비에르를 '동방의 사도'라 칭하였다.[26]

　두 번째는 전통적인 선교이다. 사비에르의 목표는 현지인에게 복음을 전해 기독교인으로 개종시키는 것이었다. 그가 인도에서 약 5년(1542-1545년, 1548-1549년)을 보내는 동안 가장 보람 있는 일은 현지인들을 개종시키는 일이었다. 그가 가난한 진주 잡이 어부들이 사는 한 마을에서 사역할 때 너무 많은 현지인들에게 침례를 주다보니 팔을 움직일 수 없을 정도로 아팠지만 후에는 이 일이 가장 기억에 남는다고 술회했다.[27] 그는 당시 인도인들이 천국 복음에 관심이 없어서 오히려 어린아이들에게 사역을 집중했다. 그가 키운 아이들은 어른들과 달리 복음을 쉽게 받아들였고 그들이 따르던 이방 우상을 부수고 깨뜨리며 말씀가운데 살려고 몸부림쳤다. 이것이 그의 기쁨이었고 그가 인도를 떠나더라도 이 아이들이 커서 자신의 사역을 지속적으로 이어갈 것이라 기대했다. 이후 사비에르는 일본에 들러 그곳에서 2년(1549-1551년)간 머무는데 자신은 일본어를 잘 할 줄 모르는데도 불구하고 당시 정치적, 사회적 환경 덕택에 약 100명의 개종자를 얻었다고 술회했다.[28]

세 번째는 중국 선교이다. 사비에르는 중국 선교의 중요성을 서방교회에 알리는데 큰 역할을 했다. 당시 명나라는 외국인들에게 혐오감을 갖고 있던 때라 선교활동이 불가능했다. 하지만 중국의 잠재력을 알고 있어서 그는 일본 가고시마에서 중국 선교의 가능성에 관해 편지를 썼다: "하나님께서 제게 10년만 생명을 연장해 주신다면 저는 중국에서 벌어지는 놀라운 일들을 목격할 수 있을 것입니다."[29] 사비에르의 마지막 꿈은 중국을 방문하는 것이어서 인도 고아를 출발해 1552년 10월 중국 해안의 상

| 사비에르 유해가 안치되어 있는 봄 지저스 교회(The Church of Bom Jesus)

천도에 도착했다. 이곳에서 중국 본토를 입국할 계획을 세우며 11월 20일 미사 집전을 마쳤는데 그를 오랫동안 괴롭혔던 열병으로 갑자기 쓰러져 12월 3일에 목숨을 거두고 말았다.[30] 아쉽게도 그의 중국 선교의 꿈은 좌절되었지만 그가 사망한 1552년에 훗날 '중국 선교의 대가'로 불리는 마테오 리치가 탄생하게 된다. 사비에르 자신의 꿈은 반세기가 지나서 같은 예수회 출신인 마테오 리치를 통해 이루진 것이다.

인디언 인권 보호법을 제정한 선교사, 라스 카사스

라스 카사스 인디언 인권 보호법 제정(1542년)

1. 라스 카사스는 누구인가?

바르토로메 데 라스 카사스(Bartholome de Las Casas, 1474-1566)는 16세기 식민주의 시절 인디언의 인권 보호를 위해 평생을 바친 선교사이다. 그래서 그는 "노예 해방의 투사," "인권 운동의 선구자"라는 애칭을 지니고 있다.31) 라스 카사스는 콜럼버스가 미국으로 떠나는 2차 항해에 동행한 적이 있는 상인의 아들로 1474년 스페인에서 태어났다. 그는 전통적인 교육을 받았고 아버지의 영향으로 점차 선교에 눈을 뜨기 시작했다. 그는 대학을 졸업한 후 정부의 법률 고문 역할을 감당하기 위해 신대륙 산토 도밍고(Santo Domingo)에서 약 10년간 머물렀다.

이 시절 라스 카사스는 다른 식민지 정부 요원들과 마찬가지로 인디언들을

| 인디언 인권 보호를 위해 평생을 바친 라스 카사스

노략질하는데 가담하기도 했고 풍요로운 삶을 사는데 만끽하기는했다. 그런데 30대 중반에 이르러 그는 영적으로 깊은 갈등을 겪으면서 1510년에 사제로 서품을 받게 되었다. 그래서 라스 카사스는 "신세계에서 성직자로 임명받은 최초의 사람"이 되었다.32) 그는 사제로 임명을 받았지만 그의 삶은 여전히 사제의 특징인 상류 생활에 젖어 있었다. 그러던 중 40대에 이르러 그는 자신이 누리던 모든 특권과 사치스러운 생활을 다 내려놓고 인디언의 인권을 위해 투쟁하는 자로 변신하였다. 이후 그는 도미니크 수도회에 가입하여 정식으로 도미니크 선교사가 되었고 이때 자신과 뜻을 같이 하는 사람들을 만나 인디언 인권 보호에 앞장섰다.

2. 인디언 인권 보호를 향하여

라스 카사스가 인디언 인권 착취에 관한 고발을 처음 듣게 된 것은 사제로 임명된 지 1년이 지난 1511년경이었다. 도미니크 수도사인 안토니오 몬테시노스(Antonio Montesinos)가 설교를 통해 인디언 인권을 위해 힘쓸 것을 당부했다.33) 하지만 라스 카사스는 여전히 사제로서 사치스러운 생활을 이어갔다. 하지만 그는 점차 사제로서 책임과 의무에 질문을 던지기 시작했다. 16세기 당시 신대륙 선교의 최대 적은 바로 식민주의였다. 스페인 정부 요원들은 인디언들을 짐승 대하듯이 다뤘고, 이들의 삶은 노예 그 자체였다. 인간의 인권과 권리가 모두 박탈된 채 짐승처럼 살아가는 인디언들의 삶을 보면서 하나 둘씩 인디언 인권 보호에 목소리를 내기 시작했다. 라스 카사스는 이런 인디언의 삶을 목격하면서 마침내 '선교 정신과 인간 존중'은 불가분의 관계임을 역설하고 인디언 인권 보호에 힘쓰게 되었다.34)

3. 인디언 인권 보호법 통과

라스 카사스는 인디언 인권 보호를 위해 무려 7번씩이나 스페인을 방문하였다. 그는 스페인 정부에게 강하게 하소연하였고 때로는 어린아이처럼 외치기도 하였다: "하나님은 죄악도 교활함도 없는 이 단순한 사람들을 창조하셨습니다. 그들은 본래의 주인들과 그리스도인 상전들에게 가장 순종적이며 충성스럽습니다. 이들이 참된 하나님을 섬긴다면 세상에서 가장 축복받는 백성이 될 것입니다."35) 그런데 라스 카사스의 인디언 인권 회복운동에 가장 많이 신경을 쓰고 반대한 그룹은 다름 아닌 스페인 농장주들이었다. 이들은 새 법이 통과할 경우 농장이 겪는 막대한 손실과 차후 농업 경영까지 신경을 써야만 했기 때문이었다.

하지만 라스 카사스의 수고와 희생 덕택에 1542년 11월 20일 스페인의 찰스 5세는 "엔코미엔다"(encomienda: 식민지에서 원주민의 영혼 구원과 보호

| 16세기 식민지 시대의 원주민들의 삶

를 조건으로 국왕이 식민자들에게 토지 지배를 위탁하는 방식으로 몇 명의 인디언도 거느릴 수 있는 제도)를 폐지시키고 "1542년의 신법"(New Laws of 1542)을 반포하여 '인디언 인권 보호법'을 제정했다.36) 이 법률은 인디언들에 대한 스페인 사람들의 권한을 제한하였고 또한 스페인이 평화를 추구하는 인디언을 대상으로한 무차별 전쟁도 금지시켰다. 안타까운 것은 이 법률은 신세계에서 거의 지켜지지 않았다. 라스 카사스는 70세가 된 1544년에 치아파스(Chiapas) 주교로 임명을 받아 3년간 더 일한 후에 스페인으로 돌아왔다. 그는 1566년 92세의 일기로 사망할 때까지 자신이 신대륙에서 경험한 인디언 인권에 관한 저술과 강연을 하면서 인디언 인권 보호 운동을 더욱 확대해 나갔다. 라스 카사스는 로마 가톨릭교회가 배출한 최고의 '인권 선교사'였다.

로마 가톨릭 최고의 걸작품, 필리핀 선교

어거스틴 선교사 레가스피 필리핀 선교 시작(1564년)

1. 왜 필리핀 선교는 스페인이 주도했나?

'파트로나토 레알'의 원칙에 따르면 필리핀은 아시아에 있기 때문에 포르투갈이 점령해야 할 것 같으나 스페인이 하였다. 필리핀을 발견한 사람은 포르투갈 출신인 페르디난드 마젤란(Ferdinand Magellan)으로 그가 세비야를 출발해 마젤란 해협을 지나 4개월간의 태평양을 항해한 끝에 도착한 섬이 필리핀이었다(1521년). 그는 아시아에 위치한 필리핀에 도착함으로 지구가 둥글다는 것을 처음으로 입증했다. 이후 필리핀 선교는 마젤란의 필리핀 발견이후 무려 반세기에 가까운 43년이 지나서야 시작되었다(1564년). 스페인은 마젤란의 덕택에 16세기 중엽부터 해상을 통한 식민지 정복과 이주

필리핀을 발견함으로 지구가 둥글다는 것을 처음으로 입증한 마젤란. 그는 1521년 기독교 개종을 거부한 필리핀 원주민들과의 전투에서 전사하였다.

가 활발하였고 그 중의 하나가 필리핀이었다. 당시 해상 항로에 대한 인식은 필리핀으로 가는 길이 인도양을 통하지 않고 멕시코에서 태평양을 지나서만 가는 것으로 알고 있었다. 그렇다보니 중남미와 북미를 담당했던 스페인이 아시아를 맡았던 포르투갈과 별 마찰 없이 필리핀 선교를 주도할 수 있었다.

2. 필리핀, 아시아 최초의 기독교 국가가 되다

스페인 사람들은 16세기 중엽부터 멕시코를 경유하여 필리핀에 도착했다. 이들은 필리핀에 도착한 이후 주된 관심사가 마닐라와 멕시코 간의 무역 증대나 사업 확장에 있는 것이 아니라 오히려 선교에 있었다. 필리핀 원주민들을 로마 가톨릭으로 회심시키는 것이 이들의 최대 목표였다. 이들의 꿈은 곧 바로 교황에게 전달되었고 새로운 땅 필리핀으로 선교사들이 속속 들어오기 시작했다. 가장 먼저 필리핀에 들어와 복음을 전한 선교사는 어거스틴 수도회의 신부 레가스피(Father Legaspi)였고 그는 1564년

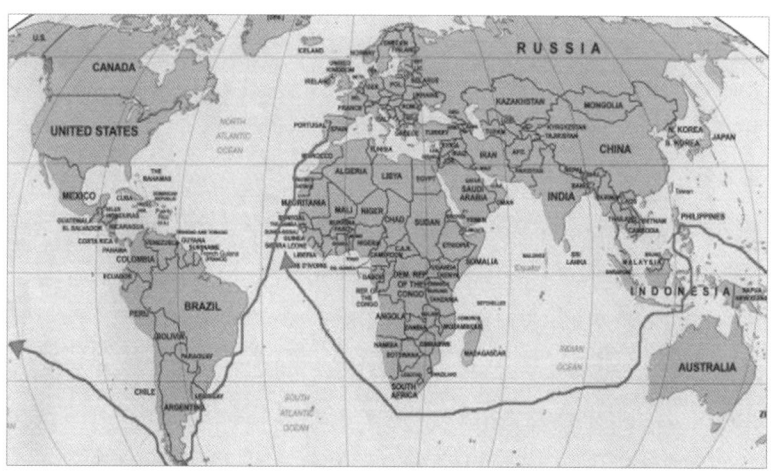

| 마젤란의 세계일주 항해 노선. 마젤란이 필리핀을 발견한 경로가 보인다.

에 입국했다.37) 이후 프란시스코 수도회(1577년), 도미니크 수도회(1587년), 예수회(1591년) 선교사들이 들어와 활동하였다.

교황은 필리핀 선교를 위해 전략적으로 선교사들을 파송하였고 올바른 정책을 세워 각 수도회가 지나친 경쟁으로 협력을 깨뜨리지 않게 하여 복음을 전한지 200년이 채 안 되어 1백만 명이 넘은 개종자를 얻게 되었다. 그래서 필리핀은 '아시아 최초의 기독교 국가'가 되었다.38) 필리핀에서 기독교인 숫자의 증가를 보면 가히 폭발적이었는데 복음이 필리핀에 소개된 지 20년이 조금 지난 1586년에는 약 40만 명의 신자가 생겼다. 1612년에는 필리핀 북쪽의 루손 섬에서만 교인 수가 무려 322,400명이었고, 1735년에는 837,182명으로 증가하였다가 1750년에는 어린아이 포함 1백만 명을 넘어섰다.39) 종교개혁시기에 로마 가톨릭 선교의 최고 걸작품은 당연히 필리핀이었다.

3. 왜 필리핀 선교는 로마 가톨릭의 최고 걸작품일까?

로마 가톨릭이 종교개혁시기에 필리핀 선교를 최고의 걸작품으로 만든 것에는 네 가지 이유가 있다. 첫째는 각 수도회 선교사들의 지나친 경쟁과 사역의 중복을 피하고 협력하도록 하는데 성공했기 때문이다. 새로운 선교지의 성공 여부는 각 수도회의 협력에 달려 있다는 것을 뼈저리게 경험한 교황은 필리핀 선교에 철저한 정책을 제시해 각 수도회가 무조건 따를 것을 요구했다. 예를 들어 한 지역에서 하나의 수도회만 들어와 활동하도록 지시하였다. 경쟁을 피하고 협력할 수 있었기 때문에 필리핀 선교는 처음부터 좋은 성과를 거둘 수 있었다.

둘째는 자문화우월주의(ethnocentrism)를 배제한 것도 귀한 성과였다. 선교사역의 최대 걸림돌 중의 하나가 자문화우월주의이다. 소위 선교사문화우월주의라도고 불리는데 이는 선교사 자신의 문화를 우월하게 보고 현지인의 문화를 무시하며 파괴하는 행위이다. 하지만 필리핀 선교에서는 현지인들의 옛 풍습과 문화를 그대로 유지할 수 있도록 하였고 심지어는 스페인 사람들이 현지인과 결혼하여 동화하려는 모습을 보고 큰 감동을 받기도 하였다. 나아가 스페인은 필리핀 섬들을 교구로 나누고 필리핀 성직자들을 배출하여 이들이 사역토록 하는데 적극적이었다. 그렇다보니 필리핀 사람들은 로마 가톨릭을 빠르게 수용할 수 있었다.

셋째는 교육선교를 잘 정착시켰기 때문이다. 필리핀은 다른 나라에 비해 강력한 고대 문명이 없었을 뿐 아니라 현지인들도 단순하고 분열된 상태라 쉽게 정복할 수 있었다.[40] 그래서 스페인이 필리핀을 점령했을 때 어떤 대량학살을 하거나 큰 전쟁도 치르지 않았다. 이들은 7,500개가 넘는 수많은 섬들을 통제하기 위해서 꺼냈던 방법이 교육이었다. 무엇보다 필리핀 현지인들이 순응하는 자세가 높아 교육의 효과도 컸다. 각 수도회의 선교사들은 필리핀에 도착하여 학교, 병원, 교회를 세워 가르치는데 앞장섰고 1593년에는 여자 대학교가 세워질 정도였다. 1601년에는 산호세 예수회 대학(Jesuit College of San Jose)이 설립되어 국가 중심의 인재를 배출하는 대학으로 발전하였고, 1611년에는 산토 토마스의 도미니크 대학(Dominican College of Santo Tomas)이 설립되어 필리핀 선교를 주도하였다.[41]

넷째로 이슬람의 북상(北上)을 막았기 때문이다. 이슬람은 주로 남부 해상(海上) 무역 항로를 통해 지역적 확장을 꾀하였다. 그래서 남아시아 가운데 인도네시아와 말레이시아가 이슬람화되었다. 반면에 로마 가톨릭은 북부 육로(陸路)를 통해 선교하는 것이 통상적이었다. 한국, 인도, 중국이 다 육로 선교에 해당된다. 이슬람은 필리핀 남부 민다나오섬에서 산지족으로 사는 모로스(Moros)족을 무슬림화하는데 성공하여 북상하려고 했지만 이를 저지시킨 것이 로마 가톨릭이었다.[42] 로마 가톨릭의 영향으로 인해 이슬람은 동북아시아까지 북상하며 치고 올라가지 못했다.

041 원칙주의 선교사, 까브랄
일본 선교 책임자 까브랄 일본 도착(1570년)

1. 일본 선교의 시작

일본 선교는 프란시스 사비에르가 1549년 8월 15일 가고시마에 도착함으로 시작되었다. 16세기 중엽 일본은 약 250명의 지방군주가 각 지역을 통치하던 때라 강력한 중앙집권시대가 아니었다. 당시 지방 군주는 다이묘(daimyo)라는 영주들이었다. 사비에르는 예수회 선교 정신에 따라 '위로부터 선교'를 추진하였고 1차 선교 대상자가 다이묘였다. 다이묘들은 선교사들에게 매우 호의적이었는데 그 이유는 이들이 존경받는 자 일 뿐 아니라 자신들의 무역에 큰 도움이 될 것이라고 생각했기 때문이다.[43] 즉 선교사들과 좋은 우호관계를 맺으면 자신들의 정권 유지에 큰 보탬이 될 것이라고 판단하였다. 그래서 사

| 1549년 가고시마에 도착한 최초의 일본 선교사 프란시스 사비에르 기념비

비에르의 영향으로 일본에서는 1563년부터 다이묘에서 개종자가 나오기 시작하여 1638년 신도 대학살이 진행될 때까지 가파른 속도로 기독교는 성장하였다.44)

2. 까브랄의 선교 정신은?

예수회의 일본 선교가 급성장하고 있을 당시 1570년 일본 선교 책임자로 프란시스코 데 까브랄(Francisco de Cabral, 1533-1609)이 내정되면서 새로운 국면을 맞이하게 되었다. 그는 1554년에 인도 고아에서 예수회에 입단하였고 포르투갈의 식민지 개척과 무역 항로 개설로 새로운 시대가 열리면서 젊은 나이에 입신양명(立身揚名)을 꿈꾸던 사람이었다. 그가 처음 일본에 왔을 때 교인 수가 불과 2천 명에 지나지 않았지만 그가 일본을 떠날 때는 신도 수가 자그마치 10만 명에 이르렀다.45) 그의 선교 사역은 성공적이었다. 그런데 그가 일본 선교 책임자로 약 10년을 보낸 후 아시아 선교 관찰사인 발리냐뇨가 일본을 방문하면서 까브랄의 선교는 큰 어려움을 겪게 되었다.

| 16세기 일본에 도착한 포르투갈 상선

까브랄은 상급자인 발리나뇨의 뜻에 따라야 할 입장이었다. 그런데 발리나뇨가 일본에 들려 까브랄의 사역을 평가하면서 문제를 제기했고 이는 곧 두 사람간의 깊은 갈등을 만들었다. 두 사람의 의견대립은 '신학적'인 것이 아니라 '문화적'인 것이었다. 타문화를 어떻게 이해하고 접근해야 할 것인지에 대해 두 사람의 폭이 좁혀지지 않았다. 가장 대립되었던 이슈는 선교사들의 복장과 사업투자에 관한 문제였다. 까브랄은 일본인들에게 비친 선교사는 겸손하고 가난의 삶을 보여줘야 한다는 입장이었다. 즉 그는 선교사는 비단옷을 입어서는 안 되며 청빈의 삶을 실천해야 하고 무역상들과의 투자 사업도 해서는 안 된다는 입장이었다.

반면 발리나뇨는 정반대였다. 일본의 다이묘를 전도하기 위해서는 이들에게 걸맞은 비단옷을 입어야 한다는 것이었다. 선교를 하기 위해서는 돈이 필요하고 이것을 해결하기 위해서는 선교사 스스로 무역 상인들과의 거래를 통해 수익성을 창출해야 지속적으로 선교를 감당할 수 있다는 견해였다. 두 사람의 견해는 첨예하게 대립되어 결국 발리나뇨의 판정승으로 끝났다. 결국 발리나뇨는 까브랄을 마카오로 전출시켰고, 가스빠르 꼬엘로(Gaspar Coelho)를 대신 임명하는 것으로 사건은 일단락되었다.

3. 원칙주의 선교사의 고민은?

까브랄과 발리나뇨와 같은 의견 충돌은 지금도 선교지에서 자주 일어난다. 그렇다면 원칙주의자인 까브랄은 소위 실용주의자인 발리나뇨와 이 문제를 어떻게 해결했는지가 궁금하다. 즉 접근 방법이 어떠했냐는 것이다. 어쨌든 까브랄은 명령을 받아들여야 할 신분이었으므로 피해자라는 인식이 지배적일 수 있다. 까브랄 같은 원칙주의자들은 "폐쇄적이다, 융통성이 없다, 관계를 못한다"는 이야기를 많이 듣는다. 까브랄 역시 그랬다. 일본에 있던 대다수의 예수회 선교사들이 자기가 아닌 발리냐뇨의 편에 섰기 때문이다. 그래서 까브랄의 대응 방법은 교황에게 직접 서신을 보내 발리냐뇨의 사역을 비난하는 것이었다: "제가 보기에 관찰사[발리냐뇨]가 일본에 체류하고 있는 동안, 그리고 그가 관찰사의 역할을 하는 동안 선교사들의 과대한 지출을 막을 길이 없는 것으로 보입니다."46)

까브랄의 사역은 발리냐뇨보다 탁월했다. 하지만 문화적인 견해 차이로 두 사람은 결국 갈라서고 말았다. 이 일은 지금도 선교지에서 일어나고 있다. 까브랄의 강점은 겸손과 청빈의 선교였다. 예수 그리스도의 삶을 그대로 현지인들에게 보여 주었던 것이다. 이것이 그의 힘이었다. 그래서 수많은 일본인들이 그의 낮아지는 정신을 보고 개종하였다. 아쉬운 점이라면 까브랄이 지니고 있는 '바리새인적 신앙'(마 23:25-28)이라 할 수 있다. 그가 일본에서 쫓겨난 아픔도 있겠지만 이런 문제를 만났을 때 해결하는 방법이다. "내가 옳으니 상대방을 처벌하라"는 식의 비난성 편지를 교황과 예수회 총장에게 보낸 것은 못내 아쉽다.47) 하지만 까브랄이 보여준 겸손과 낮아짐의 자세는 오늘날에도 선교사가 지녀야 할 가장 귀한 덕목이라 하겠다.

042 실용주의 선교사, 발리냐노
아시아 선교 관찰사 발리냐노 일본 도착(1579년)

1. 발리냐노는 어떤 사람인가?

알렉산드로 발리냐노(Alexandro Valignano, 1539-1606)는 1579년 아시아 선교 관찰사로 임명받아 일본을 방문한 후 일본 선교 책임자인 까브랄과 일본에 와 있던 다른 예수회 선교사들을 만나면서 일본 선교는 새로운 국면을 맞이하게 되었다. 그는 아시아 지역 선교 총책임자인 관계로 직접 현장 선교사들의 목소리를 듣고 이에 적절히 대응 하려고 했다. 그는 단지 행정 책임자가 아니라 문제를 파악한 후 곧 바로 행동으로 옮기는 행동파였다. 그의 즉각적인 행정 대응은 약 10년간 사역했던 까브랄을 예

| 중국, 인도, 일본 등 아시아 선교 책임을 맡고 있던 발리냐노

우해 주거나 배려해 주기 보다는 정면충돌을 불러 일으켜 결국 선교 행정가와 현지 선교사간의 싸움이 일어나게 되었다.

2. 발리냐뇨의 선교 정신은?

발리냐뇨는 전형적인 실용주의자였다. 그는 워낙 현실 감각이 뛰어나 선교지에서는 현실에 맞게 사역해야 한다는 것이 그의 입장이었다. 하지만 까브랄은 아니었다. 그는 근본을 중요시했고 원칙을 고수하는 입장이었다. 여하튼 발리냐뇨는 현장 선교사들과의 면담을 통해 문제점을 파악한 후 교황에게 보고할 「수마리오」(Summario)를 저술하였다(1580년). 그는 일본에 온지 불과 1년도 채 안 되어 책을 쓴 것이다. 그가 저술한 「수마리오」의 핵심 내용은 '토착화 선교'이다.[48] 토착화(Indigenization) 선교란 현지인에 의해 현지인의 토양위에 현지인의 교회가 세워지는 것을 말한다. 즉 선교사의 문화를 현지인에게 심어 주기 보다는 현지인 문화를 고려하여 교회를 세워야 한다는 것이다.

발리냐뇨의 토착화 선교는 이후 중국에 파송된 마테오 리치와 인도의 로베르토 데 노빌리에게도 절대적인 영향을 끼쳤다. 이는 일본에 첫 선교사로 입국한 프란시스 사비에르의 정신을 그대로 계승한 것이었다. 예수회 본부는 발리냐뇨의 주장을 받아들여 토착화 선교를 예수회의 기본 선교 정책으로 받아들었다. 그렇다보니 발리냐뇨는 자연스럽게 까브랄과는 대치될 수밖에 없었다. 발리냐뇨의 일본 문화에 대한 분석을 보면 아주 정확했다: "우리 유럽인들이 흰색 옷을 기쁨을 나타내는 의미로 이해하고 또 축제에 흰 옷을 입는다면 일본인들에게 흰색 옷은 장례식이나 슬픔을 나타내야 할 곳에서 입는 옷의 색이다. 그들은 또 검은 색이나 진한 자주색 그리고 회색 옷을 좋아한다."[49]

반면 까브랄은 일본 선교사들에게 수도사처럼 검은 옷을 입는 것으로 교체했고 비단 옷은 아예 입지 않도록 지시하였다. 물론 무역업자들과의 활동도 전면 금지시켰다. 이는 발리나뇨와 대치되는 의견이었다. 스티븐 니일의 견해에 따르면 까브랄은 복음적인 청빈 정신으로 무명(無明)을 선택했고 발리나뇨는 비단옷을 결정했는데 당시 상황 속에서 발니나뇨의 결정이 옳았다고 주장했다.50) 결국 옷 입는 것과 무역 활동 건 때문에 두 사람의 생각차는 좁혀지지 않아 마침내 그들의 관계는 깨졌고 까브랄은 다른 곳으로 전출될 수밖에 없었다. 즉 정치에서 까브랄이 패한 것이다. 발리나뇨는 까브랄을 대신해 자기 사람 꼬엘로를 대치하였지만 훗날 꼬엘로가 일본 선교에 엄청난 악 영향을 끼칠 것이라곤 발리나뇨는 전혀 예상치 못했다. 실용주의 노선의 아픔이 꼬엘로를 통해 점차 나타나기 시작한 것이었다.

3. 실용주의 선교사의 고민은?

발리나뇨가 1579년 일본에 입국할 당시만 하더라도 교회에 대한 핍박은 없었다. 16세기 말 일본 천하통일을 목전에 두고 있던 도요도미 히데요시는 처음에 기독교에 대해 아주 우호적이었다. 하지만 그가 1587년에 반기독교칙령을 발표하고 선교사 추방 명령을 내린 이유 중 하나가 발리나뇨가 임명한 꼬엘로의 외교실패 때문이었다. 선교사 추방 발표 1년 전인 1586년에 히데요시는 예수회 선교사들을 초청

처음에 기독교에 우호적이었다가 1587년에 선교사 추방 명령을 내린 도요도미 히데요시. 꼬엘로의 외교 실패가 빚은 참극이었다.

하여 조선과 명나라를 침략할 계획을 설명하고 포르투갈 군대의 협조를 구했다. 이때 꼬엘로는 히데요시의 발표를 듣고 난후 적극 지지의사를 밝히고 이에 한 술 더 떠 자신이 잘 알고 있는 큐수지방의 다이묘와 합동 작전을 실행할 것을 제안하였다. 이는 히데요시의 생각에 일개 선교사에 불과한 사람이 포르투갈 군대와 일본의 다이묘를 움직이려는 동기가 불순하다는 생각을 갖게 하였다. 이로 인해 꼬엘로의 의도와는 전혀 다르게 히데요시에게 전달된 불씨의 시작으로 일본 교회에 대한 박해가 일어나기 시작했다.

실용주의 선교사는 '일 중심적'이다. 사람보다는 일의 성취를 우선하다 보니 관계가 깨지기 쉽다. 이들은 "너무 현실 지향적이네, 결과만 따지네"라는 소리를 자주 듣는다. 발리나뇨 역시 일의 효율성을 높이기 위해 10년간 일했던 까브랄을 내보내고 꼬엘로를 기용했다. 이것이 화근이었다. 아마도 꼬엘로는 발리나뇨를 잘 돕자는 의도에서 히데요시에게 제안한 것이었는데 이것이 자신의 도를 넘어서게 되어 지금까지 힘겹게 쌓아올린 일본 선교를 한 번에 무너트리고 말았다. 실용주의 선교사의 고민은 '일 중심'이다. 당장의 성과주의와 업적주의는 멀리 내다보는 안목을 놓치고 결국에는 사람도 잃어버린다. 발리나뇨에게 아쉬운 점이 있다면 너무 현실적이고 실용적이여서 끝내는 사람을 잃어 버렸다는 점이다. 그럼에도 불구하고 발리나뇨가 1580년에 제시한 '토착화 선교'의 원리는 훗날 선교전략에 커다란 변화를 예고할 만큼 위대한 족적을 남겼다.

43 중국 선교의 대가, 마테오 리치
마테오 리치 중국 북경 입국(1601년)

1. 마테오 리치의 마음을 사로잡은 중국 선교의 꿈

마테오 리치(Matteo Ricci, 1552-1610)는 프란시스 사비에르가 중국 선교의 꿈을 목전에 두고 사망했던 해에 태어났다. 사비에르의 중국 선교의 꿈은 마테오 리치의 몫이었다. 리치는 이탈리아의 귀족 가문에서 태어나 로마에서 법률 공부를 하던 중 예수회에 매력을 느껴 사제의 길로 들어섰다. 아버지의 극심한 반대가 있었지만 "누구든지 나를 따라오려거든 자기를 부인하고 자기 십자가를 지고 나를 따를 것이니라"(마 16:24)의 말씀처럼 흔들리지 않았다. 그가 예수회 대학에서 수학, 지리학, 천문학을 교육받고 난 뒤 파송된 첫 선교지는 인도 고아(Goa)였다.[51] 이곳에서 4년을 보냈으나 그의 꿈은 '개척 선교사'였다. 그는 남들이 들어가지 못한 중국 땅에 가길 소망했다. 원나라 이후 선교의 길이 막혀있던 중국에 입국하기 위해 그는 1582년 포르투갈의 식민지인 마카오에 도착했다. 중국 본토 입국 자체가 막혀있는 때라 이곳에서 그는 중국어와 중국 문화를 배우는데 집중하며 때를 기다렸다.

2. 왜 마테오 리치는 중국 선교의 대가인가?

마테오 리치의 오랜 꿈은 이루어졌다. 1601년 명나라 정부에서 수도 북경에 입국할 수 있다는 허가를 내 준 것이다. 그는 북경에서 10년간 사역하면서 남들이 흉내낼 수 없는 위대한 업적들을 남기게 되어 '중국 선교의 대가'라 불린다. 그가 왜 중국 선교의 대가인지 몇 가지를 살펴보면 다음과 같다. 첫째는 리치가 명나라와 같은 선교사접근제한지역(CAN)에서 지혜로운 접촉점을 찾아내어 선교사역을 잘 감당했기 때문이다. 그는 중국 선교의 길이 아무리 막혀 있다 할지라도 실족하지 않고 길이 있을 것이라 생각했다. 그가 예수회 대학에서 배운 세상적 지식과 기술들이 중국 선교에 좋은 접촉점을 만들어 주었다.

리치는 중국에 입국할 때 몇 가지 선물을 가져갔는데 이것은 황제와 중국학자들을 깜짝 놀라게 했다. 그 목록이 자그마치 16가지였다: (1) 예수를 그린 작은 그림; (2) 마리아를 그린 오래된 그림; (3) 마리아와 아기 예수와 침례요한이 함께하는 그림; (4) 성무 일과서; (5) 값비싼 돌과 다양한 색깔의 유리 조각이 박혀 있는 십자가; (6) 세계지도; (7) 대형 괘종시

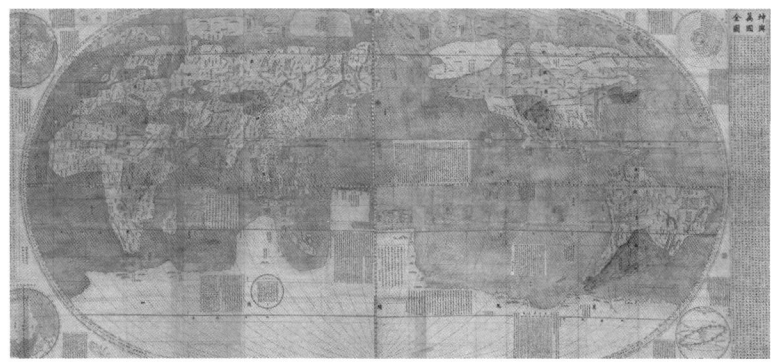

| 마테오 리치가 1602년에 제작한 곤여만국전도

계; (8) 프리즘 2개; (9) 라비코드 악기; (10) 거울 8개; (11) 코뿔소 어금니; (12) 모래시계 2개; (13) 사복음서 1권; (14) 다양한 색깔을 지닌 유럽식 벨트 4개; (15) 유럽식 옷 5벌; (16) 십자가 무늬가 있는 포르투갈의 옛 은화.52) 놀라운 것은 그가 과감히 사복음서를 가져갔다는 것이다. 황실에서는 괘종시계에 큰 관심을 가져 그의 태엽 감아주는 일화가 유명하며 중국학자들은 세계지도에 솔깃하여 이들의 호의를 받으며 중국에서의 사역의 길이 열렸다.

"중국문학에서 가장 존경받는 외국인"이란 평을 받는 마테오 리치

둘째는 중국 문화에 대한 깊은 이해와 지식이 한 단계 업그레이드 된 선교 열매를 맺게 하였기 때문이다. 그는 마카오에 머무는 동안 중국 문화 습득에 집중하여 중국인들과 무엇을 하기 위해서는 먼저 '관계'(꽌시)를 형성해야 한다는 것을 배웠다. 서양인들과 달리 중국인들은 '꽌시'가 성립되어야만 참된 친구를 얻을 수 있었다. 그렇게해야 사업이나 정치도 할 수 있었다. 선교는 말할 것도 없었다. 그래서 리치는 왕궁에 머물면서 황제와 중국인학자들과 좋은 '꽌시'를 형성하는데 주력했다. 그는 '일' 중심보다는 '사람' 중심이었다. 너무 성과주의에 목메지 않다보니 서서히 좋은 결과가 나타났다. 무엇보다 수학, 지리학, 천문학에 해박하여 사랑을 한 몸에 받았고 북경에서 대규모의 천문대를 건설했다. 그리고 1594년에 초판 인쇄된 그의 걸작인 「천주실의」는 아시아 선교사 관찰사인 발리나

| 마테오 리치를 통해 개종한
한림원 학사인 서광계

뇨의 요청에 의해 저술되었는데 중국 사대부들이 애독하는 책이 되었다. 그의 선교는 지금까지 교회개척이라는 영역을 뛰어넘어 다른 사역에 눈을 뜨게 해준 촉매제가 되었다.

셋째는 닫힌 지역에서 많은 개종자를 얻기 보다는 한두 명의 탁월한 현지인 지도자를 배출하여 이들로 하여금 사역이 오랫동안 지속될 수 있도록 만들었기 때문이다. 수많은 의심과 감시가 심한 곳에서 대놓고 사역하지 않고 평생 동안 목숨을 함께 나눌 현지인 리더를 세우는데 앞장섰다. 그래서 그는 10년 동안 북경에 머물면서 교회나 포교수를 일절 짓지 않고 개종자를 얻기 위해서 군중 앞에서 설교도 하지 않았다. 기록에 따르면 그가 1610년 5월 10일 사망할 당시 중국에서 교인 수가 2천 명 정도였다.53) 그런데 1650년에는 25만 명에 이르렀다. 그 이유는 그가 키운 탁월한 중국인 지도자가 있었기 때문이다. 대표적인 예가 한림원 학사인 서광계(Paul Hsü, 폴슈)로 그는 1603년에 리치를 통해 개종하였고 그의 집안은 몇 대에 걸쳐 기독교 집안이 되어 수많은 중국인들이 그를 통해 개종하게 되었다.54) "잘 키운 현지인 리더 한 명이 선교사 100명 보다 낫다"는 말은 서광계를 통해 입증되었다.

로마에서 온 브라만 선교사, 로베르토 데 노빌리

로베르토 데 노빌리 인도 도착(1605년)

1. 왜 "로마에서 온 브라만 선교사"라 소개했을까?

로베르토 데 노빌리(Roberto de Nobili, 1577-1656)는 1577년 9월 로마의 귀족 가문에서 태어났다. 그의 집안은 오소 3세(Otho Ⅲ) 황제의 가문으로 할아버지는 교황 근위대의 장군이었고 아버지 역시 이 일을 하였다. 그는 1597년 나폴리의 예수회 수련원에 들어가 논리학, 과학, 천문학, 순수철학, 심리학, 윤리학을 배우는 동안 공부를 잘 해서 성적 우수 학생에게만 주어지는 해외 선교의 꿈을 이룰 수 있었다.55) 그는 원래 일본 선교사가 되길 원했는데 도요토미 히데요시의 기독교 박해 소식을 접하면서 인도 선교로 마음을 바꾸었다. 3년 뒤 로마대학에서 신학공부를 하였고 1603년에 예수회 사제로 서품을 받아 오랜 항해 끝에 1605년 5월 20일 그의 꿈이었던 인도 고아에 도착했다.

노빌리가 마두라이(Madurai)로 사역지를 옮겨 '마두라이 선교'(Madurai Mission)를 할 때 부딪힌 첫 번째 문제는 마두라이 선교 책임자였던 콘쌀로 페르난데스(Conçalo Fernandez)의 선교방식이었다. 페르난데스는 인도인을 개종하면서 포르투갈화하려고 했다. 포르투갈 복장에 포르투갈 음식을 먹게 하였고, 성(姓)을 포르투갈 이름으로 바꿀 것을 강요했다. 인도의 고유문화를 버리고 기독교로 개종한 인도인들은 포르투갈인과 함께 "파랑기"(Parangi)라 불렸는데 그 이유는 이들이 파라이얀(Paraiyan) 계급처럼 옷을 입지 않거나 넝마로 몸을 가려서 아주 지저분하며 브라만이 살고 있는 거리는 건너갈 수 없는 천한 불가촉천민으로 이해되었기 때문이다.56) 노빌리는 이런 인식을 갖고 있는 인도인에게는 제대로 선교를 할 수 없음을 판단하고 자신이 "파랑기"가 아님을 적극 알리기 시작했다. 노빌리는 사람들을 만날 때마다 브라만 복장을 착용하고는 자신의 가문은 인도의 크샤트리아(Ksatriya, 왕족과 무사 계급) 계급에 해당될 만큼 지위가 높다라며 "로마에서 온 브라만"이라고 소개하였다.57)

| 자신을 "로마에서 온 브라만 선교사"로 부른 로베르토 데 노빌리

노빌리는 인도 선교를 성공적으로 하기 위해서는 완벽한 상황화를 이뤄야 한다고 생각했다. 인도인을 전도하기 위해서는 자신이 먼저 인도인이 될 것을 결심했다. 그가 이런 혁신적인 생각을 갖게 된 배경은 중국 선교사로 있던 마테오 리치의 영향이 컸다. 리치가 왕궁에서 중국인 복장을 하고 중국인처럼 살아가면서 중국 사대부들에게 큰 영향을 주었듯이 본인 또한 인도에서 브라만 복장을 하고 브라만처럼 살아가기로 마음먹었다. 노빌리의 브라만화

의 첫 시험대는 그의 산스크리트어 선생인 시바다르마(Sivadrma)를 1609년 부활절날 침례주는 일에서 시작되었다.

그런데 침례식은 연기 되었다. 왜냐하면 두 가지 문제가 대두되었기 때문이다. 첫 번째는 그가 침례를 받은 후 구두미(kudumi) 복장을 계속 착용할 것인지 였고, 두 번째는 머리의 금빛 수실과 왼쪽 어깨에 매달린 면사줄 끈을 계속 달게 할 것인지가 논쟁거리였다.[58] 노빌리는 인도의 브라만 계급들이 기독교로 개종한 이후 브라만의 복장, 특히 이 두 가지 모두를 허용했고 그의 이러한 문화수용(Adaptation)은 그의 선교 전반에 확대되어 브라만 복장뿐 아니라 음식, 교육, 저술, 신학에 이르기까지 광범위하게 적용되었다.[59]

하지만 노빌리의 문화수용 선교를 보고 강력히 반발한 선교사들이 나타났다. 가장 반대한 사람은 마두라이 선교 선임자인 페르난데스로 그는 포르투갈 출신의 예수회 선교사로 이탈리아 출신인 노빌리를 정치적으로 견제했을 뿐 아니라 노빌리의 문화수용을 신학적인 근거로 극렬히 반대했다. 그래서 노빌리는 당분간 전도나 침례를 베푸는 것이 금지 당했고, 이런 가운데 그는 1613년에 「인도의 종교와 문화에 대한 풍습」(Informatio)이란 책을 저술해 그의 문화수용의 당위성을 피력했지만 여전히 신학적 논쟁은 뜨거웠다. 하지만 교황 그레고리 15세(Gregory XV)가 1623년 1월 31일 인도에 도착하여 교서를 발표한 이후 노빌리의 신학을 공식 인정함으로 오랫동안 지속된 논쟁은 일단락되었다.[60]

2. 현지 언어에 탁월한 선교사

노빌리는 타밀어, 텔루구어, 산스크리트어를 통달한 "인도의 고대어를 연구한 최초의 유럽인"이었다.[61] 그는 지방언어인 타밀어와 텔루구어뿐 아니라 브라만 선교를 하기 위해서는 인도 고전어인 산스크리트어를 반드시 배워야 한다는 생각을 가졌다. 마침 1608년에 당시 산스크리트어 학자로 널리 알려진 시바다르마(Sivadarma)를 만나게 되었고 그를 통해 산스크리트어를 배울 수 있었다.62) 그는 브라만 계급으로 원래 탈루구어를 사용하는 사람이었다. 노빌리가 산스크리트어를 배울 쯤에는 아직 산스크리트어 문법이 없었던 때라 교재 없이 산스크리트어를 배워야만 했다. 놀라운 것은 노빌리의 기억력이 워낙 탁월해 한번 들은 것은 잘 잊지 않아서 곧 산스크리트어를 말할 수 있었다.

노빌리는 탁월한 언어 실력 덕택에 많은 저술 활동을 했는데 라틴어 저술로는 「그리스도교 신앙 선언」(Manifesto, 1610년), 「그리스도교 신앙 변증」(Apologia, 1610), 「브라만 복장」(De Linea Brachmanum, 1611 추정), 「인도의 종교와 풍습에 관한 정보」(Informatio, 1613년), 「문화적 적용-」(Narratio Fundamentorum, 1618년) 등이 있고, 타밀어로는 「비방에 대한 답변」(Dushana Dhikkaram, 1641년), 「윤회에 대한 답변」(Punar Jenma Akshepam), 「영원한 삶을 위한 대화」(Nittiya Jivana Sallapam) 등이 있다. 노빌리의 라틴어 저술 목적은 그가 브라만 복장을 해야만 하는 이유와 문화수용의 당위성을 취급하고 있고, 타밀어 저술을 통해서는 그리스도교에 대한 변증과 신앙 훈련을 위한 교리가 주를 이루고 있다.

3. 노빌리의 영향은?

16, 17세기 스페인과 포르투갈을 중심으로 한 식민주의 시대가 한창일 때 '아시아 선교의 3대 축'은 '발리냐뇨(일본) → 마테오 리치(중국) → 로베르토 데 노빌리(인도)'로 이어졌다. 이들은 모두 예수회 소속 선교사로 프란시스 사비에르의 선교 정신을 계승받아 토착화 선교, 실용주의 선교,

문화수용 선교의 선두주자들이었다. 이 정신은 기존에 파송된 선교사들의 전략과 차이가 많아 갈등을 유발시켰고 중국에서는 선교사 추방과 박해라는 예상치 못한 결과를 초래했으며, 인도에서는 동료 선교사들 간의 갈등으로 논쟁만 일삼다 보니 중국보다 사역의 열매는 적게 나타났다. 노빌리가 죽고 약 반세기가 지난 17세기 말경 마두라이 선교 지역 내에는 약 15만 명의 크리스천들이 생겨났다.(63) 노빌리가 50년간 마두

노빌리가 '마두라이 선교'를 했던 곳에 있던 마두라이 템플의 게이트 타워

라이 선교에서 펼친 사역은 극단적인 문화수용 선교로 비판을 받았는데 그가 기독교와 힌두교 간의 선교 접촉점을 찾아 복음 전하려던 그의 노력과 자세는 잊지 말아야 할 것이다.

교황청의 문화수용정책과 선교사들 간의 갈등

로마 교황청 예수회의 문화수용정책 정죄(1742년)

1. 신성포교회와 문화수용정책

16세기 이후 스페인과 포르투갈을 중심으로 한 식민주의 시대가 열리면서 로마 교황청에서 가장 고민하는 부분이 타문화에 대한 인식이었다. 종전까지는 유럽 선교를 하다 보니 타문화에 대한 올바른 인식이 별로 없었지만 이젠 서방에서 동방 선교로 패러다임이 바뀌면서 부딪히는 문제가 '문화'였다. 그래서 로마 교황청은 해외 이교도 회심을 효과적으로 조정하기 위해 '신앙전파를 위한 신성회'(약칭 신성포교회)를 1622년에 설립했다.64) 신성포교회는 정책 결정기관 이다보니 시대에 따라 문화수용정책(Adaptation)이 바뀔 수밖에 없었다.65) 그런데 문화수용정책 변화는 선교사들 간에 갈등을 심화시켰고 급기야 추방이나 박해를 당하는 지경에까지 이르렀다. 특히 문화수용정책은 일본과 인도보다는 중국이 더욱 예민하게 반응하였는데 이곳에서 문화수용정책의 변화는 중국 선교에 큰 변화를 예고하였다.

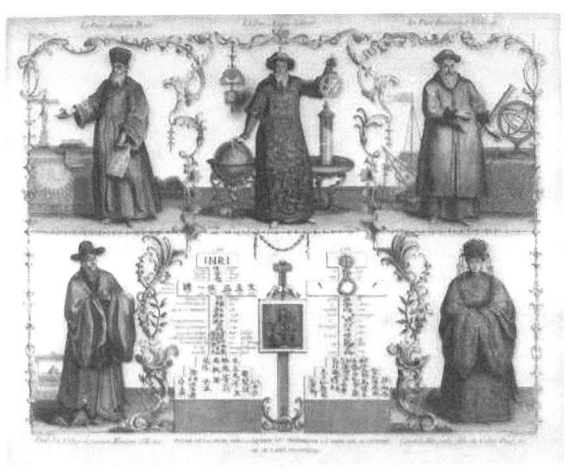
| 예수회 중국 선교사들. 이들은 문화수용정책의 일환으로 중국의 지식인들과 상류층을 접근하기 위해 비단옷을 입는 것을 당연시하였다.

2. 교황청의 문화수용정책 변화

　교황청의 문화수용정책 변화는 3시기로 나뉠 수 있다. 첫 번째 시기는 1622년 신성포교회가 설립되기 전까지로 문화수용 정책을 대체적으로 수용하던 때이다. 예를 들어 교황의 문화수용 건에 관한 첫 번째 반응은 선교사 어거스틴이 영국에서 사역할 때 켄트왕이 자신에게 하사한 산당(山堂)을 수도원으로 용도변경을 하려고 하자 그레고리가 601년 7월에 보낸 편지에서 문화수용을 허락하고 있음을 알 수 있다: "그 백성들의 이교 신전들은 파괴할 필요가 없으며 그 안에 있는 우상들만 파괴하면 그만이다. 만약 그 신전 건물이 쓸만하면 잡신 예배와 분리시켜 그것을 참된 하나님의 예배에 이용하는 것이 옳다."[66] 이러한 문화수용정책은 1500년까지 지속적으로 이어지다가 16세기 이후 아시아 선교시대가 열리기 시작하면서 가장 큰 이슈로 등장하였다.

두 번째 시기는 문화수용정책을 거부한 때이다(17-19세기). 리치가 중국 선교를 할 당시 교황청은 오늘날 교단선교부나 선교단체처럼 선교전문가에 의해 정책을 결정하지 않고 선임 선교사들이나 지역 책임자의 보고에 의존하는 편이었다. 그렇다보니 각 수도회의 지나친 경쟁은 교황에게 과다 및 허위 보고가 전달되어 잘못된 결정이 내려 질수도 있었다. 이런 실례 중의 하나가 1742년 교황청이 문화수용을 정죄한 사건이다. 리치의 북경 방문이후 예수회의 선교 열매가 예상보다 빨라지자 교황청에서는 다른 수도회를 보냈는데 이것이 화근이었다. 중국은 이미 예수회가 독점했고 교황청과 깊은 관계를 맺고 있던 때에 후발 주자인 프란시스코와 도미니크 수도사들은 언제든지 예수회의 결점을 찾아내어 흠집 내려고 벼르고 있었다.

마침 예수회가 하나님을 유교 개념인 상제(上帝)로 번역한 것과 조상숭배를 허용한 것을 듣고 강력히 교황청에 항의하며 이는 복음에 위배되는 것이기에 수용 불가를 청원했고 끈질긴 설득 끝에 문화수용거부가 받아들여졌다.[67] 이는 교황청이 프란시스코와 도미니크 수도회와 오랫동안 함께한 관계라 신생 예수회의 결정을 파기하고 문화수용 거부를 공식 발표하였다. 하지만 진행 과정에 있어서 정책의 정당성을 따지기보다는 수도회 간의 지나친 경쟁 결과가 훗날 해외 선교에 참극을 빚게 될 것이라곤 아무도 예상치 못했다. 이는 중국 황제의 비위를 거스르게 하였고 마침내 대대적인 선교사 추방과 함께 박해가 시작되었다.

세 번째 시기는 문화수용정책을 다시 수용한 때이다(20세기). 20세기에 접어들면서 교황청은 원래대로 조상숭배를 수용했다. 초기 한국선교를 보더라도 18, 19세기 가톨릭이 처음 한국에 들어왔을 때는 제사를 거부하여 한국선교에 큰 어려움을 겪었지만 20세기쯤에는 제사를 단지 부모에 대한 '효(孝)'의 차원에서 이해하고 수용함으로써 가톨릭 선교는 큰 성과를 거두게 되었다.68) 로마 가톨릭의 문화수용정책은 무엇보다 토마스 아퀴나스(Thomas Aquinas)의 신학에 뿌리를 두고 있다. 아퀴나스의 주장에 따르면 "인간에게 주어진 이성의 힘과 자연 계시를 통해서 하나님에 대한 지식이 인간에 의해 이해될 수 있다"는 것이어서 로마 가톨릭은 물질세계(자연계시)를 통해 하나님을 인식할 수 있다"고 해석하여 문화에 대한 인식을 완전히 바꿔 놓았다.69) 그래서 조상숭배도 받아들이게 된 것이다. 이런 정신은 선교사들에게도 영향을 끼쳐 '토마스 아퀴나스 → 프란시스 사비에르 → 발리냐뇨 → 마테오 리치 → 로베르토 데 노빌리'로 이어지는 소위 '아퀴나스 영맥(靈脈)'을 만들어 아시아 선교에 지대한 영향을 끼쳐왔다.

3. 문화수용정책과 선교사들 간의 갈등

선교사들 간에 갈등의 발단 계기는 하나님을 유교 경서에 나오는 '상제' 개념으로 설명한 것과 조상숭배를 효의 차원에서 수용하자는 예수회의 주장에 프란시스코와 도미니크 수도회에서 반발함으로 발생했다.70) 마테오 리치는 「천주실의」를 통해 이 모든 것을 밝혔고 그의 책은 토마스 아퀴나스 신학사상 축소판으로 문화수용을 적극 지지하였다: "수많은 [유교의] 고전을 검토한 결과 상제(上帝)는 결국 우리[유럽 사람들]가 믿는 하느님[天主]이며 이름만 다를 뿐입니다."71) 이러한 리치의 신학 사상을 프란시스코와 도미니크 선교사들은 강력하게 반발하며 교황청으로 하여금 문화수용정책을 철회할 것을 요구했고 결국 그 뜻을 관철시켰다.

문화수용정책 결정 과정에서 보여준 로마 가톨릭 선교는 오늘날 우리에게 시사하는 바가 크다. 중요한 것은 문화수용정책이 복음적인지 아닌

| 마테오 리치와 서광계. 서광계는 리치가 개종시킨 최고의 학자 중 한명으로 리치의 선교사역에 큰 도움을 주었다.

지를 신학적으로 검토하고 올바른 방향을 제시하는 것이 우선임에도 불구하고 당시에는 이것을 다룰 만한 전문 선교전략가도 없었고 이에 대한 인식도 부족한 때였다. 그래서 문화수용정책 변화는 각 수도회 간에 갈등의 골을 더욱 깊게 만들었고 심지어는 중국 황제에게 비친 선교사들의 모습은 자기들끼리 싸우는 어처구니 없는 모습이었을 뿐 아니라 황제가 자신의 정권 유지에 위배되는 선교정책은 과감히 싹을 잘라 버리던 때라 문화수용정책 변화는 일대 파란을 예고하였다.72) 그래서 중국은 18세기 중엽 이후부터 대대적으로 선교사 추방과 함께 박해가 일어나기 시작하였다.

제4장

종교개혁자, 근원적 종교개혁자, 경건주의자들의 선교

| 선교신학을 바로 세우는 시기 |

루터가 독일어 신약성경 번역을 완성한 발트부르크 성

제4장 | 종교개혁자, 근원적 종교개혁자, 경건주의자들의 선교
선교신학을 바로 세우는 시기(1517-1792년)

시 기	종교개혁 – 윌리암 케리 인도 선교(1517-1792년)
핵심 주제	건강한 선교신학은 성경에서 시작된다!
핵심 단어	선교신학
핵심 성경	"복음에는 하나님의 의가 나타나서 믿음으로 믿음에 이르게 하나니 기록된바 오직 의인은 믿음으로 말미암아 살리라"(롬 1:17).

| 핵심 연대표 |

구분	년 도	특 징
1500	1505년	마틴 루터 어거스틴 수도원 입교
	1507년	마틴 루터 사제 임직
	1515년	마틴 루터 이신득의(以信得義) 발견
	1516년	에라스무스 신약성경 출판
	1517년	루터 "95개 조항" 반박문 발표 및 종교개혁 실시
	1519년	츠빙글리 취리히교회 부임 및 종교개혁 실시
	1521년	브롬스 의회 루터 소환
	1522년	마틴 루터 독일어 신약성경 번역
	1522-1523년	기사들의 반란
	1524-1525년	농민전쟁
	1525년	콘라드 그레벨 최초 침수례(immersion) 거행
	1526년	마틴 루터 독일어로 예배 인도
	1526년	스파이어 의회 독일 남부와 북부 각자 종교 공인
	1527년	아나뱁티스트 펠릭스 만츠 최초 참수로 순교
	1529년	스파이어 제2차 의회에서 "프로테스탄트" 용어 탄생
	1530년	아우그스부르크 의회 아우그스부르크 신앙고백 작성
	1531년	츠빙글리 카펠 전투에서 전사
	532년	누렘베르그 화의(和議) 체결
	1534년	루터 독일어 신구약성경 전권 번역

구분	년도	특징
1500	1534년	영국의 종교개혁과 영국국교회 탄생
	1536년	칼빈 「기독교강요」 초판 발행
	1536년	메노 시몬즈 아나뱁티스트로 개종
	1537년	루터, 부겐하겐 덴마크 선교사로 파송
	1541년	칼빈 제네바교회 귀환 및 교회조례 작성
	1545년	트렌트 종교회의
	1549년	취리히 합의 서명
	1555년	칼빈, 위그노 교도들 브라질 선교사로 파송
	1559년	칼빈 제네바 학당 개관
	1559년	칼빈 「기독교강요」 최종판 발행
	1562년	영국교회 "39개 신조" 편찬
	1572년	성 바돌로뮤 축일 프로테스탄트 학살 사건
	1598년	헨리 4세 낭트칙령 발표 및 위그노 교도들 종교 자유
1600	1611년	흠정역(King James Version) 성경 출판
	1618-1619년	도르트 회의
	1618-1648년	30년 전쟁
	1620년	청교도 메이 플라워 항해
	1646년	존 엘리어트 북미 인디언 첫 설교
	1649년	뉴잉글랜드 복음선포회 설립
	1651년	존 엘리어트 인디언 "기도하는 도시" 나틱 설립
	1661년	존 엘리어트 인디언 신약 성경번역
	1663년	존 엘리어트 인디언 신구약 성경번역
	1664년	루터교 선교사 저스티안 폰 벨츠 화란 선교
	1675년	필립 스페너 「경건의 소원」 출판 및 경건주의 운동 시작
	1678년	존 번연 「천로역정」 출판
	1685년	루이 14세 낭트칙령 철회
	1690년	존 록크 「인간 오성론」 출판
	1691년	퀘이커교 창시자 조지 폭스 사망
	1694년	선거후 프레드릭 윌리암 3세 할레대학 설립
	1698년	기독교 지식 전파회 설립

구분	년도	특징
1700	1701년	해외 복음 선포회 설립
	1705년	덴마크 할레 선교회 설립
	1706년	덴마크 할레 선교회, 지켄발크와 플루차우 인도 도착
	1722년	진젠돌프 헤른후트 설립 및 모라비안 운동 전개
	1726-1770년	제1차 대각성 운동
	1729년	존 웨슬리 옥스퍼드 대학교에서 Holy Club 조직
	1732년	모라비안 선교회 첫 선교사 버진 열도에 파송
	1732-1760년	모라비안 선교회 226명 선교사 파송
	1735-1737년	존 웨슬리 미국 조지아주 인디언 선교
	1735-1791년	영국 영적각성 운동
	1737년	진젠돌프 헤른후트에 모라비안 교회 설립
	1738년	존 웨슬리 모라비안 기도회 참석 후 회심
	1739년	존 웨슬리 최초의 속회(class) 모임 및 감리교 탄생
	1743년	데이빗 브레이너드 미국 인디언 선교 시작
	1787-1843년	제2차 대각성 운동
	1781년	칸트「순수이성비판」출판
	1787년	프랑스의 종교의 자유
	1789년	영국의 종교의 자유

제4장 종교개혁자, 근원적 종교개혁자 경건주의자들의 선교

선교신학을 바로 세우는 시기(1517-1792년)

종교개혁자, 근원적 종교개혁자, 경건주의자들의 선교는 1517년부터 1792년 이전까지를 말한다. 이 시기에 로마 가톨릭교회는 선교황금시대를 열었지만 개신교회는 그렇지 못했다. 개신교는 로마 가톨릭처럼 '외부'에 눈을 돌릴 여유가 없었고 오히려 '내부'의 개혁에 치중했다. 이 시기에 개신교의 선교특징이라면 성경적 선교신학을 바로 세우는 것이었다. 이 일에 공헌자들이라면 루터, 칼빈, 츠빙글리, 근원적 종교개혁자들, 스페너, 프랑케, 진젠돌프였다. 무엇보다 루터의 큰 공헌이라면 그의 독일어 성경번역은 개신교 선교사들로 하여금 종전의 전달자(선교사) 중심에서 수신자(현지인) 중심의 커뮤니케이션 시대를 열게 하였다. 즉 라틴어 성경이 아닌 현지인 언어로 된 성경번역에 박차를 가하도록 해 개신교가 로마 가톨릭보다 선교 출발이 훨씬 늦었지만 성경번역 덕택에 현지인 지도자들을 빨리 배출하게 된 것은 루터의 영향이 컸다. 이들이 윌리암 케리, 로버트 모리슨, 아도니람 저드슨과 같은 선교사들이다.

또한 루터의 '만인제사장설 원리'(priesthood of all believers)는 평신도 선교시대를 열게 해 주었다. 중세까지만 해도 사제(목사)들만 선교사가 될 수 있었지만 루터의 신학 덕택에 평신도들도 당당히 선교사로 나갈 수 있었다. 이런 열매는 약 200년이 지나고 나서야 서서히 나타났는데 덴마크 할레 선교회와 모라비안 선교회이다. 전자는 학생 선교사를 배출했고 후자는 평신도 선교사를 배출했는데 이들은 하나같이 비즈니스선교(BAM)로 자립선교를 이루어 오늘날 좋은 모델을 제시해주었다. 특히 루터의 만인제사장 원리는 근원적 종교개혁자들을 통해 실제적인 현실을 이루게 되었다. 이들은 평등주의자들로 남자와 여자, 성직자와 평신도, 부자와 빈자의 차별을 두지 않았기 때문에 교회구조 자체를 바꿔 놓는데 영향을 끼쳤다. 이와 같이 16-18세기 동안 개신교는 로마 가톨릭에 비해 선교의 큰 성과를 거두지 못했지만 19세기 "위대한 세기"의 선교시대를 활짝 여는 신학적 기초를 탄탄히 세워 놓았다.

개신교회와 선교
루터의 종교개혁(1517년), 스파이어 제2차 의회
"프로테스탄트" 용어 탄생(1529년)

1. 16-18세기 개신교와 로마 가톨릭 선교를 어떻게 구분해야 하나?

케네스 라토렛은 16-18세기를 "개혁과 확장"의 시대로 보았다.[1] 개혁(reform)은 개신교를, 확장(expansion)은 로마 가톨릭교회를 말한다. 16-18세기 세계선교는 3기로 나뉠 수 있는데 1기는 1517년 마틴 루터가 종교개혁을 일으킨 때부터 1792년 윌리엄 케리의 근대선교가 시작되기 전까지로 '로마 가톨릭 선교' 시기라 부른다. 이 시기의 특징은 '확장'이다. 이미 앞 장에서 다뤘듯이 예수회 선교가 핵심이다. 프란시스 사비에르, 마테오 리치, 로베르토 데 노빌리와 같은 예수회 선교사들은 군대식 훈련을 받고 인도, 일본, 중국 등 어느 곳이든 탁월한 사역으로 하나님 나라를 확장시켜 나갔다. 한편 신생 예수회는 전통적 수도회와 정책 차이로 약간의 갈등도 겪었지만 로마 가톨릭의 선교 황금시대를 활짝 열었다.

한편 종교개혁이 일어난 1517년부터 영국이 1649년 북미 인디언 선교를 위해 뉴잉글랜드 복음선포회(Society for the Propagation of the Gospel in New England)를 설립할 때까지를 '종교개혁자와 근원적 종교개혁자 선교'

시기라 부르는데 2기에 해당된다.[2] 이미 프로테스탄트(Protestant)가 출현해 '개신교 선교 초창기'가 시작되었다. 이때는 로마 가톨릭처럼 적극적인 선교보다는 성경적 선교신학을 바로 잡는 때였다. 이들은 1792년 윌리암 케리가 위대한 개신교 선교를 열 수 있도록 신학적 기초를 닦아 놓았다. 그리고 1649년부터 1792년 이전까지는 3기로 '경건주의자들의 선교' 시기라 부른다. 덴마크 할레 선교회와 모라비안 선교회가 중심이 되어 대륙, 섬, 열도 가릴 것 없이 선교사를 파송하며 개신교 선교 시대를 활짝 여는 전조(前兆)를 만들었다.

2. 왜 개신교회의 선교가 지체되었을까?

많은 이들은 루터의 종교개혁이 일어난 이후 곧 바로 개신교의 해외선교가 왕성하게 일어날 것이라고 예상했다. 하지만 그렇지 못했다. 허버트 케인(Herbert Kane) 교수는 "로마 가톨릭교회는 유럽에서 개신교의 회심자를 잃은 것보다 더 많은 이교도 회심자를 1500년부터 1700년 사이에 얻었다"고 주장했다.[3] 그만큼 16-18세기 로마 가톨릭교회는 해외선교에서 큰 성과를 거두었다. 하지만 개신교의 선교는 기대했던 것만큼 큰 열매를 맺지 못했다. 그렇다면 왜 16-18세기 동안 개신교의 선교가 지체되었을까?

첫째는 종교개혁자들의 주된 관심은 교회 개혁에 있었지 선교에 있지 않았기 때문이다. 루터, 칼빈, 츠빙글리는 성경적인 교리를 찾아내어 정립하는데 혼신의 힘을 기울이다보니 선교가 약해질 수밖에 없었다. 둘째로 선교는 하나님의 주권이라는 선입관을 가지고 인간의 책임성을 배제한 예정론자들이 등장했기 때문이다. 칼빈은 "우리가 배운 대로 그리스도의 나라는 인간의 노력으로 발전되거나 유지되는 것이 아니며, 다만 하나님

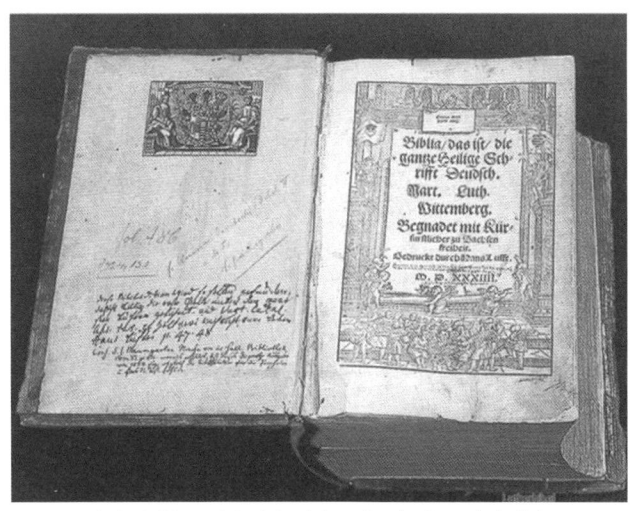
| 루터가 번역한 독일어 성경. 개신교 선교사들은 루터의 영향으로 로마 가톨릭 선교사들보다 현지인 성경 번역에 앞서 있었다.

혼자만의 일이다"라고 주장했고, 루터 역시 "앞으로 100년 정도가 지나면 모든 것이 끝날 것이다. 하나님의 말씀은 그것을 전하려는 사람이 없어 곧 사라질 것이다"라고 말하기도 했다.[4]

셋째로 개신교는 로마 가톨릭처럼 큰 세력을 지니고 있지 못했기 때문이다. 17세기부터 영국과 화란이 대(大) 해상세력으로 등장했지만 선교까지 이어지기 까지는 시간이 걸렸다.[5] 넷째로 개신교는 내적인 갈등으로 분열되어 선교에 참여할 여력이 없었다. 예를 들어 완고한 루터파 대(對) 개혁교회, 예정설의 칼빈파 대(對) 알미니안파, 앵글리안 대(對) 청교도와 독립파 등의 갈등과 분열이 고조되어 선교에 힘을 쏟을 수가 없었다.

다섯째는 개신교회가 로마 가톨릭처럼 아시아, 아프리카, 중남미에 대한 풍부한 정보를 갖고 있지 못했기 때문이다. 로마 가톨릭은 스페인과 포르투갈의 해상 장악과 식민지 개발로 각 나라에 대한 많은 정보를 소유

| 루터는 독일어 찬송가를 만들어 1526년에 처음으로 독일어로 예배드렸다. 이후 개신교 선교사들은 현지인의 언어로 예배드리는데 큰 공헌을 하였다.

했지만 개신교회는 그렇지 못했다. 여섯째로 개신교회는 로마 가톨릭과 같은 종교적 질서가 없었기 때문이다. 군대식 훈련과 독신자로 살며 교황청의 명령에 절대 복종하는 예수회와는 달리 개신교회는 기혼자가 많아 가족을 돌보며 타문화권에서 선교한다는 것은 무척 힘든 일이었다. 일곱째로 개신교회는 로마 가톨릭의 예수회, 프란시스코, 도미니크 수도원처럼 선교사들을 훈련할 선교단체(sodality)를 아직 가지고 있지 않았기 때문이다.[6]

3. 개신교와 로마 가톨릭 간에 선교 차이점은 무엇일까?

예수회를 앞세운 로마 가톨릭교회는 전통적 선교가 강세였다. 사비에르, 리치, 노빌리의 선교사역은 주로 영혼구령, 교회개척, 문서선교에 중점을 두었다. 한편 로마 가톨릭보다 후발주자로 나선 개신교회는 로마 가톨릭보다 한 가지 앞선 것이 있었는데 바로 성경번역이었다. 예를 들어 로마 가톨릭이 필리핀 선교를 시작한 것은 1564년이었지만 성경번역은 3세기가 지나서야 이루어졌다. 필리핀 방언인 팡가시난(Pangasinan)어로 신약 전권이 아닌 누가복음만을 번역한 것이 1873년에 있는 정도였기 때문이다.[7]

반면에 개신교의 성경번역은 무척 빨랐다. 인도의 경우 로마 가톨릭 선교사들은 1534년부터 남인도 해안지역에 상주했지만 이곳에서 최초의 성경번역은 개신교 선교사인 지켄발크였다. 왜냐하면 그가 1714년에 최초로 타밀어 성경번역을 했기 때문이다. 인도네시아의 경우도 마찬가지였다. 개신교 출신인 화란 선교사가 1688년에 신약성경을 말레이어로 번역했는데 이것은 최초로 동남아 언어로 번역된 성경이기도 했다.[8] 이처럼 개신교 선교사들은 현지인들이 자신들의 언어로 성경을 읽을 수 있도록 하는데 앞서 있었다. 이 모든 것이 루터의 영향으로 이루어졌다.

루터의 종교개혁과 선교

루터 "95개 조항" 발표(1517년),
독일어 성경번역(1522년), 독일식 예배(1526년)

1. 루터가 선교에 끼친 영향은 전혀 없을까?

| 종교 개혁자 마틴 루터

종교개혁자들(루터, 칼빈, 츠빙글리)이 선교에 미친 영향에 관해서는 일반적으로 부정적인 견해가 강하다. 허버트 케인 교수는 개신교회의 선교가 생각보다 지체된 첫 번째 이유로 종교개혁자들의 신학을 지적하며 "그들은 예수의 지상명령이 원 사도들에게만 해당된다고 가르치고 또한 그들 사도에 의해 당시에 알려진 복음은 세상 끝까지 완전히 전파되었다"고 주장하였다.[9] 따라서 후세의 교회는 선교사를 파송할 의무와 책임이 없기 때문에 종교개혁자들은 세계선교에 적극적이지 않았다고 보았다. 한편 라토렛 교수는 프로테스탄트가 로마 가톨릭보다 선교를 왕성하게 하지 못한 이유로 당시 개신교회는 수도원과 같은 선교단체(sodality)가 없었기 때문이라고 지적하였다.[10]

데이빗 보쉬(David Bosch)는 이런 기존의 주장과는 달리 마틴 루터

루터가 덴마크로 파송한 요하네스 부겐하겐. 그는 "북유럽의 두 번째 사도"라 불리며 독일 북부와 스칸디나비아 반도 선교에 큰 성과를 거뒀다.

(Martin Luther, 1483-1546)는 원 사도시대에 지상 대명령이 성취된 것으로 보지 않고 오히려 로마 가톨릭의 영향권 안에 있는 유럽교회에 선교사를 파송하는 일에 집중했다고 반론을 제시했다.11) 루터는 종교개혁이후 유럽 바깥보다는 로마 가톨릭의 영향권 상에 있는 북유럽 선교에 오히려 적극적이었다. 그 예로 그는 포메라니아(Pomerania, 구 독일동북부 주로 현 독일과 폴란드로 분할된 지역)에 이미 선교 경험이 있던 그의 절친한 친구이자 종교개혁의 동반자인 요하네스 부겐하겐(Johannes Bugenhagen)을 덴마크 선교사로 1537년에 파송했던 것이다.12)

당시 덴마크 왕으로 즉위한 크리스티안 3세(Christian III)는 로마 가톨릭의 부패에 염증을 느끼고 있던 때라 그가 2년간에 걸친 백작전쟁을 종식시키고 난 후 로마 가톨릭 세력을 점차 덴마크에서 몰아내고 있었다. 이때 그는 새롭게 시작한 프로테스탄트 운동에 관심이 많아 루터에게 도움을 청하였고 루터는 곧 바로 부겐하겐을 덴마크로 파송했다. 부겐하겐이 덴마크 왕 크리스티안 3세에게 왕관을 씌워 줌으로 덴마크는 북유럽 중 최초로 프로테스탄트 국가가 되었다. 그의 수고와 헌신은 스칸디나비아 반도와 독일 북부지역까지 확산돼 이 지역에서 로마 가톨릭의 영향력을 잠재우고 루터교회를 세우는데 일등공신이 되었다.13) 루터의 관심은 해외에 새로운 교회를 개척하기 보다는 오히려 로마 가톨릭의 영향권 안에 있던 북유럽의 교회들을 성경적인 교회로 만드는데 관심이 많았다. 루터의 선교는 이렇게 시작되었다.

2. 수신자 중심의 커뮤니케이션 시대를 활짝 열다

루터의 종교개혁이 선교에 미친 첫 번째 공헌은 전달자 중심의 커뮤니케이션을 수신자 중심의 커뮤니케이션으로 패러다임을 바꾼 것이다. 1517년 루터의 종교개혁이 일어나기 전까지는 라틴어 성경을 현지인들이 읽을 수가 없었다. 예수회를 중심으로 한 로마 가톨릭교회가 16-18세기 동안 해외선교를 잘 감당했지만 성경번역이 함께 이루어지지 않아 탁월한 현지인 리더를 양성하지 못한 이유가 여기에 있기도 하다. 이때까지 울필라스의 고트족 성경번역이라든가, 위클리프의 영어 성경번역이 있은 것도 사실이다. 하지만 1517년까지 로마 가톨릭의 선교는 일방적으로 전달자(선교사) 중심의 커뮤니케이션에 집중하였다.

루터는 종교개혁이후 발트부르크(Wartburg) 성에 피신하여 1521년에 독일어 신약성경 번역에 돌입하여 1522년 9월 21일 완성했다.[14] 이후

| 삭소니 선거후였던 프레드릭이 루터를 피신시킨 발트부르크 성. 루터는 이곳에서 독일어 신약성경 번역을 완성하였다.

1534년에는 최초로 독일어 신구약 성경번역이 완성되었다. 또한 루터는 1522년부터 37개의 독일어 찬송가 작곡에도 힘을 썼고, 4번의 찬송가집을 출판하기도 해 마침내 1526년에는 처음으로 독일어 예배를 드렸다.15) 이러한 루터의 업적은 훗날 선교 패러다임을 완전히 바꿔 놓았다. 종전의 전달자(선교사) 중심에서 수신자(현지인) 중심으로 커뮤니케이션이 열리도록 한 것이다. 현지인들이 자신들의 언어로 성경을 읽고 예배드릴 수 있게 하였다. 예전에는 라틴어(로마 가톨릭 선교사)나 시리아어(네스토리우스 선교사)로 성경이 소개되어진 것과는 달리 현지인들이 자신들의 언어로 성경을 읽고 찬송을 부를 수 있게 되었다. 이러한 루터의 신학적 기초는 윌리암 케리부터 폭발적으로 나타나 개신교 대다수의 선교사들이 현지인 성경번역에 힘쓰게 된 것이다.

3. 평신도 선교시대의 지평을 열다

루터의 종교개혁이 선교에 끼친 두 번째 영향이라면 평신도 선교시대를 열었다는 점이다. 1517년까지만 해도 파송된 선교사는 오직 사제(목사)였다. 일반 평신도들은 니케아(325년) 및 칼케돈 종교회의(451년) 결과로 선교사로 파송받을 수 없었다. 이 빗장의 문은 1천 년이 훨씬 지나서야 풀리기 시작했다. 그 단초가 바로 루터의 종교개혁이었다. 루터는 1512년 신학박사 학위를 취득한 후 그 다음해부터 비텐베르그 대학에서 교수로 성경을 가르쳤다. 그는 1515년에 로마서 1장 17절의 "오직 의인은 믿음으로 말미암아 살리라"는 말씀을 통해 선행이나 고행이 아닌 믿음으로 의롭게 된다는 "이신득의(以信得義)"를 깨달았다.

루터의 이신득의 신앙은 교회관을 완전히 바꿔 놓았다. 중세 가톨릭교회가 상의하달(上意下達)식 조직으로 부패에 빠져 있을 때 그는 교회가 성경적으로 돌아가야 한다고 주장했다. 그것은 모든 신자들이 제사장이 되어 개별적으로 하나님과의 만남을 통해 회개와 사랑의 은혜를 체험해야 한다고 믿었다. 루터를 통해 "만인제사장 원리"가 탄생한 것이다. 루터는 제사장 원리를 통해 '개인적인 제사장'을 강조하기 보다는 자신이 속해 있는 공동체, 즉 그리스도의 몸인 '신앙 공동체를 위한 제사장'이 되어야 한다고 주장했다.16) 이것은 더 이상 계급주의적 제사장 제도를 용인한다는 것이 아니라 오히려 신자는 교회에 덕을 세우거나 유익케 하는 일에 협력해야 한다는 뜻이다.

   루터의 만인제사장 원리는 종전의 사제 중심의 선교에서 평신도 선교에 눈을 뜨게 해 주는 촉매제가 되었다. 예전에는 사제들만 선교사로 파송을 받을 수 있었다. 16-18세기 로마 가톨릭교회가 선교 황금시대를 맞이할 때도 예수회와 다른 수도회 출신들은 동일하게 사제들이었고 그들은 라틴어 성경을 가져갔다. 이들은 루터의 종교개혁과는 동떨어져 있어서 현지인을 위한 성경 번역을 소홀히 했다. 하지만 프로테스탄트 선교사들은 예외였다. 루터의 종교개혁은 누구든지 하나님의 자녀가 된 자는 제사장이 되어 선교사로 헌신할 수 있다는 교리적 기초를 만들어 주었다. 그의 신학적 열매는 종교개혁이후 280년이 지난 1800년에 윌리암 케리가 평신도 선교사인 마쉬만(Marshman)과 워드(Ward)와 함께 '세람포어 삼총사' 시대를 열어 위대한 사역을 함으로 빛을 발하기 시작했다.

048 츠빙글리의 종교개혁과 선교
츠빙글리 취리히 교회 부임 및 종교개혁 실시(1519년)

1. 왜 츠빙글리는 종교개혁을 했나?

루터는 자신의 '내적' 갈등과 번민을 1515년 로마서 강해를 통해 영적 대발견을 한 이후 2년이 지난 뒤 종교개혁을 실시하였다. 한편 츠빙글리 (Huldreich Zwingli, 1484-1531)는 자신의 내면적 요소보다는 '외부'의 악한 상황들을 직시하면서 종교개혁을 실시했다. 로마 가톨릭교회의 부패와 타락, 용병제도의 모순, 신자들의 미신적 태도에 염증을 느낀 츠빙글리는 성경으로 돌아가기 위해서 종교개혁을 실시했다.17) 따라서 그는 루터에게 어떤 영향을 받아 종교개혁을 일으키지 않았다.

그의 종교개혁은 특별했다. 그는 글라우스(Glaus, 1506-1516)와 아인지델른(Einsiedeln, 1516-1518)에서 목회경험을 쌓은 후 1519년 1월 1일에 취리히교회 신부로 부임했다. 놀라운 것은 그가 부임하자마자 그는 첫 설교를 통해 신자들의 위선과

| 1519년 1월 1일 취리히 교회에 부임하자마자 개혁을 선포한 츠빙글리

미신을 비판하며 회개와 변화된 삶을 촉구했는데 이는 로마와 결별을 선언하는 신호탄이었다.[18] 이후 츠빙글리가 취리히교회를 목회하면서 로마 가톨릭과 결별한다는 것을 확실히 보여준 일은 사순절 단식(Lenten fast)에 소시지를 먹는 사건이었다. 츠빙글리는 1522년 3월 29일 "음식의 선택과 자유에 관하여"(On the Choice and Freedom of Food)라는 설교 내용을 인쇄한 뒤 유럽교회에 배포해 로마 가톨릭의 잘못된 전통에서 돌아서야 할 것을 촉구했다.[19] 이처럼 독일에서는 루터를 통해, 스위스에서는 츠빙글리를 통해 종교개혁이 불처럼 번져가기 시작했다.

2. 츠빙글리와 루터의 차이점은 무엇인가?

루터는 "오직 믿음으로"(sola fides) 종교개혁을 추구했다면 츠빙글리의 개혁은 "오직 성경으로"(sola scriptura) 돌아가는 것이었다.[20] 그는 루터와 달리 복음적 설교가로 종교개혁을 일으켰는데 그가 이런 일을 할 수 있도록 영향을 준 인물은 인본주의자였던 에라스무스였다.[21] 에라스무스는 신약성경을 종교개혁이 일어나기 1년 전인 1516년에 출판했는데 츠빙글리는 무엇보다 그의 바울서신에 큰 영향을 받아 당대 최고의 설교자가 되었다. 그는 취리히교회에 부임한 이후 마태복음을 시작해서 성경 전권을 강해설교를 해 신자들로 하여금 교황이 아닌 오직 성경만이 유일한 권위가 있음을 일깨워 주었다. 그의 설교가 얼마나 파괴력이 강한지 스위스 사람들은 그를 "백성의 목사"(people's pastor)라고 불렀다.[22]

츠빙글리는 물질세계를 바라보는 관점에서도 루터와 달라 예배형식이나 성례전에서도 차이가 있었다. 그는 에라스무스의 영향으로 물질을 허영이나 그림자로 보는 '고대'(via antiqua) 사상을 계승해 자신의 신학사상을 세워 갔다. 그래서 이런 사상 때문에 그는 예배 형식을 단순화했다. 눈에 보이는 물질세계는 인간의 눈만 자극해 하나님을 직접 만나는 예배에 저촉된다고 생각했기 때문이다. 그래서 츠빙글리 자신이 바이올린 연주자인데도 불구하고 그는 오르간 사용을 금하였다. 성찬식에 사용된 떡과 포도주는 말 그대로 그리스도의 살과 피를 '상징'하는 것에 불과하다고 믿었다. 반면에 루터는 물질에는 약간의 실제(reality)가 있다는 것을 믿는 '근대'(via modern) 사상을 받아 들여 예배 시간에 악기 사용을 허용했고 성례전의 떡과 포도주는 글자 그대로 믿어 '공존설'(consubstantiation)을 따랐다.[23]

3. 츠빙글리가 선교에 미친 영향은 무엇일까?

츠빙글리는 탁월한 종교개혁가이며 위대한 설교가였다. 그는 1519년 취리히교회에 부임하자마자 개혁의 칼을 집어 들어 오랜 전통과 역사를 지닌 취리히교회를 말씀으로 썩은 부분을 잘라내고 수술을 단행하는 교회개혁을 실시했다. 사람들은 열광했고 그의 복음적인 설교에 스위스 전체 국민이 매료되었다. 주변에 타락하고 부패한 사제들과는 차원이 달랐다. 츠빙글리는 루터가 요하네스 부겐하겐을 덴마크로 파송한 것처럼 칼빈이 위그노(Huguenot) 신도들을 브라질로 파송한 것처럼 취리히교회 성도들을 직접 선교사로 파송한 적은 없다.

하지만 츠빙글리가 처한 상황에서 해야 할 첫 번째 임무는 교회 갱생(church revival)이었다. 오물 같은 교회를 정결한 교회로 바꿔야만 했다. 성경으로 돌아가는 길 밖에 없었다. 츠빙글리의 목회에는 소위 '가서 전하는 선교'(go and preach mission)는 없다. 그러나 '와서 듣는 선교'(come and hear mission)가 탁월했다. 1천 년 동안 곪고 썩은 신앙을 말씀으로 도려내고 새살을 붙이는 일에 츠빙글리는 전력을 쏟아 부었다. "선교는 교회의 부흥

| 츠빙글리가 목회한 스위스에 있는 현재 취리히교회 모습

에서 나온다"는 말이 있다. 그렇다. 교회의 갱생, 교회의 부흥이 일어나야 이곳에서 경험한 뜨거운 사랑과 은혜를 밖으로 나가 전할 수 있는 것이다. 이처럼 츠빙글리의 첫 역할은 교회 갱생이었다.

049 종교개혁의 일등 공신, 프레드릭

프레드릭 루터 발트부르크 성으로 피신시킴(1521-1522년)

1. 만남의 복

루터가 종교개혁을 성공적으로 할 수 있었던 것은 '만남의 복'이 있었기 때문이다. 내부적으로는 아내 카타리나를 만난 것이었고, 외부적으로는 "현명한 선거후라 불리는 프레드릭" (Elector Frederick the Wise)과의 만남이었다. 루터의 종교개혁에 도움을 준 사람들은 많지만 이 두 사람이 루터의 가장 든든한 후견자였다. 프레드릭은 삭소니(Saxony) 지방의 선거후(選擧候, 신성로마제국 때 황제 선출권을 가진 자)로 비텐베르그(Wittenberg)의

| 루터를 구해준 삭소니 선거후이며 비텐베르그 영주인 프레드릭

영주이기도 했는데 현명한 군주로 백성들로부터 좋은 평을 받고 있었다.

| 현명한 영주 프레드릭(중앙) 양쪽에 루터(왼쪽)와 멜란히톤(오른쪽)이 있다.

루터가 종교개혁이후 로마 교황청으로부터 파면을 당하지만 그가 존 후스처럼 화형을 당하지 않고 끝까지 종교개혁을 할 수 있도록 곁에서 든든한 버팀목이 되어준 사람이 프레드릭이었다.[24]

2. 왜 루터를 발트부르크 성으로 피신시켰나?

　루터는 수없는 우여곡절 끝에 1521년 4월 보름스(Worms) 의회에 소환당했다. 황제와 독일 영주들에 앞에 서서 이 책들이 당신이 쓴 것이냐는 질문에 당당히 자신이 썼다고 진술했다. 그리고 이 책에서 주장하는 것들을 철회할 용의가 있느냐고 묻자 루터는 "내 양심이 하나님의 말씀에 사로잡혀 있기 때문에 그 어느 것도 부인할 수 없습니다. 그렇게 한다는 것은 옳은 일도 아니며 안전한 것도 아니기 때문입니다. 하나님, 저를 도와주십시오. 아멘"이라고 답했다.25) 루터가 뜻을 꺾지 않자 찰스 5세 황제는 5월에 법령을 내려 루터는 "지독한 분열주의자이고 이단성이 뚜렷해 하나님의 교회로부터 수족을 잘라 버리겠다"고 공포했다.26) 그에게 제공된 모든 것은 정지되었고 재산은 몰수당했으며 루터와 함께 동조한 자들도 루터처럼 동일하게 처벌한다고 공포했다. 루터가 출판한 책은 더 이상 인쇄, 출판, 판매하는 것도 금지시켰다.

　비텐베르그의 영주였던 지혜로운 프레드릭은 루터의 면책특권을 가지고 있었지만 루터의 신변이 위험하다는 것을 감지하고 자기 병사들을 풀어 루터를 납치해 발트부르크 성으로 데려갔다(1521년). 그렇게 한 이유는 루터를 존 후스처럼 허무하게 화형당하지 않고 공정하게 재판을 받는 것이 옳다고 판단했기 때문이었다.27) 루터는 발트부르크 성에 홀로 남아 자신과 싸워야 하는 힘든 시기를 보내야 했지만 이곳에서 9개월 동안 머물면서 루터는 역사에 남는 위대한 일을 하게 되었다. 바로 신약성경을 라틴어에서 독일어로 번역한 것이다(1522년). 그의 성경번역은 독일 사람들에게 큰 영향을 끼쳐 영어로 번역된 킹제임스 번역(KJV)보다 더 인기가 많았다. 모든 독일인들은 누구나 쉽게 성경을 읽을 수 있었고 마침내 1534년에는 신구약 전권이 독일어로 번역돼 '비텐베르그 성경'이 완성되었다.28)

3. 프레드릭의 영향

프레드릭은 매우 합리적인 영주였다. 그는 시간이 지날수록 교황과 황제보다는 루터가 옳다는 것을 더욱 확신하였다. 그는 자신의 영향을 총동원해서 루터를 돕는데 최선을 다했다. 그가 루터를 납치해 쥐도 새도 모르게 발트부르크 성으로 피신시키지 않았더라면 역사는 어떻게 되었는지 생각만 해도 끔직하다. 루터가 발트부르크 성으로 피신한 이후 이상한 루머가 돌기 시작했는데 루터가 죽었다든가, 교황이나 황제에 의해 암살당했다는 괴소문이 퍼져 오히려 루터를 돕게 하였다.

프레드릭의 도움으로 루터는 화형을 면할 수 있었고 오히려 이런 고통의 시간이 전화위복이 되어 그가 번역한 신약성경은 인쇄술의 발달로 독일 전 국민들의 손에 쥐어지게 되었다. 루터가 주장한 '만인제사장설'은 이렇게 실현될 수 있었다.29) 성직자뿐 아니라 모든 신자들이 자

| 루터가 1534년에 완성한 독일어 신구약성경인 비텐베르그 성경. 현재 원본이 발트부르크 성에 보관되어 있다.

신들의 언어로 성경을 읽고 성령의 도우심으로 이해할 수 있게 길을 열어 놓았다. 현명한 영주인 프레드릭은 루터를 도운지 몇 해 지나 1525년 5월 5일에 사망해 안타까웠으나 그의 보이지 않는 도움의 손길은 새로운 역사를 만드는 밑거름이 되었다.

050 종교개혁의 숨은 공로자, 카타리나 폰 보라

카타리나 폰 보라 루터와의 결혼식(1525년)

1. 카타리나는 어떤 여성인가?

카타리나 폰 보라(Katharina von Bora, 1499-1552)는 한 때 수녀였지만 루터의 종교개혁에 동참한 용감한 여성이었고, 종교개혁자 루터의 아내로, 6명의 자녀를 둔 엄마로, 루터의 제자들을 챙기는 큰 어머니로, 병약한 루터의 간호사로, 식탁대화를 이끌 만큼 루터의 종교개혁 동반자로 귀한 역할을 했다. 카타리나는 1499년 1월 29일 삭소니 지방에서 태어나 10세 때 마리엔스론(Marienthron) 수녀원에 들어가 15세에 수련기간을 거쳐 16세이던 1515년 10월 8일에 순종과 가난과 자비를 맹세하며 정식 수녀가 되었다.30) 그녀가 수녀가 된지 2년이 되었을 때 약 1천 년 이상을 유지해 오던 로마 가톨릭은 대격동과 변화를 겪게 되었다.

34세의 젊은 사제인 루터가 1517년 10월 31일 비텐베르그 대학교 부속교회인 올세인츠교회(All Saints' Church) 정문에 "95개 조항" 반박문을 붙여 돈으로 죄를 사할 수는 없다는 면죄부 반박과 교회의 부당한 처사들을 조목조목 공포함으로 일대 파란을 일으켰다. 이 일은 루터를 지지하는

| 루카스 크라나흐가 그린 루터(좌)와 카타리나(우) 부부 모습

그룹(프로테스탄트)과 교황을 지지하는 그룹(로마 가톨릭)으로 나뉘게 하였고 전례에 따르면 루터는 존 후스(John Huss)처럼 화형에 처해질 수밖에 없는 위급한 상황이었다. 이런 위험을 이미 알고 있던 카타리나는 루터의 "이신득의" 주장에 동조하며 1523년 4월 6일과 7일에 걸쳐 11명의 수녀들과 함께 용감하게 수녀원을 몰래 빠져나왔다.31) 그녀가 수도원을 탈출해 비텐베르그에 도착했을 때 그 기분은 마치 무슬림들이 성지 메카에 도착한 것처럼 황홀하였다고 고백하였다.32)

2. 세기의 결혼식

루터는 종교개혁이후 결혼관이 완전히 바뀌었다. 로마 가톨릭은 구원받기 위해서는 죄를 범하지 않아야 하고 그렇게 하기 위해서는 지름길이 수도원에 들어가 독신으로 사는 것이었다. 그래야 일반인들이 할 수 없는 사제가 되어 영적 리더가 될 수 있다고 보았다. 하지만 루터는 종교개혁이후 성직자도 결혼할 수 있다고 보았다. 자식을 낳아 양육하면서 자식들 때문에 고민하며 물질로 인해 고통을 겪어 보는 성직자가 되어야 진정으로 신자들의 고민과 어려움을 채워줄 수 있다고 보았다. 그의 결혼관은 확고부동해 우선 수도원을 탈출한 수녀들을 결혼시키는 것이 그의 일이라 생각하며 중매쟁이로 자청해서 나섰다.

그러한 그의 노력으로 수녀들을 모두 결혼시켰다. 하지만 마지막 남은

| 카타리나가 붉은 장미를 들고 철문을 과감히 들어가는 모습. 장미는 루터의 상징으로 종교개혁의 '열정'을 나타내는데 그의 모든 도장은 장미 그림으로 되어있다. 철문은 로마 가톨릭의 부조리를 뚫고 나간다는 의미를 지니고 있다.

여자가 카타리나였다. 사실 루터는 결혼하지 않고 평생 독신으로 살고 싶었다. 왜냐하면 그가 후스처럼 언제 화형을 당할지 모르기 때문에 덥석 결혼해 놓고 아내와 자식들을 고생시키는 것이 두려웠기 때문이다.33) 그런데 그를 지지하던 그룹들이 루터의 종교개혁에 의심을 품게 되자 루터는 어쩔 수 없이 결혼하기로 마음먹었다. 이 사실을 알고 있던 카타리나는 루터에게 먼저 청혼을 신청해 두 사람은 1천 년 동안 금기시 되었던 로마 가톨릭의 전통을 깨고 사제와 수녀가 결혼하는 '세기의 결혼식'을 1525년 6월 13일 타운교회(Town Church)에서 거행하였다.34)

　루터가 결혼할 당시 그의 나이는 42세의 노총각이었고, 카타리나는 16세 연하인 꽃다운 26세였다. 루터의 동년배들은 그가 카타리나를 결정했을 때 그녀의 미모가 큰 좌우를 했다고 보았는데, 루터의 친구이자 지지자인 폰 암스돌프(von Amsdorf)는 루카스 크라나흐(Lucas Cranach) 화가가 그린 루터와 카타리나의 사진을 보고 실망에 잠겨 카타리나가 실제 나이보다 나이가 훨씬 많아 보이고 특색 있는 얼굴이 잘 표현되지 못했다고 평하였다.35) 여하튼 루터가 결혼하자 로마 가톨릭에서는 루터가 성욕을 이기지 못해 결혼했다고 루머를 퍼뜨리기 시작했다. 하지만 루터는 이에 아랑곳 하지 않고 사제들에게 성경적 결혼관을 펼쳤고 이것은 오늘날 개신교 성직자들이 결혼하는 길을 만들어 주었다.

3. '1+1 소명'을 과감히 버리다

카타리나는 루터의 종교개혁을 멀찌감치 바라보는 자가 아니었다. 소위 '1+1 소명'이 아니었다. 남편의 소명에 거저 무임승차하는 자가 아니라 그 역시 남편의 종교개혁에 적극적으로 동참하였다. 카타리나는 엄마로서, 아내로서, 종교개혁 동반자로서 역할을 다했다. 카타리나는 6명의 자식을 낳았는데 아들 3명, 딸 3명이었다. 그런데 당시는 흑사병이 창궐하고 있던 때라 첫째 딸 엘리자베스(Elizabeth)와 셋째 딸 마가레테(Margarethe)를 잃는 아픔을 겪기도 하였다.[36] 하지만 자식들을 신앙 가운데 잘 키웠다. 루터는 종교개혁으로 큰 유명세를 탔지만 막상 그의 월급은 대학 교수 연봉이 고작 300 굴덴(gulden)일 만큼 적어 카타리나는 늘 쪼들리는 살림을 꾸려가야만 했다. 하루는 카타리나가 오래된 집 하나를 보며 살려고 마음먹었는데 집값이 무려 610 굴덴이나 되어 포기하자 루터가 위로해 주었다고 한다.[37]

더욱이 루터의 집에는 매일같이 그의 제자들과 대학 동료 교수들과 지지자들이 몰려와 항상 함께 저녁식사를 했는데 그 숫자가 점차 늘어났다. 루터는 이들과 함께 공동식사 하는 것을 즐겼고 이곳에서 대화했던 내용들을 모아 훗날 「식탁대화」(*Table Talk*)란 책으로 출판하기도 했다. 공동식사에서 다뤄진 주제는 "하나님의 무한한 사랑부터 엘베강의 개구리"까지

| 루터의 공동식사. 루터는 매일 저녁 공동식사를 통해 식탁대화를 나눴다.

아주 광범위하게 다뤄졌다.[38] 공동식사는 늘 루터가 먼저 "오늘 새롭게 들은 것은 없습니까?" "독일에서 요즘 화제 거리는 무엇입니까?"라고 질문하면서 대화가 시작되었는데 공동식사에는 몇 가지 규칙이 있었다고 한다.[39] 매일같이 30-40명이 넘는 자들이 공동식사에 참여해 대화를 나눴는데 카타리나는 음식 준비에 단 한 번도 불평이 없었고 남편과 함께 식탁대화를 잘 이끌어가는 고귀한 여성이었다.

4. 스위트 홈(Sweet Home)

루터가 종교개혁을 잘 할 수 있었던 것은 그에게 따뜻한 가정이 있었기 때문에 가능했다. 아마 그가 수도원에서 독신으로 머물렀다면 종교개혁은 불가능했을 것이다. 교황 루이 10세의 끊임없는 위협과 새로운 황제로 선출된 찰스 5세의 거친 압박은 루터의 마음을 편하게 만들 리가 없었다. 그렇다보니 루터의 몸은 마치 '살아있는 병동'과도 같았다. 그는 불면증, 현기증, 귀울림증 때문에 많은 고생을 했는데 이런 남편을 둔 카타리나는 탁월한 간호사가 될 수밖에 없었다. 그의 아들 가운데 유능한 의사가 된 바울(Paul)은 엄마 카타리나를 '반(半)의사'라 부르며 존경을 아끼지 않았다.[40] 하루는 카피토(Capito)가 비텐베르그를 방문한 이후 루터에게 편지하기를 당신이 오랫동안 교회를 섬길 수 있었던 것은 당신 곁에 카타리나의 헌신적인 내조가 있었다는 것을 잊지 말라고 당부하기도 했다.[41]

루터는 아내의 사랑과 헌신을 늘 고마워했다. 그는 카타리나를 애칭으로 "카테"(Kate)라 불렀는데 그의 지극한 사랑을 한 편지글에서 확인할 수 있다: "나는 카테(Kate)를 프랑스와 베니스와 바꿀 수가 없습니다. 왜냐하면 하나님은 내게 카테를 보내 주셨고, 여러 번 생각해 봐도 다른 여성들은 카테보다 부족한 면이 더 많은 것 같고, 카테는 내게 신실하며 아이들에게는 좋은 엄마이기 때문입니다."42) 루터의 집은 그야말로 '스위트 홈'(sweet home) 이었다. 그에게는 바깥에서 수없는 비난과 공격의 화살을 받아도 안전하게 피할 수 있는 집이 있었다. 루터의 집은 그가 마음껏 사역할 수 있는 디딤돌이었기에 이곳에서 휴식을 취하고 재충전해 종교개혁을 성공적으로 이끌어 갈 수 있었다.

051 근원적 종교개혁자들과 선교

콘라드 그레벨 최초 침수례(immersion) 거행(1525년)

1. 근원적 종교개혁자들[43] 이란?

근원적 종교개혁자들(Radical Reformers)이란 아나뱁티스트들(Anabaptists)을 지칭하는 말로 스위스 종교개혁자인 츠빙글리의 리더십에 반발하여 1525년 1월 21일 펠릭스 만츠(Felix Manz)의 집에서 콘라드 그레벨(Conrad Grebel)이 조지 블라우록(George Blaurock)에게 '신자의 침례'(believer's baptism)로 침수례(浸水禮, immersion)를 행함으로 생겨난 자들을 말한다.[44] 아나뱁티스트들(Anabaptists 혹은 re-baptizers)이라고 불리어진 이유는 유아가 아닌 성인(成人)에게만 '신자의 침례'를 실시하였기 때문이다.

영아나 유아는 나이가 너무 어리기 때문에 죄의식도 없고 개인적으로 예수 그리스도를 인격적으로 만나거나 체험할 수 없어서 성인만이 하는 '신자의 침례'를 강조한 것이다. 사실 "아나뱁티스

최초로 신자의 침례 (believer's baptism)를 거행한 콘라드 그레벨

트들"(Anabaptists) 혹은 "재침례교도들"이란 말은 명칭 자체가 명확한 것이 아니다. 왜냐하면 아나뱁티스트들이란 다시 침례를 주려고 하는 것이 아니라 유아가 아닌 아예 처음부터 '성인 침례'(adult baptism)를 강조했기 때문이다.45) 이들 아나뱁티스트들은 츠빙글리의 종교개혁에 만족함을 느끼지 못해 생겨났기 때문에 주류 종교개혁자들뿐 아니라 로마 가톨릭교회로부터도 엄청난 핍박과 박해를 받아야만 했다.

2. 종교개혁자들과 근원적 종교개혁자들의 차이점은?

그렇다면 종교개혁자들과 근원적 종교개혁자들의 차이점은 무엇일까? 루터, 츠빙글린, 칼빈과 같은 주류 종교개혁자들을 "개혁자들"(reformers)이라 부른다면, 아나뱁티스트들인 근원적 종교개혁자들은 "회복자들"(restorers)이라 일컫는다. 종교개혁자들의 주된 관심은 1천 년 동안 중세교회의 부패와 타락으로 얼룩진 로마 가톨릭교회를 바라보며 1차적으로 교리의 '개혁'(reformation)에 앞장섰다. 이들의 중요 업적은 각각 다르지만 크게 두 가지를 뽑는다면 이신득의(以信得義) 발견과 로마 가톨릭교회의 많은 예식을 철폐하고 2종 성찬(침례식과 성찬식)을 결정한 것이라 할 수 있다.46) 종교개혁자들은 믿음을 "오직 성경으로"(sola scriptura) 재발견하는데 몸부림쳤다.

하지만 근원적 종교개혁자들은 교리 '개혁'보다는 신앙 '회복'에 더 많은 관심이 있었다.47) 이들은 예수 그리스도의 기본 가르침을 회복코자 하는 일에 집중하였다. 따라서 이들은 교리 '개혁'보다 '영적 회심'에 더 많은 신경을 쓰다 보니 신자로서 어떻게 사는 것이 성경적이며 건강한 것인지에 대해 관심을 쏟게 되었고, 신자로서 삶을 강조하는 제자화를 재발견하는데 오히려 중점을 두게 되었다.48) 즉 이들은 '개혁자들'(reformers)이 아니라 성경의 기본 원리로 돌아가려는 '회복자들'(restorers)이었다. 그래서 당시 주류 종교개혁자들과는 달리 이들은 교회와 국가의 분리를 주장했고, 신자의 침례(believer's baptism)를 주장하다보니 로마 가톨릭과 종교개혁자들로부터 동시에 핍박을 받게 되었다.

3. 근원적 종교개혁자들의 선교 정신

근원적 종교개혁자들의 가장 큰 특징이라면 '평등주의자들'이었다.49) 이들은 남자와 여자, 성직자와 평신도, 부자와 빈자의 차별을 두지 않았다. 이런 사상은 곧바로 사역에도 영향을 미쳐 교회구조의 개념을 완전히 바꾸어 놓았다. 사실 루터는 1522년에 독일어 성경을 번역한 후 모든 신자들이 자기 말로 성경을 읽고 하나님을 개인적으로 만나 경험할 수 있는 '만인제사장설'(priesthood of all believers) 원리를 먼저 제시하였다. 그러나

| 자신을 잡으려고 온 경찰을 구해준 윌렘스 「순교자의 거울」

당시 루터의 만인제사장설은 완전한 단계에 이르지 못했음을 야르넬이 주장하였다: "루터가 회중주의를 이루고자 하는 확신은 아직 잘 무르 익지 못하였다. 그의 주된 목적은 교회의 개혁에 있지 제사장의 구체적인 견해를 규정하려는 것이 아니다."50)

이런 와중에 근원적 종교개혁자들은 루터의 만인제사장 직분설을 솔선수범하여 지켰다. 이들은 평등주의자들로 성직자와 평신도간의 구별이 없었다. 이들은 각자 은사 받은 대로 설교자로, 선교사로, 교사로 다양하게 섬길 수 있었다. 막스 웨버(Max Weber)는 "루터의 만인제사장 직분설은 영적부흥의 특징을 지닌 아나뱁티스트 운동(Anabaptist Movement)에서 실제적인 현실을 이루게 되었다"고 지적하였다.51) 루터는 만인제사장 직분설의 이론을 제공한 신학자라면 근원적 종교개혁자들은 이 원리를 직접 사역 현장 속에 가장 먼저 실천한 사람들이었다. 이들의 관심은 성경의 원리를 '회복' 하는 것이었고, 삶으로 몸소 실천하는 일을 중요시하다보니 만인제사장 원리를 자연스럽게 실천함으로 평신도들도 당당히 성직자 못지않게 사역자로, 선교사로 헌신할 수 있음을 모델로 보여 주었다.52)

칼빈의 종교개혁과 선교

칼빈 「기독교강요」 초판 발행(1536년),
위그노 교도 브라질 선교사로 파송(1555년)

1. 칼빈의 종교개혁과 「기독교강요」

16세기 프로테스탄트 종교개혁의 두 축은 루터와 칼빈이었다. 루터는 용기 있게 종교개혁을 시도한 선구자라면 칼빈(John Calvin, 1509-1564)은 프로테스탄트의 교리를 집대성한 신학자였다. 칼빈은 인문주의자들의 영향과 깊은 성경연구를 통해 로마 가톨릭교회와 결별하며 종교개혁의 길로 들어서게 되었다. 그의 위대한 업적이라면 「기독교강요」(The Institute of the Christian Religion)와 제네바 학당일 것이다. 전자는 기독교 교리를 체계적으로 정리한 칼빈의 신학사상이 담겨진 저술이고 후자는 16세기 이후 교회개혁에 동참할 인재들을 양성하는 센터였고 나아가 선교사로 헌신할 일꾼들을 배출한 곳이기도 하였다.53)

칼빈은 1538년부터 스트라스부르크(Strassburg)에서 목회할 당시 이미 종교개혁을 일으켜 라틴어 예배를 프랑스어로 드렸고, 자신 또한 루터처럼 결혼하였다. 이후 1541년에 제네바로 귀환하여 칼빈은 본격적으로 종교개혁에 박차를 가하여 「기독교강요」 라틴어판을 프랑스판으로 출판하였다. 1541년에는 제네바에서 처음으로 「기독교강요」 프랑스어 초판이 출판되었고 연이어 라틴어판과 프랑스판이 수정·보완되어 마침내 1559년에는 라틴어 최종판을, 1560년에는 프랑스어 최종판을 출판케 되었다. 제1판은 6장으로 된 소책자에 불과했지만 최종판은 전 4권 80장으로 구성될 만큼 방대하였다.54) 이처럼 칼빈의 개혁주의 성향을 지닌 자들을 "칼빈주의자" 혹은 "개혁파"(Reformed)라 불렸는데 루터의 "루터란"과 비교되었다.55)

「기독교강요」 저술과 제네바 학당 개원으로 종교개혁을 이끌고 간 존 칼빈

2. 칼빈의 종교개혁과 제네바 학당

칼빈은 평생의 꿈이 인재를 양성하는 학교를 세우는 것이었다. 마침내 1559년에 제네바 학당을 세워 유럽의 수많은 젊은이들이 이곳에 와서 신학훈련을 받고 목회의 길에 들어서게 되었다.56) 데오도레 베자(Theodore Beza)는 칼빈에 이어 학장을 맡아 학교 운영을 탁월하게 잘 하였고 그가 학장에서 물러갈 때까지 무려 1,600명이 이곳에서 배출되었다. 그리고 존 낙스(John Knox)가 이곳 제네바 학당에서 칼빈주의 영향을 받아 스코틀랜드로 돌아가 최초의 장로교회를 세우게 되었다. 더욱이 칼빈은 그의 말년인 1555년부터 1562년까지 전 세계에 88명의 목사들을 선교사로 파송하기도 하였다.

3. 칼빈의 브라질 선교와 위그노 교도들

칼빈의 브라질 선교에 있어서 위그노 교도들(Huguenots)은 특별하였다. 이들은 프랑스 프로테스탄트 신자들로 칼빈주의자들이었다. 프랑스는 오랫동안 로마 가톨릭교회의 전통과 역사를 지니고 있는 국가인데 신생 프로테스탄트는 그들의 눈에 가시였다. 어떻게 하든지 프랑스의 프로테스탄트를 뿌리째 뽑으려고 하는 것이 황제와 교황의 생각이었다. 이것을 단적으로 잘 보여주는 것이 1572년 8월 24일부터 25일까지 발생한 "위그노 대학살"로 일컫는 성 바돌로뮤 축일 학살사건이다.[57] 이 때 파리에서만 2천-3천 명의 프로테스탄트들이 학살을 당했고, 프랑스 전역에서 약 3천-7천 명이 학살을 당했다. 계속 이어진 학살로 9월 17일까지 파리에서만 2만 5천 명의 프로테스탄트 대학살이 일어났고 10월 3일까지 지속되었다.

| 성 바돌로뮤 축일 프로테스탄트 학살 사건. 이날 파리에서만 위그노 교도 2-3천 명이 목숨을 잃었다.

위그노 교도들은 더 이상 프랑스에서 머물 수가 없었기 때문에 많은 이들이 남아공, 화란, 웨일즈, 영국으로 망명을 떠났고 또한 칼빈이 있는 제네바로 망명간 자들도 많았다. 이들은 제네바 학당에서 훈련 받고 목사가 되어 고국 프랑스에서 종교개혁을 일으키기 위해 다시 돌아갔지만 대다수가 학살당했다. 칼빈은 4명의 목사들을 제네바로 들어온 위그노 교도 500명과 함께 브라질 선교사로 파송했고 이들이 도착한 곳은 현 리우데자네이루(Rio de Janeiro)였다.58) 칼빈이 이들을 브라질로 파송한 목적은 브라질에 프로테스탄트 사역지를 개척하는 것과 브라질 인디언을 선교하기 위해서였다.

위그노 교도의 변함없는 사랑. 성 바돌로뮤 축일 학살 사건 후 프랑스에서는 흰색 완장을 찬 가톨릭 교인들은 학살당하지 않았다. 한 여인이 위그노 교도 애인에게 흰색 완장을 차게 하는 것을 거절하자 슬퍼하는 여인의 모습.

하지만 이곳 브라질은 이미 포르투갈의 로마 가톨릭 예수회 선교사들이 선점하고 있어서 위그노 교도들의 선교는 처음부터 큰 벽에 부딪히게 되었다. 이들은 도착한 후 몇 해 동안은 선전했지만 1560년에 포르투갈에게 점령 당한 뒤 포르투갈의 예수회 선교사들이 로마 가톨릭으로 개종하지 않으면 모두 다 학살시키겠다고 위협했지만 끝까지 신앙을 지켜 대다수가 목숨을 잃고 말았다. 칼빈은 용감한 종교개혁자, 위대한 신학자였을 뿐 아니라 탁월한 선교 동원가이기도 하였다.

053 인디언의 사도, 존 엘리어트

존 엘리어트 북미 인디언 첫 설교(1646년),
인디언 신구약 성경번역(1663년)

1. 왜 인디언의 사도라 불렸나?

존 엘리어트(John Eliot, 1604-1690)는 "인디언의 사도"라 불리어진다.59) 그는 북미 인디언 최초의 선교사로 44년간 인디언 선교에 몸담아 일을 했고, 생전에 인디언 성경을 신구약 전권으로 번역했으며, 평생 동안 3,600명의 인디언 개종자를 얻을 만큼 탁월한 인디언 선교사였다.60) 엘리어트는 목회자로 활동하면서 선교사로 섬겼는데 오히려 선교사로 잘 알려진 인물이다.

| 인디언의 사도라 불리는 존 엘리어트

엘리어트가 북미 인디언 선교를 하게 된 것은 자신보다 약 100년 전에 로마 가톨릭 선교사로 중남미에 파송된 "인디언 인권 선교사"로 더 널리 알려진 라스 카사스의 영향을 어느 정도 받은 것으로 여겨진다.61) 엘리어트와 라스 카사스의 공통점은 인디언도 백인 선교사처럼 하나님의 형상으

로 창조되었음을 믿었고 또한 이들을 위한 인디언 마을을 새롭게 건설해 안전한 신앙생활을 할 수 있도록 힘썼다.(62)

2. 존 엘리어트의 인디언 선교

엘리어트는 1604년 11월 영국 나싱(Nasing)에서 태어났다. 부모들은 신실한 크리스천이어서 엘리어트는 어릴 때부터 기도생활을 빼 먹지 않았다. 그는 캠브리지에서 대학을 졸업한 후(1622년), 성공회 목사로서 안수를 받지만 아버지의 영향으로 청교도인이 되었다. 그의 아버지 토마스 후커(Thomas Hooker)는 한 조그만 사립학교를 운영하고 있었는데 이곳에서 엘리어트는 대학 졸업 후 몇 년간 교사로 섬기면서 아버지의 청교도 정신을 이어받게 되었다.(63) 당시 영국에서는 청교도인에 대한 탄압과 핍박이 무척 심해 더 이상 이곳에서 머물 수가 없었기 때문에 신대륙으로 이주하길 결정하고 1631년 11월 매사추세츠에 있는 보스턴에 도착했다.

엘리어트의 첫 목회지는 보스턴에서 약 3km 떨어진 록스베리(Roxbury)였다. 이곳에서 엘리어트는 1632년에 한나 멈포드(Hanna Mumford)와 결혼식을 올렸고, 1644년 그의 나이 40세가 되었을 때 인디언 선교에 눈을 뜨기 시작했다. 그는 알곤킨족(Algonquine) 언어를 약 2년간에 걸쳐 배웠고 그의 언어교사는 코케노(Cochenoe)였다. 그가 인디언 언어를 배운 목적은 두 가지였다: (1) 인디언들이 말씀을 충분히 이해토록 하는 것; (2) 인디

| 엘리어트가 알곤킨족 인디언들에게 설교하는 장면

언들이 회심하는 것.64) 엘리어트가 인디언어를 어느 정도 습득한 후 처음으로 인디언들에게 설교한 때는 1646년 10월 28일 이었다.65) 이때까지 그는 어느 교회 목사 혹은 식민지 교회에서 파송한 선교사가 아니었다. 오직 엘리어트가 자원해서 인디언 선교사로 헌신한 것이다.

엘리어트는 알곤킨족 추장인 바반(Waban)의 오두막집에서 설교를 하였다. 그는 에스겔 37장 9-10절의 말씀을 가지고 무려 1시간 15분 동안이나 설교를 했다.66) 그의 설교는 하나님은 사랑이시고 자비의 하나님이라고 선포했는데 인디언들의 반응은 폭발적이었다. 그의 설교 특징은 두 가지에 집중했다: (1) 회개; (2) 구원.67) 많은 인디언들이 은혜를 받았다. 이후 그는 정규적으로 알곤킨족 선교를 했는데 인디언들의 개종 숫자가 점차 늘어나게 되자 이들을 안전하게 보호할 땅이 필요하다는 것을 느껴 "기도하는 도시"로 알려진 나틱(Natick)을 설립하였고, 1671년에는 무려 14개의 "기도하는 도시"를 세우게 되었다.68)

무엇보다 엘리어트가 인디언 선교에 큰 족적을 남긴 것은 인디언 성경 번역이다. 이전에는 누구도 이것을 하지 못했다. 그는 1649년부터 번역 작업에 착수해 마침내 1661년에 신약성경 번역이 완성되었고, 2년 후인 1663년에 구약성경 번역이 완료되었다. 그의 이런 노력에도 불구하고 당시 상황은 엘리어트를 도와주지 못했다. 식민지 군대와 인디언 간에 펼쳐진 필립 왕의 전쟁(King Philip's War)은 엘리어트가 세운 13개 인디언 정착촌을 모조리 파괴시켰고, 인디언들은 추방 아니면 남아 있거나 했는데 남아 있는 자들은 백인들에게 무차별 학살을 당했다.69) 전쟁의 후유증도 비참했다. 인디언들은 술에 찌들거나 폭행으로 세월을 보냈다. 이 전쟁은 72세의 노인 엘리어트에게 가장 가혹했다. 지난 세월 그가 인디언 선교에 공들인 것들이 하루아침에 무너졌기 때문이다. 하지만 그는 실족하지 않았고 끝까지 인디언 선교를 회복하는 일에 헌신하여 85세에 하나님께 부름 받았다.

3. 존 엘리어트의 인디언 선교는 어떤 영향을 주었나?

엘리어트가 인디언 선교에 성공할 수 있었던 이유로 루스 터커는 3가지를 지적하였다: (1) 어떤 환경에서도 꺾이지 않는 낙천적 성격; (2) 타인을 돕고자 하는 강한 마음; (3) 자신이 아닌 하나님께 절대적으로 의지하는 마음.70) 그 결과 기도하는 도시, 나틱(Natick)이 생겼고, 성경번역이 이뤄졌고, 3천 명이 훨씬 넘는 개종자가 생겼다. 그의 이러한 열매는 세 가지 중요한 영향을 끼쳤는데 첫째는 인디언 선교회 설립의 근거를 제공하였다. 엘리어트는 1646년에 자신이 최초로 인디언 선교사로 헌신해 1649년에 <뉴잉글랜드의 복음 선포회>가 탄생토록 하였다.71) 둘째는 엘리어트 이후 인디언 선교에 동참하는 자들을 확대시켰다. 이들은 리차드 본(Richard Bourne), 존 코튼(John Cotton), 사무엘 트랜트(Samuel Trent)이었다.72) 셋째로 인간에 대한 인식 변화를 가져왔다. 인디언들도 모든 인간처럼 하나님의 형상을 지닌 동등한 인간임을 다시금 깨닫게 해 주었다.

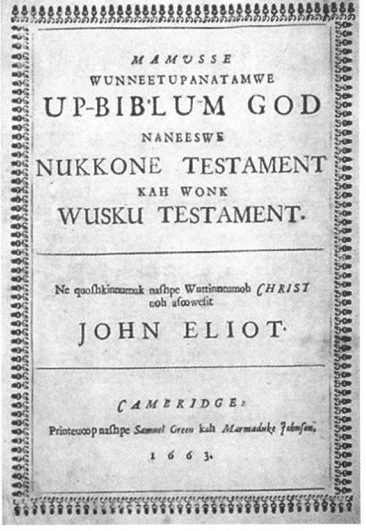

| 엘리어트가 1663년에 번역한 인디언 신구약 성경

054 경건주의 아버지, 필립 스페너

스페너 「경건한 소원」 출판(1675년)

1. 왜 경건주의 운동이 발생했나?

경건주의 운동(Pietist Movement)이란 17-18세기에 종교개혁자들의 교리 중심적 신앙생활이 화석(化石)처럼 메마른 신앙을 만들어낸 것에 반발하여 기도와 성경공부 중심의 소그룹을 통해 영적 개혁을 추구하려는 운동이다. 영성 회복을 추구했던 경건주의 운동이 일어난 다른 배경을 살펴 보면 당시 로마 가톨릭과 프로테스탄트 간의 종교전쟁이었던 '30년 전쟁'(1618-1648)이 끼친 영향도 사뭇 컸다.73) 유럽 일대, 특히 독일, 스페인, 프랑스, 보헤미아, 덴마크, 스웨덴, 화란에 끼친 전쟁의 결과는 참담

| 30년 전쟁 발생 당시 유럽의 모습

했다. 교회는 본래의 기능을 상실해 성직자들의 삶은 엉망진창이 되었고 평신도들 가운데는 술주정뱅이가 많았으며 비도덕적인 삶으로 살아가는 자들이 가득했다.74) 교회가 참 모습을 잃어버리고 사회를 이끌고 가지 못하고 있을 때 '도덕과 영성 개혁'을 부르짖는 경건주의 운동이 서서히 일어나기 시작했다.75)

2. 스페너의 경건주의 운동과 「경건한 소원」

유럽교회가 방향을 잃고 표류하고 있을 때 참 종교는 머리에 있는 것이 아니라 가슴에 있는 것이라며 영적생활의 회복을 강조한 사람이 필립 스페너(Philip Spener, 1635-1705)이다. 그는 원래 루터란 신앙을 가지고 있었고 프로테스탄트 대학교에서 신학을 공부하고 박사학위를 받은 뒤 1663년 스트라스부르크(Strassburg)에서 목사가 되어 활동을 시작했다. 이후 1666년부터 프랑크푸르트(Frankfurt)에서 목회

| 경건주의 아버지, 필립 스페너

하면서 자기 집을 오픈해 신자들과 함께 주일 설교 내용을 어떻게 삶에 적용할 것인지 성경공부를 하며 뜨겁게 기도를 하였다. 반응이 폭발적으로 일어나자 스페너는 "경건의 모임들"(colleges of piety)을 구성해 조직적으로 성경공부와 기도모임을 이끌어갔다.76)

스페너는 이러한 경건한 모임을 가진지 5년이 지난 1675년에 경건주의의 교과서로 불리는 「경건한 소원」(Pia Desideria)을 출판하였다.77) 이 책은 신자들의 경건한 삶을 향상시키기 위해 저술된 것으로 신자들의 진정

한 회심과 성숙한 삶, 만인제사장 직분과 경건을 직접 실천하는 것, 사랑과 봉사를 통한 그리스도인의 삶을 실천하는 것에 집중하고 있어서 새로운 형태의 소그룹 성경공부를 제공하였다. 이 책은 냉랭했던 유럽인의 가슴 속에 파고 들어가 여러 국가에서 번역되어 잃어버린 영성 개혁을 일으키는 도화선이 되었다. 「경건한 소원」은 상실해 버린 신자의 삶의 미덕을 회복하여 종교개혁이 이루지 못한 한 축을 담당하는데 결정적인 영향을 끼치게 되어 그를 "경건주의 아버지"라 부른다.

3. 스페너의 경건주의 운동이 끼친 영향은?

경건주의 운동은 독일 루터파 교회를 통해 급속도로 확산되어 유럽 전 지역으로 퍼져 나갔다. 스페너를 중심으로 한 교회 '내부'의 자정(自淨) 운동은 자연스럽게 '외부'의 선교 운동으로까지 확산되었다. 피터 어브(Peter C. Erb)는 스페너의 경건주의 운동이 당시 교회에 끼친 영향을 여섯 가지로 정리하고 있다: (1) 교회에 실제적 도움을 줄 수 있는 신학교육으로 변화; (2) 신학적 이슈보다는 성도들의 도덕적, 종교적 삶에 영향을 주는 설교로 변화; (3) 교회나 가정 예배에 사용할 수 있는 다양한 찬송가 소개; (4) 가정 예배의 확대; (5) 성직자와 평신도간의 차별이 극소화되어 신자 간에 형제, 자매라는 용어 사용; (6) 선교 활동의 확대.[78] 이처럼 스페너의 경건주의 운동은 종교개혁자들이 완성하지 못한 '삶'(life)의 부분을 채우는데 충분했다.

055 경건주의 교육의 주역, 아우구스트 프랑케

선거후 프레드릭 윌리암 3세 할레 대학 설립(1694년)

1. 경건주의 교육 중심지를 만들다

스페너의 경건주의 운동을 가장 잘 이해하고 영적으로 교회를 든든한 반석위에 세운 사람은 아우구스트 프랑케(August Hermann Franke, 1663-1727)이다. 멜란히톤(Melanchthon)이 종교개혁을 일으킨 루터의 오른팔이라면 프랑케는 경건주의 운동을 일으킨 스페너의 오른팔이었다.79) 스페너가 경건주의 운동을 처음 일으키고 방향을 제시해 주었다면 프랑케는 경건주의 운동을 잘 정리하고 체계화해서 독일 뿐 아니라 전 세계로 뻗어나가도록 하는데 지대한 영향을 끼쳤다. 프랑케가 스페너의

| 할레 대학을 경건주의 교육 중심지로 만든 프랑케

뒤를 이어 경건주의 운동을 확산시키는데 미친 큰 공헌이라면 할레 대학을 경건주의 교육의 중심이 되게 한 것이다.

프랑케는 20대 중반에 회심을 하였고 이후 스페너와 몇 주를 보내면서 경건주의에 푹 빠지게 되었다. 그는 원래 라이프찌히(Leipzig) 대학교 교수로 있었는데 지나친 내적 경험주의 신앙이 학교측과 맞지 않아 나오게 되었고 스페너의 도움으로 할레(Halle) 대학에 교수로 채용되었다. 할레 대학은 1694년에 선거후 프레드릭 윌리암 3세가 세운 대학으로 스페너가 약 10년간 운영을 하다가 그의 뒤를 이어 프랑케가 맡아 할레 대학을 "경건주의 중심 센터"가 되도록 하였다.80) 허버트 케인 교수는 당시 할레 대학을 "그 대학 주변에는 빈민 학교, 남학생 기숙학교, 고아원, 라틴 학교 등이 있었고, 할레 신학 교수단에서 6,000명의 경건주의 성직자가 훈련을 받았으며, 이 대학이 독일에서는 가장 대규모의 신학교였다"고 평하였다.81)

2. 대학 선교에 첫 삽을 뜨다

프랑케는 17-18세기 대학 선교 운동을 이끌어 가는 핵심이었다. 그는 할레 대학을 경건주의 교육의 중심지뿐 아니라 해외 선교의 허브가 되도록 하였다. 그의 경건주의 운동은 독일을 뛰어넘어 해외로까지 뻗어 나가게 되었다. 중세 대학교의 특징이라면 신학, 인문, 과학, 예술 등을 연구하는 기관이지 이곳에서 배출된 학생들을 선교사로 파송한다는 것은 꿈에도 생각해 보지 못했다. 대학 원래의 기능이 학문 연구기관이기 때문이었다. 하지만 할레 대학은 경건주의 운동이 불꽃을 품고 있을 때 유럽 각지에서 온 학생들로 넘쳐났고 프랑케는 이들 학생들에게 '선교 동원가'로 나서 전 세계를 품는 젊은이가 되도록 영향을 끼쳤다. 이곳에서 파송된 첫

| 프랑케는 할레 대학 주변에 고아원과 빈민학교를 세워 그리스도의 사랑을 실천하였다. 현재 할레 대학 앞에 두 어린아이의 손을 잡고 있는 프랑케 동상

선교사가 바돌로매 지켄발크(Bartholomew Ziegenbalg)와 하인리히 플루차우(Heinrich Plutschau)였다.[82] 이 두 사람은 유럽에서 파송된 최초의 대학생 선교사였다.

대학생 선교의 모델, 덴마크 할레 선교회

지켄발크와 플루차우 인도 도착(1706년),
지켄발크 타밀어 신약성경 번역(1714년)

1. 왜 덴마크 할레 선교회라 불렸는가?

덴마크 할레 선교회(Danish-Halle Mission)는 최초의 대학생 선교회이다. 이 이름이 생겨난 배경은 덴마크의 정치적 힘과 선교 중심의 할레 대학이 연합해 만들게 된 것이다.[83] 이것을 세운 목적은 덴마크와 독일의 할레 대학이 각각 인도를 전략적으로 선교하기 위함이었다. 당시 프로테스탄트 국가인 덴마크는 1620년에 인도의 트랑크바르(Tranquebar)에 동인도회사를 세워 무역 식민지령을 이끌어갔다. 약 한 세기가 지난 이후 덴마크에서는 무역업 종사 외에 이 지역을 복음화해야 한다는 판단이 서서 파송할 선교사를 덴마크에서 찾아보려고 했지만 적절한 인물을 발견하지 못했다. 그래서 덴마크왕 프레드릭 4세(Frederick IV)는 할레 대학에 인도의 트랑크바르에 선교사로 함께 갈 두 명을 요청했는데 할레 대학에서 가장 우수한 지켄발크와 플루차우가 선발되어 선교사로 가게 된 것이다.

2. 왜 연합 선교가 힘들까?

지켄발크와 플루차우가 인도 선교사로 파송받기까지는 우여 곡절이 많았다. 가장 먼저 반대에 부딪힌 것은 이 두 사람의 파송 건에 관해 독일 루터 교회가 강력히 반대하였기 때문이다. 이유는 덴마크가 로마 가톨릭이었다가 프로테스탄트 국가로 전환하게 된 것은 루터의 영향 때문이었다.[84] 즉 덴마크는 루터 교회의 영향을 크게 받고 있었는데 이제 경건주의 운동으로 막 선교의 붐을 일으키고 있는 할레 대학이 덴마크와 함께 손을 잡고 사역하는 것이 마음에 들지 않았기 때문이다. 또한 루터 교회가 아닌 경건주의 운동 출신의 선교사가 인도로 파송받는 것이 별로 내키지 않았던 것이다. 심지어 비텐베르그 대학교 교수진은 이 두 사람을 "소명이 분명치 않은 거짓 선교사"라고 소문을 퍼뜨려 지켄발크와 플루차우는 선교사로 파송받기 전에 마음고생이 심했다.[85]

| 17세기 경건주의 교육의 중심지였던 할레 대학

드디어 지켄발크와 플루차우는 1705년 11월 29일 선교사 파송을 받고 인도로 향해 떠났다. 거의 7개월의 항해 끝에 두 사람은 1706년 7월 9일 인도의 트랑크바르에 도착했는데 그들을 기다리고 있는 것은 여전히 덴마크 통치자들의 편견과 적대감이었다.86) 우선 트랑크바르 식민지령에 있는 덴마크 통치자들과 덴마크 성직자들은 지켄발크와 플루차우의 경건주의가 마음에 들지 않았다. 이들은 대놓고 두 사람에게 악의와 적대감을 표출해서 이로 인해 지켄발크는 잠깐 투옥되기도 했지만 그는 이에 굴하지 않고 자신의 사역을 마음껏 펼쳐 나갔다. 플루차우는 인도에서 5년이란 짧은 기간 동안 선교사역을 했으나 지켄발크는 15년 동안 사역하면서 지대한 영향을 끼쳤다.

지켄발크가 인도 선교사로 헌신할 때가 23세였다. 선교회 이름 자체가 덴마크 할레 선교회인 것처럼 덴마크와 할레 대학이 연합해 사역하는 것

| 현재 할레 대학(현 마틴 루터 대학) 도서관 입구

은 처음부터 쉽지 않았다. 현지인에게 복음 전하기 전에 먼저 지치게 하는 것이 '관계'였기 때문이었다. 지켄발크가 첫 번째 관문인 '관계의 문'을 잘 통과했기 때문에 그는 개신교 선교역사상 위대한 족적을 남길 수 있었다. 로마 가톨릭교회는 프란시스 사비에르를 인도 선교사로 파송한 이후 꾸준히 인도 선교를 했지만 인도인이 읽을 수 있는 성경 번역은 하지 못했다. 하지만 지켄발크는 달랐다. 그는 유독 외국어 습득 능력이 뛰어나 인도에 도착한 지 8년 만에 타

1714년에 타밀어 신약성경 번역을 완성한 지켄발크

밀어 신약성경을 1714년에 번역하였다.[87] 그가 인도에서 목숨을 거둘 때까지 구약의 룻기까지 번역하였다.[88] 이것은 개신교가 선교 후발 주자로 나섰지만 로마 가톨릭이 하지 못한 위대한 일을 한 것이다.

3. 왜 덴마크 할레 선교회는 잘 할 수 있었나?

스티븐 니일은 덴마크 할레 선교회가 인도 선교에 성공을 거둘 수 있는 이유 5가지를 지적하고 있다: (1) 교회와 학교 선교의 병행; (2) 현지인 언어로 성경번역; (3) 현지인의 눈높이에 맞는 복음전파; (4) 일차적 목표는 개인의 회심; (5) 현지인 양성 및 위임.[89] 지켄발크와 플루차우는 선교사로 파송 받기 전 비텐베르그 대학 교수들이 이들에게는 소명감이 없는 거짓 선교사라고 비난하고 소문을 퍼뜨렸지만 이 모든 것이 잘못된 것임을 사역을 통해 입증하였다. 나아가 이들은 연합선교가 얼마나 힘든 일인지, 어떻게 관계를 극복해야 하는지도 잘 보여 주었다. 그 핵심은 바

로 소명이다. 소명이 죽으면 타협할 수밖에 없다. 상황에 순응하여 역경을 박차고 나갈 수가 없기 때문이다. 하지만 이들은 그렇지 않았다. 소명이 분명했기에 덴마크 할레 선교회가 제시한 선교전략 다섯 가지도 잘 수행할 수 있었다.90) "소명은 전략보다 우선한다"는 사실을 지켄발크와 플루차우는 인도 선교에서 분명하게 보여 주었다.

선교하는 교회를
모델로 제공한 자, 진젠돌프

진젠돌프 헤른후트 설립 및 모라비안 운동 전개(1722년)

1. 진젠돌프는 누구인가?

진젠돌프(Nicholaus Zinzendorf, 1700-1760)는 위대한 세기의 선교라 불리는 윌리엄 케리부터 에딘버러 세계 선교사대회까지 선교가 폭발적으로 확장되도록 한 가교자(架橋者) 역할을 담당했다.[91] 그는 1700년 5월 26일 드레스덴(Dresden)에서 부유한 가정에서 태어났다. 일찍이 아버지를 여의고 어머니가 재혼하는 바람에 할머니와 숙모 밑에서 성장했지만 이들의 따뜻한 돌봄과 경건주의 신앙 덕택으로 바르게 자랄 수 있었다. 젊은 진젠돌프는 비범했고 특히 은사와 비전과 성취에 있어서는 더욱 그러했다. 그는 10살 때 할레에 가서

| 헤른후트 공동체를 통해 경건주의 운동을 확산시킨 진젠돌프

교육을 받았는데 이때 프랑케를 만나 경건주의 신앙으로 똘똘 뭉치게 되었다. 그는 할레에 머물면서 특별히 두 가지 개념에 푹 빠지게 되었는데 선교와 교회 내 작은 교회(소그룹)였다.[92]

진젠돌프는 1719년에 유럽 대 투어를 하게 되는데 이때 그는 각 교단 지도자들을 만나면서 에큐메니칼 정신을 갖게 되었다. 그가 만난 사람들은 개혁주의자, 화란의 칼빈주의자, 파리의 로마 가톨릭주의자, 루터란, 경건주의자들의 대표였는데 이런 만남은 훗날 그가 건설한 헤른후트(Herrnhut)가 한 교단에 예속되지 않고 초교파적 경건주의 공동체를 만드는데 결정적인 영향을 끼쳤다.[93] 또한 이 때 그의 인생에 큰 변화를 겪게 되었다. 여행 도중 한 미술품 전시회에 들렸는데 도메니코 페티(Domenico Feti)의 <이 사람을 보라>는 작품으로 십자가상에서 고난당하신 예수께서 "나는 너를 위해 이것을 했는데 너는 나를 위해 무엇을 했느냐?"라는 질문을 하는 것 같아 "나는 오랫동안 그분을 사랑했지만 그를 위해 한 것이 아무도 없습니다. 이제부터 그분이 나를 이끄는 데로 할 것입니다"라며 주님께로 돌아섰다.[94]

| 진젠돌프는 도메니코 페티(Domenico Feti)의 〈이 사람을 보라〉는 작품을 보면서 지나간 삶을 회개하고 하나님께 헌신하기로 결심했다.

2. 왜 헤른후트를 설립했는가?

인생의 전환점이 있은 지 3년이 지난 1722년에 진젠돌프는 "주님의 보호처"(The Watch of the Lord)라는 헤른후트를 설립해 당시 종교적 핍박을 받고 있던 피난자들을 받기 시작했다. 헤른후트가 피난자들의 안식처란 소문이 퍼지면서 모라비아, 보헤미아, 독일 및 각 지역에서 사람들이 몰려들기 시작했다. 이들은 루터란, 경건주의자, 개혁주의자, 분리주의자, 아나뱁티스트, 로마 가톨릭에서 온 자들로 각기 다양한 종교적 배경을 지니고 있었다. 헤른후트에 모인 이들이 훗날 모라비안 운동의 주역이 되었다. 그런데 헤른후트에 모인 숫자가 점차 많아지면서 각 종교 간에 갈등이 생겨 심각한 상황에 이르게 되었다. 하지만 1727년 8월 13일 놀라운 오순절 성령의 역사가 헤른후트에 임하면서 상황은 반전되었다.[95] 기도에 불이 붙자 하루 24시간 내내 기도하게 되었고 회개의 역사가 일어났고 초대교회가 실시한 애찬식을 거행하면서 코이노니아(교제)가 더욱 돈독해졌다.

3. 모라비안 교회의 특징

헤른후트 공동체가 급속하게 커지게 되자 진젠돌프는 1737년에 모라비안 교회를 헤른후트에 세워 감독으로 임명을 받았다.[96] 모라비안 교회는 18세기 경건주의의 센터로 7가지 중요한 특징을 지니고 있었다. 첫째로 모라비안 교회는 진젠돌프의 영향으로 그리스도의 죽음을 강조했고, 예수 그리스도의 육체적 죽음에 대한 강한 집착은 모라비안 교도들로 하여금 깊은 신비주의에 빠지게 하였다. 둘째로 모라비안 교회는 예배시간에 강력하고도 영감 있는 찬양을 불렀다. 이들은 찬양 그 자체가 전도요 위로요 따스함이요 용기요 교회를 하나로 묶는 힘이라고 생각했다.[97] 진젠돌프는 찬양 부르는 것을 너무 좋아해서 그의 평생에 2천 곡을 작곡하기도 하였다. 셋째로 모라비안 교회는 애찬식을 통해 서로 하나(unity)라는 연대감을 갖게 하였다. 애찬식은 그가 1727년 영적 체험을 한 이후 모라비안 교도들에게 급속히 확산되었는데 생일, 결혼식, 성가대 등 축하 할 일이 있을 때마다 빠지지 않고 애찬식을 가져 서로 간의 깊은 교제와 형제애를 경험토록 했다.

넷째로 모라비안 교회는 교육에도 탁월했다. 모라비안 공동체의 자녀교육은 워낙 탁월해 18세기 미국 교육제도에도 큰 영향을 끼쳤는데 예를 들어 PTA 모임, 학교와 지역과의 연합, 교육 및 직업 안내, 학생들의 적극적인 수업 참여와 같은 것이었다.98) 다섯째로 모라비안 교회는 작은 교회인 소그룹이 많았다. 이는 프랑케의 영향을 받아 모라비안 교회 내에 수많은 소그룹을 제공해 성경공부에 참여토록 하였다. 여섯째로 모라비안 교회는 선교하는 교회였다. 모라비안 교도들의 슬로건은 "주님이 부르시는 곳이면 어디든지 그 분을 위해 섬겨라"여서 모라비안 교도들은 전 세계에 어느 곳이든 흩어져 선교사로 헌신하는 일에 자신의 모든 것을 다 바쳤다.99) 마지막으로 모라비안 교회는 에큐메니칼 정신을 실천하는 장(場)이었다. 각기 다른 신앙의 뿌리와 교단을 둔 자들이 하나 되는 모습을 보여 주었다.100)

평신도 선교의 산실, 모라비안 선교회

모라비안 선교회 첫 선교사 서인도제도 버진 열도에 파송(1732년)

1. 모라비안 선교회의 위대한 선교

"모라비안 교도들은 선교하는 사람들"이었다. 구스타프 바르넥(Gustav Warneck)은 "모라비안 교회는 다른 프로테스탄트 교회들이 함께 한 모든 선교보다도 더 위대한 일들을 했다"고 평가하였다.[101] 1740년까지 68명의 선교사를 파송했고, 진젠돌프가 사망한 1760년까지는 226명의 선교사들을 파송하였다. 그야말로 선교하는 교회였다. 모라비안 교도들이 전 세계에 흩어져 선교사역을 할 때 이들은 오랫동안 수없는 종교적 핍박과 탄압을 피해 헤른후트에 모여든 사람들이라 '죽으면 죽으리라'의 신앙이 짙었다. 이들에게는 '3가지 시옷(ㅅ)'이 있었다: (1) 순종; (2) 순결; (3) 순교. 이들은 주님이 부르시는 일에 즉각 순종했고, 복음의 순결을 지키는 것을 큰 명예로 여겼으며, 바울처럼 순교도 겁내지 않고 복음전파에 힘썼다.

모라비안 선교회는 1732년 8월 21일 최초의 선교사 두 명을 서인도 제도의 버진(Virgin) 열도에 파송하는 역사적인 순간을 맞이했다. 선교사 파송식에 진젠돌프는 도버(Dober) 선교사의 머리에 손을 얹고 "모든 일을

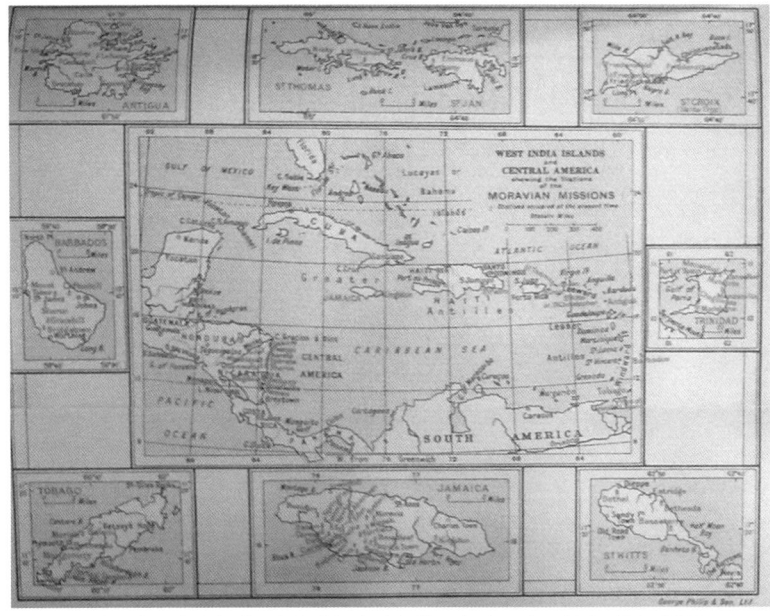
| 최초의 모라비안 선교사가 파송된 버진 열도의 성 토마스 섬과 다른 지역들

예수 그리스도의 정신으로"하라고 안수하였다.102) 이들은 덴마크령의 성 토마스 섬에 살고 있는 흑인 노예들을 선교하기 위해 파송받았다. 이후 모라비안 선교회는 그린랜드(1733-1774년), 북미 인디언(1734-1808년), 남미 인디언(1735-1808년), 덴마크령의 서인도제도(1736-1782년), 남아공(1736-1744년), 캐나다 동부 래브라도(1752-1804년), 영국령의 서인도제도(1754-1800년), 수리남(1765-1813년), 서인도제도의 바베이도스(1816-1868년), 니카라구아(1849-1914년), 빅토리아(1849-1905년), 티벳 서부(1853-1914년), 예루살렘(1867-1914년), 남미의 데메라라(1878-1914년), 알라스카(1889-1914년), 호주 퀸즐랜드 북부(1891-1914년), 동아프리카 니아사(1891-1914년)와 우니암웨지(1898-1914년)에 지속적으로 선교사를 파송했다.103)

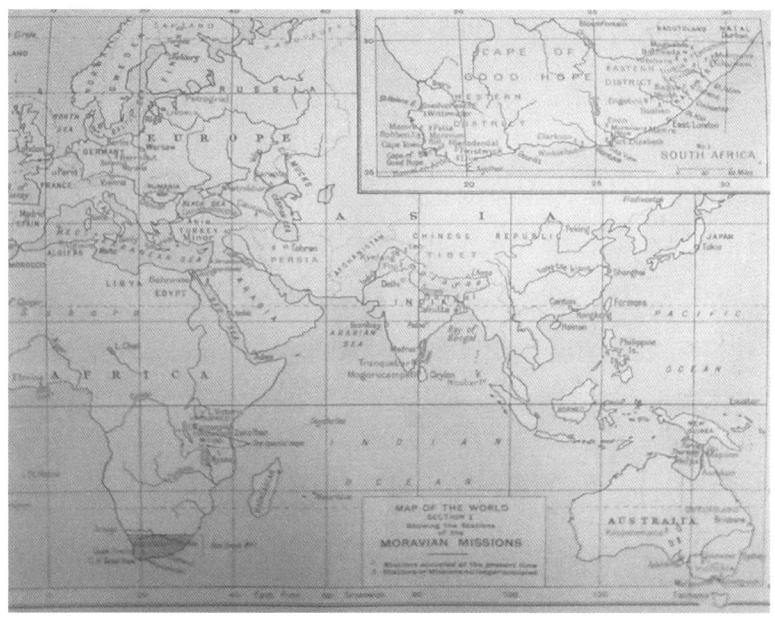
| 모라비안 선교사 파송지역, 남아공, 우니암웨지(동아프리카), 예루살렘, 티벳

    모라비안 선교회는 1732년부터 줄곧 평신도 선교사들을 오지로 파송했다. 이들은 남들이 가기를 꺼려하는 지역을 찾아서 선교했다. 주로 열도나 섬이나 아프리카나 산악지대가 많은 오지였다. 특히 모라비안 교회는 처음에 선교사들에게 돈을 보냈지만 후에는 자립선교로 완전히 전환하였다. 그 이유는 진젠돌프가 생각하기를 선교사는 스스로 자립해야 한다고 믿었기 때문이다.104) 그래서 모라비안 선교회는 일찍부터 자비량 선교(Tentmaker Mission)와 비즈니스 선교(Business As Mission, BAM)가 발달하여 각기 다양한 직업을 통해 선교하였다. 모라비안 교도들은 워낙 선교 지향적이다 보니 1930년까지 약 3천 명의 선교사를 파송했다고 하는데 이는 전체 교도 중 12명 중에 한 명꼴로 해외 선교사로 헌신했다는 증거이다.105)

2. 모라비안 선교회와 덴마크 할레 선교회의 차이점은?

17-18세기 경건주의 운동이 전 세계를 강타하고 있을 때 세계선교의 두 축은 모라비안 선교회와 덴마크 할레 선교회였다. 전자는 평신도 선교의 모델이었고 후자는 대학 선교의 모델을 보여주었다. 한편 파송된 선교사들의 자질을 살펴본다면 모라비안 선교회는 신학교육을 전혀 받지 않은 평신도들로 세상에서 버림받고 멸시받던 사람들이었지만 선교에 있어서는 탁월하게 사명을 잘 감당하였다. 반면 할레 출신들은 당대 최고의 지성인들이어서 지켄발크처럼 뛰어난 성경번역 선교사들이 배출되기도 하였다. 여하튼 경건주의 운동이 한창 퍼져 나갈 때 성직자가 아닌 일반 평신도들과 젊은 대학생들이 해외 선교사로 길을 열었다는 것은 좋은 징조였고 이들의 수고와 헌신은 "위대한 세기"라 불리는 19세기 개신교 선교가 빛을 발할 수 있도록 귀한 밑거름이 되었다.

3. 모라비안 선교회가 끼친 영향

진젠돌프가 주도한 모라비안 선교는 19세기부터 시작된 개신교 선교의 길잡이가 되어 후세에 끼친 공헌이 지대하다. 첫째는 "현대 선교운동의 아버지"라 불리는 윌리암 케리의 선교에 큰 영향을 주었다. 특별히 평신도 선교라든가 자립 선교는 좋은 본보기가 되었다. 둘째로 모라비안 선교회는 미국 조지아주 인디언 선교사로 파송받은 존 웨슬리에게 영향을 끼쳐 훗날 감리교 선교시대를 여는데 큰 공헌을 했다.106) 셋째로 모라비안 선교회가 구현

| 모라비안 교도들의 악단 단원들.
진젠돌프는 평생에 2천 곡 이상을 작곡했다

코자 한 세 가지 이상, 즉 영혼 구령 중심의 선교, 전 세계를 선교지로 삼은 글로벌 선교, 선교사와 현지인과 함께 하는 연합 선교정신은 지금까지도 선한 영향력을 끼치고 있다.107) 넷째는 에큐메니칼(ecumenical) 선교이다. 진젠돌프는 당시 프로테스탄트들이 서로 간의 경쟁과 마찰로 빚어지는 아픔을 목격한 후로는 에큐메니칼 선교로 패러다임을 바꾸었는데 이 열매는 1910년 제1차 에딘버러 세계선교사대회 때부터 나타나기 시작했다.

탁월한 평신도 선교 동원가, 존 웨슬리

존 웨슬리 미국 조지아주 인디언 선교(1735-1737년)

1. 왜 웨슬리는 평신도 선교동원가인가?

존 웨슬리(John Wesley, 1703-1791)는 "위대한 평신도 선교동원가"이다. 그는 초대교회의 감독과 장로는 동일하다고 믿었다.108) 이런 그의 신앙적 태도는 영국 국교회와의 관계 때문에 실행치 않았지만 신대륙 미국은 달랐다. 늘어가는 교인들을 돌볼 목사가 턱없이 부족하였기에 웨슬리는 평신도 설교자뿐 아니라 여성 설교자도 임명하여 사역토록 하였다. 그의 형제인 찰스 웨슬리(Charles Wesley)는 이것은 영국 국교회와의 단절(斷絕)을 의미하는 것이라고 강력히 비판했지만 소용없었다. 그 예로 웨슬리는 평신도 설교자였던 프란시

| 위대한 평신도 선교동원가였던 존 웨슬리

| 웨슬리가 설교하는 모습

스 에즈베리(Francis Asbury)를 임명해 식민지에 파송함으로 평신도 선교사 시대의 문을 활짝 열었다.109) 웨슬리가 이처럼 평신도 선교에 관심을 가지고 실행하게 된 것은 그가 인디언 선교사로 헌신한 후 방문한 적이 있는 모라비안 선교회의 영향을 받았기 때문이다.

2. 웨슬리와 조지아주 인디언 선교

웨슬리는 32살의 나이에 2년 4개월이란 짧은 선교사의 경험을 갖고 있다. 해외복음선포회(Society for the Propagating of the Gospel in Foreign Parts)의 소속으로 1735년 부터 1737년 까지 미국 조지아주 인디언 선교사로 활동했다. 그가 미국까지 간 목적은 조지아주 주지사인 제임스 오글소프(James Oglethorpe)의 초청이 있어서 사바나(Savannah)에서 인디언 사역을 하기 위한 것이었다. 이곳에서 그의 선교 활동은 참담하기 그지없었다. 하지만 조지아주에서의 경험은 훗날 웨슬리에게 확실한 회심을 갖게 하였고, 평신도 선교의 중요성을 발견케 했으며, 인디언들의 부당한 대우를 보며 빈자(貧者)들을 돌보는 "가난한 자의 사도"가 된 것이 다 그의 인디언 선교의 경험 덕택이었다.110)

조지아주 인디언 선교사로 헌신하면서 웨슬리는 처음으로 내적 갈등을 겪었다. 그의 아버지 사무엘과 어머니 수잔나는 모두 목사 가정에 태어난지라 웨슬리 역시 'PK'(Pastor's Kid, 목회자 자녀) 출신으로 몸에 밴 신앙훈련으로 자긍심이 대단했다. 더욱이 옥스퍼드 대학교에서 "홀리 클럽"(Holy Club)을 만들어 그의 탁월한 리더십을 인정받던 웨슬리는 선교사로 헌신한 순간 자신의 약함을 뼈저리게 발견하였다.111) 그가 1735년 10월 4일 영국을 출발해 조지아주로 항해하는 도중 큰 풍랑을 만나 죽음 직전에 이르게 되었다. 자신은 초조하기 그지없는데 사나운 풍랑 가운데서도 침착하고 평온하게 기도하는 26명의 모라비안 교도들을 보고 자신의 부족함을 강하게 느꼈다. 더욱이 1736년 2월 사바나에 도착한 이후 모라비안 지도자인 고트립 스판겐버그(Gottlieb Spangenberg)가 목사인 웨슬리에게 "그리스도가 당신의 구세주라는 것을 믿는가?"라는 질문은 또 한 번 그의 신앙을 뒤 흔들어 놓았다.112)

이후 웨슬리는 사바나 인디언 선교를 하다가 원치 않는 한 소송 건에 휘말려 사역을 마무리하지도 못한 채 영국으로 귀환해야만 했다. 웨슬리는 자신이 청혼한 소피아 홉키(Sophia Hopkey)가 돌연 다른 남자와 결혼하자 소피아의 삶이 신실하지 않다고 생각해 그녀에게 성찬(聖餐)을 베풀지 않았다.113) 주변에서는 웨슬리의 좋지 않은 소문이 나돌기 시작했는데 이것이 화근이 되어 소피아의 남편이 웨슬리를 명예훼손 건으로 고소했고 웨슬리는 심사숙고 끝에 조지아주 선교 생활을 정리하고 영국으로 돌아가기로 마음먹었다. 그의 짧은 조지아주 인디언 선교는 별다른 성과를 거두지 못한 채 막을 내렸다. 하지만 이것은 그를 불같은 시련 가운데 연단시켜 훗날 하나님의 신실한 일꾼으로 만드는 시금석이 되었다.

3. 웨슬리와 모라비안 교도와의 만남

웨슬리는 영국으로 돌아온 후 심한 영적 갈등을 겪은 뒤 마침내 1738년 5월 24일 확실히 회심하게 되었다. 올더스게이트(Aldersgate)에 있는 한 모임에서 누군가가 루터의 로마서 주석 서문을 읽어주었는데 자신도 모르게 죄인임을 발견하고 구세주인 예수 그리스도를 통해 구원받게 됨을 깨닫게 되었다.114) 웨슬리는 루터처럼 소명이 회심보다 앞선 자였다.115) 그의 엄격한 자기 관리와 복음에 대한 열정과 어떤 희생적인 섬김도 자신이 죄인임과 그리스도를 통해서만 구원받을 수 있음을 발견해야 내적 기쁨과 자유함을 얻어 마음껏 사역할 수 있음을 깨달았다. 그리스도의 자녀로 회심한 웨슬리는 마치 사도 바울이 다멕섹 도상에서 주님을 만난 후 아라비아로 갔듯이 그는 모라비안 교도들이 있는 헤른후트로 가서 진젠돌프를 만났다. 이곳에서 며칠을 보내면서 웨슬리는 모라비안 교도들의 열정적인 신앙과 탁월한 소그룹 모임과 평신도 선교를 보았고 이는 그의 사역 전체를 바꿔 놓았다.116)

4. 웨슬리의 슬로건, "전 세계가 나의 교구다!"

35세에 회심한 웨슬리는 50년 이상 영국과 미국, 전 세계에 미친 영향이 지대하다.117) 영국 국교회에서 웨슬리가 자신의 교구를 넘어서서 여러 지역을 돌아다니며 집회하는 것이 눈에 거슬려 금지시키자 "전 세계가 나의 교구이다"라는 위대한 말을 남기게 된다.118) 이 말은 감리교의 슬로건이 되어 그가 사망할 당시 영국에서만 7만 명이 넘는 감리교 신자들이 있었고, 미국에서는 6만 5천 명이나 되었다. 미국에서 감리교가 급속도록 성장한 통계를 본다면 1773년부터 1790년까지 인구 증가율이 75%였는데 비해 감리교 교인 수 증가율은 무려 5,500% 이상이나 되었다.[119]

웨슬리는 처음에 선교사로 헌신했지만 나중에 목회자, 설교자, 복음 전도자, 저술가, 사회 개혁가, 선교 동원가로 위대한 업적을 남겼다. 무엇보다 웨슬리는 위대한 전도자였다. 그의 여행 거리는 상상을 초월할 정도였다. 1년에 평균 8천km를 달렸는데 대부분의 시간은 말 위에서 보냈고, 일주일에 15회 정도 설교를 했다. 웨슬리의 설교는 성경적이고, 즉흥적이었으며, 대화적이었고, 예배 전체가 1시간을 넘지 않을 만큼 설교는 짧았으며, 일회성 설교가 아닌 소위 "여러 번 설교로 누적된 효과"를 바랬고, 회중 찬양을 적극 권장해 설교에 도움을 주도록 했다.[120] 또한 그의 설교는 조지 휫필트(George Whitefield)처럼 감정적 설교가 아니었고 엄숙한 예배를 추구했다.[121]

| 에즈베리 신학교에 있는 웨슬리 생전의 키 모습의 동상. 웨슬리가 "전 세계가 나의 교구이다"라고 외치고 있다.

웨슬리는 위대한 평신도 선교동원가였다. 그는 마틴 루터의 만인제사장 직분설을 탁월하게 적용하였다. 그는 끝까지 영국 국교회 목사로 남길 원했지만 상황은 그의 뜻대로 되지 않았다. 영국과 미국에서 감리교 운동은 불처럼 번져 그가 죽기 얼마 전인 1787년에 영국에서 공식적으로 독립 교파로 등록했지만 사실은 그가 1738년 회심한 이후부터 감리교는 폭발적으로 성장했다. 그 이유 중 하나가 평신

도 리더들을 많이 배출한 소그룹(class)에 있었다.122) 영국 국교회에서 소외되고 정착하지 못한 평신도들과 여성들이 감리교에 입교해 마음껏 사역할 수 있는 길을 열어 놓았다. 이곳에서 설교나 성경공부나 애찬식을 통해 그리스도인의 깊은 교제를 할 수 있었다. 특히 이곳에서 헌신된 일꾼들은 미국 인디언 선교사로 파송돼 복음이 땅 끝까지 확장되는데 귀한 역할을 감당하였다. 그 중심에 웨슬리가 있었다.

북미 인디언 최고 선교사, 데이빗 브레이너드

데이빗 브레이너드 미국 인디언 선교 시작(1743년)

1. 왜 북미 인디언 최고 선교사인가?

데이빗 브레이너드(David Brainerd, 1718-1747)는 북미 인디언 최고 선교사이다.123) 그는 폐렴과 우울증으로 자신의 몸도 가눌 수 없고 여러 번의 사역 실패로 자존감을 완전히 상실한 극한 상황에서도 영혼을 사랑하는 마음은 여전히 불타올랐다. 인디언을 사랑하는 열정과 소명은 모든 악 조건을 이겨내는 원동력이 되었다. 비록 5년간의 짧은 선교로 남들보다 풍성한 열매를 거두지 못했지만 오늘날 선교사들에게 귀감이 되는 것은 복음에 대한 붙들림이다. 그야 말로 "주를 위해 살고 주를 위해 죽는 자"였다. 그는 열악한 건강 상태 가운데서도 인디언들에게 복음전하기 위해 수백 km씩 말을 타고 이동하는 것을 기뻐했고 이동 중

| 북미 인디언 최고의 선교사, 데이빗 브레이너드

짚 무더기를 이불로 삼고 잠을 자면서도 기도하는 것을 중단해본 적이 없는 영에 붙들린 사람이었다. 하나님께서 그를 인디언 선교사로 쓰시면서 그가 통과해야 할 첫 번째 관문은 '인내'의 문이었다. 수없이 포기할 상황도 많았지만 그는 끝까지 인내하며 하나님께 무릎 꿇어 마침내 그의 사역 말기에는 아름다운 열매를 거두었다.

2. 파란만장한 인생, 선교사로 헌신하다!

브레이너드는 선교사로 헌신하기까지 파란만장한 삶을 살았다. 그는 1718년 커네티컷 주 해담(Haddam)에서 태어났을 때 대지주의 아들로 태어났다. 행복도 잠깐 그가 8살 되는 해 아버지를 먼저 여의어야만 했고 어머니마저 14살 때 잃어 고아가 되었다. 그래서 그의 유년 시절은 별로 행복한 기억이 없다. 1739년 21살에 예일대학교에 입학했지만 갑자기 피를 토하는 중병 때문에 집에서 1년간 쉬어야만 했는데 이것은 7년 이후 그를 먼저 하늘나라로 보내게 한 폐렴이었다. 이후 1940년 11월 학교에 돌아가 조지 횟필드(George Whitefield), 길버트 테넌트(Gilbert Tennent), 제임스 대번포트(James Davenport)가 이끄는 영적 대각성운동은 그와 예일대 학생들의 마음을 사로잡았다. 하지만 학교 당국은 이런 영성운동을 "광신적"이라고 비난하면서 브레이너드는 사건에 휘말리게 되었다.

브레이너드는 학생들의 영성 운동에 시비를 건 천시 휘틀시(Chauncey Whittelsey) 교수의 위선적이고 세속적인 태도를 가리켜 "은혜가 없는 사람"이라고 폭언을 서슴치 않았다.[124] 학교 당국에서는 그의 공개적 사과를 요구했지만 이를 거절해 결국 퇴학당했다. 그는 학교에서 퇴학을 당한 후 다시는 복학할 수 없게 되자 심한 우울증으로 세월을 보내다가 1729년 "뉴 라이트"(New Lights)라고 알려진 복음주의 그룹의 설교자로 임명을 받았다. 이 때 뉴저지주의 유능한 장로교 목사인 조나단 딕킨슨(Jonathan Dickinson)을 만나 미국 인디언 선교에 헌신할 것을 요청받고서 그해 11월 25일 스코틀랜드 기독교 신앙 전도회(Propagation of Christian Knowledge) 소속 선교사로 임명을 받아 공식적으로 선교활동을 할 수 있었다.

3. 어떻게 인디언 선교를 했나?

데이빗 브레이너드의 첫 선교는 1743년 후사토닉(Housatonic) 인디언 정착촌이 있는 카우나믹(Kaunameek)에서 시작되었다. 그의 초기 사역은 실패에 실패를 거듭했다. 선교사로 임명을 받았지만 인디언 언어를 제대로 배우지 않고 무작정 뛰어든 것이 화근이었다. 그가 얼마나 힘든지를 "나는 앨바니(Albany)로부터 26㎞ 떨어진 외롭고 쓸쓸한 사막에 살고 있다. 나는 한 가난한 스코틀랜드 사람과 살고 있는데 그의 아내는 영어를 단 한마디도 할 줄 모른다. 식사로는 대충 익힌 푸딩, 삶은 옥수수, 잿속에서 구워낸 빵 같은 것뿐이다. 나의 침대로는 널빤지 위에 밀집을 깔아놓은 것이 고작이다. 사역은 말할 수 없이 고되고 힘들다"는 고백에서 알 수 있다.[125] 이런 고통의 시간을 2년 동안 보내야만 했다. 너무 힘들어서 죽고 싶다고 할 정도였다. 사역의 열매는 없고 사는 모습이 구차하지 짝이 없었기 때문이다. "너희에게 인내가 필요함은 너희가 하나님의 뜻을 행한 후에 약속하신 것을 받기 위함이라"(히 10:36)의 말씀이 바로 브레이너드를 향한 것이었다.

마침내 1745년 여름에 좋은 소식이 들려왔다. 뉴저지주 크로스윅성(Crossweeksung) 인디언들이 복음에 문이 열려 있다는 소식을 듣고 단숨에 달려갔다. 비록 130㎞나 멀리 떨어졌지만 이에 아랑곳 하지 않고 말씀을 전하여 무려 25명이나 개종했다. 여전히 통역의 도움이 필요했지만 놀라운 일이 아닐 수 없었다. 어느 날 오후 예배에는 약 55명의 인디언이 참석했는데 세 사람이 은혜를 받아 눈물을 흘리고 회개하는 놀라운 역사가 일어났다. 이것이 시발점이 되어 크로스윅성 교회는 130명의 인디언들이 출석하는 교회로 부흥했다. 이듬해 그는 근처에 있는 크렌베리(Cranbury)로 옮겨 교회를 세웠는데 150명이 개종하는 역사가 일어나기도 했다. 하나님은 늦은비로 브레이너드의 사역에 축복하셨다. 하지만 몸을 생각지 않고 너무 강행군을 하다 보니 결국 지병인 폐렴으로 쓰러지고 말았다.

| 브레이너드가 미국 인디언들에게 설교하는 장면

그는 약혼녀였던 제루사(Jerusha)의 집에서 19주 동안 지극한 간호를 받았다. 하지만 병을 회복하지 못한 채 1747년 10월 9일 29살의 짧은 나이로 삶을 마감했다. 안타깝게도 제루사 역시 브레이너드의 폐렴에 전염되어 얼마 후 그를 뒤따라 하늘나라로 갔다. 제루사의 아버지는 당대 최고의 설교가였던 조나단 에드워드(Jonathan Edwards)로 브레이너드가 사망한 뒤 그의 일기를 모아 편집해「브레이너드의 생애와 일기」를 1749년에 첫 출판 했다. 그의 책은 지금까지 수많은 사람들의 심금을 울리고 있다. 특별히 브레이너드의 전기집은 현대선교 운동의 아버지인 윌리엄 케리에게 영향을 끼쳐 그를 인도 선교사로 가게 하였다. 브레이너드는 인디언을 무척 사랑했고 희생과 섬김을 본으로 보여 주었다.

제5장

개신교 선교

| 위대한 세기의 선교시기 |

"로티 문 크리스마스 헌금"을 이끌어 낸 로티 문 선교사

제5장 개신교 선교
위대한 세기의 선교시기

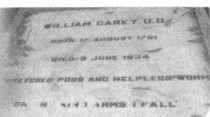

시 기	윌리암 케리 인도 선교 – 에딘버러세계선교사대회(1792-1910년)
핵심 주제	하나님으로부터 위대한 일을 기대하고 하나님을 위하여 위대한 일을 시도하라!
핵심 단어	위대한 세기의 선교
핵심 성경	"네 장막터를 넓히며 네 처소의 휘장을 아끼지 말고 널리 펴되 너희 줄을 길게 하며 너희 말뚝을 견고히 할지어다 이는 네가 좌우로 퍼지며 네 자손은 열방을 얻으며 황폐한 성읍들을 사람 살 곳이 되게 할 것임이라"(사 54:2-3).

| 핵심 연대표 |

구 분	년 도	특 징
1700	1792년	침례회 선교회(BMS) 설립
	1792년	윌리암 케리 선교 소책자 「연구」 출판
	1793년	윌리암 케리 인도 도착
	1795년	런던 선교회(LMS) 설립
	1797년	화란 선교회 설립
	1799년	교회 선교회 설립
	1799년	슐라이어마허 「언어들」 출판
1800	1800년	윌리암 케리 세람포어 선교회 조직
	1804년	영국 해외 성경 협회 설립
	1806년	건초더미 기도운동 시작
	1807년	로버트 모리슨 중국 도착
	1810년	미국 해외선교위원회 조직
	1813년	로버트 모리슨 중국어 신약성경 번역 완성
	1813년	아도니람 저드슨 버마 도착
	1814년	미국 침례교해외선교회 설립
	1815년	바젤 선교회 설립
	1816년	미국성서협회 설립

구분	년도	특징
1800	1817년	로버트 모펫 아프리카 도착
	1818년	윌리암 케리 세람포어 대학 설립
	1818년	로버트 모리슨 영화대학 설립
	1819년	로버트 모리슨 중국어 구약성경 번역 완성
	1819년	런던 서기관 협회 설립
	1822년	파리복음선교회 설립
	1825년	미국전도문서회 설립
	1826년	미국국내선교회 설립
	1830년	알렉산더 더프 인도 도착
	1834년	아도니람 저드슨 버마어 신구약 성경번역 완성
	1839-1842년	1차 아편전쟁
	1841년	데이빗 리빙스턴 아프리카 케이프타운 도착
	1842년	남경조약으로 중국 5대 항구 개항
	1843년	키에르케고르 「이것이냐 저것이냐」 출판
	1844년	YMCA 설립
	1846년	런던 복음 동지회 설립
	1851년	헨리 벤, 루퍼스 앤더슨 삼자원리 주장
	1852년	성서 및 의료 협회 설립
	1854년	런던선교대회
	1854년	뉴욕선교대회
	1854년	존 네비우스 중국 영파 도착
	1854년	허드슨 테일러 중국 상해 도착
	1856-1860년	2차 아편전쟁
	1859년	개신교 선교사 일본 도착
	1859년	다윈의 「종의 기원」 출판
	1860년	리버풀 선교 대회
	1860년	여성 연맹 선교회 조직
	1861년	스코틀랜드 국립성서공회 설립
	1861-1865년	미국 남북 전쟁
	1861-1891년	스펄전 메트로폴리탄 교회에서 설교
	1864년	구세군 창설

구분	년 도	특 징
1800	1865년	허드슨 테일러 중국 내지 선교회(CIM) 설립
	1867년	성서유니온 설립
	1873년	로티 문 중국 산동 반도 도착
	1873년	무디부흥운동 시작
	1880년	신학교 선교 연맹 설립
	1883-1897년	나이아가라 사경회 시작
	1883년	런던 100주년 선교 대회
	1884년	알렌 한국 입국
	1885년	캠브리지 선교사 7인 중국 파송
	1885년	언더우드, 아펜젤러 한국 입국
	1886년	네비우스 「선교 사역 방법론」 출판
	1886년	학생자원선교운동 시작
	1888년	성서 기증 선교회 설립
	1888-1936년	학생자원선교운동 조직
	1889년	말콤 펜윅 한국 입국
	1889년	네비우스 「선교지 교회에서의 설립과 발전」 재판
	1893년	북미해외 선교대회 조직
	1899-1901년	중국 의화단 사건
	1905년	인도국립선교회 설립
	1909년	스코필드 성경 발행

제5장 개신교 선교
위대한 세기의 선교시기(1792-1910년)

개신교 선교는 1792년부터 1910년 에딘버러 세계선교사대회가 열리기 전까지를 말한다.1) 이 시기는 개신교의 "위대한 세기"(Great Century)로 선교황금시대를 이끌었다. 개신교가 로마 가톨릭보다 선교 후발 주자로 나섰지만 이 시대에 "하나님으로부터 위대한 일을 기대하고 하나님을 위하여 위대한 일을 시도하라"는 뜻에 순종한 개신교 선교사들이 대거 등장하여 하나님 나라를 확장했기 때문이다. "위대한 세기" 19세기는 몇 가지 특징이 있는데 첫째로 19세기 전반부에는 영국이 주축이었다가 점차 후반부로 가서는 미국으로 축이 이동하였다. 영국은 1792년 윌리엄 케리가 침례교 선교회(BMS)를 설립한 이후 전 세계적으로 선교회 태동의 물꼬를 트게 하였고 로버트 모리슨(중국), 데이빗 리빙스턴(아프리카), 허드슨 테일러(중국)와 같은 탁월한 영국 선교사들의 등장하여 영향을 끼쳤다. 한편 미국은 1810년에 미국 해외선교 위원회가 조직된 후 아도니람 저드슨(버마), 존 네비우스(중국), 로티 문(중국)과 같은 선교사들을 파송하면서 선교의 중심축으로 등장하기 시작했다.

둘째로 개신교가 토착화 전략으로 위대한 세기를 만들었다. 헨리 벤의 삼자원리의 적용 때문이었다. 개신교 선교사들은 신생 안디옥교회처럼 현지인들이 처음부터 자립, 자치, 자전할 수 있도록 힘을 써 좋은 결과를 만들었다. 셋째로 개신교회는 영혼구령, 성경번역, 학교설립에 집중했는데 무엇보다 개신교가 로마 가톨릭과의 큰 차이점이라면 성경번역이었다. 개신교 선교사들은 루터의 영향으로 가는 곳마다 현지 성경번역에 사활을 걸어 현지인 일꾼을 세우는데 탁월했다. 개신교 선교시대 때 위대한 "성경번역 3인방"이라면 윌리엄 케리(인도), 아도니람 저드슨(버마), 로버트 모리슨(중국)을 들 수 있다. 넷째로 여성 선교사들의 활약이 대단했다. 대표적 인물로는 앤 저드슨, 마리아 테일러, 로티 문 같은 여성들이다. 이들은 남성들 못지않게 성경번역, 제자훈련, 교회개척에 탁월했다. 다섯째로 개신교가 위대한 세기를 만든 것에는 제국주의의 선교의 영향이 사뭇 컸다. 결국 자문화우월주의(ethnocentrism) 선교가 등장해 눈살을 찌푸리게 한 것을 간과해서는 안 될 것이다.

현대 선교의 아버지, 윌리엄 케리

윌리엄 케리 선교 소책자 「연구」 출판(1792년),
인도 도착(1793년)

1. 왜 윌리엄 케리를 현대 선교운동의 아버지라 부르나?

마틴 루터를 16세기 '종교 개혁자'라 본다면 윌리엄 케리(William Carey, 1761-1834)는 18세기 '기독교 선교운동의 선구자'이다. 그래서 케리를 "현대 선교의 아버지"라 부른다.[2] 이에 대해 7가지 이유가 있는데 살펴보면 다음과 같다. 첫째로 선교신학에 대한 잘못된 생각을 깨뜨리고 선교의 불을 지폈기 때문이다. 18세기 대다수 유럽교회는 지상명령이 사도들에게 주어졌기 때문에 굳이 이방인들에게 선교할 필요가 없다고 믿었다. 극단적 칼빈주의자인 존 라이랜드(John Ryland Sr.) 목사는 선교 준비를 하고 있는 윌리엄 케리에게 "하나님께서 이방인을 개종하는 일이 기쁜 일이라 생각하실 때에 자네와 나의 도움 없이 얼마든지 하실 것일세"라며 그의 선교를 강력히 반대했다.[3] 둘째로 침례교 선교회(BMS)는 훗날 여러 국가에서 선교회 태동의 불씨

| 현대 선교의 아버지라 불리는 윌리엄 케리

가 되었기 때문이다.

셋째로 학교를 설립해 현지인 지도자를 양성하는데 큰 공헌을 했기 때문이다. 케리는 1818년에 세람포어 대학을 설립해 인도 지도자를 세우는데 앞장섰다. 넷째로 과부를 불태우는 사티(Sati) 제도와 유아살해를 금하는 사회개혁을 단행했기 때문이다. 다섯째로 성경을 번역해 각 종족들이 자신들의 언어로 성경을 읽도록 했기 때문이다. 여섯째로 선교회와 선교사들 간의 연합과 일치를 추구했기 때문이다. 케리는 선교회가 급속히 늘어나면서 사역의 경쟁과 중복이 심해지자 1810년에 남아공 케이프타운(Cape Town)에서 초교파적인 에큐메니칼 모임을 갖기를 제안했지만 뜻은 이루지 못했다.4) 마지막으로 현지인 교회를 세워 토착교회의 모델을 제시했기 때문이다. 예를 들어 벵갈 지역에 최초로 세워진 토착교회는 존나가(Johnnagar) 교회로 외부의 도움 없이 자체 신자들의 후원으로 꾸려져 갔다.5)

2. 선교사의 꿈을 키워 나가다

케리는 1761년 영국 노스햄턴(Northampton)에서 태어났다. 18세기 중엽은 영국이 산업혁명으로 한창 발전하고 있던 시기인데 케리는 14세에 구두견습공으로 일하면서 돈을 벌었고 18세 때 회심했으며 26세 때 몰턴(Moulton) 침례교회에서 안수를 받아 목사가 되었다. 그는 어학에 탁월한 능력이 있어서 10대 때 독학으로 6개 국어를 익혔는데 라틴어, 헬라어, 히브리어, 이태리어, 프랑스어, 화란어로 벌써 성경을 읽을 수 있었다. 특별히 그가 선교사의 꿈을 가지게 된 것은 「쿡 선장의 마지막 항해」를 읽으면서 바깥세상을 알게 되었고 또한 식민지 초기 선교하기 무척 힘든 북미 인디언 선교를 다룬 「데이빗 브레이너드의 생애와 일기」를 읽으면서 선교사의 꿈을 키워 나갔다.

케리는 18세기 교회 분위기와는 달리 선교의 필요성을 직시하고 헌신키로 결심했다. 그래서 그는 1792년 봄에 87페이지 분량의 선교 소책자인 「이방인의 회심을 위해 수단을 사용하는 그리스도인의 의무에 관한 연구」(Enquiry)를 출판해 목회자들에게 나눠 주면서 선교에 동참할 것을 촉구하였다. 이 소책자는 루터의 "95개 조항 반박문"에 견줄 만큼 '해외 선교의 당위성'을 일목요연하게 잘 정리하여서 당시 해외선교에 대한 부정적인 견해를 일축시키는 고귀한 책이었다.6) 이 책이 출판되자 반응은 두 갈래였다. 한 쪽은 존 라이랜드 목사처럼 반대파가 있는 반면에 찬성파도 없잖아 있었다.

그런데 반전(反轉)이 생긴 것은 책을 출판한 후 노스햄턴 침례교협의회 집회에서 케리가 이사야 54장 2-3절의 말씀을 가지고 "하나님으로부터 위대한 일을 기대하고 하나님을 위하여 위대한 일을 시도하라"는 명언을 남기며 청중들의 마음을 사로잡으면서부터였다.7) 집회 다음날 케리의 설교에 은혜 받은 목사들이 케리의 요구대로 선교회를 조직할 것을 동참하고 그래서 생겨난 것이 침례교 선교회(Baptist Missionary Society, BMS)이다. 케리는 이제 외롭지 않았다. 주변에서 자신을 도와주는 목회자와 평신도를 만났기 때문이다. 바야흐로 케리의 선교의 꿈은 서서히 무르익기 시작한 것이다.

3. 윌리엄 케리의 위대한 선교가 시작되다

케리가 1793년 11월 19일 인도에 도착한 때는 선교하기가 무척 힘든 시기였다. 인도에 무역기지를 둔 동인도회사들은 무역거래에만 관심을 두었지 혹여나 개종을 강요하는 선교에는 자칫 현지인들의 폭동이 일어날 것을 염려해 선교사들에게 적대감을 품고 있었다. 그래서 케리는 말다(Malda)에서 첫 사역을 보낸 뒤 1800년에 선교사에게 마음이 열려있는 덴마크령의 세람포어(Serampore)로 이동해 그의 위대한 사역을 시작했다. 그는 이곳에서 5가지 선교전략을 세워 하나님의 위

현재 세람포어 대학 내의 윌리암 케리 박물관에 전시된 케리의 성경번역 견본들. 케리는 35개 언어로 성경을 번역했다.

대한 일을 진행해 나갔다: (1) 매주 마을을 방문하여 힌디인들과 무슬림들에게 복음을 전한다; (2) 여러 가지 소책자와 팸플릿을 벵갈어나 다른 현지 언어로 출판하여 접근한다; (3) 성경 역시 벵갈어나 다른 현지 언어로 번역해 현지인들이 성경을 읽을 수 있도록 돕는다; (4) 현지인 자녀들을 위한 학교를 세운다; (5) 선교기지를 만든다.[8]

케리의 첫 번째 전략은 영혼구령이었다. 그의 복음에 대한 열정이 얼마나 강한지 장남 펠릭스(Felix)는 미얀마로, 야베스(Jabez)는 몰루칸(Moluccan) 섬에 선교사로 파송할 정도였다.[9] 둘째로 문서선교가 뛰어났다. 케리가 정기간행물과 신문 등을 발행할 수 있었던 것은 인쇄공인 워드(Ward)가 있었기 때문에 가능했다.[10] 셋째는 성경번역이 아주 탁월했다. 세람포어 선교회(Serampore Mission)는 40개 언어로 번역과 출판을 감당했는데 이 가운데 케리는 35개 언어로 성경을 번역했다.[11] 넷째로 현지인 인재를 양육하기 위해 세람포어 대학을 1818년에 설립했다. 개교 당시 37명의 신입생이 입학했는데 이 가운데 기독교인은 19명이었고 비기독교인도 18명이나 되었다. 1827년에는 덴마크왕이 세람포어 대학에 문학사와 신학사 학위를 수여할 수 있는 허가증을 주어 더욱 견고히 설 수 있었다.[12] 다섯째로 선교기

지(mission station)는 당시 개신교 선교사들의 주요 전략이어서 그대로 실시했다.

4. 윌리암 케리가 미친 영향은?

윌리암 케리가 세계선교에 미친 영향은 지대하다. 첫 번째가 유럽과 미국에 선교회 창설의 물꼬를 트게 하였다. 그의 영향으로 런던 선교회(1795년), 스코틀랜드와 글래스고 선교회(1796년), 네델란드 선교회(1797년), 교회 선교회(1799년), 영국 해외성서공회(1804년), 미국 해외선교회(1810년), 미국 침례교선교협회(1814년), 미국 성서공회(1814년)가 잇달아 창설되었다. 두 번째는 건초더미 기도모임으로 하여금 미국 개신교 선교운동을 일으키게 하였다. 그래서 미국 해외 선교회가 1810년에 조직되었다. 세 번째는 보스턴에 여성선교 기도모임을 구성토록 해 여성선교의 길을 활짝 열어 놓았다. 케리는 전 세계의 교회에게 선교 운동을 일으켰고 그는 마치 사도 바울처럼 "내가 달려갈 길과 주 예수께 받은 사명 곧 하나님의 은혜의 복음을 증언하는 일을 마치려 함에는 나의 생명조차 조금도 귀한 것으로 여기지 아니하노라"(행 20:24)의 말씀이 바로 그의 삶이었다.

| 윌리암 케리의 묘비에는 "비천하고 가난하며 벌레같이 보잘 것 없는 자가 주님의 친절한 팔에 쉬겠네"라고 적혀 있다

선교회 태동의 효시, 침례교 선교회

침례교 선교회 설립(1792년), 런던 선교회 설립(1795년)

1. 왜 침례교 선교회(BMS)는 선교회 태동의 효시가 되는가?

라토렛은 1792년 침례교 선교회(Baptist Missionary Society, BMS)가 선교회 출현의 효시(嚆矢)가 된다고 하였다.[13] 사실 침례교 선교회가 설립되기 이전에 다른 선교회가 이미 존재했다. 1649년에는 뉴잉글랜드 복음 선포회가, 1698년에는 기독교 지식 전파회가, 1701년에는 해외 복음 선포회가, 1705년에는 덴마크 할레 선교회가 설립되었고, 1722년에는 진젠돌프가 헤른후트에서 모라비안 선교회를 조직했다. 그렇다면 왜 이 다섯 개 선교회가 선교회 태동의 효시가 되지 못할까? 가장 큰 이유는 각자 선교회를 설립한 이후 전 세계에 동시다발적으로 선교회를 설립하는 운동(movement)을 일으키지 못했기 때문이다. 이들 선교회는 각

| 침례교 선교회(BMS) 초대 총무였던 앤드류 풀러 목사

자 주어진 선교만 감당했을 뿐이지 전 세계적으로 파급 효과를 만들지는 못했던 것이다.

다른 이유는 선교회의 목적이나 운영이 오늘날 선교회의 정신과 동떨어져 있기 때문이다. 앞의 네 개 선교회의 목적은 식민지 형태 내에서 운영되도록 설립되었다. 1492년 콜럼부스의 신대륙 발견으로 영국의 13개 식민지가 미국에 세워졌고, 1498년 바스코 다 가마가 인도에 도착한 이후 유럽의 동인도 회사들이 인도에 세워지면서 동시에 선교 활동도 전개되었다. 순수한 선교 동기보다는 식민지 관할에 선교가 필요했기 때문에 선택된 것이었다. 또한 모라비안 선교회는 세상과는 분리된 헤른후트 공동체 속에서 이뤄지다보니 외부와는 단절된 신앙생활은 자신들만의 독특한 신앙 형태를 만들었고 따라서 이들의 신앙 정신을 닮은 다른 선교회를 출현시키지 못했다. 하지만 윌리암 케리가 설립한 침례교 선교회(BMS)는 달랐다. 선교사 허입부터 파송, 후원, 관리가 다른 선교회를 창설케하는 원동력이 되었기 때문이다.

2. 왜 침례교 선교회(BMS)는 오늘날 모델이 되는가?

침례교 선교회(BMS)는 1792년 윌리암 케리가 노스햄턴 침례교협의회에서 위대한 설교를 한 이후 10월 2일에 결성되었다. 5명의 운영위원회가 선정되었는데 총무에는 앤드류 풀러(Andrew Fuller) 목사가, 재정 담당은 레이놀드 호그(Reynold Hogg)가, 그 외 위원으로는 존 라이랜드(John Ryland Jr.), 존 서트클리프(John Sutcliff), 윌리암 케리였다.[14] 18세기 말경 선교회를 운영한다는 것은 무척 힘들었다. 왜냐하면 영국이 1780년대부터 시작한 산업혁명으로 사회적 변화가 막 일어나고 있던 때라 경제적 여력이 없었기 때문에 후원교회에서는 자신들의 넉넉지 못한 호주머니를 털어서 선교회를 후원해야 했기 때문이다. 당시 선교사 후원은 여러 교회가 후원자로 결성되었던 선교회가 직접 맡아 후원을 했지 한 교회가 파송교회가 되어 선교사의 후원을 책임지지는 않았다.15) 침례교 선교회(BMS)가 설립된 후 3년이 지나서 런던 선교회(London Missionary Society, LMS)도 설립되어 영국교회는 선교열정을 보였다.16)

그렇다면 침례교 선교회가(BMS)가 오늘날 선교회의 모델이 되는 이유는 무엇일까? 첫째는 사람을 훈련시켜 팀웍을 잘 이루었기 때문이다. 케리가 인도로 떠날 때 그와 함께 파송받은 사람은 외과 의사인 존 토마스(John Thomas)였다. 그는 케리의 재정을 맡기로 하고 함께 떠나기로 했는데 그가 선교회로부터 받은 선교정착금 250 파운드(£)를 잘못 관리하는 바람에 출국 일자가 3개월이나 지연되는 해프닝이 일어났지만 다행히 둘의 관계는 깨지지 않았다.17) 케리의 온화한 성품 때문이었다. 더욱이 케리가 인도에 도착한 후 6년이 지나서 세람포어로 이동했을 때 그의 영적, 심리적, 가정적 상태는 무척 힘든 시기였다. 거의 아사(餓死) 직전에 놓인 케리를 선교회에서는 그를 그냥 내버려 두지 않고 마쉬만과 워드를 보내 그의 사역을 돕도록 했다. 만일 이 둘의 협조가 없었더라면 케리는 위대한 선교를 할 수 없었을 것이다.

둘째는 선교회가 적재적소(適材適所)에 케리에게 필요한 재정을 지원해 주었기 때문이다. 사실 케리는 자립, 자치, 자전을 목표로 하는 "토착선교"(indigenous mission)를 지향해 자체적으로 선교비를 충당하는 것

선교 정착비를 잃어버린 존 토마스. 케리는 그를 너그럽게 받아주어 팀웍을 이뤘다.

을 원칙으로 했다. 그래서 그가 선교회로부터 받은 금액은 극히 제한적이었고, 그가 개척한 현지인 교회도 세람포어 선교회의 지원을 받는 것이 아닌 자립적으로 운영하는 토착교회가 되게 하였다.[18] 다만 성경번역 출판이나 의료선교와 같은 큰 사업은 본부의 지원을 받았다. 케리와 세람포어 선교회가 1800년부터 1832년까지 발행한 성경(쪽복음, 신약성경, 신구약), 잡지, 정기간행물 발행 부수만 무려 21만부가 넘는데 이 비용을 선교회에서 부담해 주었다.[19] 더욱이 케리는 1821년부터 의료사업도 준비했는데 당시 세람포어 선교회는 12명의 현지인 선교사를 후원하고 있던 때라 재정이 넉넉지 않아 본부의 도움이 절실히 필요했는데 이것을 본부가 알고 지원을 해주어 의료선교도 할 수 있었다. 케리는 거저 '받는 자'만 되지 않았고 그 역시 '주는 자'가 되어 좋은 모델을 보여 주었다.

063 협력 선교의 모델, 세람포어 삼총사

세람포어 선교회 조직(1800년)

1. 왜 세람포어 삼총사라 불렀나?

윌리엄 케리, 조수아 마쉬만(Joshua Marshman, 1768-1837), 윌리엄 워드(William Ward, 1769-1823)를 "세람포어 삼총사"(Serampore Trio)라 부른다.[20] 케리는 말다(Malda)에서 약 6년간의 사역을 마치고 1800년에 덴마크령의 동인도회사가 있는 세람포어로 옮겼다. 이곳은 선교사를 적대시하지 않고 마음이 열려 있어서 케리는 세람포어에서 선교기지를 세울 수 있었다. 이때 교사인 마쉬만과 인쇄공인 워드가 합류함으로 완벽한 팀을 구성할 수 있었다. "멀리가려면 함께 가라"고 했듯이 이들이 선교 역사상 가장 탁월한 팀웍을 이룰 수 있었던 것은 무엇보다도 케리의 고귀한 인격 때문이었다. 그는 선교 정착비를 잃어버린 토마스를 책임 추궁하지 않았고, 마쉬만은 성실한 사람으로, 워드는 열정적인 사람으로 늘 칭찬을 아끼지 않았다.[21] 그래서 이들은

케리와 함께 세람포어 대학를 설립했고 중국어로 성경을 번역한 마쉬만

각자 맡은 일을 통해 "협력하여 선"을 이룰 수 있었다.

2. 세람포어 삼총사는 무엇을 했나?

케리는 마쉬만과 워드와 함께 1800년에 세람포어 선교회(Serampore Mission)를 설립해 선교사역을 전략적으로 해 나갔다. 무엇보다 케리는 마쉬만과 워드의 적극적인 동역이 없었다면 하나님의 위대한 일을 할 수 없었다. 마쉬만은 교육가로서 케리와 함께 세람포어 대학을 설립하는데 절대적인 공헌을 하였고 케리가 1818년부터 1832년까지 초대 학장을 맡은 이후 그는 1832년부터 1837년까지 2대 학장을 맡아 학교를 운영해 나가기도 했다. 그는 케리처럼 언어 습득에도 탁월해 독학으로 중국어를 15년간 공부한 뒤 중국어 성경을 번역하기도 했다.[22] 특히 케리는 집안에 붙어 있지 않고 바깥에서 일을 벌이는 스타일이라 자식교육은 엉망이었다. 설상가상으로 부인 도로시는 둘째 아들 피터(Peter)를 말다에서 잃은 이후 정신병에 건강까지 쇠약해져 자식을 돌보지 못하는 최악의 상황에 이르렀다.

| 세람포어 대학의 역대 학장 명단들. 초대 학장(1818-1832년)은 케리가, 2대 학장(1832-1837년)은 마쉬만이 담당했다.

바로 이때 케리가 마쉬만과 워드를 만난 것은 천군만마(千軍萬馬)를 얻은 것과 마찬가지였다. 이들은 사역의 동역자일뿐 아니라 케리의 자녀들을 인격적으로, 학문적으로, 영적으로 돌보는데 적극적이었다. 마쉬만이 1800년 케리를 처음 만났을

때 케리에게 네 명의 아들들이 있었는데 4살, 7살, 12살, 15살이었다. 이들은 예의도 없고, 버릇도 없고, 더욱이 교육도 제대로 받지 못한 상황이었다. 그래서 마쉬만과 그의 아내 한나와 워드가 이들을 따뜻하게 대하며 공부도 시키고 예절 교육도 시켜 제대로 된 자식교육을 시킬 수 있었다. 아마 마쉬만과 워드의 돌봄이 없었다면 케리의 아들들은 세상길로 빠졌을 것이다. 케리는 축복의 사람이었다. 케리는 주님을 위해 '모든 것을 버린 자'였다(마 19:27). 그는 하나님의 영광을 위해 가정도, 자식도 모두 버렸다. 하지만 그에게 주어진 하늘의 상급은 놀라웠다.

케리의 문서선교와 성경 출판을 도운 워드. 그는 아버지처럼 자상한 면이 많아 케리의 아들들을 잘 돌봐 세상길로 빠지지 않도록 돕는데 큰 역할을 했다.

워드 역시 케리의 사역에 절대적으로 필요한 사람이었다. 케리가 추구했던 문서선교와 성경번역 선교는 워드의 도움 없이는 할 수 없었기 때문이다. 워드와도 위기가 없는 것은 아니었다. 1812년 인쇄소 화재로 케리가 아끼던 사전과 문법책들, 번역한 성경 원고가 다 타 버려서 케리는 거의 패닉 상태에 빠졌다. 이 일로 워드와 큰 마찰이 일어날 수 있었지만 하나님의 뜻으로 받아들이고 새롭게 시작해 1813년부터 인쇄 업무를 정상적으로 가동시켰다. 케리는 타인과 더불어 살아가는 '공존지수'(Network Quotient, NQ)가 높은 자였다. 그는 혼자 일하는 사람이 아니었다. 그는 마쉬만과 워드와 함께 팀웍으로 세람포어 공동체를 이끌어 가 오늘날 협력선교(cooperation mission)의 좋은 모델을 제시해 주었다.

3. 위대한 평신도 선교시대를 활짝 열다

세람포어 삼총사는 목사(케리)와 평신도(마쉬만과 워드)로 구성되었다.

겉으로 보기에는 어울리기 힘들고 오래갈 수 없을 것만 같은 팀이었는데 결과는 정반대였다. 이들 세 명 모두는 인도에서 뼈를 묻었다. 현재 세람포어에 케리의 무덤 주변에는 마쉬만과 워드의 무덤도 함께 있다. 이들은 끝까지 한 마음을 이뤄 사역을 같이했다. 사실 케리가 말다에서의 1기 사역은 신통치 않았다. 그가 그곳에서 벵갈족을 위한 교회를 개척했지만 백인들만 교회에 출석했을 뿐 벵갈족 현지인은 단 한 명도 개종자를 얻지 못했다. 설상가상으로 이곳에서 1794년에 5살짜리 둘째 아들 피터마저 먼저 하늘나라로 보내는 아픔도 겪어야만 했다. 하지만 케리가 세람포어에서 마쉬만과 워드와 함께 시작한 2기 사역은 상상을 뛰어넘는 풍성한 열매를 거두었다. "잃는 것이 없으면 얻는 것도 없다"고 했듯이 케리가 그러했다.

케리는 세람포어에서 위대한 사역들, 성경번역, 대학교 설립, 사티제도와 유아살해 제도 폐지, 교회개척, 잡지 및 정기 간행물 발행, 의료사역 등 한 명의 선교사로서는 도저히 불가능한 위대한 업적을 남겼다. 왜 그랬을까? 많은 이들이 케리의 '전략'(strategy)이 뛰어났다고 생각하는데 필자의 생각은 다르다. 그에게는 우선 '정신'(spirit)이 좋았다. 케리가 세람포어 공동체를 꾸려나가는 정신은 바로 '가족 공동체'(family-centered community)였다. 케리와 세람포어 삼총사, 다른 현지인들은 가족이었다. 케리가 아들을 잃어버리고, 부인 도로시 마저 정신병으로 먼저 보내는 극한의 상황을 이기고 일어설 수 있었던 힘은 '가족 공동체'였다. 그는 혼자가 아니라는 것을 느꼈다. 세람포어 삼총사는 한 가족을 이뤄 서로의 필요를 채워줬고 이것에서 힘을 얻은 케리는 서서히 오랫동안 준비한 사역의 열매를 거둘 수 있었다. 가족 공동체의 정신 위에 케리의 따뜻한 성품과 체계적인 전략은 평신도 선교 시대를 활짝 여는 초석이 되었다.

선교사 아내의 영광과 상처, 도로시 여사

도로시 사망(1807년)

1. 왜 도로시는 선교사로 헌신하길 꺼려했나?

도로시(Dorothy Plackett Carey, 1756-1807)는 상처가 많은 선교사 아내였다. 사실 도로시는 목사와 선교사의 아내로, 아이들의 엄마로 그 어떤 것도 잘 감당치 못했다. 그녀의 비극적인 삶은 결혼과 함께 이뤄질 것이라곤 아무도 예상치 못했다. 도로시는 경건한 청교도 가정에서 태어나 25살의 나이에 피딩턴(Piddington) 교회에서 윌리엄 케리와 결혼했다.23) 그녀는 케리보다 5살 연상이었고 결혼 전에는 글을 읽고 쓸 줄도 몰랐다. 도로시가 문맹인이었던 것은 당시 대다수의 영국 여성들처럼 그러했다. 실제로 도로시의 결혼식 날 참석한 여성 가운데 자기 이름에 서명할 줄 아는 사람은 고작 26%였고, 남자들은 40% 정도였다.24) 하지만 도로시는 결혼 후 끊임없이 노력해 이름 서명하는 것과 서신 왕래까지 할 수 있었다.

도로시의 결혼 초기 때 케리는 가난한 구두수선공으로 일했다. 그 때 케리는 목회자도 선교사도 아니었다. 하지만 케리가 공부하면서 목회자의 소명을 받았고, 결혼 4년 후인 1785년에 한 작은 침례교회에서 첫 목회를 시작했다. 18세기 후반 영국 교회의 재정은 너무 열악해서 대다수의 목회자들은 다른 직업을 가지고 살았다. 케리 역시 예외는 아니어서 주중에는 구두수선공으로, 주말에는 목회를 병행했다. 목회하던 중 케리는 몇 권의 책을 읽다가 선교에 비전을 갖게 되었고, 1792년에는 침례교 선교회(BMS)를 조직해 그 다음해 선교지로 떠나기로 했다. 그때 케리의 인도 선교에 가장 반대한 사람이 도로시였다.

도로시가 선교지로 떠나지 않으려는 이유는 그녀가 출산 한 달을 앞둔 임신 말기였고, 더욱이 선교사 소명이 없었기 때문이다.[25] 아내의 상황을 누구보다도 잘 알고 있던 케리였지만 그의 선교 열정은 누구도 꺾을 수 없어서 많은 고민 끝에 본인과 8살 난 장남 펠릭스(Felix)만 함께 가는 것으로 결정했다.[26] 다만 귀국 날짜는 케리가 인도에서 3-4년의 사역을 한

| 세람포어에 있는 도로시의 묘비. 케리는 그녀를 늘 "불쌍한 도로시"라 불렀다.

뒤 도로시가 끝까지 반대하면 완전 귀국하는 것으로 했다. 그런데 의외의 사건이 발생했다. 함께 파송받았던 토마스가 선교정착비를 잘못 관리하는 바람에 인도로 떠나는 여행허가증을 받지 못했기 때문이다.[27] 이런 와중에 도로시는 아이를 출산했고 또한 마음을 바꿔 자기 동생인 13살 난 키티(Kitty)를 동행해 주면 간다는 것이었다.[28] 키티가 가는 것에 동의했고 드디어 모두가 1793년 6월 13일 출항해 5개월 동안의 긴 항해 끝에 11월 19일 인도에 도착했다.

2. 도로시의 영광과 상처

도로시는 영광보다 상처가 많은 여자였다. 첫 번째는 다섯 살 난 아들 피터를 잃은 아픔이었다.[29] 이 일은 인도에 도착한 지 1년이 지나서 발생했다. 이일로 인해 도로시는 정신 착란증에 걸려 건강도 잃어 버렸다. 두 번째는 자식들을 돌보지 못한 아픔이었다. 건강을 잃은 도로시는 자식들을 돌볼 수 없었다. 케리는 인도의 열악한 병원시절 때문에 도로시를 정신병원에서 치료하는 것을 반대했고, 영국으로 귀국시켜 치료받는 것은 사역에 지장을 초래할까봐 하지 않았다. 이때 도로시를 극진히 돌봐준 사람이 마쉬만의 아내인 한나(Hannah)였다. 한나는 도로시의 몸을 정성껏 씻어 주었고 그녀가 필요할 때마다 챙겼으며 케리의 네 명의 아들도 자기 자식처럼 정성껏 돌봤다.[30] 세 번째는 남편의 사역에 도움을 주지 못한 아픔이었다. 도로시는 남편의 사역에 "방해꾼"이었다.[31] 그래서 도로시는 케리의 사역에 억지로 끌려 다니는 "주저하는 선교사"(reluctant missionary)로 평가 받고 있다.[32]

그렇다면 도로시에게 영광은 전혀 없을까? 그렇지 않다. 첫째는 풍부한 선교 경험을 들 수 있다. 그녀는 모진 13년(1793-1807년)의 세월동안 하나님 나라가 어떻게 확장되어가는지 체험하기도 했다. 둘째는 선교는 희생의 댓가를 지불해야 얻는다는 것을 뼈저리게 느꼈다. 시간과 정성과 물질과 사랑을 쏟아 부어야 선교가 되는 것을 보게 되었다. 셋째는 하나님께서 약한 자를 들어 쓰시는 것을 보았다. 자신은 말할 것도 없고 케리는 가정 형편이 너무 어려워 독학으로 외국어를 마스터했고 꾸준한 노력과로 미국 브라운(Brown) 대학교에서 신학박사 학위를 1807년에 받기도 했다. 그 해 도로시는 하나님의 품으로 갔다.

3. 도로시 이후 케리의 삶은 어떻게 되었나?

케리는 도로시가 사망한 이후 그 다음 해인 1808년에 두 번째 결혼을 샬롯(Charlotte von Rumor Carey, 1761-1821)과 했다.33) 주변에서는 너무 빨리 결혼한다고 반대 했지만 케리는 상관하지 않았다. 샬롯은 도로시와는 정반대였다. 그녀는 덴마크의 부유한 백작의 딸로 여러 외국어에도 능통해 케리의 성경번역을 적극적으로 도와줘 케리에게 큰 힘이 되었다. 케리가 영국에 있는 친구 목사인 존 라이랜드에게 "샬롯과 13년간 결혼 생활은 가장 행복하고 즐거운 시간"이라고 자신의 속마음을 털어 놓기도 했다. 샬롯이 죽은 후 케리는 1823년에 마지막 3번째 결혼을 미망인이었던 그레이스(Grace Hughes Carey, 1777-1835)와 하였다.34)

| 미얀마 선교사로 떠났던 장남 펠릭스의 묘비. 도로시 묘비 앞에 놓여 있다.

도로시는 "비극의 선교사"였다. 그녀가 오늘날 우리에게 주는 교훈은 첫째로 선교사는 소명을 함께 가져야 한다. '1+1 소명'은 버려야 함께 살 수 있다. 이것이 무너지면 모든 것을 잃어버린다. 둘째로 선교사로 떠나기 전 언어 훈련을 미리 해 두는 것이 좋다. 케리에 비해 도로시의 어학 능력은 너무 떨어져 심한 고독과 내적 갈등으로 큰 어려움을 겪었다. 셋째로 선교사의 부인으로서 무엇을 해야 하는지 분명한 정체감을 지녀야 한다. 선교는 남편 혼자 하는 것이 아니라 함께 동역하는 것이기 때문이다. 넷째로 하나님의 영광을 위해 자신을 희생할 줄 알아야 한다. 선교사는 예수 그리스도처럼 거저 '주는 자'이어야 하기 때문이다.

개신교 최초의 중국 선교사, 로버트 모리슨

로버트 모리슨 중국 도착(1807년),
중국어 신약성경 번역 완성(1813년)

1. 왜 모리슨은 개신교 최초의 중국 선교사인가?

로버트 모리슨(Robert Morrison, 1782-1834)은 "개신교 최초의 중국 선교사"이다.35) 모리슨은 어릴 때 경건한 스코틀랜드의 장로교인이었던 아버지 밑에서 신앙훈련을 받았고 젊어서는 런던으로 가서 공부를 한 뒤 윌리암 케리가 세운 런던 선교회(London Missionary Society, LMS)부터 파송을 받아 1807년 9월 7일 중국 광동에 도착했다. 중국 선교는 로마 가톨릭교회가 개신교회보다 훨씬 빠르다. 이미 1294년에 프란시스코 소속의 몽테 콜비뇨의 존이 1582년에는 예수회 선교사인 마테오 리치가 북경에 각각 입국해 활동을 했다. 이들 보다 더 빨리 들어온 최초의 중국 선교사는 635년 당 태종 때 입국한 네스토리안 출신의 알로펜이었다. 개신교는 중국 선교에 후발 주자로 발을 내디뎠지만

| 개신교 최초의 중국 선교사인 로버트 모리슨

놀라운 사역을 이루었다. 그것은 바로 앞서 간 중국 선교사들이 이룩하지 못한 성경번역이었다.

2. 위대한 중국 성경 번역가

개신교 선교의 위대한 업적이라면 성경번역이다. 루터가 독일 평민들을 위한 독일어 성경을 번역한 이후 개신교 선교사들은 어느 곳에 가든지 우선 성경번역에 착수했다. 19세기 위대한 세기의 "개신교 성경 번역 선교사 3인방"이라면 인도의 윌리엄 케리, 중국의 로버트 모리슨, 버마(미얀마)의 아도니람 저드슨이다. 모리슨이 광동에 도착한 1807년은 중국(청나라)에서 선교하기가 무척 힘든 때였다. 왜냐하면 외국인들은 본토에 아예 입국할 수가 없었고 머물 수 있는 곳은 거류허가증을 받고 체류할 수 있는 광동이나 포르투갈령의 마카오뿐이기 때문이다. 이 제한된 곳에서만 선교해야 했는데 모리슨은 중국어에 능통해 1809년부터 동인도회사 통역관으로 발탁되어 신변의 안전과 경제적 보상을 받을 수 있게 되었다.[36]

모리슨은 광동에 도착한 후 2명의 헌신적인 가톨릭 개종자의 조력(助力) 때문에 중국어를 쉽게 배울 수 있었다. 이들은 중국 당국에 발각되면 심한 고문을 당할까봐 미리 자살하기 위한 독약도 준비할 만큼 신앙이 대단하였다. 이들의 만남을 통해 모리슨은 중국에 온지 18개월 만에 중국어 사전(Chinese Dictionary)을 편찬하는 기염을 토하기도 했다. 무엇보다 모리슨의 위대한 업적은 중국어 성경번역이다. 그는 1813년에 신약성경 번역을 완성했고, 6년 뒤인 1819년에 구약성경 번역을 끝냈다.[37] 문제는 출판이었다. 당시 중국 내에서 종교 서적 인쇄를 제한하는 인쇄 법령을 만들었기 때문에 모리슨은 성경번역을 완성한 뒤 곧 바로 출판하지 않고 여러 번의 정교한 수정을 거친 다음 1823년에 말라카(Malaca)에서 출판하

| 로버트 모리슨이 두 명의 조력자를 통해 중국어 성경번역을 하고 있다.

게 되었다.38) 대다수 성경 번역 전문가들은 모리슨의 중국어 성경번역을 최초라 인정하고 있다.

한편 모리슨의 중국어 신구약 성경 출판보다 1년 앞선 1822년에 출판 된 것이 있는데 인도의 세람포어에서 사역하던 마쉬만의 중국어 성경이다.39) 그는 중국에 가지 않고 인도에 머물면서 15년 동안 독학으로 중국어를 공부해 성경을 번역하였다. 그는 1816년에 신약성경 번역을 마무리했고, 1822년에 구약번역을 완성해 수정한 신약성경과 함께 출판함으로 최초의 중국어 신구약 성경이 되었다. 그런데 많은 이들은 마쉬만의 중국어 성경번역을 최초라 인정하지 않는다. 그 이유는 마쉬만의 아들이 지적한 바와 같이 "필연적으로 불완전"하고 "기본적으로 선교 열정과 문학적 노력의 기념물 정도로" 평가하는 것을 보면 너무 서둘러 출판해 오류가 많다는 것이다.40) 당시 두 사람은 중국어 성경번역의 경쟁자로 잘 알려 졌는데 마쉬만이 먼저 출판하는 승리를 얻었지만 얻는 것보다 잃은 것이 많았다.

3. 모리슨의 공헌은 무엇인가?

모리슨은 "중국 선교의 기초"를 닦은 선교사였다. 그가 사역할 당시의 시대적 환경과 50년 이후 중국에 들어왔던 존 네비우스나 허드슨 테일러의 상황과는 전혀 다르다. 네비우스나 테일러 선교사 같은 외국인은 1842

년 남경조약이 통과된 이후 치외법권(治外法權) 원칙에 적용되어 선교 사역하기가 훨씬 수월했다. 하지만 모리슨의 시대는 꽉 막혀 있던 때라 자유롭게 이동도 할 수 없었다. 폐쇄적인 시기에 모리슨은 중국어 성경번역 외에 몇 가지 중요한 공헌을 하였다. 첫째로 대학을 설립해 현지인 인재를 양성하는 것이었다. 모리슨은 중국에서는 대학교를 세울 수가 없기 때문에 1818년에 말라카에 영화대학(英華大學)을 설립했다.[41] 1818년부터 1832년까지 40명의 학생이 등록해 수학하였다. 모리슨의 위대한 사역은 시대를 앞서갔고 아직까지 시기상조여서 열매는 적었다.

둘째로 영혼 구령하여 제자 만드는 것을 몸소 실천하였다. 모리슨이 사역하던 때는 50년 이후 중국에 들어온 선교사보다 몇 갑절 힘든 때였다. 당시에는 동인도회사만이 무역거래를 하기 위해 중국에 있었기에 선교는 꿈도 꾸지 못한 일이었다. 그래서 동인도회사 직원들은 선교가 무역에 방해될까봐 선교사들에게 적대감을 표출하기도 했다. 이런 환경 속에 모리슨은 동인도회사의 통역관으로 일하면서 중국어 성경번역이라는 대작을 만들어 내었고 동시에 순교도 두려워하지 않고 중국 현지인들을 개종하는데 힘썼다. 그는 25년간 중국에 머물면서 약 10명의 개종자를 얻었는데 이는 복음의 문이 완고하게 닫혀 있던 중국의 상황을 고려하면 절대로 적은 열매가 아니었다. 요즘으로 말하면 근본주의 이슬람권에서 개종자를 얻는 만큼 힘들었기 때문이다.

미국 개신교 선교운동의 시발점, 건초더미 기도운동

미국 해외선교위원회 조직(1810년)

1. 건초더미 기도운동이란?

건초더미 기도운동(Haystack Prayer Movement)이란 1806년 8월 윌리암스(Williams) 대학교의 학생 5명으로 시작된 기도운동이 미국의 개신교 선교의 도화선이 된 운동을 말한다.42) 윌리암스 대학은 매사추세츠의 윌리암스타운(Williamstown)에 소재하고 있는데 이 대학에 다니던 사무엘 밀즈(Samuel J. Mills)를 중심으로 제임스 리처즈(James Richards), 프란시스 로빈스(Francis Robbins), 하비 루미스(Harvey Loomis), 바이램 그린(Byram Green)은 대학 근처에 있는 단풍나무 숲에 자주 모여 기도를 하곤 했다. 그런데 1806년 8월 여름 여느 때와 다름없이 기도하러 가다가 큰 소나기를 만나는 바람에 건초더미에 몸을 피하게 되었다. 건초더미로 이동

| 윌리암스 대학 학생 5명이 기도하면서 생긴 건초더미 기도운동은 훗날 미국 개신교 선교운동의 시발점이 되었다.

한 이들은 예전처럼 뜨겁게 기도하면서 '세계를 품는 기도'에 빠지지 않았고 이제는 자신들이 미국 선교사로 헌신할 것을 약속하고 서명함으로 미국교회의 선교는 이렇게 시작되었다.

2. 건초더미 기도운동의 영향은?

"건초더미 기도모임"(Haystack Prayer Meeting)은 구체적으로 세계선교의 꿈을 실현할 때가 온 것 같아 이들은 백방으로 노력했고 그 결과, 미국 선교에 지대한 영향을 끼쳤다. 첫째로 건초더미 기도모임은 향후 선교 헌신자를 꾸준히 모집하도록 하였다. 다만 당시 미국교회는 아직 세계선교에 있어서 초보 단계라 선교사 모집, 파송, 운영에 관해 풍부한 경험이 있는 영국교회로부터 많은 것을 배워야만 했다. 무엇보다 이들은 자신들이 먼저 선교사로 헌신하는 것을 모범으로 보여야 앞으로 미국의 젊은이들이 따를 것이라 확신하여 건초더미 기도 모임이 있은 지 2년 후에 5명 가운데 3명이 아시아 선교사로 나갔다.

둘째로 건초더미 기도운동은 1810년 미국 해외 선교위원회를 조직토록 하는데 결정적인 역할을 하였다. 건초더미 기도모임에 참석한 이들은 세계선교에 직접적인 영향을 끼치기 위해 1808년에 '형제회'(Society of the Brethren)를 조직하였다.[43] 특히 사무엘 밀즈와 형제회는 브라운 대학교 출신인 아도니람 저드슨과 조우(遭遇)하면서 선교의 구체적인 계획들을 실행할 수 있었다. 마침내 이들은 1810년 매사추세츠 회중 목회자 총회에 참석하여 선교의 비전을 제시하였는데 이 때 젊은이 세 사람의 간증은 총회로 하여금 해외선교회를 즉각적으로 결성토록 하였다. 이것이 바로 1810년에 설립된 최초의 미국 해외선교위원회이다.

셋째로 건초더미 기도운동은 100년 동안이나 꾸준히 이어져 드디어

| 윌리암스 대학 내에 있는 건초더미 기도운동 기념비. 기념비에는 당시 건초더미에서 기도했던 다섯 명의 젊은이들의 명단이 기록되어 있다.

1888년 학생자원선교운동(Student Voluntary Movement, SVM)을 형성하는데 까지 영향을 끼쳤다. 처음에는 5명의 대학생들로만 구성된 기도모임이었지만 이제는 미국 전체에 있는 대학생들이 세계선교에 발 벗고 나서는 선교운동으로까지 확대되어져 갔다. "선교는 기도로부터 시작된다"고 한다. 그렇다. 기도 없이는 선교를 할 수 없다. 미국 선교의 시발점은 바로 기도모임, 즉 건초더미 기도모임을 통해 확산되어 2010년 현재 93,500명의 선교사를 파송해 세계 최고의 선교강대국이 되었다.44) 그 출발은 바로 기도였다.

넷째로 윌리암스 대학 내에 건초더미 기도운동 기념비를 세워 젊은이들에게 끊임없이 세계선교의 비전을 심어주고 있다. 1867년에 바이럼 그린은 윌리암스 대학 내에 기념비를 세울 것을 학교 측에 제안하였고 학교는 이를 받아들여 성사되었다. 그래서 지금 이 기념비에는 당시 건초더미 운동에 참석한 다섯 명의 학생 이름이 기록되어져 있고, 기념비 하단에는 "미국 해외선교가 시작된 곳"(the birth place of American foreign missions)이라 기록되어져 있다.45) 젊은이들의 기도의 불꽃은 19세기 해외선교의 "위대한 세기"에 신생 미국교회를 동참케하는 놀라운 변화를 이끌어 냈다.

미국 최초의 개신교 선교사, 아도니람 저드슨

아도니람 저드슨 버마 도착(1813년),
버마어 신구약 성경번역 완성(1834년)

1. 젊은 시절의 방황

아도니람 저드슨(Adoniram Judson, 1788-1850)은 '선교를 위한 사람'이었다. 그의 37년 선교사역은 현대 선교의 길잡이가 된다. 그는 회중교회 목사의 아들로 태어나 브라운(Brown) 대학교에 입학해 제이콥 임스(Jacob Eames)를 만나면서 잠시 방황의 길을 걷게 된다. 임스는 계몽주의 시대의 대표적 사상인 이신론(Deism)을 믿는 자로 성경을 부인하였고 하나님께서 천지를 창조하신 후에는 인간세계에 개입하는 것을 중단하고 자연의 법에 의해 세계질서가 운영되어야 한다는 자연종교(natural religion)를 믿는 자였다.46) 그의 영향으로 저드슨은 뉴욕으로 가서 극작가가 되려고 했다. 뉴욕에 도착했지만 별다른 만족을 못 느낀 저드슨은 뉴잉글랜드로 돌아오는 길에 한

| 미국 최초의 개신교 선교사인 아도니람 저드슨

여인숙에 머물렀다. 그런데 밤새 자지러지며 신음하는 옆방 투숙객으로 인해 잠을 못 이뤘는데 다음날 그 손님이 죽었다는 것을 알았다. 그가 바로 친구 임스였다. 저드슨은 엄청난 충격에 휩싸였고 결국 그는 영혼의 문제를 고민하게 되었다.

2. 미국 최초의 개신교 선교사가 되다

저드슨은 대학을 졸업한 후 복음주의 계열의 앤도버(Andover) 신학교에 입학했다. 저드슨은 이곳에서 건초더미 기도운동을 시작한 사무엘 밀즈를 만나 세계선교의 꿈을 구체적으로 계획하게 된다. 이미 신학교에서 탁월한 리더십을 인정받은 저드슨은 밀즈와 함께 1810년 매사추세츠 회중교회 연차총회에 참석해 해외선교 위원회를 결성토록 하였고 자신이 미국 1호 선교사로 파송받도록 준비하고 있었다. 그런데 문제가 발생했다. 바로 돈이었다. 아직까지 미국교회가 재정적 여력이 없어서 런던 선교회에 도움을 청했다. 런던 선교회에서는 저드슨이 자립할 때까지 도와줄 것을 약속했지만 앞으로는 미국교회가 자립하길 요청했다. 미국해외선교회에서는 처음에 14달러 밖에 모금하지 못했지만 그 다음에 6천불까지 모금해 저드슨과 일행은 선교지로 떠날 수 있게 되었고 그는 미국 최초의 개신교 선교사가 되었다.47)

3. 주를 위해 살고 주를 위해 죽다

저드슨은 선교에 대한 열정이 얼마나 강한지 결혼한 지 13일 만에 선교지로 떠났다. 부인인 앤(Ann) 역시 선교소명으로 똘똘 뭉친 여자인지라 이에 개의치 않았고 이들은 신혼생활을 4개월간 배에서 보냈다. 이곳에서 성경공부를 하며 선교 비전을 함께 나눴다. 마침내 긴 항해 끝에 1812년

6월 인도의 켈커타에 도착했다. 이곳에서 저드슨은 세람포어에 있던 워드를 통해 침례를 받고 회중교회에서 침례교로 전환했는데 그 이유는 배에서 신약성경을 공부하던 중 "신자의 침례"(believer's baptism)에 대한 확신이 있었기 때문이다.48) 약 1년의 세월이 지난 뒤 1813년 7월에 저드슨은 버마(미얀마)의 랑군(Rangoon)에 도착했다.

버마인들이 자유롭게 모여 쉬기도 하고 토론을 하는 정자 같은 자야트. 이곳에서 저드슨은 첫 개종자를 얻어 부흥이 확산되어져 갔다.

당시 버마는 독재 정치로 인해 선교사들에게 대한 핍박과 박해가 창궐해 대다수가 떠났고 저드슨이 도착했을 때 마지막까지 남아 있던 자는 윌리엄 케리의 장남인 펠릭스 케리(Felix Carey) 가정뿐이었다. 그런데 이들도 곧 버마 정부의 요청으로 정부 관리로 막 떠날 참이었다.

이제 남은 사람은 저드슨 밖에 없었다. 이들이 가장 먼저 한 것은 매일 12시간씩 버마어를 배우는 것이었다. 체계적인 영어와는 전혀 다른 언어 체계를 가지고 있는 버마어를 배우는 것은 무척 힘든 일이었지만 그들은 사활을 걸고 배웠다. 두 사람 모두 버마어 습득이 남달리 뛰어났는데 앤은 남편에 비해 듣고 말하는 것을 잘하였고 반면 저드슨은 버마의 언어구조에 대해 더 잘 알았다.49) 저드슨은 언어를 어느 정도 배운 뒤 버마인들과 쉽게 접촉할 수 있는 방안을 모색하였다. 그것은 자야트(Zayat)를 통해 접근하는 것이었다. 자야트란 집 근처 거리에 세워진 버마인들의 모임 장소나 접근실로 누구든지 와서 마음껏 쉬고 토론도 할 수 있는 곳이었다.50) 버마인들이 선교사가 만든 선교기지(mission station) 안으로는 단 한 명도 들어오지 않는데 자야트에는 모여들기 시작했다. 저드슨은 1819년 4

월에 자야트를 처음 오픈한 뒤 두 달 후에 35세의 벌목 업자인 마웅 나우 (Maung Nau)라는 첫 개종자를 얻어 침례를 베풀었다.51) 저드슨은 느린 속도였지만 1819년에 3명, 1820년에는 7명, 1821년에는 3명, 1822년에는 5명의 개종자를 얻었다.52)

사역이 막 무르익고 있을 때 저드슨에게 어두운 그림자가 다가왔다. 1824년부터 25년까지 영국-버마간의 전쟁이 발발하여 모든 외국인은 다 스파이로 간주해 감옥에 집어처넣었다. 이 때 저드슨도 예외는 아니었다. 그는 영국인이 아니라 미국인이라고 말했지만 아무런 소용이 없었다. 무려 1년 반 동안이나 지옥 같은 감옥 생활을 겪어야만 했다. 이 때 앤은 임신 중이었고 몸이 너무 약한데도 불구하고 남편의 석방을 위해 불철주야 탄원을 하였다. 그녀의 끈질긴 간청으로 인해 저드슨에게 미약하게나마 관용이 베풀어졌다. 마침내 1825년 11월 영국이 버마와 휴전협정을 맺기 위해 저드슨은 통역관으로 풀려날 수 있었다. 하지만 이러한 기쁨도 잠시였다. 몇 달 뒤 저드슨은 사랑하는 아내 앤을 먼저 하늘나라로 보내야만 했다.

| 저드슨의 아바(Ava)에서의 감옥생활. 당시 감옥은 각종 병균과 벌레가 들끓어 생존하기가 무척 힘들었다.

앤이 사망한 후에 저드슨은 너무나 절망한 나머지 2년이 지났을 때는 모든 사람들과 관계를 끊고 정글에 들어가 오두막을 짓고 혼자 살기도 했다. 이렇다고 해서 근본적인 문제를 해결할 수 없는지라 그는 사역을 통해 모든 것을 잊기로 했다. 그는 불같은 사역으로 다시 도시로 돌

아와 1836년까지 총 1,144명의 개종자를 얻었는데 1836년 한 해 동안만 버마인이 19명, 카렌족이 323명, 다른 종족에서 16명이나 개종하였다.[53] 이처럼 카렌족들이 많이 개종한 것은 이들이 오랫동안 믿고 있던 '타락설화' 때문이었다.[54] 타락한 카렌족을 구원하기 위해 하나님께서 예수 그리스도를 이 땅에 보내셨고 누구든지 그리스도를 영접하면 구원받고 회복될 수 있다고 복음을 소개해 많은 카렌족들이 그리스도를 영접하게 되었다.

저드슨에게 있어 최대의 걸작이라면 단연 성경번역이다. 그는 자야트에서 복음을 전하면서도 꾸준히 빼놓지 않은 것이 성경번역이었다. 1834년에 버마어 신구약 성경번역을 완성했고, 그가 사망할 당시 1850년에는 버마어 영어-버마사전이 출판을 기다리고 있었다. 그는 앤을 잃은 지 몇 년이 지난 후 30대 미망인인 사라 보드만(Sara Boardman)과 재혼을 했고, 이후 미국 방문 중 전기 작가인 에밀리 첩보크(Emily Chubbock)를 만나 세 번째 결혼을 하였다. 하지만 이들 모두는 일찍 숨을 거두고 마는데 당시 여성 선교사들은 박해에 따른 정신적, 육신적 고통과 무서운 열병과 과중한 가사 노동과 빈번한 임신과 출산으로 일찍 생을 마감하였다. 이들 역시 복음의 숨은 피를 뿌림으로 버마 선교가 빛을 발할 수 있었다. 저드슨도 1850년 심한 병중에도 복음 전하려 배를 타고 이동하다가 목숨을 잃어 수장되었다. 저드슨, 앤, 사라, 에밀리 모두 복음을 위해 살다가 복음을 위해 숨진 귀한 선교사들이었다.

068 여성 선교사의 산 증인, 앤 저드슨

앤 저드슨 버마 도착(1813년), 마태복음 번역(1819년)

1. 불타는 소명

앤(Ann Hasseltine Judson, 1789-1826)은 불타는 선교소명을 지닌 여성 선교사였다. 앤은 초기 선교사들과는 달리 선교소명이 분명했고 적극적으로 선교사역에 동참했다. 그녀는 저드슨과 1812년 2월에 결혼한 이후에 선교소명을 받은 것이 아니라 이미 그 전에 선교사로 헌신한 자였다. 그렇다보니 결혼하자마자 13일만에 선교지로 떠나도 아무런 불평을 하지 않았다. 그녀는 저드슨과 함께 인도로 떠나는 배를 타고 4개월간 긴 항해를 하면서 이곳에서 성경공부를 하며 앞으로의 선교 비전을 함께 나눴다. 1813년 버마에 도착한 앤은 자신의 선교 목적을 분명히 밝히고 있다: "나는 이 세상에 사는 동안 가난하고 무지한 여성들을 구세주에 대한 지식으로 인도하기 위한 도

| 남편 저드슨과 함께 동역자로 일한 여성 선교사의 산 증인 앤

구가 되는 것 이상의 다른 어떠한 즐거움도 바라지 않는다."55) 이처럼 그녀의 뜨거운 구령의 열정은 버마에서 점차 꽃피기 시작했다.

2. 여성 선교사로서의 귀중한 사역

앤의 적극적인 소명은 곧 바로 언어습득으로 이어졌다. 배우기 까다롭기로 유명한 버마어 습득이 빨라 앤은 자신감이 붙기 시작했다. 그녀는 버마어를 배우기 위해 매일 아침 10시에 선생이 오지만 가장 쉽게 배운 방법은 직접 길거리나 시장터에서 사람들을 만나 얘기를 나누며 언어가 늘기 시작했다. 일반적으로 여성들이 남성보다 언어습득이 빠르듯이 앤도 그러했다. 앤은 남편보다 말하고 듣는 것에 빨랐고 남편은 언어 구조를 이해하는데 빨라 성경을 번역하는데 큰 도움이 되었다. 앤은 남편과 함께 1819년에 자야트(Zayat)라는 정자(亭子)를 만들어 버마인들과 온종일 얘기하고 토론하며 이곳에서 예배를 드렸다. 자야트에서 만난 버마 여성인들과 성경공부를 하면서 언어습득의 속도가 무척 빨라지기 시작했다.

무엇보다 앤이 남긴 귀한 사역이라면 문서선교이다. 그녀는 다니엘서와 요나서를 버마어로 번역하였고, 1819년에는 마태복음을 번역하였는데 이는 태국어로 번역한 최초의 개신교 선교사가 되기도 하였다.56) 두 번째는 교육선교이다. 그녀는 버마 여성들을 깨우치기 위해서는 교육이 가장 시급하다고 생각했다. 그렇게 하기 위해서는 글을 깨우쳐야 하고 문자를 읽을 수 있다면 성경을 읽을 수 있어서 오랫동안 이들을 감금해 놓은 어두운 터널에서 통과할 수 있을 것이라 믿었다. 그래서 앤은 여성 교육에 앞장섰다: "깊은 동면에 빠져 무지와 기만 속에서 시들어가는 이들 영혼들의 영원한 파멸의 길을 더듬어 가는 것을 이대로 허용만 하고 있을 것인가? … 동방에서의 여성들의 구원과 계몽을 위해 그리고 그들의 상황의

아바(Ava)에서 감옥생활을 하는 남편 저드슨을 방문하는 앤. 그녀는 임신 중에도 남편의 무고함과 석방을 위해 끊임없이 탄원하였다.

개선을 위해 우리 연합된 노력을 경주합시다."57) 이처럼 그녀는 버마 여성교육에 적극적이었다.

앤은 버마에서 사역하는 동안 슬픔을 지혜롭게 잘 극복한 여성이었다. 그녀가 버마로 온지 2년이 되던 1815년에 아들 로저(Roger)를 출산했지만 8개월 만에 사망하였다. 당시 워낙 유아사망률이 높은 때라 선교사들은 가능한 자식을 많이 낳았다. 그렇다보니 여성 선교사들의 빈번한 임신과 출산은 오히려 열악한 환경 속에서 여성 선교사들의 건강을 쉽게 해쳤고 유아사망률도 높아졌다. 출산 이후 몸조리는커녕 끊임없는 사역은 여성 선교사들의 몸 자체를 망가뜨리는 것이었다. 앤도 예외는 아니었다. 하지만 앤의 대처 능력은 윌리엄 케리의 부인인 도로시와는 달랐다. 남편을 원망하거나 사역 자체의 뿌리를 흔들지 않았고 그대로 순응했다. 침착성을 잃지 않았고 하나님의 뜻을 구했다. 이것이 앤의 능력이었다.

3. 일찍 영광의 하늘나라로 가다

초기 여성 선교사들은 위대했다. 선교지에서 힘든 가사노동과 핍박, 열악한 환경, 외로움, 어린 자식의 사망은 여성으로 도저히 극복하기 힘든 일들이었다. 저드슨 역시 초기부터 위대한 사역을 할 수 있었던 것은 앤의 절대적인 희생 때문이었다. 이렇게 힘든 사역 가운데서도 앤은 늘 행복했다고 간증했다: "비록 내가 그리스도를 위해 어떤 것을 행하도록 허락될 만한 가치가 있는 사람은 아니지만 주께서 그들과 함께 살며 하나님 나라의 확장을 위해 노력하는 것을 나의 의무로 주셨음으로 인해 나는 행복합니다."58) 그녀는 참을 수 없는 고통과 눈물이 나오는 버마 땅에서 기쁨을 잃지 않았고 감사를 놓치지 않았다. 앤도 역시 다른 여성 선교사들처럼 이런 고통을 피할 수 없어서 버마에서 짧은 13년의 사역을 마치고 하늘나라로 갔다.

069 인도 상류층 선교의 대가, 알렉산더 더프

알렉산더 더프 인도 캘커타 도착(1830년)

1. 왜 상류층 선교를 하게 되었는가?

알렉산더 더프(Alexander Duff, 1805-1878)는 인도 상류층 선교의 대가(大家)이다.59) 그는 중세 로마 가톨릭의 로베르토 데 노빌리(Roberto de Nobili)처럼 인도 상류층들을 개종시키는데 사역의 중점을 두었다. 그가 이처럼 상류층 선교에 고집을 하게 된 이유는 인도 사회의 변화를 추구하기 위해서는 무엇보다도 상류층 인사들이 변화지 않는 한 인도 사회의 변화가 요원하다고 보았기 때문이다. 불가촉천민을 중심으로 한 달리트 계급의 선교 장점은 개종은 쉽게 일어나지만 사회 변혁까지 이끌어 내기가 불가능하다고 판단하고

| 인도 상류층 선교의 대가인 알렉산더 더프

아예 처음부터 상류층을 타깃으로 삼았다. 그렇다보니 그는 다른 선교사들에 비해 개종 숫자는 적었지만 소수의 엘리트들을 개종시키는 학교 선교로 사역을 시작하였다.

2. 알렉산더 더프의 학교 선교

더프는 스코틀랜드 최초의 인도 선교사로 1830년 5월 27일 인도 캘커타에 도착했다. 그는 상류층 선교의 꿈을 이루기 위해 인도에 도착한지 몇 달이 안 되어 캘커타 상류층이 사는 마을에 집을 구해 학교를 개원했다. 그로 하여금 집을 구입토록 도움을 준 사람은 캘커타에 영향력 있는 페링기 보스(Feringhi Kamal Bose)라는 힌디인이었다. 그가 인도에 도착한 뒤 학교 선교를 집(가정)에서 곧바로 시작하게 된 이유는 세 가지 교육 정책에 따른 것이었다: (1) 교육 문제에 있어서 인도 정부의 정책을 바꾸도록 해야 한다; (2) 크리스천의 집이 교육의 중심이 된다는 것을 이해시켜야 한다; (3) 인도 상류층에게 기독교 사상을 심어줘야 한다.[60] 그가 개원한 학교는 총회학교(General Assembly's Institution)로 얼마 안 되어 300명이 몰릴 만큼 인기가 높았다. 현재는 스코틀랜드 교회 대학(Scottish Church College)으로 개명되어 지금까지 좋은 영향력을 끼치고 있다.

더프의 학교 교육은 독특했다. 일반적으로 선교사들은 신학교를 먼저 세우는 것이 전통적이었다. 신학 위주의 교육으로 현지인 일꾼을 세우는 것이 목표였기 때문이다. 하지만 그는 처음부터 전통적 신학 교육에서 탈피해 일반 교육에 중점을 두었다. 무엇보다 영어로 서구의 뛰어난 과학과 기술을 가르치는 것이다. 여기에 성경공부를 곁들여 자연스럽게 탁월한 인재를 양성코자 하는 것이 그의 꿈이었다. 그래서 그의 비전은 서서히 무르익기 시작했다. 루스 터커(Ruth Tucker)에 따르면 그가 이 학교에서

| 알렉산더 더프가 세운 스코틀랜드 교회 대학의 현재 모습

배출한 학생 수만 수천 명이었는데 개종자는 겨우 33명에만 이른다고 주변으로부터 많은 공격을 받았다고 한다.61) 하지만 33명은 모두 인도의 상류층 자녀로 이들 가운데 목사나 선교사도 배출되었다. 그의 소망은 사도 바울과 같은 탁월한 현지인 리더를 배출해 인도를 변화시키는 것이었다.

3. 알렉산더 더프의 영향은?

알렉산더 더프는 원래 애버딘(Aberdeen) 대학교에서 신학박사(D.D.) 학위를 받았다. 그런데 1854년에 뉴욕대학교로부터 법학박사(L.L.D.) 학위까지도 받을 만큼 그는 뛰어난 학자요 선교사였다. 그의 인도 선교는 남달리 독특했는데 그가 끼친 영향을 살펴보면 다음과 같다. 첫째로 그는 인도의 상류층 교육에 앞장섰고 큰 변화를 이끌어 냈다. 그의 목표는 기독교 교육을 받은 상류층 인재들이 인도 사회를 복음 안에서 변화시키고자 하는 것이 그의 뜻이었는데 서서히 이루어졌다. 심지어 상류층 여성 학교도 개원하여 좋은 평가를 받기도 했다. 둘째로 그의 서양식 학교 운영은 캘커타 의과 대학을 설립하는데도 지대한 영향을 끼쳤다. 그가 개원한 총회학교가 좋은 모델이 된 것이다. 셋째로 인도의 학교 선교의 중요성을 널리 알리는데도 영향을 주었다. 그는 영국뿐 아니라 미국까지도 건너가 인도의 교육 선교의 중요성을 일깨워 주었고 동참케 하였다.

아프리카 선교에 불을 지핀 선교사, 데이빗 리빙스턴

데이빗 리빙스턴 아프리카 남아공 도착(1841년)

1. 선교 헌신으로 똘똘 뭉친 선교사

데이빗 리빙스턴(David Livingstone, 1813-1873)은 "선교헌신으로 똘똘 뭉친 선교사"였다. 그는 10대 때 회심한 이후 중국 선교사가 되길 원했다. 열악한 가정 형편 때문에 제때 공부할 수는 없었지만 끝까지 공부의 끈을 놓지 않았다. 늦은 나이임에도 불구하고 1836년에 글래스고(Glasgow)에서 신학과 의료공부를 병행하면서 1839년에 런던선교회(LMC)에 중국 선교사로 지원해 허락을 받았다.62) 하지만 LMC에서는 영국이 중국과의 아편전쟁으로 관계가 악화일로에 빠지게 되자 중국이 아닌 다른 곳을 추천했다. 이때 리빙스턴은 아프리

| 아프리카를 세상에 알리는데 큰 공헌을 세운 데이빗 리빙스턴

카의 베테랑 선교사인 로버트 모펫(Robert Moffat)을 소개받았다.

모펫은 안식년을 맞아 영국에 머물면서 아프리카 선교동원을 하고 있던 때라 리빙스턴과의 만남은 축복이었다. 모펫은 모험심이 강한 리빙스턴에게 아프리카의 경험담을 나누며 "선교사가 살지 않는 천개의 마을에서 연기가 피어오르는 모습"을 기대해 보라고 자극했다.63) 리빙스턴은 지금까지 중국선교사가 되길 원했지만 하나님의 때가 아니라 판단되어 "하나님, 제가 아프리카로 가는 것이 주님의 뜻이라면 저는 그렇게 하겠습니다. 저는 하나님께 유익한 사람으로 살고 싶습니다"라고 기도하고 마음을 바꿨다.64) 마침내 리빙스턴은 1840년 11월 20일에 선교사로 임명을 받고 영국을 떠나 1841년 3월에 남아공 케이프타운에 도착했다.

2. 리빙스턴의 빛나는 선교

리빙스턴의 아프리카 선교는 크게 3기로 나뉠 수 있다. 1기(1841-1856년)는 '도전과 성공기'로 불모지 아프리카로 간 그의 불굴의 탐험 정신은 수많은 사람들에게 도전과 감동을 주었고, 2기(1858-1864년)는 그가 LMC와의 관계를 끊고 영국 정부와 공동 탐험을 실시했지만 1기에 비해 별로 성과를 거두지 못한 '쇠퇴기'이고, 3기(1865-1873년)는 노년을 아프리카에서 홀로 보내며 뉴욕 헤럴드지(New York Herald) 편집장인 헨리 스탠리(Henry Stanley)와의 짧은 조우(遭遇)로 더욱 세상에 알려진 '말년기'이다. 아프리카에 선교의 불을 지핀 리빙스턴은 선교사로서 각기 다른 평가를 받고 있다.

첫째로 선교사로서 리빙스턴이다. 어떤 이들은 리빙스턴은 탐험만 했지 영혼구령에 관심을 가졌냐고 비판하는 자들이 있지만 사실은 그렇지 않다. 그는 탐험을 하지 않는 날에는 오후에 진료소를 열어 환자들을 돌봤고 매일 저녁에는 마을 사람들과 함께 예배를 드렸다.65) 그가 다른 선교사들에 비해 교회개척은 턱없이 부족했지만 당시까지 아시아, 특히 중국과 인도에 집중되었던 관심을 아프리카로 돌리는데 큰 영향을 끼쳤고, 그가 아프리카를 소개한 이후 수많은 서구 선교사들이 아프리카로 몰려들었기 때문이다.

둘째로 탐험가로서 리빙스턴이다. 리빙스턴은 '여행광'이었다. 그는 아프리카 구석구석을 돌아다니는 것이 마치 '소풍' 가는 정도로 여겼다. 그의 탐험으로 빅토리아 폭포(Victoria Falls)가 발견되었다. 무엇보다 그는 1857년 안식년 때 캠브리지 대학교를 방문하며 젊은이들에게 '기독교와 상업'이 떼려야 뗄 수 없는 관계임을 일깨우며 공정한 무역거래로 기독교가 아프리카에 뿌리 내릴 수 있도록 동참할 것을 호소했다.66) 반응은 폭발적이었다. 이런 명강연은 수많은 젊은 영국 대학생들을 아프리카로 향하게 하였다. 이는 그가 영국인들로 하여금 제국주의적 상업으로 떼돈을 벌라는 것이 아니라 공정한 상업을 통해 영국과 아프리카가 서로 상생하며 기독교가 아프리카인의 마음을 얻을 수 있도록 하였다.

셋째로 박애주의자로서 리빙스턴이다. 18, 19세기 제국주의 시대에 리빙스턴은 박애주의자였다. 노예매매가 성행하던 때에 그는 노예매매를 금지시키는데 앞장섰고 아프리카인들을 진정으로 사랑하는 자였다. 웨스터민스터 사원에 안장된 그의 묘비에는 "그는 30년 동안 무자비한 노예매매를 없애는데 최선을 다하여 기쁜 마음으로 아프리카 종족들을 복음화하는데 힘썼다"고 기록되어 있다.67) 이는 어느 유럽인들이 아프리카 땅에 와서 그들을 인격적으로 대한 적이 없는 것과는 차원이 달랐다. 그렇다 보니 그는 자연스럽게 아프리카인들의 마음을 얻었다. 사람을 아끼고 존중하는 사람, 그가 바로 리빙스턴이었다.

3. 리빙스턴의 아프리카 선교와 아내의 희생

| 리빙스턴 묘비

리빙스턴은 탐험광이다보니 아내와 자식들과 있을 수 있는 시간이 거의 없었다. 그는 인도의 윌리암 케리나 버마의 아도니람 저드슨처럼 어느 한 곳에 머물려 지긋이 사역하기보다는 황량한 땅 아프리카 중남부를 돌아다니며 새로운 것을 발견하는 모험가이자 개척가였다. 그래서 가장 큰 희생을 한 사람이 그의 아내 매리(Mary)였다. 리빙스턴의 위대한 사역 뒷면에는 아내와 자식들의 절대적인 희생이 요구되었다. 리빙스턴은 그야말로 "주를 위해 모든 것을 버린 선교사"였다. "하나님의 나라를 위하여 집이나 아내나 형제나 부모나 자녀를 버린 자는 현세에 여러 배를 받고 내세에 영생을 받지 못할 자가 없느니라"(눅 18:29-30)의 말씀은 리빙스턴의 삶 그 자체였다. 그로 인해 아프리카 선교는 유럽에 알려졌고 그 이후 많은 서구 선교사들이 아프리카 땅을 밟았다.

우울한 여성 선교사, 매리 리빙스턴

매리 데이빗 리빙스턴과 결혼(1845년)

1. 왜 매리는 우울한 여성 선교가인가?

매리(Mary Livingstone)는 "우울한 여성 선교사"였다. 아버지 로버트 모펫(Robert Moffat)은 아프리카 선교사였고, 리빙스턴 역시 아프리카 선교사였는데 그녀는 왜 우울했을까? 모펫의 장녀인 매리는 아프리카 선교사로 일하는 부모님을 만나기 위해 아프리카로 갔다가 리빙스턴을 만났다. 리빙스턴은 1844년 초에 사자 사냥을 나갔다가 큰 변을 당했는데 사자의 공격을 받아 왼쪽 어깨에 사자의 이빨 자국이 11개가 날 정도로 큰 부상을 당했다.[68] 3개월간의 치

| 사자 사냥을 나갔다가 왼쪽 어깨에 큰 부상을 당하는 리빙스턴. 이 사고로 리빙스턴은 3개월간 치료 받으면서 결혼을 결심하게 되었다.

제5장 개신교 선교 • 379

료 끝에 어느 정도 회복이 되었지만 이 일로 인해 리빙스턴은 평생 왼쪽 어깨를 잘 사용하지 못했다. 외향적 성격인 리빙스턴이 3개월간 꼼짝 달싹 못하면서 결혼의 필요성을 절실히 느꼈고 마침 아프리카로 온 모펫의 딸 매리에게 마음이 끌려 구애를 했다.

매리도 결혼 시기를 놓친 때라 아버지의 권유와 여러 여건상 결혼의 필요성을 느껴 리빙스턴과 함께 1845년 1월에 결혼식을 올렸다. 이 결혼이 그녀의 행복과 기쁨을 송두리째 빼앗아 갈 것이라곤 누구도 예상치 못했다. 남편 리빙스턴은 탐험광이어서 집에 있는 날이 거의 없었다. 오죽하면 장모인 매리의 어머니가 사위에게 임신한 딸을 데리고 제발 탐험하지 말 것을 부탁하였다: "아니, 여보게! 자네는 멀쩡한 애 하나를 죽여 놓고 어미까지 죽이려 한단 말인가? 꼭 어미와 손자 녀석들을 데리고 탐험을 떠나야만 되겠는가?"[69] 이 편지도 소용이 없었다. 이미 이들이 다 떠나고 난 뒤 도착했기 때문이다. 매리도 남편과 함께 탐험을 떠나봐야 짐만 되었지 도움이 되지 못했다. 갓난애들을 돌보느라 무더운 정글과 무서운 열병이 언제

| 리빙스턴과 매리의 가족. 리빙스턴은 탐험광이어서 아내와 자녀들과 오랫동안 떨어져 살았다.

나 도사리고 있어서 육신적으로 정신적으로 거의 녹초가 되었기 때문이다.

결국 리빙스턴은 아내와 자식들을 데리고 함께 탐험을 할 수 없다는 것을 깨닫고 1852년 3월 영국으로

| 모잠비크에 있는 매리의 묘지

돌려보냈다. 영국으로 귀국한 매리에게 남편 없는 고국 생활은 죽을 맛이었다. 번번한 집도, 말벗도 없는 빈곤한 삶 그 자체였다. 급기야 우울증에 빠진 매리는 술로 자신의 외로움을 달랬다.70) 남편은 탐험에 빠져 정글을 나돌고 있는데 자신은 술독에 빠져 헤어나질 못했다. 영국에서는 매리에 관해 안 좋은 소문만 무성하게 나돌아 미칠 지경이었다. 그녀가 5년 동안 혼자 영국에서 보낼 즈음 남편이 안식년을 보내기 위해 영국으로 돌아왔다. 이후 매리는 남편과 함께 아프리카로 돌아갔다가 여섯째 아이를 출산한 후 다시 영국으로 돌아왔고 1862년에 다시 아프리카로 떠났다. 이제는 남편 못지않은 열정으로 열심히 할 것이라 마음먹고 아프리카로 갔는데 얼마 안 되어 열병에 걸려 42세의 나이로 생을 마감했다.

2. 여성 선교사의 소명

매리 역시 윌리암 케리의 부인인 도로시와 같이 소명이 문제였다. 리빙스턴은 아내와 자식을 제대로 돌보지 못하는 '빵점짜리 가장'이었다. 하지만 하나님 나라를 확장시키는 일에는 '100점짜리 선교사'였다. 그의 선교 소명의 불꽃은 활활 타올랐다. 문제는 부부가 함께 소명을 받고 점검해야 하는데 매리가 이 과정을 거치지 못했다. 이후 리빙스턴의 긴 여행, 매리의 잦은 임신과 출산, 외로움, 열병 어느 것 하나 매리를 즐겁게 해 주는 것이

없었다. 이 일을 극복하는 길은 '소명'에 달려 있었다. 하나님이 나를 부르셨다는 강한 소명 의식은 어떤 열악한 환경도 극복할 수 있다. 하지만 매리는 이것이 부족했다. 윈스톤 크롤리(Winston Crawley)는 선교사의 자격으로 건강, 영성, 성숙, 융통성, 사랑을 꼽았는데 매리 역시 이것이 부족했다.[71] '1+1 소명'은 자신도 죽고 남도 힘들게 한다는 것을 잊지 말아야 한다.

072 헨리 벤과 토착화 교회
헨리 벤과 루퍼스 앤더슨 삼자원리 주장(1851년)

1. 토착화 교회 생성 배경

토착화 교회(Indigenous Church)란 선교사의 도움을 받지 않고 현지인 교회가 스스로 자립(self-supporting), 자치(self-governing), 자전(self-extending)하는 교회를 말한다. 이 원리를 처음 주장한 사람은 영국 성공회 소속으로 교회선교회(Church Missionary Society, CMS) 총무인 헨리 벤(Henry Venn, 1796-1873)과 미국 회중교회 소속으로 미국해외선교회(American Board of Commissioners for Foreign Missions) 총무인 루퍼스 앤더슨(Rufus Anderson, 1805-1855)이다. 헨리 벤은 19세기 식민주의 시대 때 영국교회가 아프리카에 세운 현지인 교회들이 자생하지 못하고 쉽게 넘어지는 것을 보고 성경에서 답을 찾길 원했다. 그것은 바로 사도행전으로 돌아가는 것이었다. 사도행전을 연구하던 중 신생 안디옥교회가 외부의 어떤 핍박가운데서도 넘어지지 않는 모습이 영국

자립, 자치, 자전이라는 삼자원리를 통해 토착화 교회를 주장한 헨리 벤

교회가 세운 현지인 교회와는 달랐다.

그는 사도행전을 통해 '안디옥교회의 사역 원칙' 13가지를 발견했다: (1) 설교는 선교의 엔진이다; (2) 선교사는 현지 언어를 습득해야 한다; (3) 현지인이 사용하는 성경을 나눠줘야 한다; (4) 성경이 중요하다; (5) 교육이 중요하다; (6) 지속적인 성장을 추구해야 한다; (7) 현지인 리더를 양성해야 한다; (8) 자립이 중요하다; (9) 개척교회부터 선교를 실시해야 한다; (10) 그리스도가 소개되지 않는 곳에 복음을 전해야 한다; (11) 다른 교회 혹은 다른 선교단체와 좋은 관계를 유지해야 한다; (12) 정치적 문제에 개입하지 말아야 한다; (13) 현지인 문화를 무시하지 말아야 한다.[72] 헨리 벤은 안디옥교회의 특징 13가지 가운데 가장 중요한 원리인 '자립'을 발견했다. 안디옥교회가 개척이후 예루살렘교회의 도움 없이 자생력을 가졌을 뿐 아니라 모진 핍박을 이겨내고 성장하는 모습에 그의 관심이 끌리기 시작했다.

2. 토착화 교회 원리와 결과

헨리 벤은 안디옥교회를 통해 영국교회가 세운 아프리카 교회를 보니 너무나 다른 모습이었다. 가장 큰 이유는 선교사들이 아무렇지 않게 사용한 '선교기지'(mission station)에 있었다. '선교기지식 접근'은 선교사가 자문화우월주의(ethnocentrism)에 빠져 있어서 선교사의 문화권 속에 현지인들의 신앙생활을 강요한 나머지 현지인 리더에게 전혀 위임이 없음을 발견했다. 그래서 헨리 벤은 "선교기지는 선교를 위험에 빠뜨리게 하였다"고 비판하였다.[73] 이것은 지금까지 성공회의 선교전략을 정면으로 공격하는 것으로 일대 파장을 불러 일으켰다. 하지만 헨리 벤은 루퍼스 앤더슨과 함께 1851년에 삼자원리 즉 자립, 자치, 자전이란 새로운 용어를 소개하며 현지인 교회가 자립하는 토착화 교회를 세울 것을 강력히 피력하는 글을 발표했다.74) 이 글은 1861년과 1865년에도 발표되어 선교계에 큰 관심을 불러 일으켰다.

자립(self-supporting)이란 현지인 교회의 경제적 자립을 말하며, 자치(self-governing)는 현지인 교회의 행정적 자치를 말하고, 자전(self-extending)이란 현지인 교회가 스스로 복음을 전하는 것을 말한다. 무엇보다 식민주의 시절 선교사의 자문화 우월의식이 강한 때에 선교사가 아닌 현지인의 힘

| 윌버트 솅크
(Wilbert Shenk)가 헨리 벤의 토착화 교회 원리를 소개한 책

으로 현지인 교회가 자립토록 선교사가 도와준다는 것은 대단한 발상의 전환이었다. 이는 선교사가 스스로 내려놓아야만 가능했다. 그래서 헨리 벤은 현지 선교사들의 반발에 부딪히기도 했다. 대표적인 인물이 서부아프리카 요루바랜드(Yorubaland)에서 사역하는 헨리 타운젠드(Henry Townsend)였다.75) 하지만 헨리 벤은 이 모든 것을 잘 극복해 마침내 토착화 교회 원리는 현지인 지도자 양성에 중점을 두다보니 성공을 거둘 수 있었다.

자립선교에 성공한 중국 선교사, 존 네비우스

네비우스 중국 영파 도착(1854년)

1. 확고한 선교 소명

존 네비우스(John Livingstone Nevius, 1829-1893)는 40년간 중국 선교사로 섬길 만큼 중국 통이었고, 한국에는 고작 2주 밖에 머물지 않았는데 오히려 한국교회에 미친 영향이 더 큰 선교사로 알려져 있다. 그는 1850년에 프린스턴(Princeton)에서 신학을 공부했다. 그는 신학을 공부하던 중 선교사로 헌신할 것을 마음먹고 태국과 중국을 고민하다가 중국 선교사로 헌신할 것을 미국장로교 해외선교회에 신청했다.76) 그는 하나님의 말씀이 자신으로 하여금 선교사로 헌신토록 끊임없이 강요하였다고 고백했다.77) 그의 선교 소명은 너무나 확고해 1853년 6월 15일 매리 덴톤(Mary Denton)과 결혼식을 올린 다음 몇 달 후 중국으로 떠났다. 이들은 6개월의 긴 항해를 신혼으로 보냈고 마침내 1854년 봄에 꿈에 그리던 중국 영파(寧波)에 도

| 헨리 벤의 삼자 원리를 성공적으로 모델을 보여준 존 네비우스

착했다.78) 그 때 네비우스의 나이가 25세였다.

네비우스와 아내 매리는 영파에 도착하자마자 가장 먼저 한 것이 중국어를 배우는 것이었다. 네비우스는 이곳에서 그의 어학선생인 투(Tu)를 통해 열심히 현지어를 습득하며 중국인들의 영적 현상에 깊은 관심을 갖기 시작했다.79) 그 이유는 자신의 어학선생이 정령숭배자이다보니 자연스레 관심을 가졌고 중국 문화도 열심히 익혔다. 영파에서의 첫 사역은 네비우스가 기대했던 만큼 큰 성과를 거두지 못했다. 대부분 초기 단계는 기초를 닦는 시기로 현지어 습득과 문화 체험으로 많은 시간들을 보냈기 때문이다. 그는 1861년에 사역지를 산동으로 옮기면서 일대 변화를 하게 되었다. 그는 과거 자신의 사역을 분석해 보았다. 당시에는 헨리 벤이 1851년에 발표한 삼자 원리가 선교계의 큰 관심을 끌었고 이 원리를 이미 알고 있는 그는 자신의 사역을 헨리 벤의 삼자 원리로 평가해보니 토착화가 안 된 것을 발견했다.

2. 산동에서 자립선교에 성공하다

산동으로 사역지를 옮긴 네비우스는 사역의 골격을 헨리 벤의 삼자 원리에 입각해 완전히 바꾸었다. 삼자 원리 자체가 사도행전의 안디옥교회에서 유출된 것을 알고 있던 터라 성경으로 돌아가 자립하는 토착화 교회를 만들고 싶었다. 관례적으로 서구 선교사들은 중국에 와서 돈을 주고 통역을 쓰거나 보수를 받는 여러 형태의 현지인 리더를 쓰는데 별로 개의치 않았다. 하지만 돈으로 고용한 중국인들은 선교사의 배에서 태어난 영적 자식이 아니기 때문에 쉽게 선교사 곁을 떠나고, 소명감이 약하다보니 세상 일이 좋으면 그쪽으로 쉽게 빠지며 선교사의 밥만 축낸다고 해서 "쌀 신자들"(Rice Christians)이라 불렸다.80) 네비우스는 이런 '옛 방법'이 아닌

| 네비우스 선교사가 돌보던 기근으로 굶주린 중국 아이들

'새 방법'을 추구하였다. 그것은 바로 중국인들이 선교사에게만 의존하지 않고 자신들의 힘으로 토착화 교회를 세우는 것이었다.

네비우스는 산둥에서 철두철미한 성경공부를 통해 토착화 지도자들을 세우는데 집중했고, 이들에게 헨리 벤의 삼자 원리를 가르쳐 자립, 자치, 자전이 몸에 배이도록 훈련시켰으며, 최종적으로는 사역을 위임해 자신들이 토착화 교회를 이끌어 가도록 했다. 종전의 '쌀 신자'가 아닌 그야말로 '영적 자식'을 길러내는데 혼신의 힘을 기울였다. 결과는 대성공이었다. 그는 자신의 사역을 논문으로 발표했고, 그 내용이 1885년에 상해에서 발행되는 「중국 선교 기록서」(The Chinese Recorder)에 연재되었고, 그 다음 해인 1886년에 「선교 사역 방법론」(Methods of Mission Work)으로 출판되었다. 1889년에는 다시 「선교지 교회에서의 설립과 발전」(Planting and Development of Missionary Churches)으로 재판(再版)되어 선교계에 새로운 관심을 끌기 시작했다.

3. 네비우스 전략과 한국교회

헨리 벤이 '선교 이론'의 대가라 하면 네비우스는 '선교 전략'의 대가였다. 근 50년이 채 안 된 사이 두 사람은 '이론'과 '실제'를 함께 보여준 위대한 선교 전문가들이었다. 19세기 헨리 벤과 네비우스 두 사람은 개신교가 20세기에 위대한 선교사역을 감당할 수 있도록 기초를 닦아준 사람들이었다. 19세기 말 한국에 파송받아온 지 5년 밖에 안 되는 새내기인 20대의 젊은 언더우드는 베테랑 선교사인 네비우스의 글을 이미 알고 있는지라 그를 만나고 싶었다. 마침 네비우스가 마지막 안식년으로 미국으로 떠나면서 일본을 들린다는 소식을 듣고 가는 길에 한국에 잠깐 들러 그의 선교 경험담과 네비우스 원리를 소개해 줄 것을 요청했다. 젊은 선교사들은 '열정'은 강하지만 '전략'이 부족하기 때문이었다.

젊은 선교사의 요구를 승락해 노년의 네비우스는 2주간 한국에 체류했다. 그가 산둥에서 사역한 원리들을 한국의 선교사들에게 강연할 때 예상치 못한 큰 반응을 불러 일으켰다.[81] 그가 소개한 주요 네비우스 전략 9가지는 다음과 같다: (1) 광범위한 순회전도 중심의 개인전도; (2) 자전(self-propagation); (3) 자치(self-government); (4) 자립(self-support); (5) 체계적인 성경공부; (6) 엄격한 성경 중심 생활; (7) 타 지역과 협력하기 위한 선교지 분할 정책; (8) 소송 문제나 유사 건에 대한 불간섭 원칙; (9) 주민들의 경제 문제에 대해 언제나 도와줄 마음의 자세.[82] 이에 한국교회의 반응은 폭발적이어서 한국장로교회에서는 1893년에 공식적으로 네비우스 전략을 한국장로교의 선교전략으로 채택하기에 이르렀다.

하나님만을 의지한 중국 선교사, 허드슨 테일러

허드슨 테일러 중국 상해 도착(1854년)

1. 하나님만 의지하는 선교사

허드슨 테일러(James Hudson Taylor, 1832-1905)는 "하나님만 의지하는 선교사"였다. 빌립보서 3장 14절의 "푯대를 향하여 그리스도 예수 안에서 하나님이 위에서 부르신 부름의 상을 위하여 달려가노라"의 말씀은 테일러를 두고 한 말이었다. 그는 남들처럼 번번한 학력도, 세상 경력도, 탁월한 선교단체도 없이 오직 기도로 모든 난관을 극복한 위대한 사람이었다. 그는 웨슬리안 정신을 지닌 가문에서 1832년 요크셔(Yorkshire)에서 태어났다. 그는 17세가 되던 1849년 6월에 회심을 하였고 그때 테일러는 삶의 모토를 "내가 아닌 그리스도를 위한 사람"으로 정했다.83) 그 해 12월 우연히 「웨슬리언 잡지」 (Wesleyan Magazine)에 게재된 "성령의 아름다움" 이란 기사를 읽는 동안 성령의 강한 임재하심을 체험했고 12월 2일 주일날 그는 일평생을 중국 선

| 기도의 사람, 하나님만 의지한 허드슨 테일러

교사로 헌신할 것을 결단했다.[84]

그의 삶의 모토는 그로 하여금 "신앙선교"(faith mission)를 하게 만들었다. 그의 신앙선교 정신은 그의 삶 전체에 흐르고 있는데 선교사로 파송받기 전부터 실천했다. 그가 런던병원에서 의학을 배우는 동안 그는 매일 빵한 조각과 사과 조금만 먹었다. 선교사의 삶이 몸에 베이도록 한 것이었는데 너무 지나쳐서 건강을 해치기도 했다. 그만큼 결단력이 강한 사람이었다. 한번은 그가 중국내지선교회(CIM)를 결성한 이후 100명의 선교사가 필요했다. 자신의 뜻을 담아 영국에 "우리는 1887년에 100명의 새로운 선교사를 위해 기도하고 있습니다"라는 편지를 보내 협조를 요청했다.[85] 그의 편지는 영국인에게 알려졌고 그는 믿는 마음으로 영국으로 돌아가 그 해 1월부터 영국 전역을 돌아다니며 선교사 동원에 힘썼다. 마침내 600명 이상이 지원하였고 그 가운데 102명을 선발해 12월말까지 이들 모두를 중국 선교사로 파송하였다.

2. 축복의 휴식 시간을 가지다

테일러의 사역은 크게 3구분 할 수 있다: (1) 1기 사역(1854-1860년); (2) 영국 장기 체류 시기(1860-1866년); (3) 2기 사역(1866-1905년). 1기는 '시련기'이고, 2기는 '성공기'였다. 그가 겪은 첫 번째 시련은 재정이었다. 상해의 고물가에 후원금이 턱없이 부족한고로 중국인조차도 살기 힘든 황폐한 집에서 살았다. 문은 쉽게 열리고 찬 공기가 들어오는 허름한 집이었다. 그를 파송한 중국복음화선교회(Chinese Evangelization Society, CES)는 운영을 잘 못해 테일러의 마음고생이 이만 저만이 아니었다. 개인 후원자가 없었더라면 사역을 접어야 할 판이었다. 급기야 3년 뒤 CES를 탈퇴하자 그가 기댈 공간은 전혀 없었다.[86] 마음에 깊은 상처를 안고 내륙여행을 떠

| 허드슨 테일러가 영국에 장기체류하는 동안 동원한 CIM 선교사들. 이들과 함께
| 테일러는 2기 사역을 중국에서 왕성하게 할 수 있었다.

났다. 당시 그는 변발(辮髮)에 중국옷을 입는 토착화(indigenization)를 시도했는데 서구 선교사들은 그를 보고 미쳤다고 비난했다. 하지만 내륙에서는 그의 모습을 보고 반하였고 이 독특한 경험은 훗날 그로 하여금 중국내지선교회를 만들게 하였다.

두 번째 어려움은 결혼이었다. 그는 싱글이다 보니 사역을 제대로 할 수 없었는데 두 번씩이나 연애의 아픔을 겪었다. "미스 V"(Vaughn)라고 불렀던 본 양은 두 번씩이나 결혼하려고 했지만 소명이 안 맞아서 그만 두었고, "미스 S"(Elizabeth Sissons)라고 불렀던 시슨즈 양은 테일러가 변발에 중국옷을 입고 다닌다는 소문에 청혼을 거절해 버렸다. 테일러의 상심은 이루 말할 수 없었다. 괴로운 마음을 안고 영파로 갔다가 마리아 다이어(Maria Dyer)를 만났는데 그녀는 선교사의 딸로 중국에서 태어난 영국인이었다. 그가 마리아에 호감이 가 결혼하려고 하였으나 마리아가 일하던 학교장 엘더시(Mary Ann Aldersey)의 방해 공작으로 진척이 되지 않았다. 몇 달 후 거의 007 작전을 방불케 할 정도로 결혼식을 1858년 1월 20일에 올렸다.87) 그의 1기 사역은 그야말로 '생계형 선교사'였다. 겨우 목숨만 부지하고 살았고 결혼한 뒤 더 나은 미래를 위해 영국에서 장기체류하며 2기 사역을 준비했다.

1기 사역에서 별다른 성과를 거두지 못한 테일러는 2기 사역을 잘 감당하기 위해 오랫동안 영국에서 체류하며 준비하였다. 우선은 허약한 건강을 회복하는 것이 우선이었다. 그 다음은 의학을 체계적으로 배우는 것이었다. 이때 그는 런던병원에서 응용화학과 산부인과 과정을 마쳐서 왕립외과 대학에서 부여하는 회원 자격을 1862년에 취득했다. 바실 밀러(Basil Miller)는 테일러가 영국에서 보낸 장기체류 기간을 "아이디어의 탄생"(birth of an idea) 시기라 표현했다.88) 이때 그는 교회선교회(Chruch Missionary Society)의 가우(F. F. Gaugh) 목사를 만나 함께 낭포신약성경 개역판을 만드는 업적을 쌓기도 했다.89) 무엇보다 가장 위대한 아이디어는 1865년에 중국내지선교회(China Inland Mission, CIM)를 발족한 것이었다.

3. 고난을 넘어 영광으로

CIM은 목사가 아닌 평신도 출신으로 고등 교육을 받지 않은 자들을 허입 대상자로 했다. 당시 내륙에는 '죽으면 죽으리라'의 정신을 지닌 절대적 희생을 각오한 자들이 필요했기 때문이다. 이들은 학문적 수준은 떨어지지만 헌신과 희생에 있어서는 남달랐다. 또한 초교파적으로 운영되었고 본부는 영국이 아닌 중국에 두었다. 테일러는 CIM을 조직한 후 네 번의 큰 위기를 만났지만 그럴 때마다 하나님만 의지하며 이겨나갔다. 첫 번째 위기는 내부에서 찾아왔다. CIM 선교사들은 중국식 복장을 하는 것이 원칙이었다. 이들이 중국에 도착한 후 중국식 복장을 머리로는 '예스'인데 마음으로는 '노'였다. 갑작스럽게 변발(뒷머리를 돼지꼬리처럼 땋는 것)과 머리 염색을 해야 하는 문화충격이 너무 컸기 때문이다. 이로 인해 선교사들 간에 패가 갈라지고 결국 반대했던 니콜은 탈퇴했고 맥린 자매는 사직함으로 일단락되었다.

두 번째 위기는 외부에서 일어났다. 1868년에 발생한 '양조우 사건'이다. 양조우의 노인들이 선교회에 불만을 품고 선교회 건물을 방화하고 습격했다. 이 일로 마리아는 겨우 몸을 피해 목숨을 구했는데 영국의 위상이 실추된 것에 분노하여 런던 타임즈(Times) 지는 "영국의 정치적인 특권이 많은 손상을 입었으며 이것은 모두 중국내지선교회의 선교사들 때문이다"라고 보도했다.90) CIM의 이미지는 실추되어 선교사 동원에도 큰 차질을 입어 테일러의 마음고생이 무척이나 컸다. 세 번째 위기는 가족이었다. 1870년에 테일러는 가족 3명을 잃는 아픔을 겪었다. 그 해 2월에는 다섯 살 난 새미(Sammy)를 잃었고, 7월에는 갓 태어난 사내아이가 난지 13일만에 죽었고, 3일이 지난 후 사랑하는 아내 마리아마저 숨졌던 것이다.91) 마리아는 테일러의 동역자로 모범적으로 사역을 해왔는데 33세의 나이로 생을 마감해야만 했다.

허드슨 테일러와 CIM 선교사들의 중국식 의상. 처음 이 독특한 의상을 입는 것 때문에 CIM 선교사들 간에 갈등이 생기는 아픔을 겪기도 했다. 예수회 선교사들이 중국식 복장으로 중국인의 마음을 얻는 것처럼 그는 중국식 복장으로 토착화 선교를 이루는 모델을 보여 주었다.

마지막 가장 힘든 위기가 정치 때문에 발생했다. 중국 황제는 1900년 6월 칙령을 공포하여 모든 외국인을 죽이고 기독교를 말살하라고 명령했다. 그때 135명의 선교사와 53명의 선교사 자녀들이 무참히 살해되었는데 대다수가 내륙에 있던 CIM 선교사들이었다.92) 당시 테일러는 건강 치료차 스위스에 머물고 있었는데 하늘이 무너진 기분이었다. 이들의 순교의 피가 중국 땅에 뿌린 것이다. 이들의 피가 하늘에 상달되어 1914년에 CIM은 세계 최고의 선교회가 되었고, 1934년에는 1,368명을 파송한 거대한 선교회가 되었다.93) 이후 중국이 공산화가 되자 CIM은 중국에서 철수하여 1964년에 선교회 이름을 OMF(Overseas Missionary Fellowship)으로 바꿔 중국선교에서 아시아선교로 탈바꿈하여 현재에 이르고 있다.

여성 선교사의 희생적 모델, 마리아 테일러

마리아 허드슨 테일러와 결혼(1858년)

1. 극적인 결혼

마리아(Maria Taylor, 1837-1870)는 "여성 선교사의 희생적 모델"이었다. 그녀는 아내로, 선교사 부인으로, 중국내지선교회(CIM)의 어머니로 그 역할을 톡톡히 감당한 여성이었다. 그녀는 MK 출신으로 중국에서 태어났고 부모를 일찍 여의었다. 어릴 때 중국에서 자라다보니 중국어에 능통했고 중국 문화도 익히 잘 알고 있는 터라 선교사로서는 베스트였다. 그녀는 젊은 시절을 영국에서 공부한 뒤 중국 영파에 있는 미스 메리 앤 엘더시 여자학교(Miss Mary Ann Aldersey's School for Girls) 교사로 섬기기 위해 다시 중국으로 돌아왔다.

| 여성 선교사의 희생의 상징, 마리아 테일러

마리아가 테일러를 처음 만났을 때 그의 변발과 중국옷을 입은 모양새가 마음에 들지 않았지만 점차 서로 간에 호감을 느껴 결혼을 약속했다. 하지만 교장인 엘더시가 극구 반대해 판이 깨졌지만 테일러의 끊임없는 구애 끝에 마리아는 마음을 돌려 힘들게 결혼을 하였다.

2. 뜨거운 소명

마리아는 소명감으로 가득 찼다. 19세기 여성 선교사들과 비교해 봤을 때 그녀는 영혼을 사랑하고 하나님께 붙들린 자였다. 대다수 19세기 여성 선교사들이 소명감이 없어 힘들어 하는 모습과는 대조적이었다. 그녀는 '1+1 소명'의 여성이 아니었다. 남편과 함께 하나님께 부름 받은 자로 당당히 일했다. 마리아는 테일러가 중국내지선교회(CIM)를 운영하고 있는 터라 다른 여성들에 비해 사역이 훨씬 많았다. 무엇보다 1865년부터 시작한 CIM은 뿌리를 내리고 정착을 해야 할 때라 일손이 많이 갔다. 그녀는 때로는 남편의 동반자로 위로자로 자신의 사역을 잘 감당했다. 아마 허드슨 테일러가 CIM 사역을 중국 내지(內地)에서 시작할 때에 마리아 같은 헌신적인 아내가 없었더라면 거의 불가능했을 것이다.

마리아는 사역뿐 아니라 가사일을 해야 했고 아이들을 돌봐야 하는 짐도 함께 졌지만 기쁜 마음으로 모든 일을 감당해 나갔다. CIM의 사역이 날로 확대되면서 위기도 직면했다. 1868년 양조우 폭동을 겪을 때 마리아는 뱃속에 든 아이와 함께 극적으로 목숨을 구하기도 했다.[94] 테일러는 이 일을 겪은 후 내지 사역 가운데 생명의 위협을 당하게 되자 자식들을 안전하게 보호하기 위해서는 영국으로 보내는 것이 좋다고 판단했다. 무엇보다 에밀리 블래츨리(Emily Blatchley)가 양모로 아이들을 돌보기로 했기에 가능했다. 마리아는 자식을 떠나보내는 아픔을 겪었지만 현실을 받아들었다. 한편 테일러의 자식들도 어린 나이에 엄마 아빠와 떨어져 살아야 하는 MK들의 통상적인 아픔을 겪어야만 했다.

3. 끝없는 희생

마리아는 1867년에 딸 그레이시(Gracie)를 잃은 아픔을 겪었다. 3년이 지난 후 그녀의 몸은 극적인 탈진상태에 빠져 있어서 1870년에 남자아이를 낳자마자 13일 만에 아이가 죽었고 마리아도 3일이 지난 후 먼저 하늘 나라로 갔다. 그녀는 테일러와 결혼해 12년을 함께 살았다. 너무나 짧은 결혼생활이었다. 1865년 중국내지선교회가 창설된 후 남편과 함께 열심히 사역을 하다가 건강을 잃어 남편 곁을 먼저 떠났다. 그녀는 바울의 고백처럼 "자신의 생명조차 조금도 귀한 것으로 여기지 아니한 자"(행 20:24)

| 허드슨 테일러가 두 번째 결혼한 제니 폴딩

였다. 테일러는 마리아가 사망한 후 CIM의 독신 선교사였던 제니 폴딩(Jennie Faulding)과 1871년에 재혼했다. 마리아는 뚜렷한 소명과 중국어를 능숙하게 구사할 줄 아는 구비된 여성 선교사였다. 하지만 과도한 가사노동, 끊임없는 질병, 힘든 사역으로 생을 일찍 마감해야만 했다. 33년이란 너무나 짧은 생을 살았다. 하지만 그녀의 희생정신은 중국내지선교회(CIM)의 기초를 만들었다.

존 네비우스, 허드슨 테일러와 한국선교

테일러 중국내지선교회 발족(1865년),
네비우스 「선교 사역의 방법」 출판(1886년)

1. 존 네비우스와 한국선교

20세기 말 한국 개신교에 큰 영향을 끼친 두 명의 중국 선교사를 뽑는다면 존 네비우스와 허드슨 테일러이다. 두 사람은 1854년 동시에 중국에 도착했다. 네비우스는 미국 선교사로 영파에, 테일러는 영국 선교사로 상해에 입국했다. 두 사람의 중국 입국은 1842년 남경조약이 체결된 이후 중국 5대 항구가 개항되면서 외국 선교사들의 출입이 비교적 쉬운 때였다. 19세기 중엽 중국인들은 아편전쟁을 겪으면서 외국인에 대한 혐오감으로 가득 찼을 때 성경적이고 순수한 선교동기 목적으로 현지인의 마음을 가장 잘 사로잡은 사람이 바로 네비우스와 테일러였다. 이들은 각 선교지에서 사역의 열매를 풍성히 거둔 뒤 사역 말기쯤에 한국 선교사들을 만나 영향을 끼치게 되었다.

네비우스는 한국장로교회에 미친 영향이 지대하다.[95] 그는 중국 산둥에서 토착화 선교로 성공한 자신의 경험을 「선교 사역의 방법」(*Methods of Mission Work*)이란 책으로 1886년에 출판했고, 1889년에는 「선교지 교회에서의 설립과 발전」(Planting and Development of Missionary Churches)으로 재판(再版)되었다. 1851년 헨리 벤이 주장한 삼자원리(자립, 자치, 자전)를 가장 성공적으로 열매를 거둔 선교사였다. 그의 책은 선교사들 사이에 큰 화젯거리였고 한국에 들어온 지 불과 5년밖에 안 되는 언더우드(Horace Underwood)는 네비우스를 한국으로 초청해 그의 강의를 듣고 싶었다. 마침 안식년으로 미국으로 떠날 때 일본을 거쳐 간다는 소식을 알아 한국에 들려줄 것을 요청해 승낙을 받았다.

언더우드는 네비우스의 토착화 교회 원리를 한국 장로교회에 적용시켰다.

네비우스는 1890년 2주간 한국에 머물며 한국 장로교회에게 큰 변화를 주었다. 첫 번째는 체계적인 성경공부였다. 한국인은 워낙 배우기를 좋아하는 민족이라 성경공부에 매력이 무척 컸다. 통계에 따르면 한국장로교회의 성경공부 참석자들을 보면 1918년에는 82,610명, 1923년에는 83,157명, 1927년에는 87,421명에 이를 정도로 매년 증가했다.96) 성경공부에 대한 열기는 곧 바로 지도자 양성에도 도움을 주었다. 두 번째는 삼자원리 가운데 자립정신이었다. 한국인에게 특별히 재정적 자립은 강했다. 이들은 교회에 즐거운 마음으로 헌금을 했고 큰 교회에서는 조사(助司)에게 손수 월급을 주었고 작은 교회에 재정적으로 지원하는 것을 아끼지 않았다. 세 번째는 현지인 지도자에게 위임하는 것이었다. 초기한국장로교회에서 가장 위대한 위임이라면 평양대부흥운동이 끝난 뒤 장대현교회의 이길함(Graham Lee) 목사기 신학교를 갓 졸업한 김선주 목사에게 위임한 일이다. 이런 모습은 좋은 모델과 전통이 되어 한국장로교회를 튼튼한 반석 위에 세우는 계기가 되었다.

2. 허드슨 테일러와 한국선교

허드슨 테일러는 한국침례교회에 큰 영향을 주었다. 테일러가 한국침례교의 창시자인 말콤 펜윅(Malcolm Fenwick)에게 미친 첫 번째 영향은 신앙선교였다. 테일러는 1888년에 처음으로 미국에 방문해 무디 노스필드 사경회(Moody's Northfield Conference)와 나이아가라 사경회(Niagara Bible Conference) 주강사로 초청을 받았다. 토론토에 살고 있던 펜윅은 나이아가라 사경회에 참석해 테일러를 처음 만났다. 그는 이틀 동안 "중국 내지 선교"에 관한 특강을 했고 무엇보다 테일러가 기도했던 100명의 선교사를 하나님께서 채워주신 간증은 펜윅에게 큰 감동을 주었다. 훗날 선교사로 헌신한 펜윅의 한국선교는 신앙선교의 정신으로 똘똘 뭉쳐 있다. 조지 백(George Paik) 박사에 따르면 펜윅이 1894년 조직한 한국순회선교회(CIM)는 테일러의 중국내지선교회와 흡사하다고 했다.97) 펜윅은 '테일러 스타일'이었다.

두 번째로 테일러가 한국침례교회에게 영향을 준 것은 오지선교였다. 그는 중국내지선교회를 운영하며 남들이 가지 않는 내지(內地)에 선교사들을 파송했다. 이 모습이 초기 한국침례교회 펜윅 사역에 고스란히 담겨져 있다. 펜윅이 선교사 소명을 받은 것도 허드슨 테일러 때문이었다. 1889년 7월 나이아가라 사경회에서 펜윅은 선교사로 부름을 받았다.98) 이때 테일러의 강연이 끝난 후 6명이 헌신했는데 그 중에 한 명이 펜윅이었다. 당시 그는 토론토에서 40명의 직원을 거느리는 철물상 도매업 창고 관리인으로 자수성가한 사람이었다. 하지만 선

| 펜윅은 허드슨 테일러의 신앙선교, 오지선교, 순회선교를 한국침례교회에 뿌리 내리게 했다.

교사 소명을 받은 후 세상의 줄을 끊고 1889년 12월 8일에 한국에 도착했다. 그의 선교는 '테일러 스타일'로 오지 선교였다. 그는 고집스러울 만큼 교회가 세워지지 않은 산골과 오지로 가서 교회를 세웠다. 그래서 그가 평생 동안 개척한 약 200개 교회 가운데 약 60%가 산간벽지에 있었고 대다수가 북한, 북간도, 만주, 시베리아에 있는 곳이었다.99)

세 번째로 테일러가 펜윅에게 끼친 것이 순회선교였다. 테일러도 중국내지선교 사역을 하면서 가장 부딪히는 문제가 선교사 인원 충원이었다. 당시 혼란한 세계정세 속에서 테일러가 1895년에 641명의 중국내지선교사를 파송했다는 것은 놀라운 일이다. 그는 선교사 동원을 위해 미국, 캐나다, 오스트레일리아, 뉴질랜드, 독일, 프랑스, 스웨덴, 노르웨이, 덴마크까지 방문하며 선교 동원에 박차를 가했다.100) 그는 늘 선교사가 모자랐고 평생에 1천 명의 선교사를 모집하는 것이 그의 꿈이었다. 펜윅 역시 그랬다. 그는 교회 개척 수보다는 항상 사역자가 부족해 순회선교로 그 문제를 해결했다. 때로는 6개월 길면 1년 정도 체류했다가 또 다른 지역으로 옮겨 사역하는 것을 힘들다고 내색하지 않았다. 이들은 20세기 사도 바울과 바나바였다. 이들의 고귀한 정신이 오늘날 한국침례교회를 만들게 되었다.

협력선교를 이끌어 낸 위대한 여성 선교사, 로티 문

로티 문 중국 산둥 반도 도착(1873년)

1. 어떻게 협력선교가 생겨났나?

로티 문(Charlotte[Lottie] Diggs Moon, 1840-1912)은 "협력선교를 이끌어 낸 위대한 여성 선교사"였다. 그녀는 미국남침례교회(SBC)로 하여금 협동선교를 할 수 있도록 최초로 불을 지핀 선교사였다. 그녀는 중국 산둥 반도의 봉래시(蓬萊市, Tengchow)에서 12년간 사역을 한 후 평도(平度, Pingtu)로 옮겨 1889년에 첫 침례식을 행했다. 놀라운 것은 20년 동안 무려 1천 명이 넘는 개종자를 얻어 중국 목사인 리슈팅(Li Shou Ting)으로 하여금 침례를 베풀게 하였다. 평도는 '미국남침례교 최대의 선교지'로 부상했다.101) 그 주인공이 로티 문이다. 소문은

| 1913년에 로티 문을 통해 생겨난 "로티 문 크리스마스 헌금"

미국남침례교까지 흘러 들어가 모든 교회로 하여금 선교에 대한 새로운 시각을 갖게 하였다.

그녀는 SBC에게 "남부의 100만 침례교 성도들이 중국 전역에 겨우 3명의 남성 선교사들만 보냈다는 사실은 정말 이상한 일이다"라며 남자들이 오기 힘들다면 여성들을 보내 달라고 협조 편지를 보냈다.102) 답변이 없자 로티 문은 여선교회연합회(Woman's Missionary Union, WMU)에게 직접 1888년 크리스마스 날 특별히 여성 선교사 모집을 위한 선교헌금을 해 줄 것을 요청했다. 결과는 예상보다 많은 후원금이 나와 여성 선교사 3명을 산동지역에 파송할 수 있었다.103) 이것이 계기가 되어 1913년부터 공식적으로 "로티 문 크리스마스 헌금"이 생겼고 지금은 4만 교회가 넘는 미국남침례교회가 크리스마스 날 해외 선교사들을 위한 로티 문 헌금에 동참하고 있다. 2012년 한 해 후원금 예상액이 자그마치 2천억원에 이를 정도다. 이런 놀라운 결과를 만들어 내는데 불씨가 된 자가 로티 문이었다.

2. 로티 문은 어떤 선교사인가?

로티 문이라면 독특한 특징 몇 가지가 있는데 첫째는 키가 아주 작다. 그녀의 키는 130㎝ 밖에 안 될 정도로 작았다.104) 요즘 초등학생 키 정도의 수준이다. 둘째는 여성 선교사로서 석사 학위를 받았는데 이는 남부 지방에서 석사 학위를 취득한 최초의 여성 중 한 명이었다.105) 그래서 로티 문의 수식어에는 항상 '수준 높은 교육을 받고 교양을 갖춘 여자'로 소개되고 있다. 그녀의 학문 실력은 선교사로 파송받기 전 버지니아에서 교사로 섬길 때 유감없이 발휘되어 탁월한 선생으로 알려졌다.106) 셋째는 신념이 뚜렷한 여성이었다. 그녀는 파송 전 크로포드 토이(Crawford H. Toy)라는 남자와 사귀었는데 그는 다윈의 진화론을 믿는 신학교 교수였다. 그는 중

| 미국남침례교 선교사훈련센터에 전시된 로티 문의 실제 키. 그녀의 키는 130㎝가 될 정도로 무척 작았다.

국에 있는 로티 문에게 청혼을 요청하며 결혼 후 일본 선교사로 갈 것을 제의했지만 거절했다.107) 그 이유는 그가 진화론을 믿기 때문이었다.

이처럼 로티 문은 자아관이 분명했고 능력 있는 여성이었다. 그녀는 오래 전부터 선교사로 헌신하였기 때문에 모든 것을 선교에 맞춰 인생을 펼쳐 나갔다. 로티 문은 동생 에드모니아(Edmonia Harris Moon)가 1872년 4월 9일 미국남침례교(SBC) 선교사로 먼저 임명을 받아 중국으로 떠났고, 그녀는 그 다음해 1873년 7월 7일 SBC 선교사로 공식 임명을 받아 동생이 있는 중국 봉래시로 떠나 그해 10월 7일 상해에 도착했다.108) 로티 문의 중국에서의 사역은 크게 둘로 나눠진다. 1기 사역(1873-1885년)은 동생과 함께 산둥 반도 북쪽에 있는 봉래시에서의 사역이다. 동생은 이곳에서 몇 년을 보내다가 몸이 좋지 않아 미국으로 철수했다. 2기 사역(1886-

1899년)은 산둥 반도 남부에 위치한 평도로 옮겨 사역한 때인데 이곳에서 로티 문은 위대한 사역을 펼치게 되었다. 그 이후는 의화단사건으로 일본에서 보냈다.

3. 로티 문은 어떤 공헌을 했나?

로티 문의 첫 번째 공헌은 남녀 성차별을 없애고 동등한 선교사라는 인식을 강하게 심어주었다. 140년 전 독신 선교사들은 사역에 있어서 많은 제한을 받다보니 차별을 받는 것은 다반사였다. 로티 문도 예외는 아니었다. 그녀는 봉래시에서 40명의 어린 꼬마들만 가르치기 위해서 선교사 소명을 받고 중국으로 온 것이 아니라고 생각했다. 무엇보다 이 지역의 책임자인 크로포드(T. P. Crawford)와의 갈등이 커서 사역지를 옮겨 자유롭게 자신의 사역을 펼치고 싶었다. 마침내 로티 문은 1886년에 봉래시보다 남쪽에 위치한 평도로 옮기면서 미국 남침례교회가 허락한 "여성을 위한 여성의 사역"을 포기했다.109) 그리고는 SBC 본부에 "여성은 선교회의 모임에서 남성과 똑같은 권리를 가지고 있으며 사역을 하는 데에서도 동일한 권리가 주어져야 한다"는 편지를 보냈다.110) 그녀가 선교지에서 느낀 사실들을 본부에 그대로 전달했고 마침내 본부의 생각을 점차 바꾸게 하는데 일조를 하였다.

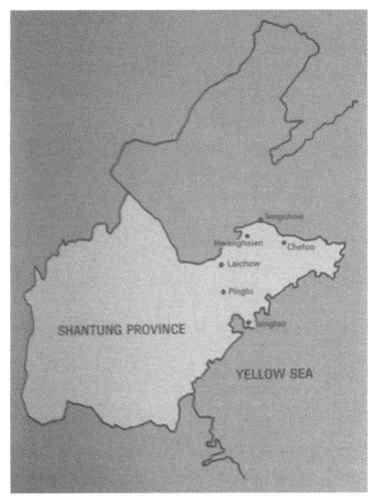

| 로티 문의 산둥 반도 사역지와 방문지. 북쪽 봉래시(Tengchow)에서 1기 사역을 했고, 남쪽 평도(Pingtu)에서 위대한 2기 사역을 펼쳐 나갔다.

두 번째 공헌은 여성들도 개척사

역을 할 수 있다는 것을 각인시켜 주었다. 새로운 지역에서의 개척사역은 남성의 전유물이었다. 여성들은 대개 남성 선교사가 있는 곳에 보조 역할을 하는 것이 통상적이었지 본부에서 여성 선교사를 단독으로 새로운 지역에 파송하는 것은 거의 없었다. 이런 생각을 깨뜨린 사람이 로티 문이었다. 여성이 새로운 지역에서 사역하는 것은 당시 사회적 정황 속에서는 위험천만한 일이었지만 로티 문은 거뜬히 이겨냈다. 그녀는 평도로 옮긴지 1년이 지날 즈음 중국 남성들을 만나 처음으로 개종시키는 역사가 일어났다. 그녀는 영혼을 구원시키는 일이 이렇게 기쁜 줄 몰랐다고 했다. 이후 로티 문은 지속적으로 영혼 구원에 앞장서 평도에서만 1천 명이 넘는 개종자를 얻게 되었다. 이는 여성들도 개척사역을 할 수 있음을 일깨워 주었고 평도는 '미국남침례교 중국선교의 허브'로 부상했다.

　세 번째 로티 문의 위대한 공헌은 미국남침례교회로 하여금 연합선교에 동참할 수 있도록 이끌어 낸 것이다. 로티 문은 선교사역을 홀로 할 수 없음을 뼈저리게 느껴 본부에 끊임없이 사람을 보내줄 것을 요청했지만 실현되지 못하자 그의 뜻을 WMU에 전달하여 뜻을 이루었고 3명의 여성 선교사가 산동으로 파송되었다. 이후 그의 정신은 SBC로 하여금 1913년부터 아예 SBC 달력에 "로티 문 크리스마스 헌금"을 고정시켜 SBC의 모든 교회들이 동참토록 하는데 결정적 역할을 하였다. 그래서 미국남침례교회는 1913년에 로티 문을 "수호 성인"(queenly saint)이라 부르며 그 이름을 영원히 기억하고 있다.[111]

078 무디 부흥운동과 선교

무디부흥운동 시작(1873년),
캠브리지 대학생 7명 선교동원(1882년)

1. 주를 위해 모든 것을 버린 사람

드와이트 무디(Dwight L. Moody, 1837-1899)는 "주를 위해 모든 것을 버린 사람"이다. 그의 어릴 적 환경은 불우했다. 1873년 매사추세츠 노스필드(Northfield)에서 태어났을 때 그의 아버지는 가난한 농부이자 채석공이었는데 무디가 4살 때 세상을 떠났다. 어려운 형편 중에 어머니는 대식구들을 부양하느라 힘들었지만 자식들을 신앙생활로 잘 키웠다. 무디는 17살 때 보스턴으로 떠나 삼촌의 구둣가게에서 일하면서 자립했고 삼촌의 뜻에 따라 버논산 회중교회(Mount Vernon Congregational Church)에 출석하였다.112) 무디가 인생의 큰 변화를 겪은 것은 이 교회에서 청소년 성경공부반을 인도하는 에드워드 킴벌(Edward Kimball)을 만나면서부터이다. 무디가 18살이던 1855년에 킴벌이 일에 지쳐있던 무디에게 하나님께서 너를 얼마나

19세기 미국의 위대한 학생 선교동원가인 드와이트 무디. 그의 첫 번째 선교동원은 "캠브리지 선교사 7인"이었다.

사랑하는지를 설명하자 그는 그리스도를 구주로 영접하며 거듭났다.113)

무디는 보스턴에서 2년을 보낸 후 시카고로 가서 사업으로 대성공을 거둔다. 그가 위스월(Wiswall) 제화점에 입사한 뒤 그의 뜨거운 열정과 새로운 도전의식은 그를 최고의 세일즈맨으로 만들었고 이어 전국에 새로운 점포를 여는 책임자로도 성공을 거두며 그의 꿈은 당시 시가로 "10만 달러 가치"가 있었다.114) 사업에 승승장구하면서 그는 시카고의 길거리 아이들에게 주일학교와 YMCA 활동을 통해 꿈을 심어주며 주의 일에 보람을 느끼게 되었다. 하나님의 일에 더 헌신하고 싶어서 결국 사업을 포기하게 되는데 그는 "내 인생가운데 가장 힘든 것 중의 하나가 성공한 비즈니스를 포기할 때"라 회고했다.115) 그는 주를 위해 모든 것을 버렸다. "예수께서 이르시되 네가 온전하고자 할진대 가서 네 소유를 팔아 가난한 자들에게 주라 그리하면 하늘에서 보화가 네게 있으리라"(마 19: 21)는 말씀은 바로 무디를 가리켰다. 하나님께 온전히 매임 받은 무디는 훗날 복음전도자로서 새로운 역사를 만들게 되었다.

2. 영국에서 처음으로 선교의 맛을 보다

무디의 사역가운데 큰 전환점을 이룬 것은 복음성가 가수 생키(Ira D. Sankey)를 시카고에서 만난 일이다. 생키의 은혜로운 찬양 다음에 이어진 무디의 능력 있는 말씀은 청중들의 마음을 휘어잡았고 무디를 일약 최고의 복음전도자로 만들었다. 무엇보다 무디가 세계적인 복음전도자로 알려지게 된 동기는 그가 1883년부터 약 2년간에 걸쳐 진행된 영국 집회 때문이었다.116) 이곳에서 그는 스코틀랜드의 에딘버러와 글래스고를 중심으로 아일랜드, 런던 등지를 돌며 영국 부흥운동을 이끌며 당대 최고의 복음전도자로 자리매김을 하였다. 이처럼 무디 부흥운동은 영국에서 먼저 일어난 이후 점차 미국 전 지역으로 확산되어져 갔다.

더욱이 무디의 최초 선교동원도 영국에서 먼저 일어났다. 그가 1882년 11월 캠브리지 대학의 초청을 받아 학생집회를 인도할 때 약 1,800명 이상의 학생들이 참석하였고 생키의 찬양과 무디의 설교는 대학생들의 마음을 움직여 전도유망한 7명의 젊은이들이 중국내지선교회(CIM) 소속으로 중국 선교사로 헌신하게 되었다. 이들을 "캠브리지 선교사 7인"이라고 부르는데 이들 모두는 졸업 후 1885년 2월 5일 중국으로 떠났다.117) 7명 중에 호스트(D. E. Hoste)는 허드슨 테일러를 이어 CIM 총책임자가 되었고, 스터드(S. T. Studd)는 훗날 WEC 국제선교회를 조직하였다. 무디는 영국에서 처음으로 학생 선교동원가로 첫발을 내 디딘 이후 미국으로 돌아와 1886년에 학생자원선교운동(SVM)을 통해 100명의 학생자원선교사를 탄생시켰고, 이것이 계기가 되어 수많은 젊은이들이 자원 선교사로 헌신케 되었다.

| 무디는 20세기 최고의 복음전도자인 빌리 그래함처럼 19세기 최고의 복음전도자였고 또한 학생 선교동원가였다.

3. 미국을 세계 최고의 선교사 파송 국가로 만들다

무디의 선교동원은 대단하였다. 그가 "캠브리지 선교사 7인"을 동원시킨 이후 그의 포커스는 젊은이들이었다. 젊은이들이 열방을 품고 자원 선교사로 헌신시키는데 최고의 공헌자가 무디였다. 1886년 학생자원선교운동(SVM)에서 100명의 대학생들이 선교사로 헌신할 때 이 가운데 24명은 무디가 세운 헐몬산(Mt. Hermon) 학교 출신이었고, 더욱이 그가 1889년에 세운 무디성경학교(Moody Bible Institute)에서는 7천 5백 명의 선교사를 배출해 1900년까지 불과 4천 명에 지나지 않던 미국 선교사가 20세기에 들어와 영국을 추월하며 세계 최고의 선교사 파송국가가 된 것은 무디의 공헌이 크다.

19세기를 선교의 "위대한 세기"라 부른다. 전반부는 영국이, 후반부는 미국이 주도했다. 특히 이 둘의 차이라 하면 영국에서는 윌리엄 케리를 통해 전 세계적으로 선교단체를 생성케 하는데 큰 역할을 했고, 반면 미국에서는 무디부흥운동이나, 나이아가라 사경회나, 학생자원선교운동(SVM)과 같은 대형 컨퍼런스나 사경회가 19세기 후반부터 등장하여 대대적인 선교동원을 일으키는데 큰 일조를 했다. 특히 무디부흥운동과 학생자원선교운동을 통해 배출된 초기 한국선교사들 즉 제임스 게일, 마포 삼열, 그레이엄 리, 스왈론 등은 무디의 영향을 받고 한국에 파송 받은 선교사라 한국교회는 무디에게 영적으로 큰 빚을 지고 있다. 무디는 명설교가였고, 탁월한 복음전도자였으며, 동시에 위대한 선교동원가이기도 하였다.

079 북미주 선교동원의 불씨, 나이아가라 사경회

나이아가라 사경회 시작(1883년)

1. 나이아가라 사경회는 왜 열렸는가?

나이아가라 사경회(Niagara Bible Conference)는 19세기 말경 쉴라이에르마허(Friedrich Scheiermacher)의 자유주의 신학과 다윈의 진화론과 라우센

| 나이아가라 사경회가 열렸던 나이아가라 호숫가에 있는 퀸스 로얄 호텔

부쉬의 사회복음이 정통교리를 무차별 공격하자 복음주의 교회들이 심각한 피해를 입게 되었고 이를 막아내기 위해서는 정규적인 성경모임의 필요성을 느껴 1883년부터 캐나다 토론토에서 나이아가라 사경회가 개최되었다.118) 나이아가라 사경회는 매년 여름마다 약 1주일 동안 열렸는데 참여한 자들이 휴가나 방학을 이용해 적극적으로 참석하여 대성황을 이루었다. 특히 장소로 제공된 퀸스 로얄(Queen's Royal) 호텔은 나이아가라 호숫가에 있어서 안락하고 쾌적한 장소를 제공하였고 어디서든지 접근이 용이해 사람들의 사랑을 받으며 14년 동안 한 장소에서만 사경회가 열렸다.

2. 나이아가라 사경회는 무엇을 다루었나?

나이아가라 사경회의 목적은 성경공부였다. 미국 전역에 흩어져 있는 이단과 자유주의 신학의 확산 방지를 위해서는 성경을 아는 것이 최고의 무기였다. 그래서 나이아가라 사경회 지도자들을 "이단 잡는 대행인"(heresy-hunting agent)이라는 별칭이 주어지기도 했다.119) 나이아가라 사경회가 성경모임을 통해 정통 신앙을 견고히 하고 자유주의 신학과 맞서 싸우기 위해서는 조직이 필요했다. 그래서 공동 발기인으로는 조지 니덤(George C. Needham)과 제임스 잉글리스(James Inglis)가 맡았고, 사경회 회장으로는 세인트루이스의 월넛(Walnut) 장로교회 담임목사인 제임스 브룩스(James H. Brooks)가 맡았다. 그는 나이아가라 사경회가 토론토에서 모이기 이전 이미 신자들의 성경모임이 해마다 여러 지역에서 열렸는데 1875년부터 그가 책임을 맡다보니

| 나이아가라 사경회의 회장이었던 제임스 브룩스

자연스럽게 나이아가라 사경회의 회장을 맡게 되었다.120)

나이아가라 사경회는 매일 아침 10시부터 저녁 11시까지 진행되었고, 매일 아침 기도회도 6시 30분부터 7시까지 있어서 1주간 진행되는 사경회를 참석하면 그야말로 성경박사가 될 정도였다.121) 자유주의 신학과 이단의 확산을 막기 위한 복음주의자들의 처절한 싸움이었다. 그래서 나이아가라 사경회는 1920년대부터 불기 시작한 "미국 근본주의운동의 효시"로 보고 있다.122) 나이아가라 사경회 때 참여한 주강사로는 장로교회의 제임스 브룩스(James H. Brooks)와 아더 피어선(Arthur Pierson), 침례교회의 아도니람 고든(Adoniram Gordon), 회중교회의 사이러스 스코필드(Cyrus Scofield), 선교사 대표로는 허드슨 테일러(J. Hudson Taylor)가 있었다. 이들이 미국교회를 자유주의 신학과 다윈의 진화론을 막아내기 위해 다룬 주제들을 보면 성경강해, 그리스도론, 성경의 영감설, 성령의 역사, 전천년주의, 세대주의, 초교파주의, 선교, 예언을 주로 다루었다.123)

3. 나이아가라 사경회에서 누가 선교에 영향을 끼쳤는가?

나이아가라 사경회 '선교 3인방'이라 하면 아도니람 고든, 아더 피어선, 허드슨 테일러이다. 이들은 사경회에 참여한 자들에게 열방을 품고 선교사로 헌신토록 하는데 결정적 역할을 하여 나이아가라 사경회가 단순히 성경모임에만 그치지 않고 세상을 품는 그리스도인이 되게 하는데 큰 공헌을 했다. 아도니람 고든(Adoniram J. Gordon)은 클라렌돈 침례교회 담임목사로서 미국 침례교 선교연맹과 미국북침례회 해외선교회 회장직을 맡아 탁월한 목회자로, 명설교자로, 위대한

| 보스턴 선교사 훈련학교 원장인 아도니람 고든

저술가로 많은 이들의 사랑을 받았다.124) 그가 1869년 12월에 부임한 클라렌돈 침례교회는 종전까지 한 명의 선교사만을 파송했지만 그가 목회한 이후 12명의 선교사를 파송했고, 현재 고든 콘웰(Gordon Conwell) 신학교의 전신인 보스턴 선교사 훈련학교(Boston Missionary Training School)를 1889년 10월 2일 개원했으며, 월간지 「슬로건」(*The Watchword*)의 편집장으로 있으면서 그의 선교관련 설교와 선교 지식들은 젊은이들로 하여금 선교에 헌신토록 했다.125) 보스턴 선교사 훈련학교 출신으로 한국으로 파송받은 유명한 선교사로는 말콤 펜윅(Malcolm Fenwick), 파울링(Pauling), 스테드만(F. W. Steadman)이 있다.

아더 피어선(Arthur T. Pierson) 역시 나이아가라 사경회 지도자로 선교에 큰 영향을 주었다. 그는 장로교 목사로 초기 근본주의자들의 리더였고 스코필드, 고든, 무디 목사와 함께 조우하며 19세기 말 학생선교운동과 복음주의 해외선교의 선교동원가로 탁월한 영향력을 발휘했다. 미국이 1880년대부터 해외선교의 붐을 일으킬 때 큰 영향을 끼쳤는데 그가 1887년 나이아가라 사경회에서는 참여한 자들에게 "불타는 열정을 가지고 냉랭한 가슴에 희생의 불을 붙일 것"을 주장하며 젊은이들에게 선교에 동참할 것을 피력했다.126) 나이아가라 사경회에서 당대 선교사로서 영향을 끼친 사람은 허드슨 테일러였다. 특별히 테일러가 중국내지선교회(CIM)에 필요한 100명의 선교사를 하나님께서 채워주신 간증을 할 때 참여한 많은 사람들이 은혜와 도전을 받았고 CIM을 위해 2,500달러를 후원하기도 했다.127) 고든, 피어선, 테일러의 선교적 도전은 나이아가라 사경회의 선교 불씨가 되어 활활 타 올랐다.

학생선교동원의 주역, 학생자원선교운동

학생자원선교운동 시작(1886년),
학생자원선교운동 조직(1888년)

1. 학생자원선교운동의 시작

학생자원선교운동(Student Volunteer Movement, SVM)은 1886년 7월 6일부터 30일까지 열린 매사추세츠의 헐몬산 컨퍼런스(The Mount Hermon Conference)에서 시작되었다.[128] 헐몬산 컨퍼런스가 학생자원선교운동으로 발돋움을 할 수 있었던 것은 세 사람의 헌신과 리더십이 한데 뭉쳤기 때문이었다. 드와이트 무디는 말씀으로 학생들의 영혼을 터치하는데 앞장섰다. 놀라운 것은 대회 기간 중 코넬(Cornell)과 프린스턴(Princeton) 대학생들이 자발적으로 선교를 위한 기도모임을 가졌고 이어 오브린(Oberlin)과 하버드(Harvard) 대학생들도 동참했다.[129] 이때 선교헌신을 이끌어내고 참여를 확대시킨 것은 로버트 윌더(Robert Wilder)의 리더십 때문이었다. 그리고 존 모트(John Mott)의 탁월한 운영과 조직력은 대회를 끝까지 잘 이끌어갔고 머지않아 세계선교가 핫 이슈로 등장할 것이라 그는 예측했다.[130]

1886년 헐몬산 컨퍼런스가 학생자원선교운동으로 시작될 수 있었던 것은 7월 30일(금) 마지막 집회에서 역사가 일어났기 때문이었다. 당시 각 대학교에서 참여한 251명의 학생들은 홀 전체를 꽉 메웠고 대회 마지막 날 아침까지는 최고조의 분위기가 형성되지 못했다. 그런데 마지막 기도모임을 가지면서 세계선교를 위해 기도하던 중 "하나님이 부르시면 본인은 선교사가 되길 서약합니다"라는 "프린스턴 서약"(Princeton

학생자원선교운동 1920년대 컨퍼런스. 초기 한국선교사들 가운데 많은 이들이 SVM 출신들이다. 제임스 게일은 한국 최초의 SVM 선교사였고 이후 마포 삼열, 그레이엄 리, 스왈론 등이 SVM 한국선교사로 입국했다.

Declaration)이 공포되면서 분위기는 최고조에 달했다. 이 때 99명의 대학생이 무릎을 꿇고 선교사로 서약했고, 나머지 한 명이 문을 여는 순간 우연히 발을 헛디뎌 넘어지는 바람에 "헐몬산 100명 서약"이 이뤄졌다고 한다.131) 참석자 251명 가운데 40%가 학생 자원 선교사로 헌신하는 역사적인 순간은 누구도 예상치 못했다. 이것이 기폭제가 되어 학생자원선교운동은 미국과 전 세계로 확산되어져 갔다.

2. 학생자원선교운동의 조직

존 모트와 로버트 윌더는 헐몬산 컨퍼런스에 나타난 학생 선교열기를 조직적으로 운영할 필요성을 느껴 1888년 학생자원선교운동(Student Volunteer Movement, SVM)을 뉴욕에서 공식적으로 조직하였다. 회장은 존 모트가 맡았고, 총무는 로버트 윌더가 맡아 담당하기로 했다. 학생자원선교운동은 슬로건으로 "이 세대 안에 세계 복음화"(The Evangelization of the World in this Generation)로 정하고 적극적으로 학생 선교동원에 힘써 파송

| 1886 헐몬산 컨퍼런스에서 학생들에게 선교비전을 심어준 로버트 윌더. 100명의 학생들이 세계선교에 자원하여 섬기겠다고 서약함으로 학생자원선교운동이 태동되었다.

키로 하며 4년마다 컨퍼런스를 열기로 했다. 19세기 후반에 조직된 학생자원선교운동은 세 가지 큰 특징을 지니고 있는데 첫째는 강력한 영적 모임이다. 존 모트가 지적한 것처럼 학생자원선교운동은 헐몬산 컨퍼런스의 기도모임을 통해 형성되었기에 학생들에게 영적인 면, 즉 성경, 기도, 성령의 역사하심을 강조하였다.132)

둘째는 탁월한 조직이다. 학생자원선교운동은 탁월한 리더십의 소유자인 존 모트의 작품이라 해도 과언이 아니다. 그는 젊은 대학생의 선교 동참을 확대하기 위해 당대 최고의 설교자였던 아도니람 고든(Adoniram J. Gordon)이나 아더 피어선(Arthur T. Pierson) 목사를 초청해 선교운동을 확산시켜 나갔다. 셋째는 일치와 연합의 강조이다. 학생자원선교운동의 가장 큰 특징이라면 교단에 얽매이지 않고 초교파적으로 운영하였다. 그는 먼저 미국 동부를 필두로 해서 미국 전 지역으로 학생자원선교운동을 확산시켰는데 1891년에는 6,200명이 1892년에는 7,500명이 참석했다.133) 학생자원선교운동이 일어난 지 20년 동안 2,953명의 대학생들이 자원하여 선교사로 파송되었는데 한국, 중국, 일본, 동남아시아에 43% 인도, 버마, 스리랑카에 21% 아프리카에 11% 중남미에 9% 중동 지역에 5%가 파송되었다.134)

3. 학생자원선교운동의 영향

학생자원선교운동(SVM)이 1886년부터 1919년까지 해외선교에 미친 영향에 관해 SVM 행정팀은 10가지를 밝혔다. 첫째는 선교훈련을 확대시켰다.135) 둘째는 선교 재정후원을 확대시켰다.136) 셋째는 대학생들의 도덕적, 영적 삶을 증진시켰다. 넷째는 선교사 헌신을 늦추거나 포기한 자들에게 참여를 확대시켰다. 다섯째는 학생자원선교운동 컨퍼런스 참여율을 매번 증가시켰다.137) 여섯째는 학생자원선교운동을 다른 나라까지 확대시켰다. 이 대회는 미국뿐 아니라 영국, 화란, 프랑스, 스위스, 독일, 노르웨이, 스웨덴, 덴마크, 핀란드, 오스트레일리아, 뉴질랜드까지 확산되어 세계적인 학생자원선교운동으로 자리매김을 하였다.

학생자원선교운동을 묘사한 풍자만화. 해외선교로 헌신한 젊은 남녀들이 훈련되지 아니한 세계를 끌고 가는 것이 힘들다는 시사 풍자만화.

일곱째로 미국 내 지역교회 선교동원에 불을 지폈다. 대학생들은 교회를 방문해 선교지 정보 및 세계선교현황 등을 소개하며 지역교회의 선교 참여를 이끌었다. 여덟째로 선교사의 정신, 정책 그리고 행동에도 영향을 끼쳤다. 아홉째로 학생자원선교운동의 슬로건인 "이 세대 안에 세계 복음화" 정신을 전 세계로 확산시켰다. 열 번째로 학생자원선교운동을 통해 국제 관계를 형성케 하는데 도움을 주었다. 학생자원선교운동은 1936년에 마지막 대회를 인디애나폴리스에서 치르고 50년의 역사를 간직한 채 막을 내렸다. 학생자원선교운동은 쇠퇴기인 1917년부터 1930년까지도 매년

200명에서 600명 정도의 학생 자원 선교사들을 파송해 끝까지 선교비전을 완수했다.138) 현재로서는 IVF(Inter-Varsity Christian Fellowship)가 학생자원선교운동의 정신을 계승해 이어가고 있다.

현대 선교

| 에큐메니칼과 복음주의 선교시기 |

제3차 로잔대회 주강사인 존 파이퍼 목사

제6장 현대 선교
에큐메니칼과 복음주의 선교시기

시 기	에딘버러세계선교사대회 – 현재(1910년–현재)
핵심 주제	(1) 이 세대 안에 세계 복음화 (2) 전 세계가 그의 목소리를 듣게 하라!
핵심 단어	에큐메니칼, 복음주의
핵심 성경	"이 천국 복음이 모든 민족에게 증언되기 위하여 온 세상에 전파되리니 그제야 끝이 오리라"(마 24:14).

| 핵심 연대표 |

구분	년 도	특 징
1900	1910년	에딘버러세계선교사대회
	1912년	영국선교회대회 조직
	1914–1918년	제1차 세계대전
	1917년	카메론 타운젠드 과테말라 도착
	1917년	초교파 해외선교협회 설립
	1917년	러시아 혁명
	1919년	바르트「로마서 주석」출판
	1921년	국제선교협의회(IMC) 조직
	1922년	무솔리니 로마 입성
	1925년	스탠리 존스「인도의 길을 걷고 있는 예수」출판
	1927년	근동기독교협의회 설립
	1928년	예루살렘 대회(IMC)
	1929년	미국 대공항
	1931년	카메론 타운젠드 칵치켈(Cakchiquel) 신약성경 번역
	1932–1967년	바르트「교의학」출판
	1933년	도날드 맥가브란 감리교 감독 와스코 피켓과 조우
	1936년	학생해외선교협회 설립
	1937년	중·일 전쟁
	1937년	본회퍼「제자의 길」출판

구분	년 도	특 징
1900	1938년	탐바람 대회(IMC)
	1939-1945년	제2차 세계대전
	1940년	본 회퍼 「신자의 공동생활」 출판
	1940년	볼트만 「신약과 신화」 출판
	1941년	독일 러시아 침공
	1941년	일본 진주만 급습
	1941년	니버 「인간의 본성과 운명」 출판
	1942년	영국교회협의회 설립
	1943년	무솔리니 몰락
	1945년	독일 항복
	1945년	히로시마에 원자탄 투하, 일본항복
	1945년	복음주의해외선교협회(EFMA) 설립
	1946년	제1차 Inter-Varsity 선교대회
	1946년	연합성서공회(UBS) 설립
	1946년	교회세계봉사회(CWS) 설립
	1947년	휘트비 대회(IMC)
	1947년	루터교세계연맹(LWF) 조직
	1947년	복음주의학생국제협회(IFES) 설립
	1948년	세계교회협의회(WCC) 조직
	1949년	중화인민공화국 탄생
	1949-1968년	냉전시대
	1950-1952년	한국전쟁
	1951년	세계복음주의협회(WEF) 조직
	1951년	대학생선교회(CCC) 조직
	1952년	빌링엔 대회(IMC)
	1955년	도날드 맥가브란 「하나님의 가교」 출판
	1958년	가나 대회(IMC)
	1958년	영국 복음주의선교동지회(EMA) 발족
	1961년	뉴델리 대회, WCC와 IMC 통합
	1961년	도날드 맥가브란 교회성장연구소 설립
	1961년	인간 최초로 우주에 돌입

구분	년 도	특 징
1900	1963년	멕시코 대회(CWME)
	1964년	Evangelical Missions Quarterly 발간
	1965년	도날드 맥가브란 교회성장학파 형성
	1965년	몰트만「소망의 신학」출판
	1966년	휘튼 대회(복음주의)
	1966년	베를린 대회(복음주의)
	1966년	태평양교회대회(PCC) 조직
	1968년	웁살라 대회(CWME)
	1968년	아시아 남태평양 전도대회(싱가폴)
	1968년	마틴 루터 킹 목사 사망
	1969년	최초로 달 착륙
	1970년	프랑크푸르트선언(복음주의)
	1970년	중국전도대회(대만)
	1971년	일본해외선교협회(JOMA) 설립
	1972/1973년	방콕 대회(CWME)
	1973년	전아시아 선교 협의회(서울)
	1973년	미국선교학회(ASM) 조직
	1974년	로잔 세계복음화 국제대회(로잔 I, 스위스)
	1974년	랄프 윈터 미전도종족 개념 소개
	1974년	일본전도대회
	1974년	CCC 한국대회(Expo 74)
	1975년	인도차이나반도 선교사 추방
	1975년	아시아선교협회(AMA) 조직
	1976년	세계복음화중국대회(홍콩)
	1977년	멜버른 대회(CWME)
	1980년	파타야 대회(복음주의)
	1989년	로잔 세계복음화 국제대회(로잔 II, 필리핀 마닐라)
	1989년	샌 안토니오 대회(CWME)
	1989년	구소련 붕괴
	1996년	살바도르 대회(CWME)

구분	년 도	특 징
2000	2004년	파타야 로잔포럼(복음주의)
	2005년	아테네 대회(CWME)
	2006년	포르투알레그레 대회(CWME)
	2010년	에딘버러 세계선교사대회 100주년 기념 2010 한국대회
	2010년	한국세계선교협의회 한국형 선교전략 개념 소개
	2010년	로잔 세계복음화 국제대회(로잔 III, 남아공 케이프타운)
	2013년	WCC 총회(부산)
	2014년	WEA 총회 무산(서울)

제6장 현대 선교

에큐메니칼과 복음주의 선교시기(1910-현재)

현대 선교는 1910년 에딘버러대회부터 현재까지를 말한다. 이 시기의 선교 특징은 에큐메니칼과 복음주의 그룹이 양대 산맥을 형성하고 있다. 에큐메니칼 선교는 1910년 에딘버러대회로 거슬러 올라간다. 왜냐하면 이 대회가 최초의 범세계적, 범 교단적 선교대회였기 때문이다. "이 세대 안에 세계 복음화"라는 슬로건 하에 비기독교국가 선교에 중점을 두며 "how mission"에 집중하였다. 이후 1차 대전으로 인한 전쟁, 가난, 분열은 교회가 왜 존재해야 하는지에 관심을 갖게 되어 1928년 예루살렘대회는 교회의 본질을 회복하는 "why mission"이 등장하였다. 하지만 끊임없는 전쟁, 분열, 내전은 '확대전도'(Larger Evangelism)라는 새로운 개념을 등장시켰고 교회가 사회적 책임을 완수하는 일에 기구의 필요성을 느껴 1948년 암스테르담대회에서 세계교회협의회(WCC)가 발족되었다. 이후 1963년에는 WCC가 IMC와 합병해 세계선교와 전도위원회(CWME)를 조직해 지금에 이르고 있다. 현재 에큐메니칼의 핵심인 WCC는 "일치, 증인, 섬김"을 실현하고 있다.

한편 현대 복음주의 선교는 1974년 로잔대회에 뿌리를 두고 있다. 왜냐하면 이때부터 복음주의 선교개념이 태동했기 때문이다. 1차 로잔대회에서 존 스토트에 의해 통전적 선교개념(선교=복음전파>사회적 책임)이 소개되어진 것은 당시 냉전시대에 따른 사회주의 사상의 급격한 확산과 독립국가들의 민족주의 회귀현상과 종교다원주의 등장은 전통적 선교개념(선교=복음전파)으로만 접근할 수 없기 때문이었다. 그래서 1989년 제2차 로잔대회에서는 선교사제한지역(CAN)에 접근하기 위한 구체적인 방안들이 소개되어졌는데 전방개척선교(Frontier Missions), 텐트메이커(Tentmaker)선교, 영적전쟁과 같은 전략들이었다. 아마 한국교회가 가장 큰 덕을 본 대회라면 제2차 로잔대회일 것이다. 제3차 로잔대회는 2010년 남아공 케이프타운에서 "화목"(reconciliation)케 하시는 하나님을 부각시켜 하나님은 세상을 분열·파괴시키는 사람이든 국가이든 화목케 하시기를 원하시는 분으로 조명되었다. 따라서 크리스천들이 사랑의 하나님을 삶으로 보여줄 것을 강조하고 있다.

제1차 세계선교사대회, 에딘버러 대회

에딘버러 세계선교사대회 개최(1910년)

1. 왜 1910년 에딘버러대회가 제1차 세계선교사대회인가?

1910년 에딘버러 세계선교사대회(The World Missionary Conference, Edinburgh 1910)를 "제1차 세계선교사대회"라 부른다. 사실 에딘버러대회가 개최되기 약 50년 전부터 선교대회가 간헐적으로 열렸는데 1860년에는 리버풀대회가, 1888년에는 런던대회가 열렸고, 1900년 뉴욕대회는 "에큐메니칼 선교대회"라 불릴 만큼 3천 명의 대의원과 250개 이상의 선교단체가 모인 큰 대회였다.[1] 하지만 뉴욕대회는 규모는 컸지만 조직과 운영 면에서 너무 성급하게 대회를 준비하다보니 큰 성과를 내지 못했다. 그래서 1906년 초 미국해외선교회는 스코틀랜드의 리빙스턴 선교회로부터 여러 개로 분산되어져 있는 선교대회를 하나로 묶는 선교대회를 열어달라는 요청을 받았다.[2] 이후 실행위원회가 구성되어

에딘버러 세계선교사대회 의장인 존 모트. 1910년 그의 나이 43세로 당대 최고의 선교동원가로 알려졌다.

제6장 현대 선교 • 429

약 4년 동안의 준비 끝에 미국해외선교위원회가 주축이 되어 탄생한 것이 에딘버러 세계선교사대회이다.

그래서 1910년 에딘버러 세계선교사대회는 각 지역에서 골고루 대의원이 참석하였기 때문에 제1차 세계선교사대회가 된 것이다. 사실 대의원이 여러 국가에서 왔다고 하지만 대다수가 서구인들이었다. 왜냐하면 당시는 서양 강대국들의 식민주의 전성기 시대여서 대회 때도 그 흔적이 고스란히 담겨져 있었기 때문이다. 따라서 이 대회를 '서구인의 잔치'라고 부르는데 전체 1,215명의 대의원 가운데 대부분이 서구인이었고 비서구인은 고작 19명 만 참석해 1.6%를 차지했다.[3] 그럼에도 불구하고 에딘버러 세계선교사대회는 종전의 선교대회와는 달리 첫 번째로 범세계적인 대회로 열려 1810년 윌리암 케리가 남아공 케이프타운(Cape Town)에서 에큐메니칼 선교대회를 갖자는 제의가 있은 지 100년이 지나서야 이뤄졌다.[4]

2. 에딘버러 세계선교사대회의 특징은 무엇인가?

에딘버러 세계선교사대회는 1910년 6월 14일부터 23일까지 스코틀랜드 에딘버러의 뉴칼리지 연합자유교회에서 열렸다. 대회 주제는 학생자원선교운동(SVM)과 똑같이 "이 세대 안에 세계 복음화"였다. "이 세대 안에 세계 복음화"는 전천년주의 종말론 사상을 가득 담고 있어서 주님 오실 날이 얼마 남지 않았기 때문에 어서 빨리 이방인들에게 가서 복음 전해야 한다는 사상이 무척 강했다. 19세기 말 '세계 3대 선교동원'으로 불리는 무디부흥운동, 나이아가라 사경회, 학생자원선교운동에서 배출된 선교사들은 대다수가 전천년주의 종말론 신앙을 갖고 있었다. 에딘버러대회 역시 존 모트가 전천년주의 종말론 사상을 지니고 있어서 대회 전체에 영향을 끼쳤다. 무엇보다 에딘버러대회의 목적은 비기독교국가에 복

| 1910년 에딘버러 세계선교사대회가 열린 스코틀랜드 에딘버러의 뉴칼리지 연합자유교회 대회의장인 어셈블리 홀(Assembly Hall)

음을 전하는 것과 연합과 일치를 추구하는 것이었다.

　에딘버러대회는 8개 분과를 두어 목적을 실현코자 했다. 1분과는 비기독교 국가들에 대한 선교를, 2분과는 선교현지 교회를, 3분과는 선교현지의 미션스쿨 교과과정을, 4분과는 타종교에 대한 선교방법을, 5분과는 선교지 정부와의 관계를, 6분과는 선교사 훈련을, 7분과는 자국 내 선교를, 8분과는 선교사간의 협력관계와 초교파 활동을 다뤄 알찬 선교대회를 가졌다. 무엇보다 에딘버러대회가 한국교회에 길이 남는 것은 마포 삼열(Samuel Moffett)과 윤치호가 참석하여 한국교회를 빛냈다는 점이다. 윤치호는 한국교회는 복음이 전달된 지 25년 만에 20만 명으로 급성장해 추수의 때가 왔다고 보고했고, 마포 삼열 선교사는 한국교회의 가장 큰 특징이라면 자립정신이 워낙 강해 헨리 벤의 삼자원리를 가장 잘 실현시킨 곳이 한국교회라며 극찬을 아끼지 않았다.[5]

3. 에딘버러 세계선교사대회와 2010 한국대회

에딘버러대회는 범세계, 범교단적으로 모인 에큐메니칼 대회로 종전에 열렸던 어떤 선교대회보다 열매가 좋았다. 첫째는 선교 전략지가 탁월했다. 에딘버러대회가 추구했던 1순위 선교지는 한국, 중국, 일본의 극동지역과 인도, 이슬람권으로 압축시켜 집중적으로 이곳으로 선교사를 파송시키는데 일조했다. 둘째는 연합과 일치를 극대화시켰다. 다만 이 대회에 로마 가톨릭과 그리스정교회는 참석하지 않았지만 지역교회, 선교단체, 선교사 간의 연합을 만들어내는 데는 크게 성공했다.6) 셋째는 서구교회가 앞으로 선교사 훈련과 준비를 철두철미하게 하자는 자성의 목소리를 높여 질 좋은 선교사를 배출케 하는데 영향을 주었다.

1910년 에딘버러 세계선교사대회가 열린 지 100년이 지난 2010년에 한국교회는 경사스러운 일을 이룩했다. 6월 22일부터 25일까지 "1910년 에딘버러 세계선교사대회 100주년 기념 2010 한국대회"를 서울에서 개최한 것이다.7) 더욱이 놀라운 일은 100주년 대회를 기념하여 100명의 신학자들이 100편의 논문을 발표하였고 이후 자료들을 엮어 책으로 출판하였다. 서구교회들이 하지 못한 일들을 한국교회가 담당하였다. 1910년에는 불과 2명의 대의원이 참석한 '작은' 한국교회였지만, 100년 후 2010년에는 '큰' 한국교회가 되었다. 에딘버러대회 100주년을 보내면서 한국교회가 깨달아야 할 것은 과연 지금부터 100년이 지난 2110년에도 지금과 똑같이 에딘버러대회 200주년 기념 한국대회를 열 수 있을는지 자문해 본다.

젊은층 최고의 선교동원가, 존 모트

존 모트 에딘버러 세계선교사대회 의장(1910년)

1. 왜 존 모트는 최고의 선교동원가인가?

존 모트(John R. Mott, 1865-1955)는 19세기 후반부터 최고의 학생 선교동원가였다. 그는 드와이트 무디와 함께 대학생 선교동원가로서 위대한 족적을 남겼다. 무디는 능력 있는 말씀과 대형 집회로 학생 선교동원을 했다면, 모트는 연합 컨퍼런스나 체계적인 학생조직을 통해 대학생 선교동원에 큰 영향을 끼쳤다. 그는 오랫동안 YMCA와 세계기독학생연합(WSCF)에 몸담아 학생 선교동원에 헌신했고, 학생자원선교운동(SVM)과 에딘버러 세계선교사대회 의장직을 맡아서는 그의 탁월한 리더십이 발휘되어 수많은 젊은이들이 선교에 헌신토록 했다. 특별히 그는 1946년에 노벨평화상을 수상했는데 그 이유는 모트가 개신교 젊은이들로 하여금 폭넓은 국제 활동을 통해 세계평화에 기여한 공로가 컸기 때문이었다.[8]

모트는 선교사 출신이 아니었다. 그는 미국 감리교 평신도였지만 그의 탁월한 조직력과 리더십은 수많은 대학생 선교 컨퍼런스를 성공적으로 개최하는데 밑거름이 되었다. 그는 1910년 에딘버러 세계선교사대회 의

| 모트의 YMCA 활동 당시 함께한 동료들. 왼쪽으로부터 로버트 바이덴살, 루터 위샤드, 찰스 오버, 존 모트이다.

장직을 맡으면서 현대선교에 새로운 역사를 장식했다. 무엇보다도 윌리엄 케리의 100년 전 소망이었던 범세계적인 에큐메니칼 선교사대회를 개최하였고 선교지에서 과다한 경쟁과 사역의 중복을 줄여 효율적인 선교를 감당하고자 하는 그의 뜻은 서서히 무르익기 시작했다. 1939년까지 그의 영향력을 통해 학생자원선교사들이 무려 2만 5천 명이나 파송되는 쾌거는 그의 뜨거운 열정과 헌신의 작품이었다.

2. 존 모트는 어떤 사람인가?

존 모트는 1865년 뉴욕에서 태어났다. 그는 어퍼 아이오와 대학교(Upper Iowa Univ.)에서 역사학을 공부하며 우수한 학생으로 졸업한 뒤 코넬대학교에서 1888년에 석사학위를 받았다. 그가 빛을 발하기 시작한 것은 코넬대학교 때였다. 그의 탁월한 조직력과 행정력, 강력한 리더십은 세계선교의 물줄기를 바꾸는데 큰 역할을 했고, 20세 초반부터 미국이 영국을 앞질러 세계선교에 기여토록 하는데 결정적인 공헌을 하였다. 그에게 붙어진 호칭은 수없이 많다. 평신도 지도자, 초교파 활동가, 학생 선교동원가, 복음전도자, 에큐메니칼 운동가, 노벨평화상 수상자가 말해 주듯이 다양한 활동을 하였다.

모트는 무엇보다 두 가지 일을 위해 모든 생을 바쳤다. 첫째는 그의 꿈이 비기독교 국가에 복음전하는 것이어서 학생 선교동원에 모든 것을 쏟아 부었다. 그래서 그는 YMCA라든가, 세계기독학생연합(WSCF)이라든가, 학생자원선교운동(SVM)을 도맡아 일했다. 그의 영향력으로 선교사로 파송된 젊은이가 거의 3만 명에 육박할 정도였다. 그의 신학 자체가 전천년주의 종말론 사상으로 꽉 차 있어서 그의 꿈은 가일층 증가되어 미국이 세계선교에 공헌하는데 큰 역할을 했다. 둘째는 세계선교의 연합과 일치였다. 선교의 지나친 경쟁은 분열을 자초하기에 그는 한 평생 동안 연합과 일치 사역에 몰두했다. 그 첫 작품이 에딘버러 세계선교사대회였다. 그는 이 꿈을 실현키 위해 세계여행을 두 번씩이나 하였고 그가 여행한 거리가 280만 km로 지구를 68바퀴나 돌 정도였다.[9] 그의 끊임없는 노력은 에큐메니칼 운동을 전 세계로 확산시켜 "기독교 연합"(unity of Christendom)에 큰 공적을 남겼다.[10]

3. 존 모트와 한국교회

한국교회는 존 모트에게 선교의 큰 빚을 지고 있다. 그는 이미 100년 전 세계선교의 연합과 일치를 위해 한국을 두 번씩이나 방문하였다. 무엇

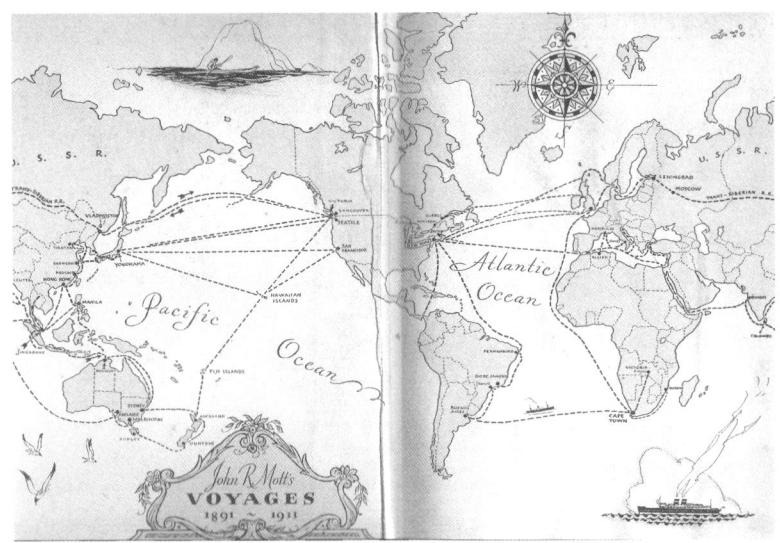

| 존 모트의 1891년부터 1933년까지 세계 여행 경로지. 그는 전 세계를 방문하며 학생선교동원과 교회 연합과 일치를 호소하였다.

보다 1907년 1월부터 4월까지 한국을 방문하는 동안 평양 장대현교회에서 열린 평양대부흥운동을 목격한 것은 그의 생애 가운데 비기독교 국가가 이렇게 빨리 성장하고 복음으로 똘똘 뭉쳐 있는 모습은 신선한 것을 넘어선 충격 그 자체였다. 사실 이 당시만 하더라도 동북아시아가 선교 전략지 가운데 첫 번째로 선정되었는데 그 가운데서도 첫 번째가 중국, 두 번째가 일본, 한국은 그 다음이었다. 선교사들도 중국과 일본에 관심이 많았지 한국은 아니었다. 3순위에 밀려난 한국이 예상을 뛰어 넘어 복음으로 성장하는 모습은 그에게 큰 도전이 되어 평양대부흥운동을 목격한 뒤 머지않아 "한국은 동양의 기독교가 될 것이라"고 예측했다.11) 그의 말이 적중했다. 이제 한국교회는 동양을 넘어서 세계 기독교의 중심으로 자리잡고 있기 때문이다.

초기 한국선교사로 입국한 사람들을 보면 대다수가 YMCA, 학생자원 선교운동(SVM), 무디부흥운동, 나이아가라 사경회 출신들이었다. 그런데 그가 배출한 SVM 한국선교사들은 제임스 게일, 마포 삼열, 그레이엄 리, 스완론 등으로 초기한국교회에 미친 영향은 지대하다. 이들은 성경번역, 신학교 사역, 교회개척, 제자훈련 등 초기 한국선교에 기초를 만든 자들이었다. 더욱이 그레이엄 리(Grahm Lee, 이길함) 선교사는 1907년 평양대부흥운동 이후 장대현교회를 평양신학교를 갓 졸업한 길선주 목사에게 위임하여 토착화 교회를 만드는데 큰 공을 세워 한국교회가 발 빠르게 자립교회로 성장할 수 있게 하였다. 그 힘의 줄기를 찾아가면 그 끝은 바로 존 모트이다. 영혼구령을 위해 전 세계를 누비며 현지인 지도자를 세우는데 한 평생을 바친 그의 정신은 한국에도 씨앗이 뿌려져 지금도 큰 나무로 성장하고 있다.

083 대화와 화해의 위대한 선교사, 스탠리 존스

스탠리 존스 「인도의 길을 걷고 있는 예수」 출판(1925년)

1. 왜 대화와 화해의 위대한 선교사인가?

스탠리 존스(E. Stanley Jones, 1884-1972)는 식민주의 시대가 기승을 부릴 때 "대화와 화해의 위대한 선교사"였다. 그는 1884년 메릴랜드 볼티모어 출신으로 애즈베리(Asbury) 대학에서 공부를 마친 뒤 교수로 봉직하던 중 소명을 받아 1907년 미국 감리교 선교사로 인도에 파송을 받았다. 그가 인도에 도착했을 때 시대적 상황은 영국이 인도를 지배하고 있던 때라 서구 선교사들은 자문화우월주의가 무척 강했다. 그렇다보니 타종교, 즉 힌두교나 이슬람에 대해 배타적인 태도를 지닌 것은 자연스러운 일이었다. 설상가상으로 서구 선교사들은 '선교기지'(mission station)를 만들어 그 기지 속에 있는 교회, 학교, 병원에 영어 잘하는 인도인들에게 돈을 주고 통역을 시키니 현지인 지도자가 나올 수가 없었.

| 대화와 화해의 상징적 선교사, 스탠리 존스

이 때 서구인들에게 경종의 메시지를 준 사람

이 스탠리 존스였다. 그는 인도 선교사는 서구인처럼 살지 말고 "인도에 입양된 아들"처럼 살아야 할 것을 주장했다.12) 그가 인도에서 처음 시도한 것이 "원탁회의"(Round Table Conferences)였다.13) 각 종교인들이 원탁에 둘러 앉아 자신들의 종교를 소개토록 하였고 이때 그리스도를 함께 소개하였다. 이것이 그 유명한 "대화의 선교"이다. 그는 타종교를 공격하지 않았고 종교 간의 대화를 유도했으며 이는 타종교와의 화해의 물꼬를 트는 계기가

스탠리 존스의 화해의 사상을 이어받아 비폭력 저항운동을 펼친 간디

되었다. 그는 화해(reconciliation)가 하나님의 주된 업무라면 이는 곧 우리의 것이라 강조했다. 화해의 영역은 인간과 인간 사이를 넘어서 국가 간의 화해에도 영향을 끼쳤다. 간디는 물론이고 제2차 대전 이후 그가 일본을 방문했을 때 그는 "화해의 사도"라는 칭호를 받을 만큼 세계 평화를 위해 수고한 위대한 선교사였다.14)

2. 인도의 길을 걷고 있는 예수란?

스탠리 존스는 1925년 안식년 동안 미국에 머물면서 자신의 인도 선교를 정리하는 차원에서 「인도의 길을 걷고 있는 예수」(The Christ of the Indian Road)를 저술해 출판했다. 그의 첫 작품은 공전의 히트가 되어 베스트셀러가 되었다. 인도 선교는 서구인들이 자신들의 문화를 인도에 이식시켜서는 안 되고 인도인의 문화와 토양 아래서 복음이 뿌리를 내려야 성공할 수 있음을 지적했다.

스탠리 존스의 첫 저술로 베스트셀러가 된 「인도의 길을 걷고 있는 예수」

제6장 현대 선교 • 439

지금까지 서구인들이 잘못한 부분들을 적나라하게 지적하여 큰 호응을 받았다. 그는 이 책에서 그리스도가 힌두교의 유일한 희망임을 강조하며, 인도인들에게 기독교가 아닌 예수 그리스도를 전할 것을 강조했다. 무엇보다 윤회사상으로 물든 인도인들에게 필요한 것은 자신의 운명을 숙명처럼 받아들이는 신앙관에서 벗어나 그리스도의 '십자가 정신'을 회복시켜야 인도인들이 어둠을 깨고 일어설 수 있음을 피력했다.

3. 스탠리 존스의 영향

스탠리 존스는 1959년에 "특임 선교사"(Missionary Extraordinary)라는 칭호를 받았다.15) 그는 선교사로, 저술가로, 화해의 사도로 세계선교에 끼친 영향이 지대하다. 스탠리 존스가 끼친 공헌 중에서 첫 번째는 토착화(indigenization)이다. 인도 선교는 인도의 문화와 관습에 따라 그리스도를 받아들이게 하는 것이 낫다는 것이 그의 논리이다. 그래서 현지인의 문화를 배척하지 않고 존경하는 그의 자세는 인도인의 마음을 끌기에 충분했다. 두 번째는 타종교에 대한 인식 전환을 이루었다. 종전에 타종교에 대한 서구인의 태도는 배타적이었다. 이런 모습으로는 복음을 전할 수 없다는 것이 그의 생각이어서 타종교에 마음을 열고 그들의 신앙을 존중하면서 복음을 소개해야 할 것을 주장했는데 이것이 어느 선까지 성공할 수 있을 것인지는 그가 풀어야 할 과제였다. 따라서 그가 시도한 "원탁회의"에 대해 근본주의자들은 존스가 타종교에 관심을 끌기 위해 타협한다고 믿었다.

세 번째는 기독교 아쉬람(Ashram) 운동을 확대시키는데 일조했다.16) 아쉬람은 원래 힌두인들이 수행하고 거주하는 곳이었는데 이것을 기독교 아쉬람 운동으로 발전시켜 토착화시켰다. 아쉬람 운동의 목적은 개인의 영성훈련에 두기 때문에 아침 5시 30분에 기상해 경건의 시간, 노동 시간, 토론 시간을 정규적으로 갖고 일주일에 한번은 침묵의 시간을 갖기도 했다. 아쉬람 운동을 통해 1940년에는 인도 전역에 24군데로 확산되었고 미국에서는 스탠리 존스가 마지막으로 오클라호마에서 아쉬람 운동을 왕성하게 전개해 나갔다. 네 번째는 화해운동을 전 세계적으로 전개하는데 큰 공헌을 했다. 무엇보다 그의 화해의 정신은 간디로 하여금 비폭력으로 저항할 수 있게 하였다. 그가 인도에서 오랫동안 간디의 친구로 지내면서 간디는 그의 화해와 평화의 정신을 이어받아 민족운동을 전개해 나갔다. 스탠리 존스는 20세기 초 식민주의 시대 때 "대화와 화해의 선교사"로 널리 알려졌다.

Why Mission을 탄생시킨 예루살렘 대회

예루살렘 대회(1928년)

1. 왜 why mission 대회라 부르나?

예루살렘 국제선교협의회(International Missionary Council, IMC)는 1928년 3월 24일부터 4월 8일까지 231명의 대의원이 참석한 가운데 예루살렘에서 열렸다. 1910년 에딘버러 대회와는 달리 규모는 축소되었지만 231명 중 52명의 대의원들이 '신생교회'(younger church) 출신으로 23%나 차지해 2/3세계 대의원이 대폭 증가하였다.17) 예루살렘대회(IMC)는 서구인들의 자문화우월주의 선교는 수그러든 반면 격변하는 새로운 세상에 대처해야만 했다. 에딘버러 대회는 서구교회가 선교의 중심이 되는 "how mission"이 강했다. 하지만 에딘버러 대회를 치르고 난 후 얼마 안 되어 제1차 세계대전(1914-1918)과 러시아혁명(1917)을

예루살렘 대회에서 핸드릭 크래머와 논쟁을 벌인 호킹 교수. 두 사람의 논쟁은 1938년 탐바람대회에서 더 뜨거웠다.

겪으면서 서구교회는 충격에 휩싸였다. 전쟁 후유증인 빈곤, 기아, 고아, 절망은 교회가 지금까지 생각해보지 못한 문제점들이었다. 그렇다보니 이런 문제에 교회가 어떻게 답을 찾아야 할 것인지 고민하게 된 것이 예루살렘대회여서 "why mission"대회라 일컫기도 한다.18)

2. 예루살렘 대회의 특징은?

예루살렘 대회의 특징이라면 첫째 교회의 토착화를 강조했다. 현지인교회가 서구교회를 무조건 모방하는 것을 탈피하고 자신의 문화와 전통을 교회에 뿌리내리는데 관심을 갖기 시작했다. 그래서 대의원들도 "토착화 교회(indigenous church)는 모든 선교사역의 중심이 될 것"이라고 예상했다.19) 현지인 문화를 존중하는 자세가 강하게 일어난 것이다. 둘째는 복음전파뿐 아니라 사회활동에도 큰 관심을 갖기 시작했다. 예루살렘 대회는 선교사역에 나타나는 사회문제에 관심을 갖게 되었다. 즉 인종차별 문제, 농촌 문제, 산업화에 따른 문제에 관심을 갖고 다루기 시작했다. 셋째로 타종교에 대

예루살렘 대회에서 하버드 대학교의 호킹 교수와 타종교에 대해 논쟁을 벌인 핸드릭 크래머. 그는 철저한 복음주의 입장으로 복음과 타종교 간의 연속성은 존재하지 않는다고 주장하였다.

해 배타적 태도가 아닌 종교 상대주의 사상이 등장했다. 예루살렘 대회의 큰 논쟁이라면 하버드 대학교의 호킹(William E. Hocking) 교수와 화란 선교사인 헨드릭 크래머(Hendrick Kraemer) 간의 대결이었다.20) 타종교에 대한 두 사람의 서로 다른 접근은 1938년 탐바람대회에서 더 큰 논쟁으로 번졌다.

3. 예루살렘 대회의 영향은?

예루살렘 대회는 세계대전 이후 나타난 사회 문제에 교회가 관심을 갖기 시작하면서 교회가 "어떻게"(how) 선교해야 하는 것 보다는 "왜"(why) 선교해야 하는 지에 관심이 쏠렸다. 그렇다보니 사회에 나타난 가난, 질병, 실직, 민족 차별을 극복코자 하는 노력이 생겨났다. 예루살렘 대회의 "why mission"은 1944년에 "확대전도"(Larger Evangelism) 개념을 낳게 하였다.[21] 즉 선교는 단순히 복음전파에만 그치는 것이 아니라 경제적 부조리, 문화의 낙후성, 정치적인 불의에 대항하는 쪽으로 확대되어야 한다는 것이다. 둘째로 예루살렘 대회는 사회문제를 본격적으로 다룰 기구의 필요성을 느껴 1948년 암스테르담 대회에서 세계교회협의회(World Council of Churches, WCC)를 탄생시키게 했다.

85 미전도종족 성경번역 선구자, 카메론 타운젠드

타운젠드 칵치켈(Cakchiquel) 신약성경 번역(1931년), SIL 및 WBT 조직(1942년)

1. 왜 미전도종족 성경번역 선구자인가?

카메론 타운젠드(Cameron Townsend, 1896-1982)는 "미전도종족 성경번역 선구자"이다. 사실 윌리암 케리도 인도의 여러 지방 언어로 성경을 번역했고, 아도니람 저드선도 버마어로 성경을 번역했지만 실제적으로 "종족"(people)의 중요성을 인식하고 '국가' 언어가 아닌 '종족' 언어로 성경 번역해야 할 것을 재천명하고 끊임없이 수고한 사람이 타운젠드이기 때문이다. 그가 처음 1917년 과테말라에 입국했을 때는 스페인 성경을 판매하는 자였다. 그가 이곳에서 활동하면서 담당해야 할 곳은 칵치켈(Cakchiqeul) 종족이었는데 이들에게 스페인 성경은 무용지물이었다. 스페인어가 공식 언어이긴 하지만 이들은 전혀 몰랐기 때문이다.

타운젠드는 이에 호기심이 생겨나 짬짬이 칵치켈어를 배우면서 칵치켈 종족에 관심을 갖기 시작

하계언어학교(SIL)와 위클리프 성경번역선교회(WBT)를 세운 카메론 타운젠드. 그는 종족선교의 중요성을 가장 먼저 일깨워 준 선교사이다.

제6장 현대 선교 • 445

했다. 이때 그의 삶을 송두리째 바꾼 사건이 발생했는데 한번은 현지인이 "당신의 하나님이 전능하신 분이라면 왜 당신은 우리가 쓰는 토착어(the language of their heart)를 사용하지 못하느냐?"의 질문은 그의 생각을 완전히 바꿔 버렸다.22) 과테말라 선교사들은 지금까지 종족 언어가 아닌 스페인어를 배운 뒤 입국하는 것이 통상적이었는데 와서 보니 그것은 잘못된 것이었다. 이들이 쓰는 토착어를 배우지 않고는 복음을 전할 수 없다는 사실을 그제야 발견한 것이다. 이 일은 그로 하여금 성경 세일즈맨에서 성경 번역가로 헌신케 하였고 13년의 각고 끝에 칵치켈 신약성경 출판이 1931년에 나오게 되었다.23)

2. 하나님의 말씀을 토착어로 번역하다

타운젠드의 관심은 모든 종족에게 성경을 토착어로 번역하는 것이었다. 당시만 하더라도 이것은 혁명적인 발상이었다. 아직 종족 개념조차 정립이 안 되던 시기에 그는 토착어 성경번역에 전 생애를 바쳤다. 이 일을 체계적으로 하기 위해 그는 미국으로 건너와 1934년에 캠프를 먼저 열었었는데 캠프 이름을 '위클리프 캠프'(Wycliffe Camp)라 했다.24) 이유는 중세 교회 개혁의 영웅이면서 최초로 영어 성경을 번역한 존 위클리프(John Wycliffe)의 이름을 따서 사용했기 때문이다. 아칸소에서 열린 첫 캠프에는 두 명이 등록했고, 그 다음 해는 다섯 명이 등록했지만 지금은 전 세계에 5천 명이 넘는 선교사를 파송하고 있다. 이 작은 캠프가 점차 성장해 1942년에 하계언어학교(the Summer Institute of Linguistics, SIL)와 위클리프 성경번역 선교회(Wycliffe Bible Translators, WBT)가 탄생하게 된 것이다.25)

그의 생전에 위클리프 성경번역 선교회에서는 600개 종족 언어로 성경을 번역했고 아직도 수백 개의 종족 언어로 번역이 진행되고 있다. 그는 위클리프 선교사들에게 자신이 행정형 선교사가 아닌 실무형 선교사의 모습을 끝까지 보여주어 존경을 한 몸에 받기도 했다. 그는 과테말라에서 칵치켈 신약성경을 번역한 뒤 멕시코로 이동해 이곳에서도 성경번역에 임했고, 이후 페루에서는 17년간을, 다시 콜롬비아로 들어가 개척사역에 본을 보인 뒤 마지막 소련으로 들어가 성경번역자의 고귀한 모습을 보여주었다. 그가 마지막까지 성경번역에 몰입한 이유는 아직까지 성경번역이 이뤄지지 못한 3천 개의 언어가 있기 때문이었다. 그의 꿈은 이 세상에 있는 모든 현지인들이 자신들의 토착어로 성경을 읽게 하는 것이었다.

3. 카메론 타운젠드의 공헌은?

카메론 타운젠드의 공헌은 너무나 위대해 랄프 윈터 박사는 타운젠드의 업적은 윌리암 캐리와 허드슨 테일러와 견줄 만큼 '훌륭한 3인 선교사' 중의 한 사람이라고 극찬을 아끼지 않았다.[26] 그가 현대선교에 끼친 첫 번째 공헌은 종족선교에 물꼬를 트게 하였다. 그의 종족 선교개념은 반세기가 지난 1974년 제1차 로잔대회에서 실제적으로 다뤄지기 시작했다. 이것은 1989년 제2차 로잔대회에서 미전도종족 선교개념으로 발전했는데 타운젠드는 이미 시대를 앞 서 사용하였다. 두 번째 공헌은 인류 문명화와 계몽화에도 큰 공헌을 끼쳤다. 구술언어는 있지만 문자어가 없는 종족들에게 이들이 사용하는 언어로 씌어진 성경을 제공함으로 계몽을 앞당기기도 했다. 그 이유는 100년 전 초기한국교회도 교회에서 일어난 '독경운동'(讀經運動)은 한국인들의 계몽활동에도 지대한 영향을 끼친 것을 볼 수 있기 때문이다. 카메론 타운젠드는 성경 번역가로, 종족 운동가로, 계몽 운동가로도 큰 공헌을 끼쳤다.

카메론 타운젠드가 번역한 칵치켈 신약성경. 칵치켈 종족이 사용하는 7개 언어 가운데 하나인 옥시덴탈 언어로 된 성경이다.

WCC 조직과 에큐메니칼 운동
세계교회협의회(WCC) 조직(1948년)

1. WCC는 왜 조직되었나?

세계교회협의회(World Council of Churches, WCC)는 1948년 암스테르담 대회에서 조직되었다. 당시 암스테르담은 제2차 세계대전(1939-1945년)의 깊은 상흔(傷痕)을 간직한 채 351명의 대의원들이 44개국, 135개 교단에서 파송받아 암스테르담대회를 개최했다. 제2차 대전은 유럽 전체를 폐허로 만들었고 그 후유증으로 몸살을 앓고 있었다. 전쟁은 가난, 불신, 폭력, 증오, 살인, 불신을 만연하게 하고 이를 해결코자 하는 주제가 다뤄졌으며 각 위원회가 열렸다. 다루어진 주제는 4가지였는데 "하나님의 관점에서의 우주적 교회," "하나님 관점에서의 교회 증인," "교회와 사회 혼란," "교회와 세계 혼란"이었고, 위원회도 4개나 열렸는데 "헌장, 규정, 법칙," "정책," "프로그램과 행정," "교회의 관심"(교회에서 여성의 삶과 사역, 유대인에 대한 접근방법, 교회에서 평신도 훈련, 교회의 회복과 교회 내부 협조)이었다.27) 여성 사역, 유대인 선교, 평신도 선교에 관심을 가진 것이 암스테르담대회의 특징이라 할 수 있다.

| 이 그림은 삼위일체 하나님께서 모든 인류에게 예수 그리스도를 통해 '삶의 축제'(Feast of Life)로 초대한다는 뜻이다.

암스테르담대회에서는 32명이 발표하였고 이 가운데 칼 바르트(Karl Barth), 에밀 브루너(Emil Bruner), 라인홀드 니버(Reinhold Niebuhr), 스테반 니일(Stephen Charles Neill), 존 모트(John R. Mott)가 있었다.[28] 무엇보다 1948년 암스테르담대회의 획기적인 일이라면 WCC가 조직된 것이다. WCC를 만든 목적은 어떤 "슈퍼 교회"를 만들려는 것이나 예배 형식을 표준화하려는 것이 아니라 교회와 기독교 공동체 안에서 깊은 교제를 나누어 서로 서로 "하나된 거룩하고 우주적이며 사도적 교회"를 경험토록 하기 위한 것이었다.[29] 그래서 WCC의 목적에 동의하는 교단들이 회원

으로 등록했고 2006년 1월 1일 현재 120개 국가에서 348개 교단이 회원으로 등록하였다. 1948년 암스테르담대회가 열릴 때 준비위원회 측에서는 러시아 정교회와 미국 루터파와 미국남침례회(SBC)를 초청했지만 모두 고사했고 로마 가톨릭도 마찬가지였다.30) 하지만 로마 가톨릭은 WCC와 파트너로 함께 일하고 있고, 러시아 정교회는 현재 WCC에 가입된 상태이다.

2. WCC의 에큐메니칼 운동은 어떻게 전개 되었나?

WCC가 조직된 후 초대 사무총장으로 한스 후켄다이크(Hans Hoekendijk)가 선출되었다. 그는 젊은 개혁파 화란교회 목사로서 초기 WCC의 흐름을 결정하는데 중요한 역할을 했다. 그는 1950년 「국제선교비평」(International Review of Missions)이란 잡지에 "전도에의 부름"(The Call to Evangelism)을 게재하였다. 그는 이 기고에서 효과적인 전도라면 반드시 세 가지를 포함해야 하는데 첫째로 '케리그마'(Kerygma, 설교)는 '샬롬'(shalom, 평화)의 설교이어야 하고, 둘째로 '코이노이아'(Koinonia, 교제)는 사람들 간에 샬롬이 나타나야 하고, 셋째로 '디아코니아'(Diakonia, 섬김)는 사람들을 섬길 때 샬롬이 보여야 한다고 주장했다.31)

| 제10차 WCC 부산총회가 2013년 10월 30일-11월 8일까지 열린다. 주제는 "생명의 하나님께서 우리를 정의와 평화로 인도하소서"이다.

이와 같이 후켄다이크의 '샬롬

선교'는 마침내 1952년 빌링엔대회에서 핫 이슈로 다뤄졌고 WCC가 앞으로 추구해 나가는 중심이 되었다.32) 그의 영향으로 WCC는 사회적 책임을 선교 핵심으로 자리 잡았다. WCC는 1961년 뉴델리대회에서 1928년 예루살렘대회에서 조직된 IMC(국제선교협의회)와 병합하여 세계선교와 전도위원회(Commission on World Mission and Evangelism, CWME)로 개명하여 지금에 이르고 있다. WCC의 현재 슬로건은 "일치, 증인, 섬김"(unity, witness, service)으로 통전적 선교(선교=복음전파<사회적 책임)를 실시하고 있고 복음주의와 큰 차이점이라면 사회적 책임을 더욱 강조한다는 점이다.

3. WCC의 에큐메니칼 운동의 결과는?

WCC는 지금까지 "일치, 증인, 섬김"의 슬로건 하에 에큐메니칼 운동을 전개하면서 세 가지 주요한 일을 해오고 있다.33) 첫째는 교회 일치에 가장 주력하고 있다. 이는 존 모트의 영향이 그대로 이어져 지금까지 약 120개국 이상에서 서로 다른 348개 교단이 일치 사역을 하는데 힘써 왔다. 현재 WCC에 가입한 주요 교단으로는 성공회, 퀘이커교도, 모라비안교도, 감리교, 정교회, 구세군 등이 있다. 둘째는 인종차별 철폐에 주력하고 있다. 예를 들어 남아공의 흑인인종차별정책에 대항하였고, 수단의 20년 이상 지속된 내전을 종식시키기 위해 노력했으며, 남미의 무자비한 군사정권 시절 인권보호를 위해서도 힘써왔다. 세 번째로는 타종교와의 대화를 지속적으로 하고 있다. 에큐메니칼 운동의 핵심인 WCC는 한국교회에도 영향을 끼쳐 2013년 10월 30일부터 11월 8일까지 제10차 WCC 부산총회를 한국에서 개최하는데 주제는 "생명의 하나님께서 우리를 정의와 평화로 인도하소서"이다.

확대된 선교개념 'Missio Dei'를 탄생시킨 빌링엔 대회

빌링엔 대회(1952년)

1. 왜 Missio Dei 선교개념이 생겼나?

'미시오 데이'(Missio Dei) 용어는 1952년 빌링엔 국제선교협의회(IMC) 이후 급속도로 확산되어져 갔다. 빌링엔대회(IMC)가 독일에서 열렸을 때는 제2차 세계대전 이후였다. 선교개념은 늘 시대적 상황과 밀접한 관계를 지니고 있는데 제1차 대전이 끝난 후 1928년 예루살렘대회에서는 종전의 'how mission'에서 벗어나 교회의 본질을 추구하는 'why mission'으로 탈바꿈되었다. 2차 대전 이후 1952년 독일에서 열렸던 빌링엔대회 이후부터는 'Missio Dei'(하나님의 선교) 선교개념이 새롭게 등장하였다. Missio Dei는 과거의 선교개념이었던 '미시오 에클레시아'(Missio Ecclesia, 교회의 선교)와 전혀 다르게 출발했다.34) 즉, 교회가 선교의 중심이 되어서는 안 된다는 것인데 이 말은 서구교회가 지금까지 저질러 온 식민주의 선교를

| Missio Dei 선교개념을 처음 소개한 칼 하르텐슈타인

통해서는 하나님의 나라가 제대로 확장될 수 없음을 뜻하는 것이었다.

이처럼 Missio Dei 선교개념이 새롭게 등장한 데는 당시 시대적 정황과 깊은 관계가 있었다. 2차 대전 이후 세계는 몇 가지 형태로 패러다임이 바뀌고 있었다. 첫째로 오랫동안 서구의 지배를 받아왔던 국가들이 속속들이 독립을 선포하면서 선교가 점차 어렵게 되었다. 독립 국가를 선포한 나라들 중에는 사회주의나 이슬람 국가들이 대거 포함되어 있어서 이들 국가들은 선교사 추방이나 선교사 입국 거절을 법으로 통과시켜 종전처럼 쉽게 선교할 수 없었다. 둘째는 아시아를 중심으로 강력한 민족주의 회귀 현상이 등장해 선교를 힘들게 만들었다. 서구 열강들로부터 무참히 짓밟힌 자신들의 민족성을 복귀시키는 것이 이들의 1차 목표라 민족주의 복귀는 선교의 큰 장애물이 되었다. 셋째로 선교사 활동 금지국가의 증가는 서구교회의 오만한 선교를 반성케 하였고 이제는 교회가 아닌 하나님이 선교의 중심이 되어야 한다는 Missio Dei 선교개념이 등장하게 된 것이다.

2. Missio Dei 선교개념은 누가 만들었고 어떻게 발전했나?

Missio Dei 용어에 대해 잘못 알려진 부분 두 가지가 있다. 첫째는 Missio Dei 용어가 1952년 빌링엔대회에서 처음 사용되었다는 점과 둘째는 이 용어를 만든 사람이 후켄다이크(J. C. Hoekendijk)로 널리 알려져 있다. 그런데 Missio Dei 용어는 빌링엔대회 공식 보고서인 「십자가 아래에서의 선교」(Missions under the Cross)를 보면 어느 한 군데도 Missio Dei 용어가 기술되지 않았고, 역시 이 보고서에 후켄다이크가 강연이나 발표를 통해 Missio Dei를 사용한 적이 전혀 없다.[35] 그렇다면 누가 이 용어를 처음 사용했을까? Missio Dei 용어를 처음 사용한 사람은 독일의 칼 하르텐슈타인(Karl Hartenstein)이다. 그는 1952년 7월 5일부터 17까지 있었던 빌링엔대

| 하르텐슈타인의 Missio Dei 선교개념을 샬롬 선교로 확대시킨 후켄다이크

회 결과를 정리하면서 라틴어 용어인 Missio Dei를 "신학적 각성"이란 글에 처음으로 사용하였고 얼마 후 그 해 10월 1일에 세상을 떠나버렸다.36)

하르텐슈타인이 세상을 떠나자 Missio Dei 용어는 타자들에 의해 소개되면서 오해를 불러 일으키게 되었다. 먼저 Missio Dei 용어 기원에 대한 오해는 피체돔(Georg E. Vicedom)이 1958년에 발표한 「하나님의 선교」(Missio Dei)라는 책에서 Missio Dei 용어가 1952년 빌링엔대회에서 탄생했다고 기술함으로 큰 오해를 불러 일으켰다.37) 또한 기원자에 관해서는 하르텐슈타인이 세상을 갑자기 떠난 이후 네덜란드의 신학자이자 세계교회협의회(WCC) 간사였던 후켄다이크가 '교회의 선교'(Missio Ecclessia)를 맹렬히 공격하면서 '하나님의 선교'(Missio Dei)가 이뤄져야 할 것을 강조하자 마치 후켄다이크가 Missio Dei 용어의 기원자인 것으로 잘못 알려져 왔다.38) 그는 "교회는 단지 하나님의 손 안에 든 도구"에 불과하며 선교의 주체는 하나님이 되어야 한다고 강력히 주장하며 Missio Dei 선교개념을 널리 알리는데 큰 역할을 해 왔다.39)

3. Missio Dei에 대한 반응

Missio Dei 선교개념은 하르텐슈타인이 처음 발표한 이후 후켄다이크에 의해 훨씬 더 진화하였다. 후켄다이크는 서구교회가 저지른 교회 중심의 선교로는 하나님 나라가 이 땅 가운데 세워질 수 없음을 주장하고 교회는 오히려 '샬롬'(shalom) 선교로 전환해야 할 것을 강조하였다: "교회는 이 세상에서 하나님의 구속적 행위의 도구이며 이 세상에서 샬롬을 이루기 위하여 하나님의 손안에 든 도구인 것이다. 이 샬롬은 통합된 복음전도에서 선포되어야 하며 살아있어야 하고 설명되어야 한다."⁴⁰⁾ 그는 WCC 간사로 지내며 그의 주장은 WCC의 핵심 선교정책으로 받아들여져 WCC는 이 땅에서의 샬롬을 이루기 위해 사회적 책임을 완수하는데 더욱 앞장서게 되었다.

도날드 맥가브란과 교회성장운동

도날드 맥가브란 「하나님의 가교」 출판(1955년),
교회성장학파 형성(1965년)

1. 왜 맥가브란은 교회성장에 관심을 갖게 되었나?

도날드 맥가브란(Donald McGavran, 1897-1990)은 "교회성장운동의 사도"라 불린다.[41] 그는 3대째 인도 선교사로 버틀러(Butler) 대학교 시절 존 모트가 이끄는 학생자원선교운동(SVM)의 영향을 받아 "이 세대 안에 세계 복음화"를 이루기 위해 선교사로 헌신했다. 그는 연합기독교선교회(UCMS) 선교사로 인도에 파송을 받은 뒤 자신이 속한 그리스도의 제자들(Disciples of Christ)의 선교행정 책임자로 활동 했다. 놀라운 사실은 자신의 교단이 지난 50년간 교회성장이 멈춰버린 것을 발견했는데 165개 교회 중 무려 136개 교회가 성장하지 못했다. 자신 또한 1930년에 총무직을 사임한 뒤 교회개척에 전념했다. 이 때 맥가브란으로 하여금 교회성장에 눈을 뜨게 해 준 사람은 미국 감리교 선교사인 와스콤 피켓(J. Waskom Pickett)이었다.[42] 그는 인도 선교사로 오랫동안 활동하면서 1933년에 「인도에서의 기독교 집단운동」(The Christian Mass Movements in India)을 출판해 큰 호응을 이끌고 있었다.

그는 이 책을 통해 서구교회의 최대 실수가 '선교기지'(mission station)에 있음을 발견했다. 자문화우월주의가 팽배한 선교기지는 복음 확장에 별다른 공헌을 하지 못함을 깨달았다. 그리고는 인도에서는 서구와는 달리 '가족' 이상의 '그룹'으로 형성되어 있었기에 개인회심이 아닌 집단회심으로 접근해야 할 것을 발견했다.43) 더욱이 맥가브란은 와스콤 피켓이 인도에서의 집단운동이 인도 중부에서 별다른 효과는 내지 못한 이유를 찾는 프로젝트에 협력하게 되었는데 이 프로젝트를 통해 맥가브란은 자신의 교단은 연평균 1% 밖에 성장치 못했는데 다른 교단은 아주 높은 것을 발견했다. 그 이유가 인도에서 '종족운동'(people movement)을 일으키지 못함을 새롭게 발견하고 1936년 와스콤 피켓과 함께 「인도 중부에서의 기독교 선교」(Christian Missions in Mid-India)란 책에 '종족'(people)이란 용어를 처음으로 사용했다.44) 이 종족운동은 훗날 맥가브란으로 하여금 교회성장운동을 일으키는 불씨가 되었다.

2. 교회성장운동의 원리는 무엇인가?

맥가브란의 교회성장 핵심 원리는 그가 1955년에 출판한 「하나님의 가교」(The Bridges of God)에 잘 나타나 있다. 「하나님의 가교」는 20세기 중반 베스트셀러가 되어 기존의 교회성장원리 자체를 바꿔 버렸다. 전통적인 교회성장은 개인의 회심에 중점을 두고 있었다. 이는 매우 서구적이다. 하지만 맥가브란은 인도의 문화와 전통을 배려한 교회성장원리를 소개했다. 바로 토착화 전략(Indigenous Strategy)인 것이다. 그렇다면 그가 말한 '하나님의 가교'란 무엇일까?

| 교회성장운동의 사도로 불리는 도날드 맥가브란

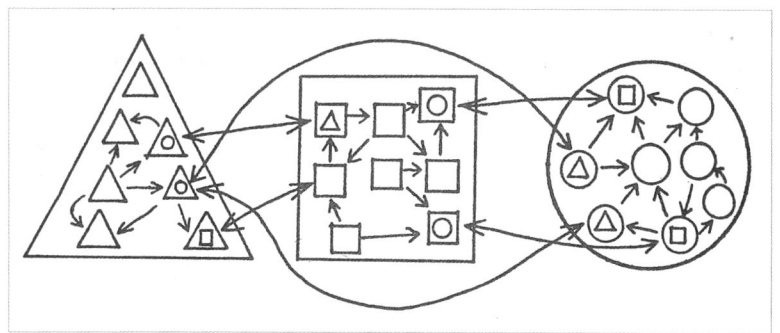

| 도날드 맥가브란이 주장한 '하나님의 가교'(Bridges of God). 그가 주장한 종족운동은 "다중적-개인적이며 상호의존적 회심"을 강조하였다.

인도는 수천 개의 종족으로 구성된 나라이다. 언어와 인종이 각기 다른 종족은 저마다 고유의 특색을 지니고 있다. 각 종족은 소위 '동질집단'(Homogeneous Unit)으로 구성되어 있어서 이들은 언어, 문화, 직업, 전통, 가치관에 따라 종족을 형성하며 지금까지 살아왔다.

동질집단으로 형성된 종족에게 서구의 잣대로 회심시키지 말고 이들에게 맞는 토착화 전략으로 전도하자는 것이다. 이것이 맥가브란이 말하는 종족운동이다. 종족운동의 성패는 '하나님의 가교'에 있다. 인도는 각 종족마다 독특한 특성을 지니고 있어서 이러한 동질집단에게는 "복음이 한 사람을 통해 다른 사람으로, 한 집단을 통해 다른 집단으로 스며들기 위해서는 의사소통이나 관계형성의 길"이 절대적으로 필요한데 이것을 '하나님의 가교'라 부른다.45) 한 종족 안에서 하나님의 가교가 상호간에 활발하게 형성되면 마침내 종족 전체가 개종하게 되고 나아가 주변에 있는 다른 종족에게도 영향을 끼친다. 이 때 종족운동의 회심을 맥가브란은 "다중적-개인적이며 상호의존적 회심"(multi-individual, mutually interdependent conversion)이라고 했다.46) 즉 종족운동은 자신의 의지와는 상관없는 집단회심이 아니라 상호의존적 회심으로 개인적 회심도 함께 포함되어 있는 것이다.

3. 맥가브란의 교회성장운동에 대한 평가

맥가브란은「하나님의 가교」를 1955년에 출판한 이후 1961년에 오리건 주에 있는 노스웨스터(Northwest) 신학대학에서 교회성장연구소를 설립해 자신의 이론을 널리 보급하는데 힘썼다. 이후 1965년에 풀러신학교 세계선교대학원 초대 원장으로 초빙을 받아 소위 교회성장학파를 형성하였다. 그와 함께한 교수로는 알란 티펫(Allan Tippett), 랄프 윈터(Ralph Winter), 아더 글래서(Arthur Glasser), 찰스 크래프트(Charles Kraft), 피터 와그너(Peter Wagner)가 있다. 맥가브란은 이들과 함께 거의 반 세기동안 교회성장운동을 전 세계에 확산시켜 나갔는데 그의 교회성장운동은 한국에도 1980년대에 소개돼 많은 교회들이 교회성장운동에 빚을 지고 있다.

그렇다면 반세기가 지난 지금 교회성장운동에 대한 평가는 어떠할까? 현재로서는 지지그룹과 반대그룹으로 나눠져 있다. 지지그룹들이 주장하는 교회성장운동의 긍정적인 평가로는 첫째로 교회성장학파들이 로잔대회를 중심으로 복음주의 선교를 지금까지 이끌어 왔고, 둘째는 초대형 교회들이 교회성장운동의 영향을 받아 성장했으며, 셋째는 전도폭발, 빌리그래함 전도대회, CCC와 함께 평신도운동을 이끄는데 큰 공헌을 했다는 점이다. 반면 반대그룹의 부정적인 견해로는 첫째로 물량주의적 자기 팽창에 앞장섰다는 점과 둘째는 잘못된 미국식 성장주의 전략이라는 점과 셋째는 세상의 빛과 소금을 다하는 디아코니아(diakonia)가 부족했다는 점이다. 즉 맥가브란의 교회성장운동은 지금까지 교회성장의 '방법'(doing)에만 신경을 썼지 교회의 '존재'(being)에는 무관심했다는 지적을 되새겨야 할 것이다.

현대 선교의 2가지 기둥, 에큐메니칼과 복음주의

복음주의 그룹과 로잔대회(1974년),
에큐메니칼 그룹과 WCC(1948년)

1. 첫 번째 기둥, 에큐메니칼 그룹

현대 선교의 양대 산맥은 에큐메니칼(Ecumenical) 그룹과 복음주의(Evangelical) 그룹으로 양분되어 있다. 에큐메니칼과 복음주의 진영을 구분하는 기준은 선교개념에 달려있다. 우선 에큐메니칼 운동의 출발은 1910년 에딘버러대회로 거슬러 올라간다. 존 모트는 에딘버러대회 의장을 맡아 초교파적인 에큐메니칼대회를 치르며 연합과 일치를 강조했다. 로마 가톨릭과 그리스 정교회를 제외한 대다수 교파들이 참석한 그야말로 범세계적인 에큐메니칼대회였다. "이 세대 안에 세계 복음화"를 꿈꾸며 비기독교세계에 복음 전하는 것을 1차 목표로 삼고 대회를 치뤘다. 서구 교회 중심의 대회라는 비판도 받았지만 에딘버러대회를 통해 수많은 젊은이들과 평신도들이 선교사로 헌신하게 되었다. 하지만 누구도 에딘버러대회 이후에 일어날 일에 대해서는 예상치 못했다. 20세기 초 식민주의 시대가 한창 기승을 부리고

| WCC 사무총장인
울라프 트베이트

있을 때 서구교회는 장미빛 선교에 푹 젖어 있었다.

그런데 에딘버러대회 후 곧 이어 1차 세계대전이 터졌다. 에딘버러대회까지만 해도 서구교회는 어떻게 하면 이교도들에게 복음을 전할 것인지 'how mission'에 빠져 있었지만 전쟁은 서구교회로 하여금 교회가 왜 존재하는지에 대한 질문을 던졌고 그러면서 'why mission'이 1928년 예루살렘대회(IMC)에서 등장했다. 이후 선교개념은 복음전파에서 사회적 책임 쪽으로 서서히 기울었다. 1938년 탐바람대회(IMC)에서는 "복음은 사회변화의 비전과 소망을 이루는 것이며 정의와 자유와 평화를 실현시키는 것"이라 선포하며 복음전도와 사회참여의 밀접한 관계를 강조하였다.[47] 1944년에는 존 모트가 「확대전도」(*The Larger Evangelism*)라는 책을 출판해 '확대'(Larger) 개념에 동참해 줄 것을 호소했다. 그에 따르면 '확대'(larger) 의미란 비전, 메시지, 적용, 연합, 성취를 확대하기 위해 사회적 책임을 다할 것을 주장했다.[48]

마침내 1948년 암스테르담대회(IMC)에서는 WCC가 조직되며 "정치적 경제적 상황이 어떻든 간에 교회가 담당해야 할 목적은 사회적 책임을 달성하는 것"이라며 사회적 책임을 공식적으로 선언하였다.[49] 이후 1968년 웁살라대회(CWME)에서는 아예 선교 목표를 인간화(人間化)에 두었다. 전통적인 선교 목적은 기독교화(基督敎化)하는 것이어서 예수 그리스도와 교회를 통해서 사람을 하나님께 인도하는 것으로 생각했다. 하지만 현재의 중요한 문제는 참 인간의 문제이기 때문에 교회의 주요 관심은 선교가 일차 목표가 아니라 그리스도 안에서 인간화를 이루는 것이라 보았다.[50] WCC가 조직된 이후 에큐메니칼 그룹은 선교개념을 통전적 선교개념(선교=복음전파<사회적 책임)으로 복음전파와 사회적 책임을 둘 다 강조하였지만 사회적 책임을 더욱 강조하였다.

2. 두 번째 기둥, 복음주의 그룹

그렇다면 복음주의 그룹이란 무엇일까? 복음주의 그룹에는 세 가지 축이 있는데 로잔운동, 세계복음연맹(WEA), 독립그룹으로 분류되는 미국남침례교 국제선교회(IMB), 국제예수전도단(YWAM), 대학생선교회(CCC), 위클리프(WBT)가 있다. 이 세 가지 축 가운데 로잔운동이 복음주의 선교개념을 가장 잘 대변해 주고 있다. 그 이유는 복음주의 선교개념의 출발점을 1974년 스위스 로잔에서 열렸던 로잔 세계복음화 국제대회(International Congress on World Evangelization Lausanne)에 두고 있기 때문이다.

1차 로잔대회 때 존 스토트(John Stott)에 의해 복음주의 선교개념이 정립되었는데 놀라운 것은 1966년 베를린대회가 열린 당시만 하더라도 복음주의의 선교개념은 '선교=복음전파'라는 전통적 선교개념을 고수하였다. 하지만 1차 로잔대회에서 존 스토트의 영향으로 선교개념은 '선교=복음전파>사회적 책임'을 강조하는 통전적 선교(holistic mission)로 확대되었다. 로잔언약을 보면 "전도와 사회-정치 참여는 우리 그리스도인의 의무의 두 부분임을 인정한다"는 것에서 확인할 수 있다.51) 에큐메니칼과 복음주의 그룹은 둘 다 통전적 선교를 지향하고 있다. 하지만 둘 사이의 큰 차이점이라 하면 에큐메니칼은 사회적 책임에, 복음주의는 복음전파에 좀 더 치중하고 있다는 점이다.

| 제1차 로잔대회에서 로잔언약에 서명하고 있는 잭 데인과 빌리 그래함

복음주의 그룹에 로잔운동과 함께 영향을 끼친 조직으로 세계복음

연맹(WEA)이 있다. WEA는 2010년 제3차 로잔대회를 로잔위원회와 함께 공동 주최해 연합하는 모습을 복음주의자들에게 보여주기도 했다. 이때 WEA 대표인 제프 터니클리프(Geoff Tunnicliffe)는 "먼저 WEA와 로잔위원회의 협력은 역사적인 사건이다. 이 대회를 계기로 두 기구가 앞으로도 하나님의 나라와 교회를 위해 협력해 나갈 것"이라고 밝히기도 했다.52) WEA는 2014년에 서울총회를 갖기로 되어 있다. 또한 독립그룹이라 부르는 IMB, YWAM, CCC, WBT는 각기 다른 선교철학을 지니고 있지만 최근에 미전도종족선교를 위해 함께 협력하는 자세는 바람직한 선교모델을 제시하였고 선교개념에 있어서도 로잔운동과 흡사하다.

복음주의 선교의 획기적 전환점, 제1차 로잔대회

제1차 로잔 세계복음화 국제대회, 스위스 로잔(1974년)

1. 로잔운동은 왜 생겼나?

로잔운동(Lausanne Movement)은 1974년 스위스에서 열렸던 제1차 로잔대회부터 시작된다. 로잔운동이란 제1차 때 로잔 언약과 제2차 때 마닐라 선언문에 동의하는 사람들이나 단체나 교회들이 로잔의 정신을 계승하며 확산시켜 나가는 것을 말한다.53) 로잔운동은 말 그대로 '운동'(movement)이기에 대회가 정규적으로 열리지 않았고 지금까지 세 번 열렸다. 제1차 대회는 1974년 유럽(스위스 로잔)에서, 제2차 대회는 1989년에 아시아(필리핀 마닐라)에서, 제3차 대회는 2010년 아프리카(남아공 케이프타운)에서 열렸고, 제4차 대회는 2020년에 북미(미국)에서 열릴 예정이다. 무엇보다 제1차 로잔대회의 특징이라면 통전적 선교개념

| 1974년 스위스 로잔에서 열린 제1차 로잔대회

을 선포함으로써 선교에 획기적인 전환점을 이룩하였다.54)

그렇다면 로잔운동이 왜 발생했을까? 첫 번째는 공산주의의 확산 때문이었다. 2차 세계대전 이후 세계는 민주주의와 공산주의로 확연하게 갈라섰고 공산주의 국가들은 선교사 추방과 탄압을 서슴지 않자 복음을 전하는 문은 점차 좁아져만 갔다. 그래서 빌리 그래함은 복음의 열정을 회복하기 위해 로잔에서 대회를 연 것이다. 두 번째는 민족주의의 부흥 때문이었다. 2차 대전 후 독립 국가들은 민족주의 회귀현상이 두드러지게 나타났다. 오랫동안 서구에게 짓밟힌 자신들의 민족성을 회복하려는 운동은 복음의 큰 장애물로 나타났기에 용기와 희망을 북돋아 줄 필요가 있었다. 세 번째는 WCC(세계교회협의회)가 IMC(국제선교협의회)와 결합하여 CWME(세계선교와 전도위원회)를 발족한 뒤 1968년 웁살라대회에서 사회적 책임을 더욱 강조한 것에 대한 복음주의 그룹의 선교개념 정리가 절대적으로 필요했던 것이다.

2. 로잔운동은 어떤 특징을 지니고 있나?

로잔운동은 세 가지 특징이 있다. 첫째로 로잔운동은 복음주의 선교개념의 기초를 제공하였다. 그래서 로잔운동이 복음주의 선교의 대표로서 역할을 하게 된 것이다. 로잔운동은 제1차 때부터 전통적 개념(선교 = 복음전파)을 과감히 탈피하고 통전적 개념(선교 = 복음전파>사회적 책임)을 선포하였다. 이는 루터의 종교개혁에 비교될 만큼 복음주의 선교의 혁신이라 부를 수 있다. 당시 냉전시대 때에는 전통적 방법으로는 도저히 선교를 할 수 없었고 선교사 입국조차도 불가능했기 때문에 사회적 책임을 실현하는 전략들이 필요했다. 이후 제2차 로잔대회 때부터는 선교사 제한 지역에 효과적으로 접근하기 위한 다양한 전략들, 예를 들어 자비량 선교, 전

| 제1차 로잔대회에 참석한 대의원들

문인 선교, 전방개척선교 등이 소개되어 폭발적인 반응을 얻게 되었다.

둘째로 로잔운동은 WEA나 WCC처럼 어떤 조직이 아니라 운동이다. 빌리 그래함은 조직을 만들면 상부에서 통제하는 기관이 되기 때문에 자발적으로 동참하고 헌신하는 운동이 필요하다고 판단되어 조직을 만들지 않고 운동을 전개해 나갔다. 그래서 로잔운동은 교리나 교파를 따지지 않고 누구든지 참여할 수 있었다. 셋째로 로잔운동은 조직이 아니다보니 복음주의 선교단체, 기관, 학교와 연합하여 함께 활동하였다. 그 대표적 그룹이 빌리그래함전도협의회, WEA, 선명회, IVF, CCC, 풀러 신학교, 트리니티 신학교, 에즈베리 신학교가 적극적이었다. 로잔운동은 빌리 그래함이 추구했던 것처럼 "합력하여 선을 이루는 것"이 목표여서 다양한 사람과 단체들이 적극적으로 참여하여 지금까지 좋은 결과를 얻어내고 있다.

3. 로잔운동이 세계선교에 미친 영향은?

로잔운동이 세계선교에 미친 영향이 몇 가지가 있는데 첫째는 유일주의(exclusivism) 신학을 고수한 것이다. 1950년대 이후부터 등장하기 시작한 종교다원주의 사상에 강력하게 저항하며 오직 예수 그리스도를 통해서만 구원받는다는 진리를 천명했고, 포괄주의자들이 주장하는 일반계시를 통해서 구원받을 수 있다는 사상도 강력히 반박하였다.55) 두 번째로 로잔운동이 전통적 선교개념에만 머물지 않고 복음주의자들로 하여금 사회적 책임에 눈을 뜨게 해주고 동참케 하였다는 점은 대단한 성과라 할 수 있다. 여기서 사회적 책임은 사회봉사(social service)와 사회활동(social action)으로 나뉘지는데 타자를 위한 구제나 복지활동과 같은 사회봉사는 별 문제가 되지 않지만 사회의 악과 부조리에 대한 저항을 어떻게 할 것인지가 화두였다. 로잔운동에서는 기독교인들이 자신의 천직(vocation)을 통해서 사회적 책임을 다할 것을 권면하고 있다.56)

세 번째로 로잔운동은 종족단위의 선교를 파급시키는데 큰 영향을 끼쳤다. 제1차 때부터 종족단위의 선교가 소개되어 '국가'(nation)가 아닌 '종족'(people)이 선교 대상자가 되었다. 제2차 때부터는 한 단계 진화된 미전도종족선교가 소개되어 많은 이들의 관심을 끌며 종족입양운동(Adopt-A-People, AAP)이 활발히 전개되었다.57) 마지막으로 로잔운동은 수신자 중심의 커뮤니케이션을 이끄는데도 큰 공헌을 했다. 제1차 로잔대회가 끝난 뒤 1978년에 버무다에서 열렸던 윌로우-뱅크 리포트 발표에서 찰스 크래프트(Charles Kraft)는 '역동적 등가'(Dynamic Equivalence)를 소개했다.58) 그는 주장하기를 현지인 교회가 서구의 영향으로 '형식'(form)만 토착화가 되었지 '의미'(meaning)는 토착화되지 않았기에 '의미'까지 토착화하는 역동적 등가의 필요성을 역설하여 타문화권 커뮤니케이션에 획기적인 변화를 일구어냈다.59)

091 빌리 그래함과 로잔운동
제1차 로잔대회(1974년), 제2차 로잔대회(1989년)

1. 위대한 선교동원가, 빌리 그래함

빌리 그래함(Billy Graham, 1918-현재)은 금세기 최고의 복음전도자요, 방송설교가요, 선교동원가이다. 무엇보다 그가 남긴 공헌 가운데 가장 중요한 것 중의 하나가 현대 복음주의 선교운동이 그로 인해 태동되었다는 점이다. 1950년 이후부터 공산주의의 확산, 민족주의의 팽창, 다원주의의 등장으로 인해 그는 복음주의자들을 스위스에 집결시켜 로잔대회를 개최함으로 현대 복음주의 선교의 새로운 장을 열었다. 특별히 20세기 최고의 선교동원가라면 존 모트와 빌리 그래함이다. 모트는 에큐메니칼 그룹의 대표로서 학생선교동원의 최고 권위자였다. 그의 YMCA 활동은 초교파적 운동에 일찍 눈을 떠 에딘버러대회부터 줄곧 지금까지 '일치'(unity)를 추구했다. 반면 빌리 그래함은 복음주의 그룹의 대표로 현재 최고의 명설교자로, 복음전도자로 복음주

복음주의 선교운동의 중심인 로잔운동의 창시자, 빌리 그래함

의 선교개념을 정립토록 하는데 혁혁한 공헌을 세웠다. 특히 그는 로잔운동을 통해 수많은 그리스도인들을 미전도 종족 선교사로 헌신케 하였다.

2. 빌리 그래함과 베를린 대회

제2차 세계대전이 끝난 후 복음주의자들은 큰 위기에 봉착했다. 2차 대전 후 각 국가들은 독립의 물살을 타며 공산주의 사상이 아시아를 중심으로 각 지역으로 급속도로 확산되었고, 독립한 국가들의 민족주의 회귀현상도 선교에 큰 걸림돌이 되었으며, 종교다원주의 확산도 반드시 대처해야만 했다. 이런 흐름을 막아내기 위해 최선봉에 선 사람이 빌리 그래함이었다. 그가 먼저 시도한 것이 1966년 독일에서의 베를린대회였다. 베를린대회는 1,200명의

로잔대회가 열리기 전 1966년 베를린대회를 개최한 빌리 그래함

대의원이 104개 국가에서 참여해 "한 인류, 한 복음, 한 과제"라는 주제 하에 모였다.60) 무엇보다 베를린대회가 성공적으로 개최할 수 있도록 빌리 그래함을 도운 사람은 「크리스천 투데이」(Christian Today) 편집장인 칼 헨리(Karl Henry)로 그는 베를린대회를 "전쟁의 대회"(Council of War)로 묘사하며 다원주의자들에게 그리스도를 통해서만 구원받는다는 사실을 각인시켜 준 대회라 평가했다.61) 이 때 선교개념은 전통적 개념(선교 = 복음전파)이었다.

3. 빌리 그래함과 로잔운동

빌리 그래함은 1966년 베를린대회를 개최한 뒤 1968년 에큐메니칼 그룹의 웁살라대회를 지켜보며 곧 바로 1974년에 제1차 로잔대회를 개최했다. 빌리 그래함은 로잔대회의 성격을 기존의 선교대회처럼 조직화하지 않고 '운동'(movement)에 두며 전 세계로 확산시키기로 결정했다. 그렇다보니 자연스럽게 '연합'(unity)은 필수여서 그는 로잔운동을 전 세계 복음주의자들의 연합운동으로 전개시켜 나갔다.[62] 예를 들자면 빌리 그래함은 제1차 로잔대회가 끝난 뒤 존 스토트가 작성한 '로잔 언약'을 발표하여 참여한 대의원들이 자발적으로 이 언약에 동의하며 확산시켜 주길 바랬는데 무려 2,000명이 로잔 언약에 서명했다.[63] 대의원 중 약 83%가 자발적으로 로잔 언약에 동의했고 이런 동참은 지속적으로 확산되어져 갔다. 더욱이 제1차와 제2차 로잔대회의 선교개념은 베를린대회와는 달

| 남아공 케이프타운에서 열린 제3차 로잔대회에서 빌리 그래함의 축전 낭독

리 통전적 선교개념으로 전환되었다.[64]

빌리 그래함은 또한 로잔대회가 복음주의 운동으로 확산되길 소망했다. 그는 제1차와 제2차 때는 적극적으로 대회를 인도했고, 제3차 때는 노환의 나이로 인해 그의 축전이 대신 낭독되어 참여한 대의원들에 큰 위로와 그의 수고에 감사하는 시간을 갖기도 했다. 그가 로잔운동을 통해 복음주의 운동을 확산시키려는 노력은 대회 각 주제를 통해서 잘 나타나 있다. 제1차 때 주제는 "전 세계가 그의 목소리를 듣게 하라"로 종족선교가 크게 부각이 되었다. 국가 중심의 선교에서 탈피해 종족 중심의 선교를 이끄는 계기가 되었다. 제2차 때의 주제는 "그리스도께서 다시 오실 때까지 그를 선포하라"로 종족선교에서 한 단계 진화된 미전도종족선교가 소개되었고, 전방개척선교와 영적전쟁도 소개되어 '선교전략의 풍년대회'를 맞이했다. 한국교회의 경우 제1차 대회 때는 그저 '구경꾼'에 불과했다면, 제2차 대회는 선교에 '눈을 뜨게 해준 대회'라 한국교회가 로잔운동에 가장 큰 빚을 진 대회라 할 수 있다. 오늘날 한국선교가 이만큼 성장하게 된 배경 속에는 빌리 그래함과 로잔운동의 덕택이 컸다.

로잔운동의 선교신학을 세운 위대한 신학자, 존 스토트

존 스토트 로잔 언약 작성(1974년),
마닐라 선언문 작성(1989년)

1. 위대한 선교 신학자, 존 스토트

존 스토트(John R. W. Stott, 1921-2011)는 영국 성공회 목사로서 전 세계에 복음주의 선교운동을 확산시킨 위대한 선교 신학자이다. 그는 탁월한 저술가로 유능한 성경강해 설교자로 잘 알려져 있다. 2005년 타임(Time)지에는 존 스토트를 이 세상에서 가장 영향력 있는 100인 가운데 한 명으로 선정하였다.65) 그는 사도 바울처럼 일평생동안 결혼하지 않고 독신으로 살았는데 "하나님이 주신 소명이 독신"으로 사는 것이라 확신했고 그 덕에 전 세계를 마음껏 여행할 수 있었고 수많은 책들을 저술할 수 있게 되었다고 고백했다.66) 무엇보다 그가 세계선교에 끼친 가장 큰 영향이라면 로잔 제1차, 제2차 대회 때 로잔 언약과 마닐라 선언문을 작성하여 복음주의 선교신학의 기틀을 마련했다는 점이다. 그래서 존 스토트를 "로잔의 거장"(Giant at Lausanne)이라 부

| 로잔 언약과 마닐라 선언문을 작성한 존 스토트

르기도 한다.[67]

2. 존 스토트와 로잔 언약, 마닐라 선언문

존 스토가 작성한 로잔 언약(The Lausanne Covenant)이 '총론'(總論)의 성격이라면, 마닐라 선언문(The Manila Manifesto)은 '각론'(各論)의 성격을 지니고 있다.[68] 로잔 언약은 전체 15개 항목으로 개괄적으로 발표되었다: (1) 하나님의 목적; (2) 성경의 권위와 능력; (3) 그리스도의 유일성과 보편성; (4) 전도의 본질; (5) 그리스도인의 사회적 책임; (6) 교회와 전도; (7) 전도를 위한 협력; (8) 교회간의 선교 협력; (9) 전도 사명의 긴박성; (10) 전도와 문화; (11) 교육과 리더십; (12) 영적 전쟁; (13) 자유와 핍박; (14) 성령의 능력; (15) 그리스도의 재림.[69] 마닐라 선언문은 "온 복음"(Whole Gospel), "온 교회"(Whole Church), "온 세상"(Whole World)으로 나뉘어 좀 더 구체적으로 로잔 언약을 다루었다.[70]

로잔 언약은 1974년 제1차 로잔대회에서 잭 데인(Jack Dain)감독과 빌리 그래함 목사가 함께 서명하고 공포함으로써 복음주의 선교신학의 기초를 닦았다. 2,400명의 대의원 중 2천 명이 동의했고 4백 명은 서명하지 않았다. 존 스토트는 대의원들에게 로잔 언약에 서명하기 위해서는 "단순한 삶"(simple life)을 요청했다. 우리가 필요한 것은 우리가 사용하기 위한 것이기 때문에 우리가 쓰지 않겠다고 결심하면 그것은 우리에게 필요가 없는 것이라 주장하며 세상에 가난과 질병과 굶주림으로 고통당하는 자들이 너무 많기 때문에 이제부터 우리는 그들을 기억하며 우리의 쓸 것을 줄여 "단순한 삶"을 살 것을 요구했다.

로잔 언약을 통해 큰 변화라면 빌리 그래함 목사의 가정이라 할 수 있다. 놀라운 것은 빌리 그래함의 아내인 룻(Ruth) 여사가 로잔 언약에 서명

| 존 스토트의 최신작
「본질적 제자」
(Radical Disciple)

하지 못했다. 그 이유는 롯과 스토트 간에 대화를 통해 확인할 수 있다. 롯은 스토트의 말에 적극 동의하며 "당신은 방 두 개짜리에 사는데 나는 큰 집에 살고, 당신은 자식이 없는데 나는 다섯 명이나 있는 것을 보면 당신은 그야말로 단순한 삶을 사는데 나는 그렇지 않다"며 로잔 언약에 서명하는 것 자체가 자신을 부끄럽게 만든다고 고백했다.71) 또한 빌리 그래함의 아들인 프랭클린(Franklin)은 제1차 로잔대회 참석 때 22살로 로잔대회의 행정업무를 도와주는 일을 했다. 그가 로잔대회 참석한지 얼마 후 예루살렘의 한 호텔에서 담배를 쓰레기통에 집어 던지며 "주님, 저는 내 인생을 주님께 드리기를 원합니다. 이제부터 당신의 마음을 즐겁게 해 주지 못하는 일들은 모두 다 포기할 것입니다"라고 회개했다.72) 빌리 그래함은 로잔운동의 창시자이면서 가장 큰 수혜자이기도 했다. 이처럼 로잔 언약은 사람들의 삶을 변화시켜 나갔다.

3. 존 스토트와 로잔운동

존 스토트가 로잔 언약을 작성하여 발표할 때 최고의 화두는 다섯 번째 "그리스도인의 사회적 책임"이란 조항이었다. 이것 때문에 가장 큰 갈등은 존 스토트와 빌리 그래함 간에 있었다. 사실 존 스토트는 1968년 에큐메니칼대회인 웁살라대회의 자문위원으로 참석한 뒤 복음주의 선교를 생각해 봤을 때 사회적 책임이 너무 빈약하다는 것을 발견했다. 그래서 복음전파 위주의 선교는 선교지에서 추방이나 박해만 당하지 오랫동안 뿌리내리고 사역할 수 없음을 판단하고 복음전파와 사회적 책임이 공존하는 통전적 선교를 주장했다. 존 스토트는 빌리 그래함에게 복음주의자들이 우선 버려질 것은 '좁은 견해'(the narrow view)라 지적했다.[73] 빌리 그래함은 '넓은 견해'(the broader view)가 갖는 오점을 알고 있기 때문에 많이 망설였지만 존 스토트의 뜻을 존중하여 '넓은 견해'에 동의했다.

존 스토트는 로잔 언약을 작성하면서 빌리 그래함과 갈등이 있은 후 "내가 먼저 말하기 전에 남들이 이야기하는 것을 오랫동안 듣는 훈련이 부족하다"고 고백하기도 했다.[74] 여하튼 빌리 그래함과 존 스토트의 대화와 갈등 가운데 만들어진 것이 로잔 언약이다. 이것은 1970년대 냉전시대가 한창일 때 복음주의자들로 하여금 좀 더 '넓은 견해'를 가지고 사회적 책임을 다하는 운동으로 전개되었다. 로잔 언약이 선포된 후 로잔대회에서는 곧 바로 소규모의 로잔 신학과 교육 위원회를 만들어 로잔에서 다뤄진 주제들을 검토하고 좀 더 심도 있게 연구하고 발표하는 시간을 가졌다. 1977년에는 바사데나(Pasadena)에서, 1978년에는 버무다(Bermuda)에서, 1979년에는 콜로라도 스프링스(Colorado Springs)에서 모임을 가졌다. 이런 지속적인 모임은 마침내 2차 로잔대회에서 꽃을 피우게 되었다.

미전도 종족 선교의 대가, 랄프 윈터

랄프 윈터 종족(*ethne*) 개념 소개(1974년)

1. 왜 랄프 윈터가 미전도 종족 선교 대가인가?

랄프 윈터(Ralph D. Winter, 1924-2009)는 "미전도 종족 선교 대가"이다. 그를 통하여 '국가'(nation) 중심의 선교가 아닌 '종족'(people) 선교에 눈을 뜨고 전 세계가 동참토록 하는데 결정적인 역할을 했기 때문이다. 사실 윈터가 종족 선교를 펼치기 전 이미 두 사람에 의해 종족 선교 개념이 소개되었다. 가장 먼저 종족 선교의 중요성을 일깨워준 사람이 카메론 타운젠드였다. 그는 과테말라에서 종족 선교의 중요성을 발견한 뒤 종족 언어를 10년 동안 배워 각치켈 신약성경을 번역하였고 이것이 계기가 되어 위클리프 성경번역 선교회를 설립했다. 그의 공헌은 종족 언어로 성경을 번역하는 것이었다. 그 다음 공헌자는 도날드 맥가브란이다. 그는 인도에서 전

| 미전도 종족 선교를 전 세계로 확산시킨 랄프 윈터 박사

통적 선교방법인 선교기지를 탈피하고 와스콤 피켓이 소개한 집단 회심을 통해 종족운동의 중요성을 발견하였다. 이것은 그에게 교회성장원리를 발견케 하여 교회성장운동을 전 세계로 확산시켰다. 맥가브란의 공헌이라면 교회성장이라 할 수 있다.

하지만 종족 개념을 좀 더 명확하게 소개한 사람은 랄프 윈터였다. 그가 처음으로 종족 개념을 소개한 것은 1974년 제1차 로잔대회였다. 그가 풀러신학교 교수로 재임할 때였다. 그는 "최고의 우선순위: 타문화권 전도"(The Highest Priority: Cross-Cultural Evangelism)란 글을 발표하여 처음으로 "E-1, E-2, E-3" 전도 개념을 소개했다.[75] 그의 글에 따르면 'E-1' 전도란 동일언어, 동일 문화권을 말하는 것이고, 'E-2' 전도는 유사 언어, 유사 문화권을, 'E-3' 전도는 다른 언어, 다른 문화권을 말한다. 즉 타문화 전도의 최고 우선순위는 E-1 전도가 아니라 E-2와 E-3 전도로 방향 전환을 해야 한다는 것이다. 더욱이 그는 마태복음 19장 19절에서 20절에 나오는 '민족'이란 '국가'(nation)를 의미하는 것이 아니라 '종족'(people)을 의미한다고 주장하였다.[76] 즉, 모든 "민족"이란 헬라어의 'ethne'로 모든 '국가'가 아닌 모든 '종족'에게 복음을 전하는 것이라 주장하여 큰 관심을 불러 일으켰다.

랄프 윈터는 제1차 로잔대회가 끝난 후 자신의 모든 삶을 '종족' 연구에 매진했다. 그의 종족 선교에 대한 탁월한 업적은 제2차 로잔대회에서 빛을 발하기 시작했다. 그의 연구와 노력을 통하여 미전도 종족 선교가 구체적으로 마닐라 선언문(Manila Manifesto)에 소개되어졌다. 마닐라 선교문의 제11장에 보면 "현재 2천여 개의 큰 종족들 속에 그와 같은 약 12,000여 개의 '미복음화된 소수 종족'이 있으며 그들을 전도한다는 과제는 전혀 불가능한 것이 아니다. 그러나 현재 전체 선교사의 경우 7%만이 이 일에 전념하고 있으며 나머지 93%는 세계의 절반이 되는 지역, 곧 이미 복음화된 지역에서 일하고 있다. 이와 같은 불균형을 시정하려면 선교 인력을 전략적으로 재배치해야 할 것이다"라고 밝혀져 있다.77) 그의 미전도 종족 선교 소개로 '종족입양운동'(Adopt-A-People, AAP)이 활발하게 확산되기도 했다.

2. 미전도 종족 선교에 인생을 바치다

랄프 윈터는 원래 과테말라 선교사였다. 1956년부터 1966년까지 10년 동안 과테말라에서 사역하면서 그가 개발한 신학연장훈련(Theological Education by Extension, TEE)은 많은 선교사들과 선교단체들로부터 큰 호응을 받았다. 이때 풀러신학교 교회성장학파를 형성하고 있던 도날드 맥가브란은 TEE로 널리 알려져 있는 랄프 윈터에게 풀러신학교 교수직을 제의함으로 1966년부터 1976년까지 10년간 교수로도 봉직하였다. 그런데 그에게 전환점은 제1차 로잔대회였다. 그가 종족 선교에 관한 글을 제1차 로잔대회에서 발표한 이후 미전도 종족 선교에 좀 더 집중하고 싶어서 정

| 랄프 윈터 박사가 세운 미국세계선교센터

년이 보장된 풀러신학교 교수직을 1976년 11월에 사임한 뒤 미국세계선교센터(U.S. Center for World Mission, USCWM)를 설립했다.

이후 랄프 윈터는 선교 전문도서를 출판하기 위해 1977년에 윌리암 캐리 도서관(William Carey Library)을 설립했고, 1989년에는 국제 전방개척 선교협회(International Society for Frontier Missiology)도 설립해 미전도 종족 선교에 탁월한 업적들을 남겼다. 빌리 그래함은 미국세계선교센터(USCWM) 25주년을 축하하는 자리에서 "랄프 윈터는 전 세계에 있는 수많은 선교단체로 하여금 종족 선교에 헌신할 수 있도록 도움을 주었을 뿐 아니라 그의 연구와 훈련과 출판은 세계선교를 가속화시키는데 큰 일조를 하였다"고 격찬을 아끼지 않았다.[78] 더욱이 2005년 타임(Time)지에서는 랄프 윈터를 미국에서 가장 영향력 있는 복음주의자 25명 가운데 한 명으로 지명하기도 했다.[79] 이처럼 그의 영향은 미국뿐 아니라 한국교회에도 끼쳐 많은 한국교회로 하여금 미전도 종족 선교에 헌신케 하였다.

한국교회 선교에 눈을 뜨게 해 준 제2차 로잔대회

제2차 로잔 세계복음화 국제대회,
필리핀 마닐라(1989년)

1. 왜 제2차 로잔대회는 한국선교에 눈을 뜨게 해 주었나?

제2차 로잔대회는 한국선교에 눈을 뜨게 해준 귀한 대회이다. 왜냐하면 제2차 로잔대회는 걸음마 수준에 불과했던 한국교회로 하여금 올바른 선교 방향과 전략을 제시해주어 대회 이후 한국선교가 폭발적으로 성장할 수 있게 하였기 때문이다. 이것은 또한 한국교회가 질적으로 양적으로 성장한 혜택도 있어서 함께 누릴 수 있었다. 더욱이 제2차 로잔대회가 있

| 1989년 7월 마닐라에서 열린 제2차 로잔대회 모습

던 1989년에 해외여행자율화가 전면 실시됨으로 청년들로 하여금 단기 선교에 헌신할 수 있는 길을 합법적으로 열어 주어 이때부터 선교사의 수도 급속도로 증가하는 반사이득을 얻게 되었다. 무엇보다 1990년대 이후부터 선교단체의 급속한 증가는 선교사 파송 증가와 맞물려 한국선교의 꽃을 피게 하는데 큰 역할을 하기도 했다. 이처럼 제2차 로잔대회는 대내외적 영향으로 한국선교를 한 단계 업그레이드 시키는데 귀한 역할을 하였다.

2. 제2차 로잔대회의 특성

제2차 로잔대회는 1989년 7월 필리핀 마닐라에서 약 3천 명의 대의원들이 170개 국가에서 참석하였다.[80] 제2차 대회의 특징이라면 선언문(Manifesto)이 발표되었는데 'Manifesto'란 용어가 사용되기까지 존 스토트와 주제 발표자간에 많은 갈등이 있었다. 어떤 대표자는 선언문이 너무 길고 문장도 길며 애매모호한 부분이 많다고 비평한 자가 있었으며 한편 다른 사람은 '선언문'(Manifesto)이란 말 대신 '규약'(Memorandum)으로 바꾸자고 주장하는 이들도 있어서 존 스토트의 마음고생이 이만저만이 아니었다.[81] 논문 발표자 대다수가 마침내 존 스토트의 설명에 동의하여 '선언문'(Manifesto)이란 용어를 사용키로 했다. 그래서 탄생한 것이 마닐라 선언문(Manila Manifesto)이다. 마닐라 선언문은 두 개의 주제로 구성되어 있는데 첫 번째(제1부)는 "그리스도께서 다시 오실 때까지 그를 선포하라"이고, 두 번째(제2부)는 "온 복음을 온 세상에게 전하기 위하여 온전한 교회로 부름 받아라"이다.[82]

제1부는 '21가지 주장'을 소개하고 있고, 제2부는 '온전한 복음'(Whole Gospel), '온 교회'(Whole Church), '온 세상'(Whole World)을 주제로 하여 전체

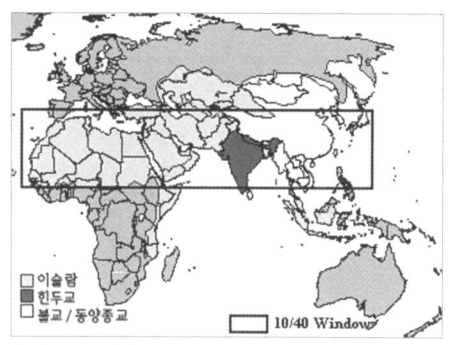

| 제2차 로잔대회에 소개된 10/40 창. 10/40 창 지역에는 세계 4대종교가 있고, 이슬람과 사회주의 국가들이 밀집되어 있고, 고아와 빈곤과 질병으로 고통당하는 자들이 많으며 미전도 종족 역시 많다.

12개의 항목을 상세하게 언급하고 있다. 마닐라 선언문의 특징이라면 제1차 로잔대회 때 발표된 로잔언약을 계승한 것임을 첫 번째 주장에서 밝히고 있다. 그 외 특별한 주장이라면 영적전쟁, 그리스도인의 사회적 책임, 미전도 종족 선교의 중요성을 다루고 있다. 제2차 로잔대회 역시 제1차 때처럼 그리스도의 유일성을 주장하며 상대주의(relativism)와 혼합주의(syncretism)를 전적으로 부인하였다. 특히 복음전도자의 투명성(integrity)을 다룬 것이 특이한데 전도자의 세속주의, 성(性)도덕성 결핍, 인종 차별, 성차별은 선교에 도움이 되지 않기 때문에 도덕적으로 갱신된 삶을 살 것을 강조하고 있다.[83] 또한 제1차 때와는 달리 텐트메이커 선교를 다룬 것이 독특하고, 루이스 부쉬(Luis Bush)는 복음의 저항 벨트로 "10/40 창"(10/40 window)이란 용어를 처음 소개하기도 했다. 이처럼 제2차 로잔대회는 '선교전략의 보고(寶庫)'라 할 만큼 특별한 전략들이 많이 소개되어 한국선교에 큰 도움을 주었다.

남은과업완수를 위한 미전도 종족 선교

제2차 로잔대회 미전도 종족 선교 확대(1989년)

1. 미전도 종족 선교개념은 어떻게 발전했나?

미전도 종족(Unreached People)이란 자체 능력으로 종족을 복음화할 만한 토착화된 지도자가 없는 종족을 말한다.[84] 미전도 종족 개념이 본격적으로 확산되기 시작한 것은 1974년 제1차 로잔대회부터이다. 이전에도 종족이란 용어가 소개 되었지만 제1차 로잔 대회 때 랄프 윈터가 발표한 "최우선 순위: 타문화 전도"를 통해 폭발적으로 전 세계에 알려졌다.[85] 이후 미전도 종족 개념은 더욱 발전하여 1980년 에딘버러대회에서 윈터가 "모든 종족에 하나의 교회를 세우자"라고 주장함으로 미전도 종족 선교는 더욱 활기를 띠며 박차를 가했다.[86] 무엇보다 미전도 종족 선교는 제2차 로잔대회를 맞이하여 마닐라 선언문에 명확하게 명시되어 공포됨으로 전 세계로 확산되어져 갔다.[87] 이후 1990년대부터는 본격적으로 미전도 종족 입양운동이라든가 전방개척선교가 소개되어 미전도 종족 선교운동이 꽃을 피우기 시작했다.

2. 미전도 종족은 주로 어디에 위치해 있나?

미전도 종족의 지역적 분포도를 살펴보면 10/40 창에 밀집되어 있다. 10/40 창이란 북위 10도에서 40도 사이에 있고 태평양과 대서양 사이의 지역을 말한다. 이곳은 세계 지역의 35%를 차지하고 있고 세계 인구의 65%를 담당할 만큼 중요하다. 하지만 이곳은 대다수가 미전도 지역으로 영적전쟁이 심하고, 세계에서 아동학대가 가장 심각하며, 문맹률이 높고, 치명적 질병이 심각한 지역이다. 또한 미전도 종족은 World C 보다는 World B와 World A에 집중되어 있다. 복음화 비율에 따라 A, B, C를 구분하는데 World C란 기독교 국가를, World B란 복음이 들어간 국가를, World A란 미전도 국가를 말한다.88) 즉 복음을 접할 수 없는 World B와 C에 미전도 종족이 많다는 얘기다. 놀라운 것은 2008년 통계에 따르면 파송된 선교사들 가운데 오직 9.6% 만이 미전도 종족 선교를 위해 헌신하고 있고 나머지 93.4%는 이미 복음이 들어간 지역에서 사역하고 있는 것이 문제이다.89)

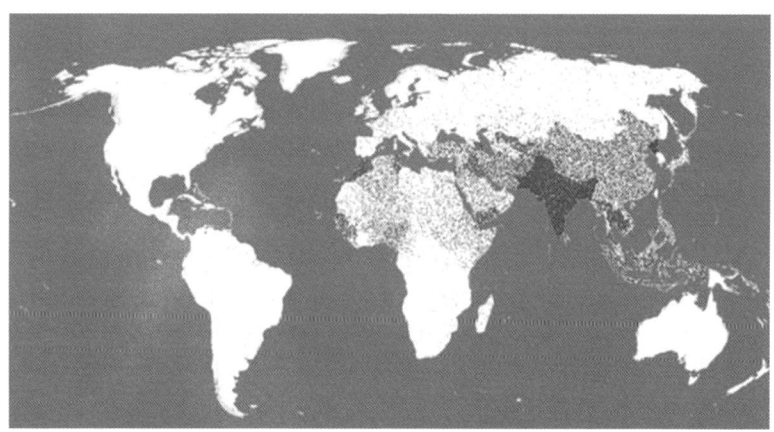

| 미전도 종족 집중지역. 주로 10/40 창 지역에 집중되어 있다.

3. 미전도 종족의 현재 현황은?

미전도 종족 숫자는 개념에 따라 많이 달라진다. 제1차 로잔대회 때는 미전도 종족 선교개념이 자리를 잡지 못한 때라 미전도 종족을 기독교인이 20% 이내인 것으로 보았기 때문에 미전도 종족 숫자도 450개에 불과했다.[90] 제2차 로잔대회 때는 이미 1980년 에딘버러대회 때 전방개척선교 용어가 발표된 이후 모였기 때문에 개념 정리도 명확하여 전 세계 종족 집단을 약 12,000개로 보았고 2천여 개의 큰 종족에 집중적으로 선교할 것을 주장하였다.[91] 당시 선언문에는 전 세계 선교사들 가운데 7%만이 미전도 종족에서 사역하였고 나머지 93%는 이미 복음화된 지역에 사역한다고 보고하였다. 이후 2009년에 발행된 「퍼스펙티브스」(Perspectives on the World Christian Movement)를 보면 전체 종족 수는 1만 개, 미전도 종족은 6,400개 정도로 집계하였다.[92]

4. 미전도 종족 선교전략은?

미전도 종족 선교전략 중 가장 시급한 것은 선교사 재배치이다. 이는 제2차 로잔대회에서부터 강하게 주장되어 지금에 이르고 있다. 전 세계적으로 이미 복음이 들어간 지역에 사역하는 선교사가 너무 많은 것이다. 한국교회도 예외는 아니다. 한국세계선교협의회(KWMA)가 보고한 2011년 통계에 따르면 현재 한국 선교사들 가운데 51%에 해당하는 11,256명이 전방개척지역(Frontier Missions Areas)에 들어가 사역하고 있지만 2030년까지 이곳에 필요한 선교사 수 91,117명에 비해 파송율이 12% 밖에 안 되기 때문에 절대적으로 선교사 재배치가 필요한 것이다.[93] 하지만 이미 복음화된 일반선교지역(General Missions Areas)에는 2030년까지 필요한 선교사 수 8,883명의 82%인 7,310명이 들어가 있어서 너무 선교사가 많

| 돈 리차드슨의 「화해의 아이」(Peace Child). 리차드슨은 배신을 미덕으로 삼는 사위(Sawi) 부족을 전도한 것으로 잘 알려져 있다.

다. 이러한 기현상은 앞으로 한국교회가 풀어야 할 과제이다.

두 번째로 미전도 종족입양(Adopt-A-People, AAP)은 미전도 종족 선교에 불을 지피고 있다. 이것은 윈터가 에딘버러대회에서 "모든 종족에 하나의 교회를 세우자"라는 요청에 부응한 것으로 모든 교회가 '영적 부모'가 되어 한 종족을 입양해 돌보는 것이다. 최종 목표는 입양한 종족을 자립시켜 토착화 교회로 만드는 것이다. 세 번째로 전방개척선교(Frontier Missions)전략이 미전도 종족 선교를 활성화시키고 있다. 대다수의 미전도 종족들이 전방개척지역에 있기 때문에 이 지역을 접근하기 위한 방법으로 교회개척배가운동(CPM)이나 낙타전도법이 소개되었고,[94] 평신도를 위해서는 전문인선교와 비즈니스선교(BAM)도 소개되었다.[95] 최근에는 내부자 운동(Insider Movement)이 소개되면서 선교사가 접근한 공동체와 이곳에서 배출된 현지인들의 정체성이 성경적인지 아닌지에 대한 찬반양론이 현재 뜨거운 상태이다.[96]

96 평신도와 전문인 선교
제2차 로잔대회 전문인 선교 강조(1989년)

1. 왜 전문인 선교가 생겨났나?

전문인 선교(Tentmakers)는 냉전시대 때 이슬람권과 공산권과 같은 접근제한지역에 효과적으로 복음을 전하기 위해 생겨난 선교방법이다. 선교사 신분으로 자유롭게 복음 전할 수 없는 지역에 전문인 사역자로 들어가 섬기는 자를 전문인 선교사라 부른다. 제2차 로잔대회 때 마닐라 선언문에는 전문인 선교에 대해 명확한 정의를 내리고 있다: "바울처럼 직업을 가지고 살아가는 자를 '텐트메이커'(Tentmakers)라 부르는데 이들은 비즈니스로, 대학 교수로, 기술 전문가로, 언어 교사로 자신의 전문성을 가지고 여행하며 기회가 주어지는대로 예수 그리스도를 전하는 자들이다."[97] 즉 전문인 선교는 바울의 천막 짓는 일인 텐트메이커에서 유래했다. 지금까지 복음의 문이 닫혀 있는 국가들이 계속 늘어나는 추세에 전문인 선교

전문인 선교를 일깨우는 패트릭 라이의 저서 「텐트메이킹」

는 꼭 필요한데 전문인 선교사는 평신도 선교사 혹은 자비량 선교사로도 불리고 있다.

2. 전문인 선교의 장단점은?

전문인 선교는 성경에서 많은 예들이 있다. 요셉은 총리대신으로, 보아스는 농사짓는 자로, 느헤미야는 방백으로, 누가는 의사로, 루디아는 옷장사꾼으로 복음 전한 것을 볼 수 있다. 역사적으로 전문인 선교의 탁월한 모델은 모라비안 선교사들이다. 이들은 헤른후트 공동체에서 함께 공동생활하며 18세기 초 덴마크 할레 선교회와 쌍벽을 이루며 세계선교를 이끌어 갔다. 이들은 평신도 선교사로 오지나 섬이나 열도와 같은 남들이 가기 힘든 곳에 들어가 전문인 사역자로 생활하며 복음을 전했다. 예를 들어 이들은 중남미의 수리남(Surinam)에서 빵 제조업자, 시계 제조업자 등으로 '그리스도를 전하는 기독교 회사'라는 곳에서 일하며 복음을 전했다. 모라비안 선교사들의 전문인 선교는 훗날 좋은 모델이 되어 윌리암 케리를 중심으로 많은 개신교 선교사들이 전문인 선교사로 섬길 수 있도록 길을 열어 놓았다.

전문인 선교의 장점이라면 첫째로 자신을 파송한 교회로부터 후원금을 받지 않기 때문에 재정적으로 자유롭다. 이는 선교사로 파송 받기 전 일에 대한 전문성과 경험이 있어야 가능하다. 둘째는 목사 선교사들이 들어가기 힘든 창의적 접근지역(Creative Access Nations, CAN)에 들어가 사역할 수 있다. 셋째는 현지인들로부터 개종시키는 전도자라는 인식에서

| 전문인 선교의 좋은 샘플을 보여준 모라비안 선교사들의 정착지 헤른후트

자유롭다. 넷째는 일에 대한 성취감이 있어서 사역의 실패를 극복할 수 있다. 이와 반면 단점도 있는데 첫째는 자신의 전문 직업 일을 하다 보니 영적 책임감이 약할 수 있다. 영적 사역, 즉 영혼구령이나 제자훈련에 관심이 있는 자는 내적 갈등이 클 수밖에 없다. 둘째는 자립 선교를 추구하다 보니 본국에서 기도 혹은 물질 후원자가 적어 폭넓은 영적 관계를 맺기 힘들다. 셋째는 짧은 단기체류(6개월-2년)로 인해 현지 언어 습득 능력 저하로 통역을 쓰는 경우도 많아 본인이 직접 제자훈련을 하기가 어렵다.

3. 전문인 선교의 전략은?

전문인 선교를 성공적으로 하기 위해서는 몇 가지 전략이 필요하다. 첫째로 선교사 훈련을 반드시 받아야 한다. 자신이 아무리 일에 대한 전문 지식과 경험이 풍부하더라도 선교사로서 갖추어야 할 자질 즉 영성, 인격, 타문화 이해, 전략들을 배우고 난 뒤 파송 받아야 생존할 수 있기 때문이다. 둘째로 자신의 전문인 사역을 돌보고 인도해 줄 전문선교단체에 소속되어 있어야 한다. 선교는 절대로 혼자 하는 것이 아니기 때문에 신뢰할만한 선교단체의 회원이 되어 평가받고 돌봄을 받아야 성장할 수 있기 때문이다. 셋째로 최소한의 현지 언어를 습득해야 자신이 선교사로서 자족감을 잃지 않을 수 있다. 마지막으로 경험이 풍부한 장기선교사와 함께 협력 사역하는 것이 필요하다. 체류일정이나 현지 언어 능력적인 측면에서 장기선교사와 팀웍을 이뤄 사역한다면 서로 상생할 수 있기 때문이다.

한국교회가 적극적으로 참여한 제3차 로잔대회

제3차 로잔 세계복음화 국제대회,
남아공 케이프타운(2010년)

1. 화목을 추구한 제3차 로잔대회

제3차 로잔대회는 "21세기 세계선교의 대문"(大門)과도 같았다. 21세기 세계선교의 흐름과 방향을 제시하였고 어떻게 선교하는 것이 바람직하고 성경적인 길을 열어준 대회였기 때문이다. 2010년 10월 16일부터 25일까지 남아공 케이프타운(Capetown)에서 4,200명의 대의원들이 198개 국가에서 참석했다. 대의원들은 10일 동안 "세상과 자신을 화목케 하시는 그리스도 안에 있는 하나님"이란 주제를 다루었다. 현재 끊임없는 내전과 테러와 인권말살로 많은 사람들이 고통을 당하고 있지만 하나님은 이들을 고아처럼 버려두지 않으시고 사랑하신다는 뜻이다. 북한과 중국과 같은 박해국가들이 존재한다 할지라도 세상과 '화목'(reconciliation)케 하시는 하나님의 역사하심을 부각시켰다. 그래서 주제 성구도 "곧 하나님께서 그리스도 안에 계시사 세상을 자기와 화목하게 하시며 그들의 죄를 그들에게 돌리지 아니하시고 화목하게 하는 말씀을 우리에게 부탁하셨느니라"(고후 5:19)였다.

| 제3차 로잔대회 첫 날 저녁 집회 때 아프리카 찬양팀의 파워풀한 찬양 모습

2. 한국교회가 적극 참여한 제3차 로잔대회

제3차 로잔대회는 한국교회가 적극적인 '참여자'로 동참하였다. 제1차, 제2차와는 달리 한국교회는 인적으로, 물적으로 큰 공헌을 하였는데 대의원 수에 있어서 한국은 미국 다음으로 많은 100명을 파송하였고, 재정적인 측면에서도 전체 예산의 1/10에 해당되는 약 150만 불을 후원해 한국교회의 위상을 한층 끌어올렸다. 제3차 로잔 대회를 통해 한국교회가 추구해야 할 몇 가지 방향들을 제시한다면 다음과 같다 첫째로 한국교회는 포스트모더니즘시대에 그리스도의 유일성을 놓치지 말아야 한다. 이것은 제1차와 제2차 때도 동일하게 강조되었는데 제3차 때도 역시 타종교에 진리가 있는 것이 아니라 오직 예수

| 제3차 로잔대회 총재인 더그 버드셀(Doug Birdsall)

| 제3차 로잔대회 때 아침마다 성경강해를 인도한 존 파이퍼(John Piper)

그리스도만을 통해 진리가 있음을 재천명하였다. 제3차 대회의 주제를 통해 알 수 있듯이 그리스도만이 유일한 화목자이시며, 그리스도만이 진리이시며, 그리스도만이 복음의 안전성이 된다는 사실을 재확인하였다.

둘째로 한국교회는 화목(reconciliation)케 하시는 그리스도를 널리 알려야 한다. 제3차 로잔대회에서는 케이프타운 서약(Cape Town Commitment)이 발표되어졌는데 이것은 제1차와 제2차의 정신위에 세워졌다. 이 세상은 끊임없는 기독교 박해와 탄압, 주변 국가 간의 전쟁, 내전, 자연재해, AIDS, 생태계 파괴, 도시화에 따른 빈부격차 등으로 심한 몸살을 앓고 있다. 하나님은 이와 같은 세상과 화목하시기를 원하신다. 죄로 죽을 수밖에 없던 우리가 그리스도로 말미암아 하나님과 가까워졌듯이 그리스도 역시 세상과 화목하시기를 원하시는 것이다. 그래서 케이프타운서약이 제1차, 제2차와의 차이점이라면 "사랑"(love)이라는 단어를 많이 사용했다. 예를 들어 "우리는 살아계신 하나님을 사랑한다"(We love the living God), "우리는 성부 하나님을 사랑한다"(We love God the father), "우리는 성자 하나님을 사랑한다"(We love God the son)라는 서약문에서 "사랑"이라는 단어를 쉽게 발견할 수 있다.[98]

셋째로 한국교회는 1.5세나 2세의 참여를 극대화시켜야 한다. 사실 이번 제3차 대회 때 운영팀(Congress Team)은 한국인보다는 중국계 미국인이 대거 참여하여 운영하였다. 한국교회가 제3차 로잔대회에 대의원 숫자라든가 재정지원에 비해 운영 참여율은 턱없이 부족했다는 이야기가 많이 흘러나온다. 여기에는 언어라는 장벽도 함께 따르는 것은 간과할 수 없는 일이다. 앞으로 한국교회는 영어가 자유로운 1.5세나 2세들 가운데 탁월한 지도자를 발굴하여 세계선교에 공헌할 수 있도록 도움을 주어야 할 때이다. 그래서 제4차 로잔대회 때는 미국, 영국, 호주 등지에서 성장한 한인 1.5세 젊은 지도자들이 세계선교에 공헌할 수 있길 기대한다.

넷째로 한국교회는 로잔대회에서 다루어진 소논문들 가운데 주요한 것을 집중적으로 연구하고 발표하여 책으로 출판하여야 한다. 사실 지난 제1차, 제2차 로잔대회가 끝난 후 세계선교에 큰 영향력을 끼친 그룹은 풀러(Fuller)학파 교수진들이다. 도널드 맥가브란, 피터 와그너, 랄프 윈터 박사는 한 시대의 선교흐름을 제시하는 주제들을 다루었고 양질의 책을 출판하였다. 한국로잔위원회의장인 이종윤 목사는 "이제 한국교회는 세계선교에 영향을 끼쳐야 할 때"라고 했는데 필자 역시 이에 동의한다. 앞으로 한국교회는 로잔대회에서 다루어진 소논문들, 예를 들어 '포스트모더니즘 사회와 복음의 유일성,' '비즈니스 선교,' '디아스포라 선교,' '텐트메이킹,' '구술문화권에서의 제자훈련,' '파트너십'과 같은 주제들을 학술대회나 포럼을 통해 집중적으로 발표해야 할 것이다. 이곳에서 발표된 논문들은 책으로도 출판되어야 한국교회가 세계선교에 기여할 수 있을 것이다.

098 구전문화권에서의 제자훈련, 구술성경 이야기

제3차 로잔대회 구술성경 이야기 강조(2010년)

1. 왜 구술성경 이야기가 필요한가?

미전도 종족 선교에 획기적인 변화가 제3차 로잔대회에서 있었는데 그것은 바로 구술성경 이야기(Oral Bible Storying)이다.99) 구술성경 이야기란 선교사에게 익숙한 '교재'(text)로 접근하는 것이 아니라 '구술'(orality)로 성경 이야기를 현지인들에게 전달하여 제자 삼는 것을 말한다. 그 이유는 현재 미전도 종족 대다수가 문맹인들이기 때문에 이들의 눈높이에 맞게 제자를 삼자는 것이 필요하기 때문이다. 통계에 따르면 세계 인구 가운데 1/3이 교육을 받은 자들로 글을 읽고 쓸 수 있고, 1/4 정도가 문맹인이며, 1/4 또한 기능적 문맹인이라고 한다.100) 즉 세계인구의 약 절반 정도가 글을 읽고 쓸 수 없는 구술문화권에 살기 때문에 이들에게 맞는 제자훈련이 필요한 것이다.

구전문화권 제자 만들기를 다룬 「기초 성경 이야기」

구술문화권 사람들은 대다수가 문맹인들이다.

이들은 가난하고 부족적이며 샤머니즘적이며 정령숭배 사상이 무척 강하다. 또한 기능적 문맹인(Functional Illiterate)도 많은 편이다. 그런데 이런 구술문화권에서 선교사에게 익숙한 교재 중심의 제자훈련은 이들에게 전혀 맞지 않는 것이다. 즉 성경해석학적 제자훈련은 선교사의 문화에 맞는 것이지 현지인의 문화와는 거리가 멀다는 애기다. 따라서 현지인이 문명인이나 고급 문명인 같은 경우는 성경해석학적 제자훈련이 어울리지만 문맹인이나 기능적 문맹인에게는 성경해석학적 제자훈련이 아닌 성경 이야기가 훨씬 효과적이다.101)

2. 구술성경 이야기는 어떻게 전해져 왔나?

구술성경 이야기의 대가(大家)는 예수 그리스도이시다. AD 1세기경 팔레스타인은 4개 그룹으로 형성되었는데 대다수가 유대인들이고 이들은 아람어를 주로 사용하였다. 그 외 사람들은 레위인과 사마리아인과 디아스포라 유대인이라 불리는 이방인들이었다. 이런 수평적 사회에 특별히 로마인들, 사두개인들, 바리새인들은 엘리트 그룹으로 수직적 사회를 형성하며 전체 인구가운데 5%만 차지하였다. 그렇다면 예수님은 어떻게 유대인들에게 접근했을까? 그는 문자를 읽고 쓸 수 없는 95%의 구전문화권에 속한 사람들이 쉽게 복음을 이해 할 수 있도록 비유나 이야기를 즐겨 사용하였다. 성경해석학적 접근을 사용하지 않았다. 마태복음 13장을 보면 예수님께서 "씨 뿌리는 비유," "겨자씨 비유," "누룩 비유," "가라지 비유," "보화, 진주, 그물 비유"로 유대인들을 접근한 것을 볼 수 있다.

역사적으로도 성경 이야기를 전한 선교사들이 많다. 7세기경 중국에 파송받은 게이트만(Gateman) 선교사는 라틴어로 된 성경을 시(poem)로 표현하여 중국인들이 쉽게 이해할 수 있게 하였고, 중세교회는 대중들에게

| IMB 구술전략전문가로 연대기적성경 이야기(CBS)에 탁월한 그랜트 러브조이

성경 이야기를 쉽게 각인시키기 위해 창문, 조각, 사진 등을 즐겨 사용하였으며, 도날드 맥가브란은 인도 선교를 할 때 총 8개에서 10개 정도의 성경이야기를 사용하여 현지인들이 보다 쉽게 성경을 이해할 수 있도록 하였다. 현재 미전도 종족에서 구술 이야기로 큰 영향을 끼치고 있는 단체가 국제 구술 네트워크(International Orality Network)이다. 미국 위클리프 총재인 밥 크레손(Bob Creson)은 인도와 같이 가난하고 배우지 못한 지역에는 번역된 성경보다는 오히려 구술 이야기가 효과적이라는 것을 발견하여 위클리프로 하여금 구술성경 이야기에 관심으로 갖도록 해 주었다.102)

3. 구술성경 이야기를 통해 어떻게 제자 삼을 수 있는가?

구술성경 이야기는 두 가지 형태가 있다. 하나는 미국남침례교 국제선교회(IMB)가 사용하고 있는 CBS(Chronological Bible Storying, 연대기적 성경이야기)가 있고, 그 다음은 YWAM, WBT, CCC가 연합하여 만든 One Story가 있다. 전자는 주로 예수 그리스도를 처음 만난 자들에게 사용되는 것이고, 후자는 선교사들이나 지도자들을 훈련시키기 위해서 만들어졌다. 필자는 미전도 종족인들에게 구술성경 이야기를 하기 위해서는 CBS를 사용하는 것을 권하고 싶다. 현재 IMB의 구술전략전문가인 그랜트 러브조이(Grant Lovejoy) 박사는 CBS로 제자 삼을 때 세 가지 단계를 거쳐야 할 것을 주장하고 있다.

첫째는 접촉하기(Engaging)이다. 이 단계를 '이야기 전 대화'(Pre-Story

Dialog)라 부르는데 7가지 사항을 잘 준수해야 한다: (1) 현지 문화에 맞게 인사하라; (2) 최근의 삶을 함께 나눠라; (3) 끊임없이 최근의 성경이야기를 회상토록 이끌어내라; (4) 지난번 이야기에 관한 질문에 답하도록 해라; (5) 새로운 이야기에 현지인 스스로 답하도록 해라; (6) 지난번 이야기와 오늘 새로운 이야기와 관련이 있음을 인식시켜라; (7) 현지인으로 하여금 듣는 훈련을 시켜라.[103] 둘째는 복음 전하기(Evangelizing)이다. 구술로 복음전하는 방법은 크게 두 가지로 나눠진다: (1) 'C2C'(Creation to Christ, 창조부터 그리스도까지);[104] (2) 구술성경(Oral Bible).[105] 무엇보다 구술성경을 만들기 위해 테리(Terry) 선교사는 다섯 가지 트랙을 염두해 만들라고 하였다: (1) 전도; (2) 구원의 확신; (3) 교회개척; (4) 제자훈련; (5) 종말론.[106]

셋째는 제자 세우기(Equipping)이다. 이것은 '이야기 후 대화'(Post-Story-Dialog)의 단계라 부른다.[107] 러브조이 박사는 제자 세우기를 잘하기 위해서 세 가지 질문을 잘해야 한다고 지적하였다. 첫 번째는 사실(fact) 질문으로 성경 이야기의 내용을 육하원칙에 따라 질문하는 것이다. 두 번째는 영향(influence) 질문으로 성경 이야기의 어떤 추론이나 암시를 나타내는 질문이다. 세 번째는 적용(application) 질문으로 현지인의 상황에 맞게 어떻게 적용할 것인지를 다루는 것이다.[108] 무엇보다 구술성경 이야기로 제자 삼을 때 가장 중요한 것이 '도제'(徒弟) 정신이다.[109] 즉, 선교사가 거저 말로만 복음을 전하는 것이 아니라 삶으로 제자를 키워내야 하는 것이다. 예수님께서 하신 것처럼 '듣고 배우게 하는 것'이 아니라 '보고 배우게 하는 것'이 구술성경 이야기의 핵심이라는 것이다.

세계선교의 허브, 디아스포라 선교

제3차 로잔대회 디아스포라 선교 강조(2010년)

1. 왜 디아스포라는 세계선교의 허브가 되는가?

디아스포라 선교(Diaspora Mission)는 제3차 로잔대회부터 널리 소개되어졌다. 제3차 로잔대회 기간 중 오후에 있었던 멀티플렉스(Multiplex) 시간에 24개의 특강이 주어졌는데 가장 주목받는 것 중의 하나가 디아스포라 선교였다. 세 명의 발표자가 "흩어진 사람들에게 사역하는 일"(Ministering to the Scattered People)이란 주제를 발표하였는데 디아스포라 개념에 "타국으로 이주한 자들"(emigrants)과 "타국에서 이주해 온 자들"(immigrants)을 동시에 포함해서 다루었다. 엄밀히 말하면 전자가 디아스포라 선교이고, 후자가 다문화 선교를 말한다. 사디리 티라(Sadiri Tira)는 "현대선교의 큰 변화는 전통적 선교에서 디아스포라 선교로 패러다임이 바뀐다"고 지적했다.110) 디아스포라 증가 원인으로는 홍수와 태풍과 같은 자연재해뿐 아니라 경제적, 교육적 필요와 기회를 얻기 위한 것 때문이기도 하다.111)

그렇다면 디아스포라(Diaspora)란 어떤 뜻일까? 원래 '씨 뿌림'(speirein)이란 뜻으로 처음에는 팔레스타인을 떠나 외국에 체류하는 유대인에게만

| 제3차 로잔대회 멀티플렉스 시간에 디아스포라 선교 특강이 진행되고 있다.

적용되었다가 현재는 언어와 문화의 단일성을 뛰어넘어 세계 여러 지역으로 흩어져 이주하여 살아가는 제3의 집단을 일컫는다. 이들은 오랜 외국생활로 현지 언어가 탁월하고 타문화 적응력이 높아 선교적 자질이 높다. 초대교회 당시 헬라 전 지역에 복음을 전했던 헬라파 유대인의 모습이 오늘날 디아스포라들이다. 성경에서는 아브라함, 요셉, 느헤미야, 바울, 바나바가 좋은 예이다. 디아스포라의 특징이라면 타국에서 살면서 세상적으로 성공하려는 '성공의 꿈'(Success Dream)이 무척 크다. 하지만 이것만을 인생의 목적으로만 삼아서는 안 되고 하나님께서 타국으로 흩으신 목적을 깨닫는 '하나님의 꿈'(Divine Dream)을 발견해야 한다. 즉 디아스포라의 탁월한 언어와 문화 적응력을 통해 하나님의 나라가 확장되는 '선교 허브'가 되도록 하는 것이 하나님의 꿈이다.

2. 디아스포라 선교의 지역적 특징은?

현재 한인디아스포라가 흩어져 있는 지역을 크게 세 구분할 수 있다. 미국, 유럽, 아시아로 나뉠 수 있는데 미국은 주로 가족 이민이 많고 역사가

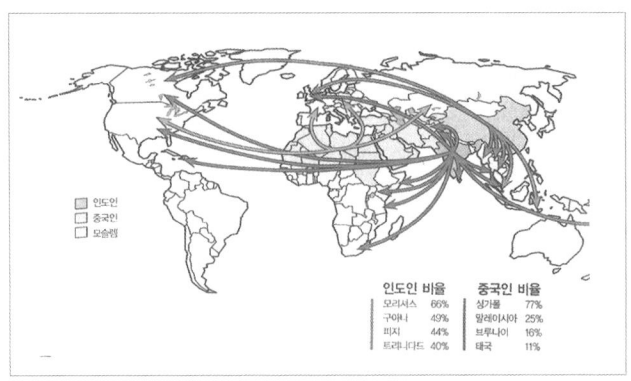

| 디아스포라는 "국경 없는 사람들"로 어디에서든지 복음 전할 수 있는 탁월한 자질들을 소유하고 있다.

100년이 넘다보니 1세대뿐 아니라 2세대 가운데서도 정치적으로 사회적으로 성공한 사람들이 꽤 많은 편이다. 목회자들 가운데도 1.5세나 2세대 중에서 신학을 공부하는 자들이 늘어나는 추세여서 기초가 탄탄하다. 유럽은 주로 주재원들이나 유학생들이 많고 이민 역사는 50년 정도이다. 디아스포라들은 주로 5년 주기로 한국으로 돌아가지만 고학력 출신들이 유럽을 많이 찾는 편이다. 아시아는 최근에 중국을 중심으로 디아스포라가 늘어나는 추세이고 주로 소규모 비즈니스를 하는 사람들이 몰려드는 편이다. 요즈음은 인도네시아, 베트남, 인도 등지에서도 한인들이 증가하고 있는 추세이다. 이곳은 주로 남자들만 와서 사업을 하는 자들이 많고 다른 지역에 비해 가족 이주가 낮은 편이다. 이민 역사도 한 30년 정도로 짧다.

3. "나는 베드로가 되고 당신은 바울이 되어라!"

디아스포라 선교에 있어서 가장 중요한 것 중의 하나가 디아스포라 선교사는 현지 언어에 충실해야 한다. 아무리 한인을 대상으로 하지만 현지 언어(영어, 독일어, 중국어 등)가 준비되지 않으면 2세대 사역을 할 수 없기 때문이다. 디아스포라 선교사들은 일반적으로 1세대 한인들을 목양(caring)하는 일에만 관심을 두는데 가장 위험한 일이다. 그래서 디아스포라 선교사는 '1차적 목회'(원초적 목회)의 틀에서 벗어나야만 한다. 이들이 1세대 사역은 준비되었는데 2세대 사역을 잘 하지 못한다면 바울과 바나바 같은 2세대 리더를 세우지 못하기 때문이다. 토론토 밀알교회의 노승환 목사는 한인 디아스포라 자녀들이 교회를 떠나는 이유 네 가지를 지적하였다: (1) 뚜렷한 교육철학과 방향의 부재; (2) 2세의 교역자 문제; (3) 교육과정의 문제; (4) 교육방법과 교육매체의 낙후.112) 성경에서 이삭과 리브가도 타국 생활 가운데 아들 야곱이 이방 땅 헷 족속의 딸들 가운데 아내로 맞아들인다면 자신들이 사는 재미가 어디 있겠냐며 하소연한 것에서 디아스포라 자녀들의 어려움을 볼 수 있다(창 27:46).

그래서 디아스포라 선교사는 자녀교육에 집중해야 한다. 디아스포라 사람들의 최고 관심사 중에 하나가 자녀교육이다. 1.5세나 2세들이 믿음 안에서 반듯하게 성장할 수 있도록 훈련시켜야 한다. 그리고 이들을 선교 동원시켜야 한다. 1세대로부터 시작한 복음은 최종 종착점으로 1.5세나 2세대까지 흘러가야 한다. 디아스포라 선교사는 1세대 사람들에게 "나(1세대)는 베드로가 되고 당신(1.5세나 2세 자녀)은 바울이 되어라!"라고 외쳐야 한다. 왜냐하면 초대교회시절 복음이 확장된 것에는 베드로와 바울의 역할이 각각 달랐기 때문이다. 베드로는 1세대로서 아람어 밖에 사용하지 못했지만 그의 희생과 순종은 1.5세/2세인 바울에게 선한 영향력을 끼쳐 훗날 그로 하여금 열방을 품고 복음을 전하는 선교사가 되게 하였다(행 10장). 바울이 '이중문화지도자(bi-cultural leader)'가 된 것처럼 1세대를 통해 2세대들 가운데 바울 같은 일꾼이 배출되어야 한다. 그래서 "나는 베드로가 되고 당신은 바울이 되어야 한다!"

한국교회의 비상, 해외 선교 '10-20 클럽' 가입

한국교회 해외 선교 '10-20 클럽' 가입(2013년),
WCC 부산총회(2013년), WEA 서울총회 무산(2014년)

1. 한국교회의 비상, 해외 선교 '10-20 클럽' 가입

한국교회는 현재 해외선교 '10-20 클럽'(사역 대상국 100개 국가 · 선교사 2만 명 파송)에 가입하여 선교 강대국 반열에 우뚝 서 있다.113) 1884년 한국 땅에 복음이 들어온 지 130년을 조금 넘긴 나라가 복음을 '받는 나라'에서 이제는 '주는 나라'로 탈바꿈하여 세계 선교사 파송 2위 국가가 되었다. 현재까지 '10-20 클럽'에 가입한 나라는 한국과 미국뿐이다. '10-20 클럽'의 의미는 무척 크다. 100개국 이상에 2만 명의 선교사를 파송하기 위해서는 우선 지역교회가 건강하고 튼튼해야 하고, 선교 동원이 지속적으로 일어나야 하며, 선교사 훈련 및 관리가 체계적으로 잘 되어야 가능하다. 즉 한국교회는 전방과 후방 선교가 골고루 모든 능력을 잘 발휘하고 있다는 얘기다. 하지만 한국교회는 2016년부터 선교 정체기를 맞이해 어려움을 겪고 있는데 2030년까지 '20-30 클럽'(사역 대상국 200개 국가 · 선교사 3만 명 파송)에 가입할 것이라 예상하고, 그 이후에는 '20-50 클럽'(사역 대상국 200개 국가 · 선교사 5만 명 파송)에도 가입하길 소망한다.114)

한국교회는 2018년 12월 현재 171개국에 27,993명의 선교사를 파송해 '세계선교의 십일조'를 담당하고 있다.115) 중국과 인도는 자국내 타문화권 선교사가 대다수여서 이 숫자를 뺀 세계 전체 선교사들 가운데 한국 선교사는 10% 이상을 차지하고 있다. 한국교회는 1990년대 이후부터 발 빠른 교회성장, 선교단체 수의 급증, 장단기 선교사 파송 증가가 한국선교에 파란불을 켜게 해 주었다. 하지만 2016년부터 선교사 파송이 주춤거리며 한국선교는 정체기를 맞고 있다. 한국선교는 전통적 선교가 여전히 강세이지만 통전적 선교를 추구하고 있는데 교회개척 49%,

WCC 로고인 '오이쿠메네'(oikoumene)는 교회일치를 뜻한다.

2014년 WEA 서울총회 유치 감사예배에 인사하는 제프 터니클리프 대표

제자훈련 32%, 복지개발 7%, 캠퍼스 사역 6%, 일반교육 6%를 차지하고 있다.116) 한편 한국교회의 빠른 선교부흥은 WCC와 WEA라는 큰 이념의 산을 넘어야만 한다.

2. 한국교회의 과제, WCC와 WEA 총회 개최

한국교회가 우선 넘어야 할 첫 번째 고비는 2013년 WCC 부산총회였다. 한국교회는 그동안 성장하면서 에큐메니칼과 복음주의라는 양대 산맥을 형성해왔다. 에큐메니칼의 대표인 WCC(세계교회협의회)가 2013년 부산 총회를 확정하면서 한국교회에 이목을 집중시켰다.117) 제10차 WCC 부산총회는 2013년 10월 30일부터 11월 8일까지 열렸는데 주제는

"생명의 하나님께서 우리를 정의와 평화로 인도하소서"였다. WCC 부산 총회는 한국장로교 통합측이 중심이 되어 준비위원회를 구성해 진행하였다. 한편 그 다음 넘어야 산이 WEA(세계복음주의연맹) 총회였다. WEA는 복음주의 대표 격으로 1846년에 창립해 현재 129개 국가에 104개의 회원단체가 가입해 6억 5천만 명의 복음주의자들의 대표를 맡고 있다. 2014년 WEA 총회가 10월 27일부터 31일까지 서울에게 개최하기로 하고 한국기독교총연합회(한기총)가 중심이 되어 진행하였는데 아쉽게도 한기총의 분열로 무산되었다. 양 진영의 WCC와 WEA 총회는 한국교회의 뜨거운 감자로 화두가 되었다.

한국교회는 지금까지 선교의 큰 부흥을 이끌어 왔다. 향후 2050년까지 한국교회는 세계선교의 중심으로 귀한 역할을 감당할 것이라 기대한다. 문제는 앞으로 에큐메니칼과 복음주의가 서로 다른 신학과 선교를 어떻게 이해하고 상생하느냐가 관건이다. 그래서 2010년 한국연합선교회(KAM)는 WCC와 WEA 총회를 앞둔 상태에서 "WEA와 WCC 신학과 선교"라는 학술대회를 개최하여 일차적으로 쌍방의 신학과 선교를 연구하고 발표하여 이해하는 시간을 가졌다. 한국교회는 그동안 복음의 '성장시대'를 맞이해 큰 축복을 받아 누렸다. 그 혜택으로 해외 선교 '10-20 클럽'에도 가입하였다. 향후 '20-30 클럽'에도 가입하리라 예상한다. 이를 위해서는 에큐메니칼과 복음주의 진영이 신학의 장벽을 뛰어 넘어 선교의 큰 뜻을 이루는데 마음을 같이해야 한다. 서로 간에 '갈등'을 넘어 서서 '화합'의 선교에 힘을 쏟아 세계선교를 이끌어 가야 한다. 그 기회가 지금 한국교회에 주어졌다.

후주

제1장 초대교회 선교

1) 초대교회란 엄격히 말해서 AD 30년 오순절날 교회가 시작한 때부터 AD 313년 콘스탄틴 대제가 종교의 자유를 선포한 때까지를 말한다. Justo L. Gonzalez, 「초대교회사」, 서영일 역 (서울: 은성출판사, 1995), 7-10.

2) 초대교회 확장의 일반적 요인을 주장한 학자로는 허버트 케인(Herbert Kane), 후스토 곤잘레스(Justo L. Gonzalez), 위드 가스크(W. Ward Gasque) 교수가 있다. Herbert Kane, 「기독교세계선교사」, 박광철 역 (서울: 생명의말씀사, 1997), 11-5, 48-53; Gonzalez, 「초대교회사」, 49-53, 164-6; Tim Dowley, ed., *Introduction to the History of Christianity* (Minneapolis: Fortress Press, 2002), 66-7을 보라.

3) 초대교회 확장의 가정교회 요인을 주장한 학자로는 로저 게링(Roger W. Gehring), 브래들리 블루(Bradley B. Blue), 빈센트 브라닉(Vincent Branick), 델 버키(Del Birkey)가 있다. Roger W. Gehring, *House Church and Mission: The Importance of Household Structures in Early Christianity* (Peabody, MA: Hendrickson Publishers, 2009), 229-87; Badley B. Blue, "In Public and Private: The Role of the House Church in Early Christianity" (Ph.D. diss., University of Aberdeen, 1989), 72-144; Vincent Branick, 「초대교회는 가정교회였다」, 홍인규 역 (서울: 기독연합신문사, 2005), 15-51; Del Birkey, *The House Church: A Model for Renewing the Church* (Scottdale, PA: Herald Press, 1988), 40-62를 보라.

4) Blue, "In Public and In Private," 16.

5) Ruth A. Tucker, 「선교사열전」, 박해근 역 (서울: 크리스챤다이제스트, 2001), 28.

6) Dowley, *Introduction to the History of Christianity*, 66.

7) Kane, 「기독교세계선교사」, 15.

8) 로마제국은 통상적으로 BC 27년부터 서로마제국이 멸망한 AD 476년까지 보지만 한편으로 동로마제국의 수도인 콘스탄티노플이 멸망한 1453년까지 보는 학자들도 있다. Patrick O'Brien, ed., *Atlas of World History* (Oxford: University Press, 2010), 54-5.

9) Gehring, *House Church and Mission*, 70-4.

10) Paul L. Maier, *Eusebius: The Church History* (Grand Rapids: Kregel Publications, 2007), 74-5.

11) Stephen Neill, 「기독교선교사」, 홍치모, 오만규 역 (서울: 성광문화사, 1996), 49.

12) Kane, 「기독교세계선교사」, 31.

13) Maier, *Eusebius*, 262-71.

14) 폴리갑의 순교 일자에 관해 학자들 간에 논쟁이 뜨겁다. 폴리갑의 순교는 안토니우스 황제가 통치하던 156년경에 발생하였다고 대다수의 학자들이 지지하는 편이다. Ibid., 129를 보라.

15) Tucker, 「선교사열전」, 31.

16) Maier, *Eusebius*, 132.

17) Blue, "In Public and In Private," 16, 22-5; Carolyn Osiek and David L. Balch, *Families in the New Testament World: Households and House Churches* (Louisville: Westminster John Knox Press, 1997), 31.

18) Gehring, *House Church and Mission*, 290. 초대교회의 가정교회 규모에 대해 학자들 간의 차이가 있다. 로버트 뱅스(Robert Banks) 교수는 30명, 버키 박사는 30-35명, 브라닉 교수는 30-40명 정도 모인다고 하였다. Robert J. Banks, 「바울의 그리스도인 공동체 이상」, 장동수 역 (서울: 여수룬, 1991), 71-2; Birkey, *The House Church*, 54-7; Vincent Branick, 「초대교회는 가정교회였다」, 57-61.

19) Osiek, *Families in the New Testament World*, 35. 두라 유로포스 가정교회가 세워진 연도에 대해서는 학자들 간에 약간의 차이가 있는데 콜린 헤머(Colin J. Hemer) 교수는 231년에, 버키 박사는 256년에 세워졌다고 주장하였다. Dowley, *Introduction to the History of Christianity*, 77; Birkey, *The House Church*, 56.

20) Birkey, *The House Church*, 120-7.

21) 2세기경 가정교회의 예배순서는 1부에 성경공부, 사도신경, 암송, 설교, 대중기도, 헌금, 평화의 입맞춤으로 진행되었고, 2부는 주의 만찬이 있었다. Dowley, *Introduction to the History of Christianity*, 127-9.

22) Ibid., 124-5.

23) Ibid., 213.

24) 사실 수도주의 운동은 3세기 말 이전에도 나타났다. 신약에서는 예수의 부자청년비유(눅 18:18-30)나 침례요한의 광야에서의 삶(마 3:1-4)에서도 확인할 수 있고, 초대교회의 오리겐은 극단적 금욕주의를 지향했고, 스토아 학파들은 육체야 말로 영혼의 감옥이라 여기며 금욕주의를 지향했다. Gonzalez, 「초대교회사」, 219-20.

25) Kenneth S. Latourette, *A History of Christianity*, vol. 1 (Peabody, PA: Prince Press, 1999), 224; Gonzalez, 「초대교회사」, 220. 라토렛과 곤잘레스의 주장과는 달리 마이클 스미스(Michael A. Smith)는 이집트 사막이나 시리아 사막에서도 시작되었다고 주장하고 있다. Dowley, *Introduction to the History of Christianity*, 213을 보라.

26) Gonzalez, 「초대교회사」, 220-1.

27) Ibid., 224; Dowley, *Introduction to the History of Christianity*, 213.

28) 파코미우스의 출생 연도에 관해 학자들 간의 약간의 차이가 있다. 곤잘레스는 286년, 라토렛은 285년 혹은 292년이라고 주상하고 있다. Gonzalez, 「초대교회사」, 228; Latourette, *A History of Christianity*, vol. 1, 227을 보라.

29) Dowley, *Introduction to the History of Christianity*, 214.

30) Gonzalez, 「초대교회사」, 233.

31) Latourette, *A History of Christianity*, vol. 1, 228..

32) Dowley, *Introduction to the History of Christianity*, 215.

33) Latourette, *A History of Christianity*, vol. 1, 91.

34) Maier, *Eusebius*, 322. 콘스탄틴 대제가 313년 밀라노 칙령을 발표함으로 기독교의 공인(公認)이 이루어져 더 이상 박해와 핍박 없이 자유롭게 종교활동을 할 수 있었고, 이후 381년 데오도시우스 황제가 기독교를 국교로 채택하였다.

35) Ibid.

36) Henry Chadwick, *The Early Church* (London: Penguin Books, 1993), 127.

37) Neill, 「기독교선교사」, 51.

38) Ibid., 53-4.

39) Dowley, *Introduction to the History of Christianity*, 158-61.

40) Maier, *Eusebius*, 129.

41) Ibid., 129-130.

42) Ibid., 130.

43) Latourette, *A History of Christianity*, vol. 1, 154.

44) Neill, 「기독교세계선교사」, 54.

45) Maier, *Eusebius*, 130.

46) 이현모, 「현대 선교의 이해」 (대전: 침례신학대학교출판부, 2007), 149.

47) G. H. Galg, ed., *The First Germanic Bible* (Milwaukee: Germania Publishing Co., 1891), xiv.

48) 울필라스의 사망 연도는 저자들 간에 약간의 차이가 있는데 발크(G. H. Balg) 교수는 383년, 라토렛(Latourette)과 케인(Herbert Kane) 교수는 380년을 주장하고 있다. Ibid., xv; Latourette, *A History of Christianity*, vol 1., 100; Kane, 「기독교세계선교사」, 24를 보라.

49) Galg, *The First Germanic Bible*, xiv.

50) 울필라스가 열왕기상하를 성경번역에서 뺀 이유는 이것이 전쟁에 관한 것들이 많아 전쟁을 좋아하는 고트족에게 자극이 될 까봐 의도적으로 번역하지 않았다고 한다. Dowley, *Introduction to the History of Christianity*, 188. 반면 루스 터커는 열왕기상하뿐 아니라 사무엘상하도 빠졌다고 주장하고 있다. Tucker, 「선교사열전」, 39을 보라.

51) G. W. S. Friedrichsen, *The Gothic Version of the Epistle* (London: Oxford University Press, 1939), 259.

52) Latourette, *A History of Christianity*, vol. 1, 100.

53) Galg, *The First Germanic Bible*, i.

54) Latourette, *A History of Christianity*, vol. 1, 100.

55) 힙포의 어거스틴(Augustine of Hippo)은 고트족의 아리안주의 사상이 유럽 일대에 퍼지는 것을 막기 위해 이들의 성경관, 삼위일체, 성부, 그리스도론, 성령론, 구원론을 신학적으로 비평하였다. 이를 보기 위해서는 William A. Sumruld, *Augustine and the Arians: The Bishop of Hippo's Encounters with Ulfilan Arianism* (Selingsgrove: Susquehanna University Press, 1994), 120-34를 보라.

56) Henri Gheon, *St. Martin of Tours* (New York: Sheed and Ward, 1946), 2.

57) Latourette, *A History of Christianity*, vol. 1, 230.

58) John Gibson Cazenove, *St. Hilary of Poitiers and St. Martin of Tours* (London: Society for Promoting Christian Knowledge, 1883), 197.

59) Ibid., 198.

60) Gonzalez, 「초대교회사」, 235.

61) Latourette, *A History of Christianity*, vol. 1, 230.

62) Gheon, *St. Martin of Tours*, 56.

63) Latourette, *A History of Christianity*, vol. 1, 231.

64) O' Brien, *Atlas of World History*, 56.

65) Ibid.

66) Dowley, *Introduction to the History of Christianity*, 187.

67) Chadwick, *The Early Church*, 248.

68) 4-5세기 파송된 선교사들 가운데 투어스의 마틴과 패트릭은 정통 니케아 교리를 배운 선교사였고 이와 반면 울필라스는 아리안주의 선교사였다. Latourette, *A History of Christianity*, vol. 1, 100.

69) Ibid., 230.

70) Dowley, *Introduction to the History of Christianity*, 217.

71) E. A. Thompson, *Who Was Saint Patrick?* (New York: St. Martin's Press, 1985), 16-8.

72) George Elliot, "Saint Patrick: The Apostle of Ireland," *Methodist Review* 106 (March 1923): 281.

73) Juilene Osborne-McKnight, "Resistance to the Call," *Parabola* 19 (Spring 1994): 23.

74) Michael Staunton, *The Voice of the Irish* (Mahwah, NJ: Hidden Spring, 2002), 23; Georgius H. Bennett, *St. Patrick: Apostle of Ireland* (London: Sands & Company, 1911), 36-7.

75) Thompson, *Who Was Saint Patrick?*, 52.

76) Latourette, *A History of Christianity*, vol. 1, 102.

77) William Cathcart, *The Ancient British and Irish Churches* (Philadelphia: American Baptist Publication Society, 1984), 118.

78) Michael W. Dewar, "Was St. Patrick a Protestant?" *Christianity Today* 1 (March 1957): 3.

제2장 중세교회 선교

1) Latourette, *A History of Christianity*, vol. 1, 101.

2) Neill, 「기독교선교사」, 67.

3) Dowley, *Introduction to the History of Christianity*, 194.

4) Justo L. Gonzalez, 「중세교회사」, 서영일 역 (서울: 은성출판사, 1995), 18.

5) Dowley, *Introduction to the History of Christianity*, 194.

6) Ibid., 230.

7) 베네딕트가 은둔자로 살아가기로 결심한 나이에 관해 곤잘레스는 20세, 라토렛은 15세 혹은 20세라 하였다. Gonzalez, 「중세교회사」, 26; Latourette, *A History of Christianity*, vol. 1, 333을 보라.

8) Ibid.

9) Gonzalez, 「중세교회사」, 27.

10) Dowley, *Introduction to the History of Christianity*, 220-1.

11) Gonzalez, 「중세교회사」, 30.

12) Latourette, *A History of Christianity*, vol. 1, 335.

13) John T. McNeil, *The Celtic Churches: A History A.D. 200 to 1200* (Chicago: The University of Chicago Press, 1974), 87.

14) R. H. Malden, *The English Church and Nation* (London: SPCK, 1952), 44.

15) Neill, 「기독교선교사」, 81.

16) Ibid.

17) Latourette, *A History of Christianity*, vol. 1, 344.

18) Tucker, 「선교사열전」, 45.

19) Ibid., 44.

20) Ibid.

21) 아이단이 수도원을 건립할 수 있었던 이유는 오스왈드 왕이 그에게 린디스판의 섬을 사용토록 허락했기 때문이다. Latourette, *A History of Christianity*, vol. 1, 344을 보라.

22) E. Mairi MacArthur, *Iona* (Grantown-on-Spey, Scotland: Colin Baxter Photography Ltd., 2001), 13-4, 119.

23) Malden, *The English Church and Nation*, 44.

24) Alan Orr Anderson and Marjorie Ogilvie Anderson, *Adomnan's Life of Columba* (Oxford: Clarendon Press, 1991), 51.

25) Tucker, 「선교사열전」, 44.

26) George T. Stokes, *Ireland and the Celtic Church: A History of Ireland from St. Patrick to the English Conquest in 1172* (London: Hodder and Stoughton, 1886), 107.

27) Gonzalez, 「중세교회사」, 20-1.

28) Elmer L. Towns, ed., *A History of Religious Educators* (Grand Rapids: Baker Book House, 1975), 67.

29) George S. M. Walker, "Facing the Future: The Mantle of Columba," *Christianity Today* 7 (March 1963): 27.

30) 김성태, 「세계선교전략사」 (서울: 생명의말씀사, 2004), 32.

31) 스티븐 니일은 '아일랜드의 사도'인 콜롬바(Columba)와 '순회선교의 대가'인 콜롬반(Columban)을 쉽게 구분하기 위해 콜롬반을 "소(小)콜롬바"라 명하였다. Neill, 「기독교선교사」, 84.

32) 콜롬반의 출생년도에 관해 학자들 간의 이견이 다양하다. 성 콜롬반 해외선교회에서 일한 윌슨(Wilson) 신부는 530년, 몽탈랑베르(Montalembert) 백작은 529년 혹은 530년, 라토렛 교수는 콜롬반이 그레고리 대제와 같은 해에 태어난 540년, 피누케인(Finucae)은 543년이라고 주장하고 있다. James Wilson, *Life of St. Columban* (Dublin: Clonmore and Reynolds Ltd., 1952), 9; The Count of Mantalembert, *Saint Columban* (St. Columbans, NE: The Society of St. Columban, 1927), 15; Latourette, *A History of Christianity*, vol. 1, 342; Dowley, *Introduction to the History of Christianity*, 307을 보라. 필자가 윌슨 신부의 견해를 따른 것은 그가 40세에 아일랜드를 떠나, 프랑스에서 20년간 사역한 뒤 589-590년 사이 뤽세이유 수도원을 세운 것을 계산해보면 가장 맞기 때문이다.

33) Wilson, *Life of St. Columban*, 10-1.

34) Ibid., 13-4.

35) Ibid., 16.

36) Francis MacManus, *Saint Columban* (New York: Sheed and Ward, 1961), 149.

37) Mantalembert, *Saint Columban*, 224; Latourette, *A History of Christianity*, vol. 1, 342.

38) 콜롬반이 만든 수도원 규율 7가지를 상세히 보기 위해서는 Wilson, *Life of St. Columban*, 32-7; MacManus, *Saint Columban*, 47-78을 보라.

39) Mantalembert, *Saint Columban*, 30-1.

40) Kane, 「기독교세계선교사」, 62.

41) Latourette, *A History of Christianity*, vol. 1, 343.

42) Dowley, *Introduction to the History of Christianity*, 307.

43) John W. O'Malley, *A History of the Popes* (New York: Sheed & Ward Book, 2010), 44.

44) Bertram Colgrave, trans., *The Earliest Life of Gregory the Great* (Lawrence: The University of Kansas Press, 1968), 20.

45) Ibid., 21; Latourette, *A History of Christianity*, vol. 1, 337.

46) C. Colt Anderson, *The Great Catholic Reformers* (New York: Paulist Press, 2007), 10. 그레고리 대제의 교회 개혁에 관해 더 많은 정보를 보기 위해서는 Carole Straw, *Gregory the Great* (Los Angeles: University of California Press, 1988), 194-212를 보라.

47) Ibid., 8.

48) Neill, 「기독교선교사」, 78-9.

49) O'Malley, *A History of the Popes*, 48.

50) Colgrave, *The Earliest Life of Gregory the Great*, 25.

51) 신국론과 참회론을 저술한 위대한 신학자인 힙포의 어거스틴(Augustine of Hippo)을 '성 어거스틴'이라 부르고, 이와 구분하기 위해 596년 영국 켄터베리에 파송받은 켄터베리의 어거스틴(Augustine of Canterbury)을 '선교사 어거스틴'이라고 부른다. Latourette, *A History of Christianity*, vol. 1, 335-6.; Gonzalez, 「중세교회사」, 30-1을 보라.

52) Colgrave, *The Earliest Life of Gregory the Great*, 20.

53) Edward L. Cutts, *Augustine of Canterbury* (London: Methuern & Co., 1895), viii.

54) Kane, 「기독교세계선교사」, 61.

55) Cutts, *Augustine of Canterbury*, 57-8.

56) Latourette, *A History of Christianity*, vol. 1, 346.

57) 그레고리 대제는 "영국 선교 프로젝트"를 완성하기 위해 596년에 선교사 어거스틴과 40명의 수도사들을 파송한 것 외에 어거스틴을 돕기 위해서 601년에도 새로운 조력자들을 보냈다. 597년에 1만 명이 개종한 켄터베리에서 훨씬 더 많은 성직자들이 필요하다는 것을 느끼고 취한 조처였다. Margaret Deanesly, *Augustine of Canterbury* (Southampton: The Saint Austin Press, 1997), 44-59.

58) Latourette, *A History of Christianity*, vol. 1, 346. 그레고리 대제가 선교사 어거스틴에게 보낸 편지 일부를 보기 위해서는 Tucker, 「선교사열전」, 49; Neill, 「기독교선교사」, 80을 보라.

59) 문화수용(Adaptation)이란 인간이 살아가는 문화(文化)에도 약간의 진리가 있다고 믿는 아리스토텔레스와 토마스 아퀴나스의 이론에 기초하고 있다. Francis X. Clooney, "Roberto de Nobili, Adaptation and the Reasonable Interpretation of Religion," *Missiology* 18 (January 1990): 31.

60) Latourette, *A History of Christianity*, vol. 1, 346.

61) Ibid., 286.

62) Kane, 「기독교세계선교사」, 74.

63) Dowley, *Introduction to the History of Christianity*, 235.

64) Latourette, *A History of Christianity*, vol. 1, 288; Gonzalez, 「중세교회사」, 44.

65) Dowley, *Introduction to the History of Christianity*, 234.

66) P. Y. Saeki, *The Nestorian Monument in China* (London: Society for Promoting Christian Knowledge, 1916), 115.

67) Tucker, 「선교사열전」, 49,

68) 네스토리안 교회의 지역적 선교 확장을 보기 위해서는 John Stewart, *Nestorian Missionary Enterprise* (Edinburgh: T. & T. Clark, 1928), 1-196을 보라.

69) 네스토리안 교회의 중국 선교 확장을 보기 위해서는 P. Y. Saeki, *The Nestorian Documents and Relics in China* (Tokyo: The Maruzen Company Ltd., 1951), 354-5 페이지 사이에 있는 "Map IV: Map Showing the Places in China, Mongolia and Manchuria Where the Nestorian People Lived"를 보라.

70) Saeki, *The Nestorian Monument in China*, 107. 네스토리안 교회의 월력은 가끔씩 기독교 월력과 맞지 않아서 연도가 일치하지 않을 때도 있다.

71) 알로펜이 장안에 세운 대진사 지도를 보기 위해서는 Saeki, *The Nestorian Documents and Relics in China*, 355를 보라.

72) Saeki, *The Nestorian Monument in China*, 131, 183-4.

73) Saeki, *The Nestorian Documents and Relics in China*, 40.

74) Ibid., 37-40.

75) 경교가 중국에서 몰락한 시기에 관해 학자들 간에 약간의 차이가 있는데 허버트 케인과 루스 터커는 13 세기까지 왕성하게 활동하였고, 케네스 라토렛은 10세기 말에 완전히 사라졌다고 한다. Kane, 「기독교세계선교사」, 27; Tucker, 「기독교세계선교사」, 50; Latourette, *A History of Christianity*, vol. 1, 325를 보라.

76) Ibid. 경교는 중국 무종(武宗) 때 큰 박해를 받으며 급격히 신자가 감소되었다. 도교 신자인 무종은 845년에 칙령을 발표해 불교 사찰과 수도원을 무차별 파괴하였고 이로 인해 본국으로 돌아간 외국 선교사의 수가 무려 3천 명이나 되었다고 한다. Stewart, *Nestorian Missionary Enterprise*, 184.

77) Tucker, 「기독교세계선교사」, 50.

78) 보니페이스의 본명은 윈프리스(Winfrith)로 원래 켈틱교회 선교사였다. 하지만 719년 로마 가톨릭교회의 선교사로 임명받으면서 보니페이스(Boniface)로 개명되었기에 보니페이스라 부르는 것이 합당하다. George William Greenaway, *Saint Boniface* (London: Adam and Charles Black, 1955), 18. 그리고 출생연도에 관해 학자들 간에 약간의 차이가 있다. 라토렛은 672년 혹은 675년, 케인과 슬래든(John Cyril Sladden)은 680년, 브라운(G. F. Browne)은 679년 혹은 680년이라고 하는데 통상적으로 680년으로 본다. Latourette, *A History of Christianity*, vol. 1, 348; Kane, 「기독교세계선교사」, 63; John Cyril Sladden, *Boniface of Devon: Apostle of Germany* (Exter: The Paternoster Press, 1980), 11; G. F. Browne, *Boniface of Crediton and His Companions* (London: Society for Promoting Christian Knowledge, 1910), 1.

79) Malcolm McDow and Alvin L. Reid, *Firefall: How God Has Shaped History Through Revivals* (Nashville: Broadman, 1997), 110;. 보니페이스의 출생지역에 관해 라토렛은 엑스터(Exter)에서 멀리 떨어지지 않은 곳이라 하였다. 엑스터에서 약간 떨어진 곳이 바로 크레디톤이다. Latourette, *A History of Christianity*, vol. 1, 348.

80) Greenaway, *Saint Boniface*, 11; Browne, *Boniface of Crediton and His Companions*, 7.

81) Latourette, *A History of Christianity*, vol. 1, 348.

82) Greenaway, *Saint Boniface*, 18; Sladden, *Boniface of Devon: Apostle of Germany*, 44. 중세 선교 가운데 W로 시작하는 3명의 선교사가 있어 이들을 "3 W's"라 부른다: (1) 리폰의 윌프리드(Wilfrid of Ripon); (2) 노섬브리아의 윌리브로드(Willibrord of Northumbria); (3) 크레디톤의 윈프리스(Winfrith of Credion). 세 번째 윈프리스가 바로 보니페이스이다. Greenaway, *Saint Boniface*, 7.

83) McDow, *Firefall: How God Has Shaped History Through Revivals*, 110; Browne, *Boniface of Crediton and His Companions*, 63-4.; Greenaway, *Saint Boniface*, 27-8.

84) Neill, 「기독교선교사」, 89-90.; Sladden, *Boniface of Devon: Apostle of Germany*, 205-13.

85) Dowley, *Introduction to the History of Christianity*, 238.

86) O'Malley, *A History of the Popes*, 65.

87) Richard Winston, *Charlemagne* (New York: Harper & Row, 1968), 115.

88) Latourette, *A History of Christianity*, vol. 1, 355.

89) 샤를마뉴가 정복한 색슨족과 롬바르드족의 지도를 보기 위해서는 Derek Wilson, *Charlemagne* (New York: Vintage Books, 2005), 46을 보라.

90) Neill, 「기독교선교사」, 94.

91) Gonzalez, 「중세교회사」, 74.

92) 그레고리 대제의 상세한 교회개혁을 보기 위해서는 Anderson, *The Great Catholic Reformers*, 1-29을 보라.

93) Latourette, *A History of Christianity*, vol. 1, 356.

94) Gonzalez, 「중세교회사」, 76.

95) 안스카의 영문이름이 Anskar, Anschar, Ansgar로 각각 다양하게 기록되어 있다. Latourette, *A History of Christianity*, vol. 1, 350; Augustus Neander, *Memorials of Christian Life in the Early Middle Ages* (London: Covent Garden, 1852), 482.

96) Richard Fletcher, *The Barbarian Conversion* (New York: A Marian Wood Book, 1998), 226.

97) Neander, *Memorials of Christian Life in the Early Middle Ages*, 484-5.

98) Latourette, *A History of Christianity*, vol. 1, 385-9.

99) Kane, 「기독교세계선교사」, 65.

100) Fletcher, *The Barbarian Conversion*:, 226.

101) Tucker, 「선교사열전」, 58.

102) Neander, *Memorials of Christian Life in the Early Middle Ages*, 482.

103) 1215년 제4차 라테란(Lateran) 종교회의에서 십자군운동이 도덕적으로 패한 것을 인정하고 성문화 하였다. Neill, 「기독교선교사」, 137-8.

104) Latourette, *A History of Christianity*, vol. 1, 408-9.

105) Gonzalez, 「중세교회사」, 126.

106) Latourette, *A History of Christianity*, vol. 1, 413.

107) Gonzalez, 「중세교회사」, 128.

108) Kane, 「기독교세계선교사」, 80.

109) 동 · 서방교회가 왜 영구적 상처를 입게 되었는지 자세히 보기 위해서는 Neill, 「기독교선교사」, 136을 보라.

110) Ibid., 138.

111) Gonzalez, 「중세교회사」, 133.

112) Arthur S. B. Freer, *The Early Franciscans & Jesuits* (London: Society for Promoting Christian Knowledge, 1922), 3.

113) Latourette, *A History of Christianity*, vol. 1, 429.

114) 오병학 편, 「성 프란시스의 생애」 (서울: 교회교육선교회, 1995), 22-34.

115) Freer, *The Early Franciscans & Jesuits*, 3-4.

116) Dowley, *Introduction to the History of Christianity*, 272.

117) Julian Green, *God's Fool: The Life and Times of Francis of Assisi* (San Francisco: Harper & Row Publishers, 1985), 92.

118) James Adderley, *Francis: The Little Poor Man of Assisi* (London: Edward Arnold, 1900), 46.

119) 프란시스의 이슬람 선교 연도에 관해 학자들 간에 견해가 다르다. 인디애나 주립대학교의 역사학 교수인 로버트 클라우스(Robert Clouse)는 시리아(1212), 모로코(1213-1214), 이집트(1219)라 했고, 니일은 모로코(1212), 스페인(1214), 이집트(1219)라 했으며, 라토렛은 타국가는 연도를 밝히지 않고 이집트만 1219년이라 기술하고 있다. Dowley, *Introduction to the History of Christianity*, 272; Neill, 「기독교선교사」, 139; Latourette, *A History of Christianity*, vol. 1, 432를 보라.

120) Gonzalez, 「중세교회사」, 25.

121) Neill, 「기독교선교사」, 138-9.

122) Latourette, *A History of Christianity*, vol. 1, 432.

123) Freer, *The Early Franciscans & Jesuits*, 46-50.

124) Ibid., 65.

125) Marguerite Aron, *Saint Dominic's Successor* (St. Louis: B. Herder Book Co., 1955), 45.

126) Latourette, *A History of Christianity*, vol. 1, 437.

127) 도미니크 수도원의 신학과정 커리큘럼과 성경공부 내용을 보기 위해서는 William A. Hinnebusch, *The History of the Dominican Order* (New York: Alba House, 1973), 58-71; 99-115를 보라.

128) R. F. Bennett, *The Early Dominicans* (New York: Russell & Russell, 1971), 63.

129) Aron, *Saint Dominic's Successor*, 45; Latourette, *A History of Christianity*, vol. 1, 438.

130) Pierre Mandonnet, *St. Dominic and His Work* (St. Louis: B, Herder Book Co., 1945), 52-4.

131) Bennett, *The Early Dominicans*, 85.

132) Ibid., 92.

133) Gonzalez, 「중세교회사」, 138.

134) Mandonnet, *St. Dominic and His Work*, 102.

135) 레이몬드 룰(Raymond Lull)은 Raymond의 영어 표기법이 다양하다. Raymund라 불리기도 하며 스페인어로는 Ramon 혹은 Raymundo라 불리기도 하는데 그 뜻은 "지혜로운 보호" 혹은 "말이 진솔하다"를 의미한다. Samuel Marinus Zwemer, *Raymond Lull: First Missionary to the Moslems* (New York: Funk & Wagnalls Company, 1902), 25.

136) Ibid., xxi.

137) 레이몬드 룰의 출생연도에 관해 사무엘 즈웨머(Samuel Zwemer)는 1235년, 라토렛과 터커는 1232년으로 언급하고 있는데 대다수가 1235년도에 동의한다. Zwemer, *Raymond Lull*, 19; Latourette, *A History of Christianity*, vol. 1, 404; Tucker, 「선교사열전」, 60.

138) Zwemer, *Raymond Lull*, 26.

139) 레이몬드 룰이 본 환상 내용을 자세히 보기 위해서는 Ibid., 32-46을 보라. 첫 번째 환상은 그가 세속적이고 음란한 음악을 만들고 있을 때 피 흘리신 예수께서 나타나 책망하는 모습을 보았지만 여전히 죄악 가운데 살았고, 두 번째 환상에서는 자신이 죄인임을 깨닫고 회개하며 그리스도를 구세주로 모시고 옛 것을 다 청산하고 새사람으로 변하기로 결정하였다. 이후 룰은 자신의 재산을 정리하고 수도원에 들어가 영적인 삶에 빠지게 되었다. 세 번째 환상을 보았을 때 그는 스페인 밖으로 나가 해외에서 선교하는 자가 되기로 결심하였다.

140) Ibid., 64.

141) 레이몬드 룰은 원래 도미니크 수도사였으나 그곳의 철학과 정신이 마음에 맞지 않아 프란시스코 수도사로 바꾸었다. Latourette, *A History of Christianity*, vol. 1, 404.

142) Zwemer, *Raymond Lull*, 65.

143) Neill, 「기독교선교사」, 166.

144) 레이몬드 룰이 북아프리카 선교에 동참한 횟수에 관해 즈웨머와 라토렛은 3회, 니일은 4회라고 하는데 3회가 맞다. 그가 1301년에 사이프러스(Cyprus)를 방문한 적이 있는데 그곳에 간 목적은 무슬림도 포함되지만 주로 대다수의 유대인을 만나 전도하기 위함이었다. 또한 사이프러스는 북아프리카에 해당되지도 않는다. Zwemer, *Raymond Lull*, 80-112; 132-46; Latourette, *A History of Christianity*, vol. 1, 404; Neill, 「기독교선교사」, 167를 보라.

145) Zwemer, *Raymond Lull*, 108.

146) Ibid., 143.

147) Christopher Dawson, *The Mongol Mission* (New York: Sheed and Ward, 1955), 224.

148) Ibid., 225.

149) 몽테 콜비노의 존이 중국에서 활동하던 시기는 몽골제국이 통치하던 원나라 때라 몽골제국이 널리 사용하던 위구르어로 성경이 번역되었지 중국 한족들이 사용하는 중국어가 아니었다. Ibid., 227.

150) Ibid., xxxii, 230.

151) Latourette, *A History of Christianity*, vol. 1, 625.

152) Dowley, *Introduction to the History of Christianity*, 332.

153) Gonzalez, 「중세교회사」, 190.

154) 서방교회 대분열(1378-1422)은 "아비뇽 교황 시대"(1309-1377)가 끝난 뒤 로마 가톨릭교회가 이탈리아 출신 우르반 6세(Urban VI)를 교황으로 선출하자 이에 반발하여 프랑스를 중심으로 한 친불파가 클레멘트 7세(Clement VII)를 새로운 교황으로 선출하면서 두 명의 교황이 탄생한 것이 시작의 발단이었다. 서방교회 대분열은 약 50년간 지속되었다가 1423년에 가서야 종식되었다. Ibid., 191-6을 보라.

155) 위클리프(Wyclif)의 영문 이름은 Wycliffe, Wycliff, Wiclef, Wicliffe로도 불린다. Professor Lechler, *John Wycliffe and His English Precursors* (London: The Religious Tract Society, 1904), 193-389.

156) Robert Vaughan, *The Life and Opinions of John de Wycliffe* (London: B. J. Holdsworth, 1828), 353; Latourette, *A History of Christianity*, vol. 1, 664.

157) Gonzalez, 「중세교회사」, 205.

158) Dowley, *Introduction to the History of Christianity*, 344.

159) Lechler, *John Wycliffe and His English Precursors*, 383.

160) David J. Deane, *John Wicliffe: The Morning Star of the Reformation* (London: S. W. Partridge & Co., 1896), 79.

161) Lechler, *John Wycliffe and His English Precursors*, 473-80.

162) Ibid., 497-505.

제3장 로마 가톨릭 선교

1) 필자가 로마 가톨릭 선교시기를 1792년 이전까지로 선정한 이유는 윌리암 케리가 1792년 봄에 87페이지 분량의 선교 소책자인 「이방인의 회심을 위해 수단을 사용하는 그리스도인의 의무에 관한 연구」(*Enquiry*)를 출판해 세계선교의 당위성을 널리 알렸고, 이후 같은 해에 침례교 선교회(BMS)를 조직해 본격적으로 선교에 착수했기 때문이다. 그가 비록 긴 항해 끝에 1793년 11월 19일

인도에 도착함으로 근대 선교가 시작되었다 할지라도 1792년의 일과는 끊을 수 없기 때문이다.

2) Kane, 「기독교세계선교사」, 84.

3) John McCannon, *World History* (New York: Barron's Educational Series Inc., 2010), 185-6; Kenneth S. Latourette, *A History of Christianity*, vol. 2 (Peabody, MA: Prince Press, 2003), 932, 940-1; Gonzalez, 「중세교회사」, 255.

4) 김상근, 「프란치스코 하비에르」 (서울: 홍성사, 2010), 336.

5) 유종선, 「미국사 100장면」 (서울: 가람기획, 2009), 26.

6) Latourette, *A History of Christianity*, vol. 2, 843.

7) Ibid., 844.

8) Cornelius Michael Buckley, *Ignatius of Loyola: The Pilgrim Saint* (Chicago: Loyola University Press, 1994), 6-7. 이그나티우스가 만든 영성훈련을 보기 위해서는 Joseph A. Tetlow, *Ignatius Loyola: Spiritual Exercises* (New York: Crossroad, 1999), 57-155를 보라.

9) Philip Caraman, *Ignatius Loyola: A Biography of the Founder of the Jesuits* (New York: Harper & Row, Publishers, 1990), 62-7.

10) Ibid., 89.

11) George E. Ganss, *The Spiritual Exercises of Saint Ignatius* (St. Louis: The Institute of Jesuit Societies, 1992), 8. 예수회의 영성훈련을 살펴보면 첫 주는 명상(meditation)을, 둘째 주는 관상(contemplation)을, 셋째 주는 예수의 수난과 죽음을 관상하며, 넷째 주는 주님의 부활을 기억하며 주님의 기쁨에 함께 동참하는 것으로 만들어져 있다. Ibid., 91-200.

12) Latourette, *A History of Christianity*, vol. 2, 848.

13) Justo L. Gonzalez, 「종교개혁사」, 서영일 역 (서울: 은성출판사, 1995), 194.

14) 예수회가 창설된 1534년부터 로마 교황청으로부터 해산 명령을 받은 1773년을 계산하면 239년이 된다. Kane, 「기독교세계선교사」, 86; Latourette, *A History of Christianity*, vol. 2, 850을 참조하라.

15) Paul Van Dyke, *Ignatius Loyola: The Founder of the Jesuits* (New York: Charles Scribner's Sons, 1926), 177.

16) 16세기부터 18세기까지 예수회 선교사들의 선교활동을 자세히 보기 위해서는 김상근, 「동서문화의 교류와 예수회 선교역사」 (서울: 한들출판사, 2006), 69-272을 보라.

17) Latourette, *A History of Christianity*, vol. 2, 848.

18) 김상근, 「동서문화의 교류와 예수회 선교역사」, 26.

19) Ibid., 29.

20) Latourette, *A History of Christianity*, vol. 2, 848; Tucker, 「선교사열전」, 70.

21) Kane, 「기독교세계선교사」, 86.

22) 김상근, 「프란치스코 하비에르」, 7.

23) 사비에르는 1552년 12월 3일 중국 상천도에서 숨을 거두고 그의 시신은 1554년 3월 15일 인도 고아로 운송돼 현재 봄 지저스 교회(The Church of Bom Jesus)에 유해가 안치 되어 있다. Margaret Yeo, *St. Francis Xavier: Apostle of the East* (New York: The Macmillan Company, 1932), 320.

24) 포르투갈 왕 조아오 3세(Joao III)는 인도 식민지에 함께 갈 예수회 선교사 4명을 요청했는데 로욜라는 2명을 허락했다. 이중 보바딜라(Bobadilla)는 몸이 좋지 않아 포기했고 사비에르는 단 하루만에 모든 것을 결정하고 인도로 떠났다. Georg Otto Schurhammer, *Francis Xavier: His Life, His Times*, vol. 1 (Rome: The Jesuit Historical Institute, 1973), 547-54.

25) 사비에르 선교사의 연표를 보기 위해서는 김상근, 「프란치스코 하비에르」, 341-5를 보라.

26) Yeo, *St. Francis Xavier: Apostle of the East*, iii.

27) Tucker, 「선교사열전」, 71-2. 예수회 선교전략은 도시 중심의 선교와 상류층 선교가 핵심인데 사비에르가 인도에서 접촉한 사람들은 하류층이었다. 그의 전략이 예수회와 잘 맞지 않는 것은 그가 예수회 초기 발기인이고 아직까지 예수회 규정이 잘 정착되지 않을 때에 인도로 떠났기 때문이라고 본다. 이후 인도로 파송된 예수회 출신 로베르토 데 노빌리는 상류층을 대상으로 사역하였다.

28) Ibid., 74. 사비에르가 일본에서 100명 정도의 개종자를 얻은 이유에 관해 터커는 3가지 이유를 들고 있다: (1) 중앙집권화 된 정부가 없는 불안한 정치 질서; (2) 불교의 불신; (3) 신도의 타락.

29) 김상근, 「프란치스코 하비에르」, 312.

30) Theodore Maynard, *The Odyssey of Francis Xavier* (Westminster: The Newman Press, 1950), 346-8.

31) 페루의 해방신학자인 구스타보 구티에레즈(Gustavo Gutierrez)는 리마(Lima) 슬럼가에 '바르토로메 라스 카사스 센터'를 세워 운영하면서 라스 카사스의 정신을 이어가는 것으로 유명하다. Gustavo Gutierrez, *Las Casas: In Search of the Poor of Jesus Christ* (New York: Orbis Books, 1993), 302-8.

32) Latourette, *A History of Christianity*, vol. 2, 947.

33) 몬테시노스는 인디언 인권 보호 설교를 하면서 두 가지 질문을 던졌다: (1) 이들 인디언들은 사람이 아닙니까?; (2) 이들 인디언들은 합리적인 영혼을 가지고 있지 않습니까? Lewis Hanke, *All Mankind Is One* (DeKalb, IL: Northern Illinois University Press, 1974), 4를 보라.

34) Tucker, 「선교사열전」, 67.

35) Neill, 「기독교선교사」, 211-2.

36) Hanke, *All Mankind Is One*, 60-1; Henry Raup Wagner, *The Life and Writings of Bartolome de Las Casas* (Albuquerque: The University of New Mexico Press, 1967), 108-20.

37) Kane, 「기독교세계선교사」, 90.

38) Latourette, *A History of Christianity*, vol. 2, 936.

39) Ibid.

40) Neill, 「기독교선교사」, 206.

41) Kane, 「기독교세계선교사」, 90.

42) Ibid.

43) Latourette, *A History of Christianity*, vol. 2, 937.

44) 일본은 1600년 이후 신도 수가 최저 20만, 최고 75만 명에 이르렀다. 무엇보다 16세기 중반부터 17세기 중반까지 세 번의 반기독교 칙령을 발표하여 선교사 추방 명령을 내리지만 이를 극복하고 이겨냈다. 1차(1587년), 2차(1606년), 3차(1614년)에 걸친 선교사 추방 명령이 떨어졌지만 일본을 떠난 선교사는 그리 많지 않았다. 1596년 도요토미 히데요시가 기독교 박해를 가하면서 서양 선교사와 일부 일본인 신자들이 십자가형을 당하고, 교회가 파괴되며, 다이묘는 더 이상 기독교 신자가 되는 것을 금하는 정도였다. 그가 1598년 일찍 사망함으로 박해는 일단 멈췄다. 하지만 1638년 신도 대학살을 계기로 일본 기독교는 철퇴를 맞으며 급격하게 감소하게 되었다. Ibid., 937-8; Kane, 「기독교세계선교사」, 89.

45) 김상근, 「동서문화의 교류와 예수회 선교역사」, 84.

46) Ibid., 101.

47) 까브랄이 교황과 예수회 총장에게 각각 보낸 비난성 편지 일부를 보기 위해서는 Ibid., 101-2, 106-8 을 보라.

48) Ibid., 89-90.

49) Ibid., 100.

50) Neill, 「기독교선교사」, 194.

51) 예수회 대학에서 사제가 되기 위해서는 11년의 엄격한 교과과정을 통과해야만 했다. 라틴어와 그리스어 2년, 인문학 2년, 철학 3년, 신학 4년을 이수해야만 했다. 김상근, 「동서문화의 교류와 예수회 선교역사」, 125.

52) Vincent Cronin, *The Wise Man from the West* (London: Rupert Hart-Davis, 1955), 17-8.

53) Neill, 「기독교선교사」, 203.

54) Louis J. Gallagher, trans., *China in the Sixteenth Century: The Journals of Matthew Ricci: 1583-1610* (New York: Random House, 1953), 434, 452; Cronin, *The Wise Man from the West*, 211.

55) Vincent Cronin, *A Pearl to India: The Life of Roberto de Nobili* (New York: E. P. Dutton & Company, Inc, 1959), 11.

56) Ibid., 43.

57) Ibid., 55; Latourette, *A History of Christianity*, vol. 2, 931.

58) 먼저 구두미(*kudumi*) 복장이란 브라만 인들의 머리 앞뒷면을 깎고 남아 있는 머리 중앙 부분을 '포니 테일'(말꼬리 모양으로 묶는 머리) 스타일로 만들어 머리 뒤쪽으로 젖히는데 노빌리는 이것은 종교적 행위가 아니라 그저 '환생'을 의미하는 것이기에 수용했다. 프란시스 사비에르 역시 이 풍습을 허용했다. 그 다음 왼쪽 어깨 위에 매단 면사줄 끈은 브라민들의 자긍심을 높여 주는 것으로 이것을 없앤다는 것은 곧 자신의 카스트 계급을 버린다는 행위로 간주해 노빌리 역시 이를 수용했다. 하지만 끈의 문제는 고아 종교회의에서 이미 기독교로 개종한 자에게는 허용치 않는 것으로 결정이 났었다. Cronin, *A Pearl to India*, 104-5을 보라.

59) 문화수용(Adaptation)이란 이교도의 문화를 무조건 배척하지 않고 그 본질을 기독교화하는 것을 말한다. 이 개념은 모든 물질(그림자, 허상) 안에는 사람이 발견할 수 있는 약간의 진리(이데아)가 있다고 주장한 아리스토텔레스와 토마스 아퀴나스의 이론에 기초하고 있다. Clooney, "Roberto de Nobili, Adaptation and the Reasonable Interpretation of Religion," 31.

60) Ibid., 229-30.

61) Neill,「기독교선교사」, 228.

62) Cronin, *A Pearl to India*, 85-6.

63) Kane,「기독교세계선교사」, 93. 라토렛은 케인 교수와 동일한 의견으로 1703년에 인도 전역에 크리스천 숫자가 약 20만 명이라고 주장했지만, 스티븐 니일은 노빌리의 마두라이 선교 열매가 무척 낮았다고 평가하고 있다. Latourette, *A History of Christianity*, vol. 2, 931; Neill,「기독교선교사」, 232를 보라.

64) Kane,「기독교세계선교사」, 84.

65) Clooney, "Roberto de Nobili, Adaptation and the Reasonable Interpretation of Religion," 31.

66) Neill,「기독교선교사」, 80.

67) Latourette, *A History of Christianity*, vol. 2, 941.

68) Cronin, *The Wise Man from the West*, 280.

69) 김상근,「동서문화의 교류와 예수회 선교역사」, 58-9.

70) 하나님을 상제(上帝)로 번역한 것과 조상숭배 건에 관한 논쟁은 Arnold H. Rowbotham, *Missionary and Mandarin: The Jesuits at the Court of China* (LA: University of California Press, 1942), 119-75를 보라.

71) 김상근,「동서문화의 교류와 예수회 선교역사」, 138.

72) Latourette, *A History of Christianity*, vol. 2, 941. 청나라 황제는 중국 선교사들에게 마테오 리치의 주장을 수락하든지 아니면 중국을 떠나라고 명령해 떠나는 사람도 있었고 남아서 과감히 핍박을 받는 자도 있었다. 교황청의 문화수용정책 철회로 중국에서 선교사 추방이 진행되었던 1750년에 중국에는 약 20만 명의 신도가 있었다.

제4장 종교개혁자, 근원적 종교개혁자, 경건주의자들의 선교

1) Latourette, *A History of Christianity*, vol. 2, 683.

2) 니일은 개신교가 선교에 눈을 돌릴 수 있었던 때는 1649년 이후부터 가능했다고 주장하고 있다. Neill,「기독교선교사」, 276을 보라.

3) Kane,「기독교세계선교사」, 105.

4) Ibid., 106. 루터와 칼빈은 철저한 예정론자였지만 해외선교도 감당하였다. 루터는 1537년에 요한네

스 부겐하겐을 덴마크 선교사로 파송했고, 칼빈은 1555년에 위그노 교도들을 브라질 선교사로 파송하였다.

5) Neill, 「기독교선교사」, 277.

6) Latourette, *A History of Christianity*, vol. 2, 925-6.

7) Neill, 「기독교선교사」, 260.

8) Ibid., 281.

9) Kane, 「기독교세계선교사」, 105.

10) Latourette, *A History of Christianity*, vol. 2, 925-6.

11) David Bosch, 「선교신학」, 전재옥 역 (서울: 두란노서원, 1987), 149.

12) James Mackinnon, *Luther and the Reformation* (New York: Russell & Russell, Inc., 1962), 280-97; Latourette, *A History of Christianity*, vol. 2, 734.

13) 루터의 스칸디나비아반도 선교는 "국가교회"(state church) 선교 정책 일환으로 이루어졌다. 그렇다보니 장로 출신인 부겐하겐이 덴마크왕 크리스티안 3세의 머리에 왕관을 씌우게 되어 로마 가톨릭에서 프로테스탄트 국가로 쉽게 전환되었다. 사실 부겐하겐이 일반 선교사처럼 복음의 능력으로 덴마크를 복음화한 것이 아니라 국가 중심의 회심이 이뤄진 것이다. 따라서 필자는 김성태 교수가 루터의 스칸디나비아 반도 선교는 "교회 갱생" 중심의 선교라는 주장에 동의하지 않는다. 김성태, 「세계선교전략사」, 85-6을 보라.

14) Mackinnon, *Luther and the Reformation*, 67-8; McDow, *Firefall*, 143. 루터가 번역한 독일어 신약성경은 14번째 성경번역이다. Ralph D. Winter, Steven C. Hawthorne, 한철호, 「퍼스펙티브스 I: 성경적 역사적 관점」(서울: 예수전도단, 2010), 482.

15) Ibid., 145; Dierich Steinwede, *Reformation* (Philadelphia: Fortress, Press, 1983), 54.

16) Ibid., 57.

17) Gonzaelez, 「종교개혁사」, 79.

18) Richard L. DeMolen, ed., *Leaders of the Reformation* (London: Susquehanna University Press, 1984), 69. 1519년 1월 1일 츠빙글리의 첫 설교에 큰 도전을 받았던 그의 제자인 불링거(Heinrich Bullinger)는 다음과 같이 자신의 감격을 나눴다: "그는 하나님 아버지를 찬양하였고, 신자들에게 하나님의 아들 예수 그리스도만을 구세주로 의지할 것을 가르쳤다. 그는 모든 불신과 미신과 위선을 강렬하게 비난하였다. 그는 열정적으로 회개와 삶의 변화와 크리스천의 사랑과 믿음을 강구하였다." Hans J. Hillerbrand, *The Reformation* (Grand Rapids: Baker Book House, 1981), 118을 보라.

19) Oskar Farner, *Zwingli, The Reformer: His Life and Work* (London: Lutterworth Press, 1952), 64.

20) Charles E. Hambrick-Stowe, "Ulrich Zwingli: Prophet of the Modern World," *Christianity Century* 101 (April 1984): 337.

21) Farner, *Zwingli, The Reformer*, 25.

22) John Mark Terry, *Evangelism: A Concise History* (Nashville: Broadman & Holman Publishers, 1994), 77.

23) Gonzaelez, 「종교개혁사」, 60, 87; 류형기, 「기독교회사」 (서울: 한국기독교문화원, 1986), 292.

24) Volkmar Joestel, *Martin Luther: Rebel and Reformer* (Wittenberg: Drei Kastanien Verlag, 2008), 32-3.

25) Latourette, *A History of Christianity*, vol. 2, 717.

26) Ibid., 718.

27) Ibid., 716-7.

28) Martin Brecht, *Martin Luther: The Preservation of the Church, 1532-1546* (Minneapolis: Fortress Press, 1993), 98-102.

29) Latourette, *A History of Christianity*, vol. 2, 719.

30) Rudolf K. Markwald & Marilynn Morris Markwald, *Katharina von Bora: A Reformation Life* (Saint Louis: Concordia Publishing House, 2002), 32.

31) Martin Treu, *Katherine von Bora: Luther's Wife* (Wittenberg: Drei Kastanien Verlag, 2003), 16.

32) Clara Louise Dentler, *Katherine Luther of the Wittenberg Parsonage* (Philadelphia: The United Lutheran Publication House, 1924), 11.

33) Markwald, *Katharina von Bora*, 62-3.

34) Clara Seuel Schreiber, *Katherine: Wife of Luther* (Philadelphia: Mublenberg Press, 1954), 39.

35) Treu, *Katherine von Bora*, 28-9.

36) Ibid., 88-9.

37) Schreiber, *Katherine*, 169-70.

38) Markwald, *Katharina von Bora*, 127.

39) 루터의 공동식사 규칙은 다섯 가지가 있었다: (1) 루터가 말을 할 때까지 누구도 먼저 말할 수 없다; (2) 처음 온 손님은 말하는 것보다는 듣는 것에 집중해야 한다; (3) 루터가 자리를 비울 경우 누가 대신 인도할 것인지 지명해 둔다; (4) 카타리나는 손님들의 앉은 좌석을 직접 배정해주고 또한 루터가 활발하게 얘기할 수 있도록 돕는다; (5) 신학적인 이슈는 라틴어로 일상적인 대화는 독일어와 라틴어로 섞어서 한다. Ibid., 129-30.

40) Ibid., 165.

41) Ibid.

42) Preserved Smith, *The Life and Letter of Martin Luther* (London: John Murray, Albemarle Street, W., 1911), 179; Markwald, *Katharina von Bora*, 130. 루터가 카타리나를 부르는 애칭이 "카테"(Kate) 혹은 "카티"(Katie)라고 불렀다.

43) 김승진 교수는 '급진적 종교개혁'(radical reformation)이란 용어가 지나치게 진보적이고, 혁명적이며, 폭력적이며, 광신적인 의미가 강하다고 해서 '근원적 종교개혁'으로 바꾸었다. '근원적'이란 말 자체가 '뿌리'를 의미하고 그 뿌리는 성경의 '회복'을 말하는 것이다. 아나뱁티스트들의 '근

원적 종교개혁'은 '성경적 종교개혁'을 이루려는 처절한 몸부림이었다. 반면에 루터, 츠빙글리, 칼빈을 중심으로 한 종교개혁자들을 주류 종교개혁자들 혹은 관료후원적 종교개혁자들 (magisterial reformers)이라고 부른다. 김승진, 「근원적 종교개혁: 16세기 성서적 아나뱁티스트들의 역사와 신앙과 삶」 (대전: 침례신학대학교출판부, 2011), 21-2; 411-2.

44) 츠빙글리의 제자였던 그레벨, 만츠, 스톰프는 츠빙글리가 미사를 폐지코자 하는 변론에서 실패하자 갈라서기로 마음을 먹었고, 분열이 생긴 후 이들을 중심이 되어 아나뱁티스트 그룹이 형성되었다. McDow, *Firefall*, 155.

45) Gonzalez, 「종교개혁사」, 91-2.

46) 루터, 츠빙글리, 칼빈은 유아세례에 있어서는 이견이 없어서나 성찬식에 관해서는 이견 차이가 많았다. McDow, *Firefall*, 142-54를 보라.

47) William R. Shenk, ed., *Anabaptism and Mission* (Kitchener, Canada: Herald Press, 1984), 16.

48) Ibid., 53.

49) Gonzalez, 「종교개혁사」, 92-3.

50) Hyoung Min Kim, "Sixteenth-Century Anabaptist Evangelism: Its Foundational Doctrines, Practice, and Impacts" (Ph.D. diss., Southwestern Baptist Theological Seminary, 2001), 144.

51) Shenk, *Anabaptism and Mission*, 71.

52) 아나뱁티스트 출신인 프레이베르그의 헬렌(Helene of Freyberg)이라는 평신도 여성의 탁월한 사역을 보기 위해서는 Linda H. Hecht, "An Extraordinary Lay Leader: The Life and Work of Helene of Freyberg, Sixteenth Century Noblewoman and Anabaptist from the Tirol," *The Mennonite Quarterly Review* 66 (July 1992): 315-7을 보라.

53) 「기독교강요」 제1판은 1536에 출판되었는데 516 페이지의 적은 분량에 전체 6장으로 구성되어 있다. 최종판은 1559년에 출판되었다. Latourette, *A History of Christianity*, vol. 2, 752.

54) 「기독교강요」는 다음 4가지를 강조하고 있다: (1) 율법이 아닌 믿음으로 구원받는 것; (2) 기도의 중요성; (3) 율법이나 규범이 아닌 하나님 말씀 안에서 자유함을 누리는 것; (4) 하나님의 주권성. Ibid., 752-7.

55) Gonzalez, 「종교개혁사」, 113.

56) Ibid., 112.

57) 성 바돌로뮤 학살 사건 내용을 자세히 보기 위해서는 Ibid., 173-6을 보라.

58) Kane, 「기독교세계선교사」, 109.

59) Ola Elizabeth Winslow, *John Eliot: Apostle to the Indians* (Boston: Houghton Mifflin Company, 1968), 78.

60) W. G. Polack, *John Eliot: The Apostle to the Indians* (St. Louis: Concordia Publishing House, 1924), 41.

61) 로마 가톨릭에서는 교황 알렉산드 6세의 교서와 이사벨라(Isabella) 여왕의 칙령이 발표되어 인디언 노예의 자유를 선포했지만 스페인 식민주의자들 가운데 이를 지키는 자는 아무도 없었다. 오직 이것을 지키는 자는 라스 카사스 밖에 없었다. Winslow, *John Eliot*, 72-3을 보라.

62) 스페인 사람들은 자신들이 인디언들보다 더 우월한 지혜와 지식을 지녔다고 믿어 이들과 전쟁을 치르는 것을 정당화하였다. 당시 스페인 사람들에게는 '자문화우월주의'(ethnocentrism)가 무척 강했다. Ibid., 74-6.

63) Polack, *John Eliot*, 16-7.

64) Winslow, *John Eliot*, 92.

65) Polack, *John Eliot*, 25.

66) Ibid., 26-7.

67) Winslow, *John Eliot*, 105.

68) Ibid., 128.

69) 필립 왕의 전쟁 내용을 상세히 보기 위해서는 Ibid., 167-77를 보라.

70) Tucker, 「선교사열전」, 110-1.

71) Winslow, *John Eliot*, 111-21.

72) Polack, *John Eliot*, 37.

73) James O. Bernesderfer, *Pietism and Its Influence Upon The Evangelical United Brethren Church* (Harrisburg: The Evangelical Press, 1966), 2-3.

74) G. Thomas Halbrooks, ed., *Pietism* (New York: Broadman Press, 1981), 213-5.

75) Latourette, *A History of Christianity*, vol. 2, 895.

76) Bernesderfer, *Pietism and Its Influence Upon The Evangelical United Brethren Church*, 17.

77) Peter C. Erb, *Pietists: Selected Writings* (New York: Paulist Press, 1983), 5.

78) Ibid., ix-x.

79) Bernesderfer, *Pietism and Its Influence Upon The Evangelical United Brethren Church*, 22.

80) A. J. Lewis, *Zinzendorf, The Ecumenical Pioneer: A Study in the Moravian Contribution to Christian Mission and Unity* (London: SCM Press, 1962), 13; Latourette, *A History of Christianity*, vol. 2, 896.

81) Kane, 「기독교세계선교사」, 111.

82) Ibid., 113-4.

83) Ibid., 111-2.

84) Mackinnon, *Luther and the Reformation*, 280-97.

85) Kane, 「기독교세계선교사」, 112.

86) Neill, 「기독교선교사」, 286.

87) Ibid., 260, 287.

88) 지켄발크의 번역 사업은 후배 덴마크 할레 선교사인 크리스천 슈바르츠(Christian Friedrich Schwartz, 1724-1798)에 의해 완성되었다. Tucker, 「선교사열전」, 141-2를 보라.

89) Neill, 「기독교선교사」, 287-9.

90) Tucker, 「선교사열전」, 82. 덴마크 할레 선교회 출신 선교사 가운데 소명이 분명한 한 사람을 소개한다면 1750년에 인도에 파송된 크리스천 슈바르츠이다. 그는 독신으로 살면서 인도인들을 입양해 길렀고 이들이 훗날 탄조레(Tanjore) 교회를 목회하면서 교인 수가 무려 2천 명이나 되었다. 당시 할레 대학 선교사 수는 60명이 넘었다고 한다.

91) Lewis, *Zinzendorf, The Ecumenical Pioneer*, 13.

92) Ibid. 24.

93) Ibid., 28.

94) Ibid., 28-9.

95) John R. Weinlick, *Count Zinzendorf* (New York: Abingdon Press, 1956), 77-9.

96) Augustus C. Thompson, *Moravian Missions* (New York: Charles Scribner's Sons, 1904), 51.

97) Lewis, *Zinzendorf, The Ecumenical Pioneer*, 163.

98) Ibid., 174.

99) Ibid., 74.

100) Weinlick, *Count Zinzendorf*, 59-62. 모라비안 교회(Moravian Church)의 뿌리는 1467년 왈도파와 존 후스의 추종자들이 신앙의 박해를 피해 형성한 연합 형제회(*Unitas Fratrum*: the Unity of Brethren)로 거슬러 올라간다. 거의 진멸된 연합 형제회는 1722년 크리스천 데이빗(Christian David)의 인도 하에 진젠돌프의 도움을 받아 헤른후트에 체류하면서 회복하기 시작했다. 그래서 모라비안 교회는 연합 형제회와 피난자들로 다양한 신앙과 교단을 배경으로 한 자들이 모였다.

101) Lewis, *Zinzendorf, The Ecumenical Pioneer*, 80.

102) J. E. Hutton, *A History of Moravian Missions* (London: Moravian Publication Office, 1922), 23.

103) Ibid., 24-458; Kingsley Lewis, *The Moravian Mission in Barbados 1816-1886* (New York: Verlag Peter Lang, 1985), 14-221. 1914년 6월 모라비안 선교회의 통계에 따르면 22개 국가에 367명의 선교사를 파송하고 있다. 선교부는 156개, 남자 선교사는 183명, 여자 선교사는 184명, 현지인 설교자는 111명, 침례자 수는 100,606명, 학교 수는 36,198개였다.

104) Weinlick, *Count Zinzendorf*, 100-1.

105) Charles H. Robinson, *History of Christian Mission* (New York: Charles Scribner's Sons, 1915), 50; Hutton, *A History of Moravian Missions*, 524. 로빈슨의 통계는 휴튼(Hutton)과 차이가 많다. 필자의 판단으로는 휴튼은 모라비안 선교회에서 파송된 장기 선교사의 숫자를 정확하게 기록한 것이고, 로빈슨은 모라비안 교회에서 장기 선교사 외에 1-2년의 짧은 단기 선교 경험도 다 포함하여 설명한 것 같다. 여하튼 로빈슨이 3천 명의 모라비안 선교사라고 표현한 한 것은 통계는 명확하지는 않지만 모라비안 선교회의 활발한 선교 현장을 소개하기 위한 것이라 판단된다.

106) Thompson, *Moravian Missions*, 202-3.

107) Hutton, *A History of Moravian Missions*, 495-502.

108) 웨슬리는 안수 받은 장로가 다른 성직자를 안수 할 수 있다고 믿고 있었다. Latourette, *A History of Christianity*, vol. 2, 1028을 보라.

109) Ibid.

110) D. D. Thompson, *John Wesley as a Social Reformer* (New York: Books for Libraries Press, 1971), 5-23.

111) "홀리 클럽"(Holy Club)을 비꼬는 말로 "메도디스트"(methodists)라고도 불려졌다. Robert Souhey, *The Life of John Wesley* (London: Hutchinson & Co., 1904), 39.

112) Ibid., 66-8.

113) McDow, *Firefall*, 187.

114) Souhey, *The Life of John Wesley*, 119.

115) McDow, *Firefall*, 187-8.

116) 웨슬리는 훗날 모라비안 교회와 결별하게 되는데 가장 큰 이유는 이들 교회가 사회로 파고 들어와 변화시키기 보다는 사회와 멀리 떨어져 은둔생활을 추구하는 것을 수용할 수 없었기 때문이었다. Gonzalez, 「현대교회사」, 서영일 역 (서울: 은성출판사, 1995), 145.

117) 웨슬리가 88세까지 장수 할 수 있었던 것은 건강관리에 탁월했기 때문이다. 그는 말타기와 걷기를 좋아했고 수영은 거의 프로 선수급 수준이었다. Latourette, *A History of Christianity*, vol. 2, 1023.

118) Ibid., 1026.

119) Francis Gerald Ensley, *John Wesley, Evangelist* (Nashville: Methodist Evangelistic Materials, 1958), 7-8.

120) Ibid., 43-5. 웨슬리는 생전에 웨일즈는 46번, 아일랜드는 21번, 스코틀랜드는 22번을 방문하여 여러 번의 설교로 누적된 효과를 추구하였다.

121) 웨슬리는 "홀리 클럽" 멤버이기도 한 휫필드와도 결별하게 되는데 가장 큰 이유는 신학적 차이 때문이었다. 웨슬리는 알미니안적 입장을 취했고, 반면 휫필드는 칼빈주의 입장을 고수해 그는 "칼빈주의 감리교회"를 조직했다. Gonzalez, 「현대교회사」, 145.

122) Latourette, *A History of Christianity*, vol. 2, 1026.

123) Tucker, 「선교사열전」, 112.

124) "David Brainerd," http://en.wikipedia.org/wiki/David_Brainerd 참조.

125) Tucker, 「선교사열전」, 115.

제5장 개신교 선교

1) 개신교 선교 시작을 1792년과 1793년으로 각각 보는 경우가 있다. 필자는 전자를 주장한다. 보통 선교 시작은 선교사가 선교지에 도착한 때부터 시작하는 것이 관례적이다. 그렇다면 윌리엄 케리의 선교는 1793년부터이다. 하지만 케리의 근대선교 시작은 1792년과 전혀 무관할 수 없기 때문이다. 1792년에 케리는 선교 소책자「연구」를 발간해 선교동원의 주역이 되었고, 그 해 침례교 선교회(BMS)를 조직해 전 세계적으로 선교회 창설의 물꼬를 트게 했기 때문이다. 그는 그다음 해인 1793년에 인도에 도착해 개신교 선교시대를 열었다.

2) John Brown Myers, *William Carey: The Shoemaker Who Became "The Father and Founder of Modern Missions"* (London: S. W. Partridge & Co., 1887), xi.

3) Timothy George, *Faithful Witness: The Life and Mission of William Carey* (Birmingham: New Hope, 1991), 53. 존 라이랜드 시니어(John Ryland Sr.) 목사의 아들인 주니어(Jr.) 목사는 1783년 윌리엄 케리에게 침례를 베풀었고 아버지와는 달리 케리의 인도 선교에 적극적인 지지자였다. Ibid., xiii.

4) R. Rouse, "W. Carey's Pleasing Dream," *International Review of Mission*, vol. 38 (1949): 181-92.

5) Sunil Kumar Chatterjee, *William Carey and Serampore* (Sheoraphuli: Laserplus, 1984), 95.

6) 케리의「연구」(*Enquiry*) 내용을 보기 위해서는 F. Deaville Walker, *William Carey: Missionary Pioneer and Statesman* (London: Student Christian Movement, 1926), 81-91을 보라.

7) John Clark Marshman, *The Story of Carey, Marshman & Ward: The Serampore Missionaries* (London: Alexander Strahan & Co., 1864), 11.

8) Chatterjee, *William Carey and Serampore*, 42.

9) George, *Faithful Witness*, xvi.

10) 케리는 현지 언어(벵갈어, 힌디어, 페르시아어)로 정기 간행물을 발간했고 1818년부터는 영어로 된 월간 정기간행물인「인도의 친구」(*Friend of India*)를 발행하였다. Chatterjee, *William Carey and Serampore*, 72-8.

11) 세람포어 선교회는 벵갈어, 산스크리트어, 마라디어 등 다양한 언어로 성경을 번역하였다. Ibid., 196. 침례교 선교회(BMS)의 초대 총무였던 앤드류 풀러(Andrew Fuller) 목사는 케리가 보내준 성경에 많은 오타와 철자법이 틀려 있음을 보고 불평을 늘어놓으며 성경번역의 '양' 보다는 '질'이 중요함을 지적하였다: "나는 당신처럼 많은 외국어를 잘 알고 있으면서도 영어를 그렇게 못쓰는 사람은 처음 봅니다 … 당신은 너무 빨리 해치우려고 하는 것이 문제입니다 … 만약 벵갈 번역판도 그렇다면 제대로 성경 구실이나 해낼지 모르겠습니다." Tucker,「선교사열전」, 147.

12) Neill,「기독교선교사」, 329.

13) Latourette, *A History of Christianity*, vol. 2, 1033.

14) John Clark Marshman, *Life and Times of Carey, Marshman, and Ward* (London: Spottiswoode and Co., 1859), 16.

15) 윌리엄 케리가 만든 침례교 선교회(BMS)의 선교사 재정 후원 원리를 따르는 곳이 미국남침례회

국제선교회(IMB)이다. IMB 선교사들은 따로 재정 모금을 하지 않고 IMB 본부로부터 재정지원을 받고 있다. 반면 한국교회는 대체적으로 각 지역교회가 선교 후원비를 책임지고 있다.

16) Latourette, *A History of Christianity*, vol. 2, 1033.

17) Myers, *William Carey*, 37. 케리의 탁월한 성품이 세람포어 선교를 성공적으로 만들었는데 그는 선교 정착비를 잃어버린 토마스를 대할 때 "나는 그를 사랑합니다. 그리고 우린 아무런 문제없이 잘 살고 있습니다"라고 말했다고 한다. Tucker, 「선교사열전」, 147.

18) 케리가 개척한 현지인 토착교회를 살펴보면 벵갈 침례교 목회자들을 통해 알 수 있다. 이들에게 가장 힘든 일은 재정적 독립이라 먼저 '벵갈 침례교 연합회'(Bengal Baptist Union)를 만들어 개 교회 스스로 자립 운영은 힘들지만 소위 '연합 운동'(joint movement)을 통해 서로의 필요를 채워져 자립할 수 있게 했다. Chatterjee, *William Carey and Serampore*, 99-103을 보라.

19) Ibid., 193-5.

20) Ibid., xiii-xiv.

21) Tucker, 「선교사열전」, 147.

22) Neill, 「기독교선교사」, 329; Chatterjee, *William Carey and Serampore*, 196.

23) 18세 말경 여자가 25세에 결혼하는 것은 노처녀로 인식되었다. George, *Faithful Witness*, 156.

24) James R. Beck, *Dorothy Carey: The Tragic and Untold Story of Mrs. William Carey* (Grand Rapids: Baker Book House, 1992), 30.

25) Ibid., 71-6. 제임스 벡(James Beck)은 도로시가 선교지로 떠나지 않는 이유로 7가지를 들고 있다: (1) 그녀는 아는 지식이 별로 없었다; (2) 그녀는 선교가 위험하다는 것을 잘 알고 있었다; (3) 그녀는 임신 중이었다; (4) 그녀는 가족을 잃을까봐 염려했다; (5) 그녀는 늘 걱정이 앞서는 여자였다; (6) 그녀는 모든 식구가 떠난다는 것은 지혜롭지 못한 것이라 생각했다; (7) 그녀는 하나님의 뜻과는 멀리 떨어져 있었다.

26) Ibid., 76-7. 케리는 출발과 귀국에 대해 4가지 계획을 세웠는데 결국 본인과 아들 펠릭스만 가는 것으로 결정했다: (1) 모든 식구들이 함께 가는 것; (2) 본인 자신만 가는 것; (3) 본인과 아들 펠릭스와 함께 가는 것; (4) 귀국 하는 것.

27) Tucker, 「선교사열전」, 25.

28) Beck, *Dorothy Carey*, 82-3.

29) 도로시는 영국에서 이미 딸 앤(Ann)과 루시(Lucy)를 잃은 아픔을 겪었다. 18세기 말경 유아 사망률은 5명 중 한 명이었다. 귀족 가문의 자녀들도 5살까지 생존할 확률은 75%가 채 되지 않았으며, 저소득층 가족의 아이들은 5세 이전 사망률이 무려 30%나 되었다고 한다. Ibid., 31; Tucker, 「여선교사열전」, 25-6.

30) George, *Faithful Witness*, 158-9.

31) Tucker, 「선교사열전」, 146.

32) 티모시 조지(Timothy George)는 "주저하는 선교사"로 도로시 케리와 메리 리빙스톤(Mary

Livingstone)을 꼽았다. George, *Faithful Witness*, 157.

33) Ibid., 160.

34) Ibid., 161.

35) Kane, 「기독교세계선교사」, 139.

36) Neill, 「기독교선교사」, 347.

37) 모리슨이 번역한 중국어 성경은 두 사람이 번역했다. 모리슨은 39개의 성경을 번역했고, 밀른(Milne)은 욥기와 구약의 역사서를 번역했다. 모리슨이 번역한 39개 성경을 보면 다음과 같다: (1) 창세기; (2) 출애굽기; (3) 레위기; (4) 민수기; (5) 룻기; (6) 시편; (7) 잠언; (8) 전도서; (9) 아가; (10) 이사야; (11) 예레미야; (12) 예레미야 애가; (13) 에스겔; (14) 다니엘; (15) 호세아; (16) 요엘; (17) 아모스; (18) 오바댜; (19) 요나; (20) 미가; (21) 나훔; (22) 하박국; (24) 스바냐; (25) 학개; (26) 스가랴; (26) 말라기; (27) 마태복음; (28) 마가복음; (29) 누가복음; (30) 요한복음; (31) 히브리서; (32) 야고보서; (33) 베드로전서; (34) 베드로후서; (35) 요한일서; (36) 요한이서; (37) 요한삼서; (38) 유다서; (39) 요한계시록. Marshall Broomhall, *Robert Morrison: A Master-Builder* (New York: George H. Doran Company, 1924), xv-xvi; Lindsay Ride, *Robert Morrison: The Scholar and the Man* (Hong Kong: Hong Kong University Press, 1957), 19.

38) Ibid., 71.

39) Broomhall, *Robert Morrison*, 71.

40) Tucker, 「선교사열전」, 215.

41) Ride, *Robert Morrison*, 17-8; Neill, 「기독교선교사」, 348.

42) Kane, 「기독교세계선교사」, 126-7.

43) "Haystack Prayer Meeting," http://en.wikipedia.org/wiki/Haystack_Prayer_Meeting 참조.

44) Jason Mandryk, *Operation World* (Colorado Springs: Biblica Publishing, 2010), 951.

45) "Haystack Prayer Meeting," http://en.wikipedia.org/wiki/Haystack_Prayer_Meeting 참조.

46) Tucker, 「선교사열전」, 152.

47) Kane, 「기독교세계선교사」, 128-9.

48) Baker J. Cauthen and Frank K. Means, *Advance to Bold Mission Thrust* (Virginia: Foreign Mission Board of SBC, 1981), 8-9.

49) Tucker, 「여선교사열전」, 43.

50) Pat Yates, *The Book in the Pillow: Adoniram Judson* (New York: Friendship Press, 1942), 9.

51) "Adoniram Judson," http://en.wikipedia.org/wiki/Adoniram_Judson 참조.

52) Francis Wayland, *Memoir of the Life and Labors of the Rev. Adoniram Judson* (Boston: Phillips, Sampson, and Company, 1853), 17.

53) Ibid., 113.

54) '타락설화'란 카렌족이 타락하여 하나님의 은총에서 벗어나 지금의 노예처럼 취급받고 살고 있다는 것이다. Neill,「기독교선교사」, 364을 보라.

55) Tucker,「여선교사열전」, 42.

56) "Ann Hasseltine Judson," http://en.wikipedia.org/wiki/Ann_Hasseltine_Judson 참조.

57) Tucker,「여선교사열전」, 44.

58) Ibid., 46.

59) "Alexander Duff," http://en.wikipedia.org/wiki/Alexander_Duff_(missionary) 참조.

60) Ibid.

61) Tucker,「여선교사열전」, 171.

62) Leslie and Madge Morrill, *Livingstone, Trail Blazer for God* (Portland: Pacific Press Publishing Association, 1959): 19; Jessie Kleeberger, *David Livingstone: Missionary Explorer of Africa* (Anderson: Gospel Trumpet Company, 1925), 12-4.

63) Basil Mathews, *Livingstone: The Pathfinder* (New York: Missionary Education Movement of United States and Canada, 1912), 28.

64) Morrill, *Livingstone*, 28-9.

65) Ibid., 70.

66) 리빙스턴이 캠브리지 대학을 1857년 12월 4일에 방문해 "문명의 두 선구자인 기독교와 상업은 절대로 분리될 수 없다"고 강연하며 영국인들의 공정한 상업을 통해 기독교를 전파하는데 앞장 설 것을 촉구했다. 실제적으로 아프리카 식민지를 가장 먼저 시작한 포르투갈은 악명 높은 노예매매로 아프리카인들에게 좋은 인상을 심어주지 못했다. Kleeberger, *David Livingstone*, 89.

67) Morrill, *Livingstone*, 150.

68) Mathews, *Livingstone*, 45-6.

69) Tucker,「선교사열전」, 188.

70) Ibid., 33.

71) Winston Crawley, *Global Mission: A Story to Tell* (Nashville: Broadmann Press, 1985), 162-3.

72) Wilbert R. Shenk, *Henry Venn: Missionary Statesman* (Maryknoll: Orbis Books, 1983), 30-3.

73) Ibid., 110.

74) T. E. Yates, V*enn and Victorian Bishops Abroad: The Missionary Policies of Henry Venn and Their Repercussions upon the Anglican Episcopate of the Colonial Period 1841-1872* (Uppsala: Swedish Instiute of Missionary Research, 1978), 16.

75) Shenk, *Henry Venn*, 108.

76) Helen S. Nevius, *The Life of John Livingstone Nevius* (New York: Fleming H. Revell Company, 1895), 106-7.

77) Ibid., 109.

78) Ibid., 113, 128.

79) "John Livingstone Nevius," http://en.wikipedia.org/wiki/John_Livingstone_Nevius 참조.

80) John L. Nevius, 「네비우스 선교방법」, 김남식 편 (서울: 성광문화사, 1995), 32.

81) 마포 삼열(Samuel Moffett) 선교사는 당시 네비우스 선교전략의 강의 듣고 난 후 다음과 같이 회상했다: "25년간의 선교 경험을 토대로 하여 젊은 우리들에게 하는 그의 강의는 우리들의 마음속에 선교의 기본 원리에 대한 씨앗을 심어 주었다. 그에게서 얻은 두 개의 큰 원리는 사경회(Bible Class)와 자립(self-supporting)이라는 점이다." Ibid., 149-50.

82) Charles Allen Clark, *The Korean Church and the Nevius Methods* (New York: Fleming H. Revell Company, 1930), 33-5.

83) Basil Miller, *J. Hudson Taylor* (Grand Rapids: Zondervan Publishing House, 1948), 11.

84) Ibid., 11-2.

85) Ibid., 116-7.

86) Howard Taylor, *Hudson Taylor in Early Years: The Growth of A Soul* (London: The China Inland Mission, 1930), 430.

87) Marshall Broomhall, *Hudson Taylor: The Man Who Believed God* (London: The China Inland Mission, 1929), 81-9.

88) Miller, *J. Hudson Taylor*, 57.

89) Ibid., 58.

90) Tucker, 「선교사열전」, 232.

91) Tucker, 「여선교사열전」, 59

92) Tucker, 「선교사열전」, 239.

93) Ibid.

94) 양조우 폭동을 자세히 보기 위해서는 J. C. Pollock, *Hudson Taylor and Maria: Pioneers in China* (New York: McGraw-Hill Book Company, 1962), 175-84를 보라.

95) 김성태 교수는 네비우스가 한국 장로교, 감리교, 침례교 모두 영향을 끼쳤다고 하는데 필자는 반대이다. 네비우스의 전략은 장로교와 감리교에 영향은 주었지만 침례교는 아니었다. 침례교에 영향을 준 사람은 네비우스가 아니라 허드슨 테일러이기 때문이다. 당시 침례교(대한기독교회)의 정신은 허드슨 테일러의 영향을 받아 신앙선교와 오지선교에 주력하였지 네비우스의 주요 9가지 정책을 교단의 주요 선교전략으로 삼지는 않았다. 김성태, 「세계선교전략사」, 226; 안희열,

「말콤 펜윅: 시대를 앞서 간 선교사」(대전: 침례신학대학교출판부, 2010), 161-4를 보라.

96) Ibid., 269.

97) George Paik, *Protestant Missions in Kore, 1832-1910* (Seoul: Yonsei University Press, 1927), 191.

98) Malcolm C. Fenwick, *The Church of Christ in Corea: A Pioneer Missionary's Own Story* (New York: George H. Doran Co., 1911), 9, 13; James Brooks, "Niagara Conference," *The Truth* 15 (1889): 433.

99) 안희열, 「말콤 펜윅: 시대를 앞서 간 선교사」, 52-3.

100) Broomhall, *Hudson Taylor*, 239-41.

101) Tucker, 「선교사열전」, 308.

102) Ibid.

103) WMU는 1888년 크리스마스 선교헌금 목표액으로 1,500$을 책정했는데 목표치보다 훨씬 많은 3,500$을 후원금으로 받아 미국남침례교 해외선교부(FMB)로 보내었고 3명의 여성 선교사를 파송하였다. Regina D. Sullivan, *Lottie Moon: A Southern Baptist Missionary to China in History and Legend* (Baton Rouge: Louisiana State University Press, 2011), 114-5를 보라.

104) 로티 문은 키가 4피트 3인치여서 약 130cm 밖에 안 된다. Catherine B. Allen, *The New Lottie Moon Story* (Nashville: Broadman Press, 1980), 11.

105) "Lottie's Life in Brief," http://www.imb.org/main/give/page.asp 참조.

106) Allen, *The New Lottie Moon Story*, 53-72.

107) Sullivan, *Lottie Moon*, 54-7.

108) Una Roberts Lawrence, *Lottie Moon* (Nashville: Sunday School Board of SBC, 1927), 65, 66, 70.

109) Sullivan, *Lottie Moon*, 65.

110) Tucker, 「선교사열전」, 307.

111) Allen, *The New Lottie Moon Story*, 290.

112) Lyle W. Dorsett, *A Passion for Souls: The Life of D. L. Moody* (Chicago: Moody Press, 1997), 44-5.

113) 무디는 1885년에 회심하자마자 5월 16일 교회 회원으로 등록했지만 1년이 지나고 나서야 회원으로 받아들여졌다. William R. Moody, *Dwight L. Moody* (Murfreesboro, TN: Sword of the Lords Publishers, 2010), 43-4.

114) 150년 전 화폐가치를 현 시가로 환산한다면 그는 "100만 달러의 가치"가 있던 사나이였다. Ibid., 48-9.

115) Ibid., 62.

116) 무디 부흥운동의 시작은 그가 1873년 11월 23일 에딘버러 집회 때부터 보는 것이 타당하다. 그가 에딘버러 집회 이후부터 영국과 미국 전 지역에 부흥운동의 불길을 확산시켜 나갔기 때문이다. Ibid., 182.

117) James F. Findlay, *Dwight L. Moody: American Evangelist 1837-1899* (Chicago: The University of Chicago Press, 1969), 358-9; Timothy C. Wallstrom, *The Creation of A Student Movement to Evangelize the World* (Pasadena: William Carey International University Press, 1980), 36-7.

118) Larry Dean Pettegrew, "The Historical and Theological Contributions of the Niagara Bible Conference to American Fundamentalism" (Th.D. diss., Dallas Baptist Theological Seminary, 1976), 64-7.

119) Stewart G. Cole, *The History of Fundamentalism* (Westport, CT: Greenwood Press, 1931), 34.

120) Pettegrew, "The Historical and Theological Contributions of the Niagara Bible Conference to American Fundamentalism," 61.

121) 1894년 7월 12일부터 18일까지 진행된 나이아가라 사경회 순서를 보기 위해서는 James H. Brooks, "Order of Exercises of Niagara Bible Conference," *The Truth* 20 (August-September 1894): 512을 보라.

122) Louis Gasper, *The Fundamentalist Movement* (The Hague, Paris: Mouton and Company, 1963), 11.

123) George H. Dollar, *A History of Fundamentalism in America* (Greenville, SC: Bob Jones University Press, 1973), 73.

124) Virginia Lieson Brereton, *Training God's Army: The American Bible School, 1880-1940* (Indianapolis: Indiana University Press, 1990), 51.

125) C. Ally Russell, "Adoniram Judson Gordon: Nineteenth-Century Fundamentalist," *American Baptist Quarterly* 4 (March 1985): 67; Fenwick, *The Church of Christ in Corea*, 84.

126) James H. Books, "The Niagara Conference," *The Truth* 19 (August-September 1893): 435.

127) Ibid., 433-34.

128) Wallstrom, *The Creation of A Student Movement to Evangelize the World*, 11, 41, 45.

129) Ibid., 42.

130) Ibid., 43.

131) Ibid., 45.

132) Ibid., 56-7.

133) Ibid., 63.

134) Ibid., 64-5.

135) 예를 들어 1893년에 47,666명의 대학생들이 선교관련 훈련을 받기 위해 오픈된 강좌가 무려 3천 개 정도나 되었다. Executive Committee of SVM, *The Achievement of the Student Volunteer Movement for Foreign Missions During the First Generation of Its History 1886-1919* (New York: The Student Volunteer Movement, 1920), 7.

136) 예를 들어 1917-19까지는 제1차 세계대전 중임에도 불구하고 1916-17년에는 20만 달러의 후원금 이, 1917-18년에는 1,295,000 달러가, 1918-19년에는 2,300,000 달러가 들어왔다. Ibid., 9.

137) 학생자원선교운동 컨퍼런스 참석율은 매 대회마가 증가하였다: (1) 1891년 클리블랜드 대회(689명); (2) 1894년 디트로이트 대회(1,325명); (3) 1898년 클리블랜드 대회(2,221명); (4) 1902년 토론토 대회(2,957명); (5) 1906년 내쉬빌 대회(4,235명); (6) 1910년 로체스타 대회(3,747명); (7) 1914년 캔사스 대회(5,031명). Ibid., 13.

138) 학생자원선교운동(SVM)이 1917년에서 1930년까지 파송한 학생자원선교사 현황을 보면 다음과 같다: (1) 1917년-384명; (2) 1918년-356명; (3) 1919년-473명; (4) 1920년-595명; (5) 1921년-637명; (6) 1922년-466명; (7) 1923년-527명; (8) 1924년-440명; (9) 1925년-406명; (10) 1926년-313명; (11) 1927년-229명; (12) 1928년-269명; (13) 1929년-263명; (14) 1930년-233명. Natham D. Showalter, *The End of a Crusade: The Student Volunteer Movement for Foreign Missions and the Great War* (London: The Scarecrow Press, 1998), 161.

제6장 현대 선교

1) Balfour of Burleigh, "The Story of the Conference: I. Previous Missionary Conference," *World Missionary Conference Monthly News Sheet*, November 1909, 38.

2) Balfour of Burleigh, "The Story of the Conference: II. The Early Stages of Preparation," *World Missionary Conference Monthly News Sheet*, December 1909, 57.

3) Brian Stanley, *The World Missionary Conference, Edinburgh 1910* (Grand Rapids: William B. Eerdmanss Publishing Company, 2009), 91.

4) Balfour of Burleigh, "The Story of Conference," *World Missionary Conference Monthly News Sheet*, November 1909, 37-8; R. Rouse, "W. Carey's Pleasing Dream," *International Review of Mission*, vol. 38 (1949): 181-92.

5) World Missionary Conference, ed., *World Missionary Conference, 1910. Report of Commission I: Carrying the Gospel to all the Non-Christian World* (New York: Fleming H. Revell Company, 1910), 431.

6) 존 모트가 추구했던 10가지 연합을 보면 다음과 같다: (1) 선교자문위원회구성; (2) 강력한 선교지 분할정책; (3) 학교교육평가; (4) 연합대학설립; (5) 협력의료선교; (6) 선교신문; (7) 선교잡지; (8) 찬송가; (9) 사상교류; (10) 교회연합위원회구성. W. H. T. Gairdner, *Edinburgh 1910: An Account and Interpretation of the World Missionary Conference* (Edinburgh: Turnbull and Spears, 1910), 181을 보라.

7) 2010 한국대회는 서울뿐 아니라 인천에는 6월 25일부터 27일까지, 부산에는 7월 4일부터 5일까지 열렸고, 대회 주제는 "예수 그리스도를 증거하라"(Witness Jesus Christ Today!)였다.

8) C. Howard Hopkins, *John R. Mott, 1865-1955* (Grand Rapids: William B. Eerdmans Publishing Company, 1979), 695-6.

9) Basil Mathews, *John R. Mott: World Citizen* (New York: Harper & Brothers Publishers, 1934), 129-30.

10) Ruth Rouse, *John R. Mott: An Appreciation* (Geneva: The World's Student Christian Federation, 1929), 12-5.

11) "1910년 에딘버러대회가 발표한 두 개의 선언문," 「월간목회」, 2004년 6월, 20에서 재인용.

12) E. Stanley Jones, 「인도의 길을 걷고 있는 예수」, 김상근 역 (서울: 평단, 2005), 41.

13) Richard W. Taylor, *The Contribution of E. Stanley Jones* (Madras, India: The Christian Literature Society, 1973), 58-79.

14) "Eli Stanley Jones(1884-1973): Missionary Extraordinary," http://vaxxine.com/eves/jones.htm 참조.

15) Ibid.

16) Taylor, *The Contribution of E. Stanley Jones*, 80-101.

17) Rodger C. Bassham, *Mission Theology: 1948-1975 Years of Worldwide Creative Tension Ecumenical, Evangelical, and Roman Catholic* (Pasadena: William Carey Library, 1979), 21.

18) 김은수, 「현대선교의 흐름과 주제」 (서울: 대한기독서회, 2010), 46.

19) Bassham, *Mission Theology*, 21.

20) Ibid., 22; William Richey Bogg, *Ecumenical Foundations: A History of the International Missionary Council and Its Nineteenth Century Background* (New York: Harper & Brothers Publishers, 1952), 252-82.

21) David B. Barrett, *Evangelizse!: A Historical of the Concept* (Birmingham: New Hope, 1987), 46-7.

22) Tucker, 「선교사열전」, 463.

23) 필자가 2009년 과테말라의 칵치켈 종족을 방문한 적이 있다. 카메론 타운젠드의 빛나는 선교 발자취를 더듬어 본다는 취지에서 칵치켈 종족을 방문했다. 놀라운 사실은 칵치켈 종족은 하나의 종족인데 언어는 무려 7개어서 위클리프 성경번역 선교회에서 지금까지 6개 칵치켈 언어로 성경번역은 완료했고 하나가 남아 있는 상태라고 설명하였다.

24) Hugh Steven, *Wycliffe in the Making: The Memoirs of W. Cameron Townsend* (Wheaton: Harold Shaw Publishers, 1995), 241.

25) William Lawrence Svelmoe, *A New Vision for Missions: William Cameron Townsend, the Wycliffe Bible Translators, and the Culture of Early Evangelical Faith Missions, 1896-1945* (Tuscaloosa: The University of Alabama Press, 2008), 290.

26) Tucker, 「선교사열전」, 462.

27) David P. Gaines, *The World Council of Churches* (Peterborough: Richard R. Smith Noone House, 1966), 242-3.

28) 암스테르담대회 발표자들의 상세한 내용을 보기 위해서는 Ibid., 245-74를 보라.

29) "World Council of Churches," http://www.oikoumene.org/en/who-are-we/background.html 참조.

30) Gaines, *The World Council of Churches*, 225-6.

31) Barrett, *Evangelizse*, 48.

32) Bassham, *Mission Theology*, 33.

33) "World Council of Churches," http://www.oikoumene.org/en/who-are-we/background.html 참조.

34) Bassham, *Mission Theology*, 33. '교회의 선교'(Mission Ecclessia)란 '하나님 → 교회 → 세계'의 뜻으

로 하나님께서 교회를 통해 세상을 변화시킨다는 것이다. 그런데 교회란 지금까지 서구교회를 말하는 것이었고 서구교회의 자문화우월주의(ethnocentrism)나 식민주의 선교는 오히려 토착화 선교의 해가 되었고 독립국가 형성이후부터는 선교사 추방과 박해로 이어지는 결과를 초래하였다.

35) Norman Goodall, *Missions Under the Cross* (London: Edinburgh House Press, 1953), 9-250.

36) "선교란 구원받는 전 피조물 위에 그리스도의 주권을 세우려는 포괄적인 목표를 가지고 아들을 보내심, 즉 하나님의 선교(Missio Dei)에 참여하는 것이다." 김은수, 「현대 선교의 흐름과 주제」, 125.

37) Ibid., 124.

38) Bassham, *Mission Theology*, 33.

39) Ibid., 36.

40) Ibid., 33.

41) Tucker, 「선교사열전」, 625.

42) Donald A. McGavran, *Understanding Church Growth* (Grand Rapids: William B. Eerdmans Publishing Company, 1970), 53-4.

43) J. Waskom Pickett, *Christian Mass Movements in India* (New York: The Abingdon Press, 1933), 22-4.

44) 맥가브란이 와스콤 피켓과 함께 출판한 「인도 중부에서의 기독교 선교」(*Christian Missions in Mid-India*)는 1936년에 1판이, 1938년에도 2판이 동일하게 나왔고, 1956년에는 3판이 출판되면서 책명이 「교회성장과 집단회심」(*Church Growth and Group Conversion*)으로 바뀌었다. 또한 3판부터는 용어도 '집단운동'(mass movement) 대신 '종족운동'(people movement)으로 대치되었다. J. W. Pickett and others, *Church Growth and Group Conversion* (Pasadena: William Carey Library, 1973), vii-x, 1-7.

45) Ebbie C. Smith, *Balanced Church Growth* (Nashville: Broadman Press, 1984), 30.

46) Ibid., 69.

47) Bassham, *Mission Theology*, 24.

48) Barrett, *Evangelizse*, 46-7.

49) Bassham, *Mission Theology*, 30.

50) Norman Goodall, ed., *The Uppsala Report 1968* (Geneva: World Council of Churches, 1968), 309-12.

51) John Stott, ed., *Making Christ Known: Historic Mission Documents from the Lausanne Movement, 1974-1989* (Grand Rapids: William B. Eerdmans Publishing Company, 1996), xi.

52) "WEA와 로잔대회의 협력은 역사적 사건," 「크리스천투데이」 (인터넷판).

53) 1974년 1차 로잔대회에서 발표된 로잔언약은 15개 조항으로 발표되었다. J. D. Douglas, *Let the Earth Hear His Voice: International Congress on World Evnagelization Lausanne, Switzerland* (Minneapolis: World Wide Publications, 1975), 3-9.

54) David E. Johnson, ed., *Uppsala to Nairobi* (New York: Friendship Press, 1976), 48-52.

55) 로잔언약 제3항에 보면 종교다원주의자들이 따르는 혼합주의(sycretism)를 단호히 거부하고 있다: "우리는 또한 여하한 형태의 혼합주의를 거부하며, 그리스도께서 어떤 종교나 어떤 이데올로기를 통해서도 동일한 말씀을 하신다는 식의 대화는 그리스도와 복음을 손상시키므로 이를 거부한다." 역시 로잔언약 3항에 "우리는 자연에 나타난 하나님의 일반 계시를 통해서도 모든 사람이 하나님에 관한 어느 정도의 지식이 있음을 인정한다. 그러나 우리는 이것으로 구원받을 수 있다는 주장을 부인한다"고 하였다. Ibid., 3-4.

56) Stott, *Making Christ Known*, 197-200, 203-4.

57) Lewis Drummond, *The Evangelist* (Nashville: World Publishing, 2001), 235-7을 보라. 마닐라 선언문 "온 교회"(The Whole Church) 제11조의 "AD 2000년과 그 이상의 도전"에 실려 있다.

58) Stott, *Making Christ Known*, 99-100.

59) 눅 18:13을 보면 "세리는 … 다만 가슴을 치며 가로되 하나님이여 불쌍히 여기소서"라고 기도했는데 서부 아프리카에서는 이 구절을 이해하지 못한다. 왜냐하면 이들에게 "가슴을 치다"라는 말은 "자신이 이룬 업적에 대해 자부심을 갖는다"는 의미를 가지고 있어서 앞뒤 문맥이 전혀 맞지 않기 때문이다. 따라서 이들에게 '회개'의 의미(meaning)인 "자기 머리를 때리다"라는 기능적 의미로 바꿔야 올바른 의사소통이 일어날 수 있다. 이것이 '형식'보다는 '의미'를 강조하는 수신자 중심의 커뮤니케이션으로 '역동적 등가'(Dynamic Equivalence)라 부른다. Charles H. Kraft, *Christianity in Culture* (Maryknoll: Orbis Books, 1979), 261-75.

60) Stott, *Making Christ Known*, xiii.

61) William Martin, *A Prophet with Honor: The Billy Graham Story* (New York: William Morrow and Company, Inc., 1991), 328.

62) Roger Bruns, *Billy Graham: A Biography* (Westport: Greenwood Press, 2004), 132.

63) Roger Steer, *Basic Christian: The Inside Story of John Stott* (Downers Grove: IVP Books, 2009), 162.

64) Drummond, *The Evangelist*, 212, 226-7.

65) 빌리 그래함은 2005년 4월 18일 타임지(*Time*)에 "이 세상에서 가장 영향력 있는 삶과 사상"이란 기고에서 존 스토트는 자신의 절실한 친구이자 조언가이며 막역한 벗 중의 한 명이라며 이 세상의 가장 영향력 있는 100인의 인물이라 평하였다. http://www.time.com/time/specials/packages/article 참조.

66) Roger Steer, *Guarding the Holy Fire: The Evangelicalism of John R. W. Stott, J. I Packer, and Alister McGrath* (Grand Rapids: Baker Books, 1999), 211.

67) Steer, *Basic Christian*, 159.

68) 조동진, "20세기 기독교 선교에 관한 선언서 해설 시리즈 28 / 1989년 마닐로 로잔 II 세계복음화국제대회,"「월간목회」, 2006년 4월, 218.

69) 로잔 언약의 상세한 내용을 보기 위해서는 Douglas, *Let the Earth Hear His Voice*, 3-9를 보라.

70) 마닐라 선언문 전체 내용을 보기 위해서는 Drummond, *The Evangelist*, 219-39를 보라.

71) Steer, *Basic Christian*, 162-3.

72) Ibid., 164.

73) Ibid., 164-66.

74) Ibid., 167.

75) Douglas, *Let the Earth Hear His Voice*, 213-25.

76) Ibid., 221.

77) Drummond, *The Evangelist*, 236.

78) "Ralph D. Winter," http://en.wikipedia.org/wiki/Ralph D. Winter 참조.

79) Ibid.

80) Drummond, *The Evangelist*, 219.

81) Steer, *Basic Christian*, 231.

82) Drummond, *The Evangelist*, 220.

83) Ibid., 230.

84) Winter, *Perspectives on the World Christian Movement*, 536.

85) Douglas, *Let the Earth Hear His Voice*, 213-41. 카메론 타운젠드가 1931년 칵치켈(Cakchiquel) 신약성경 번역한 것과 도날드 맥가브란이 1955년 「하나님의 가교」(*The Bridges of God*)를 출판하여 종족운동을 소개했지만 타운젠드는 성경번역에, 맥가브란은 교회성장에 치우쳤다.

86) Winter, *Perspectives on the World Christian Movement*, 379-80.

87) Drummond, *The Evangelist*, 222, 236.

88) Winter, *Perspectives on the World Christian Movement*, 384.

89) Ibid., 541-5.

90) Crawley, *Global Mission*, 247.

91) Drummond, *The Evangelist*, 236.

92) 미전도 종족을 종교별로 분류하면 이슬람권에 3,300개 종족이, 힌두권에 2,400개 종족이, 불교권에 700개 종족이 있다. Winter, *Perspectives on the World Christian Movement*, 540을 보라.

93) "세계 선교 무게 중심, 선교단체에서 교단선교부로," 「크리스천투데이」, 2011년 1월 27일.

94) Winter, *Perspectives on the World Christian Movement*, 646-8.

95) Ken Eldred, 「비즈니스 미션」, 안정임 역 (서울: 예수전도단, 2007), 159-76.

96) Winter, *Perspectives on the World Christian Movement*, 673-6.

97) Drummond, *The Evangelist*, 236.

98) Sara Singleton and Matt Ristuccia, comp., *The Cape Town Commitment: A Call to Action* (Peabody: MA: Hendricksion Publishers, 2013), 91-2.

99) The Lausanne Movement, ed., "Multiplexes-Friday," Cape Town 2010: The Third Lausanne Congress on World Evangelization, 16-25 October 2010, Unpublished Paper, 70-1.

100) Jim Slack and J. O. Terry, ed., "Chronological Bible Storying: A Methodology for Presenting the Gospel to Oral Communicators," International Mission Board, 2007, Unpublished Paper, 1-2.

101) Ibid., 5. 한국침례회해외선교회(FMB) 선교사들 가운데 중국 해안지역에서 사역하는 선교사들은 성경해석학적 제자훈련이 매우 탁월하다. 예를 들어 북경의 P 선교사는 현지인 지도자반에게 「하나님을 경험하는 삶」을 필수로 가르치고 있고, 광저우의 L 선교사는 초급반 한족들에게 「일대일 제자양육」을 잘 가르치고 있다. 반면 세네갈의 풀라 종족을 대상하는 L 선교사는 절대적으로 구술성경이야기(OBS)가 필요하다.

102) Samuel Chiang, et. al., *Orality Breakouts: Using Heart Language to Transform Hearts* (Hong Kong: International Orality Network, 2011), 5.

103) J. O. Terry, *Basic Bible Storying* (Fort Worth: Church Planting Network, 2008), 91-7.

104) C2C는 기본적으로 다섯 가지 이야기를 다루는데 창조, 타락, 그리스도의 탄생, 그리스도의 죽음, 그리스도의 부활로 총 소요 시간은 15분-20분 정도이다. Grant Lovejoy, "연대기적 성경이야기: 구전문화권, 이슬람권 제자 세우기, CBS로 접근하라!" 세계선교훈련원 역, CBS 특강, 2010년 4월 13일-16일, 23.

105) 구술성경(Oral Bible)은 약 50개의 성경이야기를 연대기적으로 이야기하는 것을 말한다. 다만 50개의 이야기를 선정할 때 C2C는 기본이고, 또한 테리(Terry) 선교사가 지적한 것처럼 전도, 구원의 확신, 교회개척, 제자훈련, 종말론이 골고루 들어가야 한다. Davis Clayton, 「구전문화권 사람들 제자화하기」, 채천석 역 (서울: 한국강해설교학교출판부, 2007), 183-4.

106) Terry, *Basic Bible Storying*, 19-26.

107) Ibid., 99-105.

108) Lovejoy, "연대기적 성경이야기: 구전문화권, 이슬람권 제자 세우기, CBS로 접근하라!" 16.

109) Ibid., 22.

110) Sadiri Tira, "Moving Through People on the Move," Diaspora Multiplex Session, Unpublished Paper, 1.

111) TV Thomas, "Moving Ahead with God," Diaspora Multiplex Session, Unpublished Paper, 1.

112) 해외한인교회교육과목회협의회 편, 「하나님의 보내신 땅에서: 세계 속의 한인 디아스포라 교회와 신학」 (서울: 한국장로교출판사, 2008), 245-9.

113) 2010년 세계 10대 선교사 파송 국가를 보면 중국(100,000명), 미국(93,500명), 인도(82,950명), 한국(19,950명), 나이지리아(6,644명), 영국(6,405명), 캐나다(5,200명), 필리핀(4,500명), 호주(3,193명), 독일(3,144명) 순이다. 하지만 중국과 인도는 대부분이 국내 타문화권 사역을 하기에 해외 선교

라 할 수 없어서 '10-20 클럽'에서 제외된다. 그 외 한국을 제외한 나라들은 1만 명 이상의 선교사를 파송하지 못하기에 해당되지 않는다. Jason Mandryk, *Operation World* (Colorado Springs: Biblica Publishing, 2010), 951.

114) 한국교회가 2016년 선교 정체기를 맞기 전 한국세계선교협의회(KWMA)는 'TARGET 2030 운동'이란 야심찬 계획을 세워 2030년까지 10만 명의 선교사를 파송할 계획을 가지고 각 선교단체와 지역교회의 참여를 이끌어 냈다. 이 운동을 이루기 위해서는 매년 연평균 4천명의 선교사를 파송해야 가능하다. 선교 정체기를 맞이한 한국교회는 2030년까지 '20-30 클럽'에는 가입하리라 예상하지만 10만 명 선교사 파송은 힘들 것이라 본다. http://christiantoday.co.kr 참조.

115) 세계 선교사 수 약 35만 중에 2018년 12월 현재 한국 선교사가 27,993명이다. 세계 선교사 중 중국(10만 명)과 인도(8만 명)는 대다수가 국내 타문화권 사역을 하고 있기에 엄밀히 말해 해외 선교사라 칭할 수 없다. 이 숫자를 뺀 한국 교회는 해외 선교사 파송 2위 국가이며 또한 세계 선교의 십일조 역할을 톡톡히 감당하고 있다. Mandryk, Operation World, 951; "한국교회, 천천히 3만 선교사 시대 향하고 있어," [온라인 자료] http://www.christiantoday.co.kr/news/319115, 2019년 2월 15일 접속.

116) "2018년 12월 한국 선교사 파송현황," KWMA, 5, http://kwma.org 참조.

117) WCC 총회 순서를 보면 다음과 같다. 1차(암스테르담, 네덜란드, 1948년), 2차(에번스턴, 미국, 1954년), 3차(뉴델리, 인도, 1961년), 4차(웁살라, 스웨덴, 1968년), 5차(나이로비, 케냐, 1975년), 6차(밴쿠버, 캐나다, 1983년), 7차(캔버라, 호주, 1991년), 8차(하라레, 짐바브웨, 1998년), 9차(포르투알레그레, 브라질, 2006년), 10차(부산, 한국, 2013년). http://wcc2013.info/en/about-the-assembly 참조.

1. 단행본

김상근. 「동서문화의 교류와 예수회 선교역사」. 서울: 한들출판사, 2006.

_____. 「프란치스코 하비에르」. 서울: 홍성사, 2010.

김성태. 「세계선교전략사」. 서울: 생명의말씀사, 2004.

김승진. 「근원적 종교개혁: 16세기 성서적 아나뱁티스트들의 역사와 신앙과 삶」. 대전: 침례신학대학교출판부, 2011.

김은수. 「현대선교의 흐름과 주제」. 서울: 대한기독서회, 2010.

류형기. 「기독교회사」. 서울: 한국기독교문화원, 1986.

안희열. 「말콤 펜윅: 시대를 앞서 간 선교사」. 개정증보판 2쇄, 대전: 하기서원, 2019.

오병학 편. 「성 프란시스의 생애」. 서울: 교회교육선교회, 1995.

유종선. 「미국사 100장면」. 서울: 가람기획, 2009.

이현모. 「현대 선교의 이해」. 대전: 침례신학대학교출판부, 2007.

해외한인교회교육과목회협의회 편. 「하나님의 보내신 땅에서: 세계 속의 한인 디아스포라 교회와 신학」. 서울: 한국장로교출판사, 2008.

Adderley, James. *Francis: The Little Poor Man of Assisi*. London: Edward Arnold, 1900.

Allen, Catherine B. *The New Lottie Moon Story*. Nashville: Broadman Press, 1980.

Anderson, Alan Orr and Marjorie Ogilvie Anderson. *Adomnan's Life of Columba*. Oxford: Clarendon Press, 1991.

Anderson, C. Colt. *The Great Catholic Reformers*. New York: Paulist Press, 2007.

Aron, Marguerite. *Saint Dominic's Successor*. St. Louis: B. Herder Book Co., 1955.

Banks, Robert J. 「바울의 그리스도인 공동체 이상」. 장동수 역. 서울: 여수룬, 1991.

Barrett, David B. *Evangelizse!: A Historical of the Concept*. Birmingham: New Hope, 1987.

Bassham, Rodger C. *Mission Theology: 1948-1975 Years of Worldwide Creative Tension Ecumenical, Evangelical, and Roman Catholic*. Pasadena: William Carey Library, 1979.

Beck, James R. *Dorothy Carey: The Tragic and Untold Story of Mrs. William Carey*. Grand Rapids: Baker Book House, 1992.

Bemesderfer, James O. *Pietism and Its Influence Upon The Evangelical United Brethren Church*. Harrisburg: The Evangelical Press, 1966.

Bennett, Georgius H. *St. Patrick: Apostle of Ireland*. London: Sands & Company, 1911.

Bennett, R. F. *The Early Dominicans*. New York: Russell & Russell, 1971.

Birkey, Del. *The House Church: A Model for Renewing the Church*. Scottdale, PA: Herald Press, 1988.

Bogg, William Richey. *Ecumenical Foundations: A History of the International Missionary Council and Its Nineteenth Century Background*. New York: Harper & Brothers Publishers, 1952.

Bosch, David. 「선교신학」. 전재옥 역. 서울: 두란노서원, 1987.

Branick, Vincent. 「초대교회는 가정교회였다」. 홍인규 역. 서울: 기독연합신문사, 2005.

Brecht, Martin. *Martin Luther: The Preservation of the Church, 1532-1546*. Minneapolis:

Fortress Press, 1993.

Brereton, Virginia Lieson. *Training God's Army: The American Bible School, 1880-1940*. Indianapolis: Indiana University Press, 1990.

Broomhall, Marshall. *Hudson Taylor: The Man Who Believed God*. London: The China Inland Mission, 1929.

_____. *Robert Morrison: A Master-Builder*. New York: George H. Doran Company, 1924.

Browne, G. F. *Boniface of Crediton and His Companions*. London: Society for Promoting Christian Knowledge, 1910.

Bruns, Roger. *Billy Graham: A Biography*. Westport: Greenwood Press, 2004.

Buckley, Cornelius Michael. *Ignatius of Loyola: The Pilgrim Saint*. Chicago: Loyola University Press, 1994.

Caraman, Philip. *Ignatius Loyola: A Biography of the Founder of the Jesuits*. New York: Harper & Row, Publishers, 1990.

Cathcart, William. *The Ancient British and Irish Churches*. Philadelphia: American Baptist Publication Society, 1984.

Cauthen, Baker J. and Frank K. Means. *Advance to Bold Mission Thrust*. Virginia: Foreign Mission Board of SBC, 1981.

Cazenove, John Gibson. *St. Hilary of Poitiers and St. Martin of Tours*. London: Society for Promoting Christian Knowledge, 1883.

Chadwick, Henry. *The Early Church*. London: Penguin Books, 1993.

Chatterjee, Sunil Kumar. *William Carey and Serampore*. Sheoraphuli: Laserplus, 1984.

Chiang, Samuel. et. al., *Orality Breakouts: Using Heart Language to Transform Hearts*. Hong Kong: International Orality Network, 2011.

Clark, Charles Allen. *The Korean Church and the Nevius Methods*. New York: Fleming H. Revell Company, 1930.

Clayton, Davis. 「구전문화권 사람들 제자화하기」. 채천석 역. 서울: 한국강해설교학교출판부, 2007.

Cole, Stewart G. *The History of Fundamentalism*. Westport, CT: Greenwood Press, 1931.

Colgrave, Bertram. trans., *The Earliest Life of Gregory the Great*. Lawrence: The University of Kansas Press, 1968.

The Count of Mantalembert. *Saint Columban*. St. Columbans. NE: The Society of St. Columban, 1927.

Crawley, Winston. *Global Mission: A Story to Tell*. Nashville: Broadmann Press, 1985.

Cronin, Vincent. *A Pearl to India: The Life of Roberto de Nobili*. New York: E. P. Dutton & Company, Inc, 1959.

_____. *The Wise Man from the West*. London: Rupert Hart-Davis, 1955.

Cutts, Edward L. *Augustine of Canterbury*. London: Methuem & Co., 1895.

Dawson, Christopher. *The Mongol Mission*. New York: Sheed and Ward, 1955.

Deane, David J. *John Wicliffe: The Morning Star of the Reformation*. London: S. W. Partridge & Co., 1896.

Deanesly, Margaret. *Augustine of Canterbury*. Southampton: The Saint Austin Press, 1997.

DeMolen, Richard L. ed., *Leaders of the Reformation*. London: Susquehanna University Press, 1984.

Dentler, Clara Louise. *Katherine Luther of the Wittenberg Parsonage*. Philadelphia: The United Lutheran Publication House, 1924.

Dollar, George H. *A History of Fundamentalism in America*. Greenville, SC: Bob Jones University Press, 1973.

Dorsett, Lyle W. *A Passion for Souls: The Life of D. L. Moody*. Chicago: Moody Press, 1997.

Douglas, J. D. *Let the Earth Hear His Voice: International Congress on World Evnagelization Lausanne, Switzerland*. Minneapolis: World Wide Publications, 1975.

Dowley, Tim. ed., *Introduction to the History of Christianity*. Minneapolis: Fortress Press, 2002.

Drummond, Lewis. *The Evangelist*. Nashville: World Publishing, 2001.

Dyke, Paul Van. *Ignatius Loyola: The Founder of the Jesuits*. New York: Charles Scribner's Sons, 1926.

Eldred, Ken. 「비즈니스 미션」. 안정임 역. 서울: 예수전도단, 2007.

Ensley, Francis Gerald. *John Wesley, Evangelist*. Nashville: Methodist Evangelistic Materials, 1958.

Erb, Peter C. *Pietists: Selected Writings*. New York: Paulist Press, 1983.

Executive Committee of SVM. *The Achievement of the Student Volunteer Movement for Foreign Missions During the First Generation of Its History 1886-1919*. New York: The Student Volunteer Movement, 1920.

Farner, Oskar. *Zwingli, The Reformer: His Life and Work*. London: Lutterworth Press, 1952.

Fenwick, Malcolm C. *The Church of Christ in Corea: A Pioneer Missionary's Own Story*. New York: George H. Doran Co., 1911.

Findlay, James F. *Dwight L. Moody: American Evangelist 1837-1899*. Chicago: The University of Chicago Press, 1969.

Fletcher, Richard. *The Barbarian Conversion*. New York: A Marian Wood Book, 1998.

Freer, Arthur S. B. *The Early Franciscans & Jesuits*. London: Society for Promoting Christian Knowledge, 1922.

Friedrichsen, G. W. S. *The Gothic Version of the Epistle*. London: Oxford University Press, 1939.

Gaines, David P. *The World Council of Churches*. Peterborough: Richard R. Smith Noone House, 1966.

Gairdner, W. H. T. *Edinburgh 1910: An Account and Interpretation of the World Missionary Conference*. Edinburgh: Turnbull and Spears, 1910.

Galg, G. H. ed., *The First Gemanic Bible*. Milwaukee: Germania Publishing Co., 1891.

Gallagher, Louis J. trans., *China in the Sixteenth Century: The Journals of Matthew Ricci: 1583-1610*. New York: Random House, 1953.

Ganss, George E. *The Spiritual Exercises of Saint Ignatius*. St. Louis: The Institute of Jesuit Societies, 1992.

Gasper, Louis. *The Fundamentalist Movement*. The Hague, Paris: Mouton and Company, 1963.

Gehring, Roger W. *House Church and Mission: The Importance of Household Structures in Early Christianity*. Peabody, MA: Hendrickson Publishers, 2009.

George, Timothy. *Faithful Witness: The Life and Mission of William Carey*. Birmingham: New Hope, 1991.

Gheon, Henri. *St. Martin of Tours*. New York: Sheed and Ward, 1946.

Gonzalez, Justo L. 「초대교회사」. 서영일 역. 서울: 은성출판사, 1995.

_____. 「중세교회사」. 서영일 역. 서울: 은성출판사, 1995.

_____. 「종교개혁사」. 서영일 역. 서울: 은성출판사, 1995.

_____. 「현대교회사」. 서영일 역. 서울: 은성출판사, 1995.

Goodall, Norman. *Missions Under the Cross*. London: Edinburgh House Press, 1953.

_____. ed., *The Uppsala Report 1968*. Geneva: World Council of Churches. 1968.

Green, Julian. *God's Fool: The Life and Times of Francis of Assisi*. San Francisco: Harper & Row Publishers, 1985.

Greenaway, George William. *Saint Boniface*. London: Adam and Charles Black, 1955.

Gutierrez, Gustavo. *Las Casas: In Search of the Poor of Jesus Christ*. New York: Orbis Books, 1993.

Halbrooks, G. Thomas. ed., *Pietism*. New York: Broadman Press, 1981.

Hanke, Lewis. *All Mankind Is One*. DeKalb, IL: Northern Illinois University Press, 1974.

Hillerbrand, Hans J. *The Reformation*. Grand Rapids: Baker Book House, 1981.

Hinnebusch, William A. *The History of the Dominican Order*. New York: Alba House, 1973.

Hopkins, C. Howard. *John R. Mott, 1865-1955*. Grand Rapids: William B. Eerdmans Publishing Company, 1979.

Hutton, J. E. *A History of Moravian Missions*. London: Moravian Publication Office, 1922.

Joestel, Volkmar. *Martin Luther: Rebel and Reformer*. Wittenberg: Drei Kastanien Verlag, 2008.

Johnson, David E. ed., *Uppsala to Nairobi*. New York: Friendship Press, 1976.

Jones, E. Stanley. 「인도의 길을 걷고 있는 예수」. 김상근 역. 서울: 평단, 2005.

Kane, Herbert. 「기독교세계선교사」. 박광철 역. 서울: 생명의말씀사, 1997.

Kleeberger, Jessie. *David Livingstone: Missionary Explorer of Africa*. Anderson: Gospel Trumpet Company, 1925.

Kraft, Charles H. *Christianity in Culture*. Maryknoll: Orbis Books, 1979.

Latourette, Kenneth S. *A History of Christianity*. Vol. 1. Peabody, PA: Prince Press, 1999.

_____. *A History of Christianity*. Vol. 2. Peabody, MA: Prince Press, 2003.

Lawrence, Una Roberts. *Lottie Moon*. Nashville: Sunday School Board of SBC, 1927.

Lechler, Professor. *John Wycliffe and His English Precursors*. London: The Religious Tract Society, 1904.

Lewis, A. J. *Zinzendorf, The Ecumenical Pioneer: A Study in the Moravian Contribution to Christian Mission and Unity*. London: SCM Press, 1962.

Lewis, Kingsley. *The Moravian Mission in Barbados 1816-1886*. New York: Verlag Peter Lang, 1985.

MacArthur, E. Mairi. *Iona*. Grantown-on-Spey, Scotland: Colin Baxter Photography Ltd., 2001.

Mackinnon, James. *Luther and the Reformation*. New York: Russell & Russell, Inc., 1962.

MacManus, Francis. *Saint Columban*. New York: Sheed and Ward, 1961.

Maier, Paul L. *Eusebius: The Church History*. Grand Rapids: Kregel Publications, 2007.

Malden, R. H. *The English Church and Nation*. London: SPCK, 1952.

Mandonnet, Pierre. *St. Dominic and His Work*. St. Louis: B, Herder Book Co., 1945.

Mandryk, Jason. *Operation World*. Colorado Springs: Biblica Publishing, 2010.

Markwald, Rudolf K. & Marilynn Morris Markwald. *Katharina von Bora: A Reformation Life*. Saint Louis: Concordia Publishing House, 2002.

Marshman, John Clark. *The Story of Carey, Marshman & Ward: The Serampore Missionaries*. London: Alexander Strahan & Co., 1864.

_____. *Life and Times of Carey, Marshman, and Ward*. London: Spottiswoode and Co., 1859.

Martin, William. *A Prophet with Honor: The Billy Graham Story*. New York: William Morrow and Company, Inc., 1991.

Mathews, Basil. *John R. Mott: World Citizen*. New York: Harper & Brothers Publishers, 1934.

_____. *Livingstone: The Pathfinder*. New York: Missionary Education Movement of United States and Canada, 1912.

Maynard, Theodore. *The Odyssey of Francis Xavier*. Westminster: The Newman Press, 1950.

McCannon, John. *World History*. New York: Barron's Educational Series Inc., 2010.

McDow, Malcolm and Alvin L. Reid, *Firefall: How God Has Shaped History Through Revivals*. Nashville: Broadman, 1997.

McGavran, Donald A. *Understanding Church Growth*. Grand Rapids: William B. Eerdmans Publishing Company, 1970.

McNeil, John T. *The Celtic Churches: A History A.D. 200 to 1200*. Chicago: The University of Chicago Press, 1974.

Miller, Basil J. *Hudson Taylor*. Grand Rapids: Zondervan Publishing House, 1948.

Moody, William R. *Dwight L. Moody*. Murfreesboro, TN: Sword of the Lords Publisher, 2010.

Morrill, Leslie and Madge Morrill. *Livingstone, Trail Blazer for God*. Portland: Pacific Press Publishing Association, 1959.

Myers, John Brown. *William Carey: The Shoemaker Who Became "The Father and Founder of Modern Missions."* London: S. W. Partridge & Co., 1887.

Neander, Augustus. *Memorials of Christian Life in the Early Middle Ages*. London: Covent Garden, 1852.

Neill, Stephen. 「기독교선교사」. 홍치모, 오만규 역. 서울: 성광문화사, 1996.

Nevius, Helen S. *The Life of John Livingstone Nevius*. New York: Fleming H. Revell Company, 1895.

Nevius, John L. 「네비우스 선교방법」. 김남식 편. 서울: 성광문화사, 1995.

O'Brien, Patrick. ed., *Atlas of World History*. Oxford: University Press, 2010.

O'Malley, John W. *A History of the Popes*. New York: Sheed & Ward Book, 2010.

Osiek, Carolyn and David L. Balch. *Families in the New Testament World: Households and House Churches*. Louisville: Westminster John Knox Press, 1997.

Paik, George. *Protestant Missions in Kore, 1832-1910*. Seoul: Yonsei University Press, 1927.

Pickett, J. Waskom. *Christian Mass Movements in India*. New York: The Abingdon Press, 1933.

Pickett, J. W. and others. *Church Growth and Group Conversion*. Pasadena: William Carey Library, 1973.

Polack, W. G. *John Eliot: The Apostle to the Indians*. St. Louis: Concordia Publishing House, 1924.

Pollock, J. C. *Hudson Taylor and Maria: Pioneers in China*. New York: McGraw-Hill Book Company, 1962.

Ride, Lindsay. *Robert Morrison: The Scholar and the Man*. Hong Kong: Hong Kong University Press, 1957.

Robinson, Charles H. *History of Christian Mission*. New York: Charles Scribner's Sons, 1915.

Rouse, Ruth. *John R. Mott: An Appreciation*. Geneva: The World's Student Christian Federation, 1929.

Rowbotham, Arnold H. *Missionary and Mandarin: The Jesuits at the Court of China*. LA: University of California Press, 1942.

Saeki, P. Y. *The Nestorian Documents and Relics in China*. Tokyo: The Maruzen Company Ltd., 1951.

_____. *The Nestorian Monument in China*. London: Society for Promoting Christian Knowledge, 1916.

Schreiber, Clara Seuel. *Katherine: Wife of Luther*. Philadelphia: Mublenberg Press, 1954.

Schurhammer, Georg Otto. *Francis Xavier: His Life, His Times*. Vol. 1. Rome: The Jesuit Historical Institute, 1973.

Shenk, Wilbert R. *Henry Venn: Missionary Statesman.* Maryknoll: Orbis Books, 1983.

Shenk, William R. ed., *Anabaptism and Mission.* Kitchener, Canada: Herald Press, 1984.

Showalter, Natham D. *The End of a Crusade: The Student Volunteer Movement fo Foreign Missions and the Great War.* London: The Scarecrow Press, 1998.

Singleton, Sara and Matt Ristuccia. comp., *The Cape Town Commitment: A Call to Action.* Peabody: MA: Hendricksion Publishers, 2013.

Sladden, John Cyril. *Boniface of Devon: Apostle of Germany.* Exter: The Paternoster Press, 1980.

Smith, Ebbie C. *Balanced Church Growth.* Nashville: Broadman Press, 1984.

Smith, Preserved. *The Life and Letter of Martin Luther.* London: John Murray, Albemarle Street, W., 1911.

Souhey, Robert. *The Life of John Wesley.* London: Hutchinson & Co., 1904.

Stanley, Brian. *The World Missionary Conference, Edinburgh 1910.* Grand Rapids: William B. Eerdmanss Publishing Company, 2009.

Staunton, Michael. *The Voice of the Irish.* Mahwah, NJ: Hidden Spring, 2002.

Steer, Roger. *Basic Christian: The Inside Story of John Stott.* Downers Grove: IVP Books, 2009.

_____. *Guarding the Holy Fire: The Evangelicalism of John R. W. Stott, J. I Packer, a.nd Alister McGrath.* Grand Rapids: Baker Books, 1999.

Steinwede, Dierich. *Reformation.* Philadelphia: Fortress, Press, 1983.

Steven, Hugh. *Wycliffe in the Making: The Memoirs of W. Cameron Townsend.* Wheaton: Harold Shaw Publishers, 1995.

Stewart, John. *Nestorian Missionary Enterprise.* Edinburgh: T. & T. Clark, 1928.

Stokes, George T. *Ireland and the Celtic Church: A History of Ireland from St. Patrick to the English Conquest in 1172.* London: Hodder and Stoughton, 1886.

Stott, John. ed., *Making Christ Known: Historic Mission Documents from the Lausanne Movement, 1974-1989.* Grand Rapids: William B. Eerdmans Publishing Company, 1996.

Straw, Carole. *Gregory the Great.* Los Angeles: University of California Press, 1988.

Sullivan, Regina D. *Lottie Moon: A Southern Baptist Missionary to China in History and Legend.* Baton Rouge: Louisiana State University Press, 2011.

Sumruld, William A. *Augustine and the Arians: The Bishop of Hippo's Encounters with Ulfilan Arianism.* Selingsgrove: Susquehanna University Press, 1994.

Svelmoe, William Lawrence. *A New Vision for Missions: William Cameron Townsend, the Wycliffe Bible Translators, and the Culture of Early Evangelical Faith Missions, 1896-1945.* Tuscaloosa: The University of Alabama Press, 2008.

Taylor, Howard. *Hudson Taylor in Early Years: The Growth of A Soul.* London: The China Inland Mission, 1930.

Taylor, Richard W. *The Contribution of E. Stanley Jones.* Madras, India: The Christian Literature Society, 1973.

Terry, John Mark. *Evangelism: A Concise History.* Nashville: Broadman & Holman Publishers, 1994.

Terry, J. O. *Basic Bible Storying.* Fort Worth: Church Planting Network, 2008.

Tetlow, Joseph A. *Ignatius Loyola: Spiritual Exercises.* New York: Crossroad, 1999.

Thompson, Augustus C. *Moravian Missions.* New York: Charles Scribner's Sons, 1904.

Thompson, D. D. *John Wesley as a Social Reformer.* New York: Books for Libraries Press, 1971.

Thompson, E. A. *Who Was Saint Patrick?* New York: St. Martin's Press, 1985

Towns, Elmer L. ed., *A History of Religious Educators.* Grand Rapids: Baker Book House, 1975.

Treu, Martin. *Katherine von Bora: Luther's Wife.* Wittenberg: Drei Kastanien Verlag, 2003.

Tucker, Ruth A. 「선교사열전」. 박해근 역. 서울: 크리스챤다이제스트, 2001.

Vaughan, Robert. *The Life and Opinions of John de Wycliffe*. London: B. J. Holdsworth, 1828.

Wagner, Henry Raup. *The Life and Writings of Bartolome de Las Casas*. Albuquerque: The University of New Mexico Press, 1967.

Walker, F. Deaville. *William Carey: Missionary Pioneer and Statesman*. London: Student Christian Movement, 1926.

Wallstrom, Timothy C. *The Creation of A Student Movement to Evangelize the World*. Pasadena: William Carey International University Press, 1980.

Wayland, Francis. *Memoir of the Life and Labors of the Rev. Adoniram Judson*. Boston: Phillips, Sampson, and Company, 1853.

Weinlick, John R. *Count Zinzendorf*. New York: Abingdon Press, 1956.

Wilson, Derek. *Charlemagne*. New York: Vintage Books, 2005.

Wilson, James. *Life of St. Columban*. Dublin: Clonmore and Reynolds Ltd., 1952.

Winslow, Ola Elizabeth. *John Eliot: Apostle to the Indians*. Boston: Houghton Mifflin Company, 1968.

Winston, Richard. *Charlemagne*. New York: Harper & Row, 1968.

World Missionary Conference. ed., *World Missionary Conference, 1910. Report of Commission I: Carrying the Gospel to all the Non-Christian World*. New York: Fleming H. Revell Company, 1910.

Yates, Pat. *The Book in the Pillow: Adoniram Judson*. New York: Friendship Press, 1942.

Yates, T. E. *Venn and Victorian Bishops Abroad: The Missionary Policies of Henry Venn and Their Repercussions upon the Anglican Episcopate of the Colonial Period 1841-1872*. Uppsala: Swedish Instiute of Missionary Research, 1978.

Yeo, Margaret. *St. Francis Xavier: Apostle of the East*. New York: The Macmillan Company, 1932.

Zwemer, Samuel Marinus. *Raymond Lull: First Missionary to the Moslems*. New York: Funk & Wagnalls Company, 1902.

2. 정기간행물

Balfour of Burleigh. "The Story of the Conference: I. Previous Missionary Conference." *World Missionary Conference Monthly News Sheet*. November 1909, 37-8.

_____. "The Story of the Conference: II. The Early Stages of Preparation." *World Missionary Conference Monthly News Sheet*. December 1909, 57-59.

Brooks, James H. "Niagara Conference." *The Truth* 15 (1889): 433.

_____. "The Niagara Conference." *The Truth* 19 (August-September 1893): 435.

_____. "Order of Exercises of Niagara Bible Conference." *The Truth* 20 (August-September 1894): 512.

Clooney, Francis X. "Roberto de Nobili, Adaptation and the Reasonable Interpretation of Religion." *Missiology* 18 (January 1990): 25-36.

Dewar, Michael W. "Was St. Patrick a Protestant?" *Christianity Today* 1 (March 1957): 3-6.

Elliot, George. "Saint Patrick: The Apostle of Ireland." *Methodist Review* 106 (March 1923): 280-5.

Hambrick-Stowe, Charles E. "Ulrich Zwingli: Prophet of the Modern World." *Christianity Century* 101 (April 1984): 335-39.

Hecht, Linda H. "An Extraordinary Lay Leader: The Life and Work of Helene of Freyberg, Sixteenth Century Noblewoman and Anabaptist from the Tirol." *The Mennonite Quarterly Review* 66 (July 1992): 312-37.

Osborne-McKnight, Juilene. "Resistance to the Call." *Parabola* 19 (Spring 1994); 20-5.

Rouse, R. "W. Carey's Pleasing Dream." *International Review of Mission* 38 (1949): 181-92.

Russell, C. Ally. "Adoniram Judson Gordon: Nineteenth-Century Fundamentalist." *American Baptist Quarterly* 4 (March 1985): 61-89.

Walker, George S. M. "Facing the Future: The Mantle of Columba." *Christianity Today* 7 (March 1963): 27-8.

3. 미간행물

Blue, Badley B. "In Public and Private: The Role of the House Church in Early Christianity." Ph.D. diss., University of Aberdeen, 1989.

Kim, Hyoung Min. "Sixteenth-Century Anabaptist Evangelism: Its Foundational Doctrines, Practice, and Impacts." Ph.D. diss., Southwestern Baptist Theological Seminary, 2001.

The Lausanne Movement. ed., "Multiplexes-Friday." Cape Town 2010: The Third Lausanne Congress on World Evangelization. 16-25 October 2010. Unpublished Paper.

Lovejoy, Grant. "연대기적 성경이야기: 구전문화권, 이슬람권 제자 세우기, CBS로 접근하라!" 세계선교훈련원 역. CBS 특강. 2010년 4월 13일-16일.

Pettegrew, Larry Dean. "The Historical and Theological Contributions of the Niagara Bible Conference to American Fundamentalism." Th.D. diss., Dallas Baptist Theological Seminary, 1976.

4. 인터넷자료

"Adoniram Judson." http://en.wikipedia.org/wiki/Adoniram_Judson 참조.

"Alexander Duff." http://en.wikipedia.org/wiki/Alexander_Duff_(missionary) 참조.

"Ann Hasseltine Judson." http://en.wikipedia.org/wiki/Ann_Hasseltine_Judson 참조.

"David Brainerd." http://en.wikipedia.org/wiki/David_Brainerd 참조.

"Haystack Prayer Meeting." http://en.wikipedia.org/wiki/Haystack_Prayer_Meeting 참조.

"John Livingstone Nevius." http://en.wikipedia.org/wiki/John_Livingstone_Nevius 참조.

"Lottie's Life in Brief." http://www.imb.org/main/give/page.asp 참조.

"Ralph D. Winter." http://en.wikipedia.org/wiki/Ralph D. Winter 참조.

"World Council of Churches." http://www.oikoumene.org/en/who-are-we/background.html 참조.

네 장막터를 넓히며 네 처소의 휘장을 아끼지 말고 널리 펴되 너의 줄을 길게 하며
너의 말뚝을 견고히 할지어다 이는 네가 좌우로 퍼지며 네 자손은 열방을 얻으며
황폐한 성읍들을 사람 살 곳이 되게 할 것임이라

- 이사야 54장 2절, 3절 -

세계선교역사 다이제스트 100

저　　자	안 희 열
발 행 인	김 선 배
초판발행	2013년 5월 30일
개 정 판	2019년 3월 8일
등록번호	출판 제6호(1979. 9. 22)
발 행 처	침례신학대학교(하기서원)
주　　소	대전광역시 유성구 북유성대로 190(34098)
전　　화	(042)828-3255, 3257
팩　　스	(042)828-3256
홈페이지	http://www.kbtus.ac.kr
이 메 일	public@kbtus.ac.kr

값 19,000원
ISBN 979-11-89528-15-7　　03230